# 新金融趋势

温信祥 著

责任编辑:黄海清
责任校对:潘　洁
责任印制:丁淮宾

## 图书在版编目(CIP)数据

新金融趋势/温信祥著. —北京:中国金融出版社,2018.1
ISBN 978 - 7 - 5049 - 9381 - 6

Ⅰ.①新… Ⅱ.①温… Ⅲ.①金融—研究 Ⅳ.①F83

中国版本图书馆 CIP 数据核字(2017)第 320388 号

新金融趋势
XINJINRONG QUSHI

出版
发行　中国金融出版社

社址　北京市丰台区益泽路 2 号
市场开发部　(010)66024766,63805472,63439533(传真)
网上书店　http://www.chinafph.com
　　　　　(010)66024766,63372837(传真)
读者服务部　(010)66070833,62568380
邮编　100071
经销　新华书店
印刷　北京市松源印刷有限公司
尺寸　169 毫米×239 毫米
印张　32.5
字数　440 千
版次　2018 年 1 月第 1 版
印次　2020 年 8 月第 3 次印刷
定价　78.00 元
ISBN 978 - 7 - 5049 - 9381 - 6
如出现印装错误本社负责调换　联系电话(010)63263947

谨以此书献给我的父亲母亲

# 要重视研究新金融趋势

每一次金融危机都会深刻改变金融趋势。1929—1933年和2008年的两次金融危机都是如此。1929年大萧条是由疯狂投机活动引起的金融危机而触发的。1933年罗斯福总统的新政也先从整顿金融入手。推出联邦存款保险制度，给全国各银行的存款提供保险，减少恐慌和挤兑压力；建立分业经营体系，把商业银行跟投资银行、保险等隔离开来，以降低金融机构的冒险空间。这些措施对于稳定银行体系起了积极作用。随着时间的推移，人们渐渐忘记1929年大萧条的教训，陆续放松金融管制，打破分业经营界限，直到2008年再次爆发严重的金融危机。虽然美国等政府的救市让这次金融危机没有像1929—1933年那样伤及社会，但这些史无前例的救市措施也带来了后续隐患。"大而不能倒"逻辑下的救市行为和救市预期带来道德风险，同时也为更加严格的监管提供了理由，金融自由化和国际化的势头再次停顿甚至扭转。

从国内来看，2008年国际上爆发严重危机时，中国的大型银行已经完成改组上市，抗风险能力大大增强，加之国际化程度有限和资本项目尚未完全开放，受到的冲击较小，主要银行还抓住发达国家从全球撤退的历史性"窗口期"完成国际化布局，几大银行成为全球系统性重要银行。第一个趋势是中资金融机构国际化。第二个趋势是在网商和数字经济迅速发展的背景下，服务于数字经济的金融科技异军突起，移动支付全球领先，成为传统金融机构之外的另一支重要金融力量。第三个趋势是在金融创新背景下，理财、资管等影子银行爆发式发展，在服务实体经济的同时也积累了较大金融风险。第四个趋势是在新的《预算法》约束下，任务和事权繁重的地方政府在"土地财政"乏力的背景下大肆通过"金融创新"形成大量的隐性债务，财政金融化趋势较为明显。第五个趋势是在金融创新和高杠杆背景下，为守住不发生系统性风险底线，更加注重加强宏观审慎管理和金融监管。

金融必须走市场化的道路，金融自身必须市场化，但绝对不能自由化。金融自由化是错误的导向。要真正把金融机构当作企业来对待，金融业应把自己的主动性、积极性发挥出来，为经济的进一步发展发挥作用。我们应该做到对金融的优化管理。金融的优化管理既能够防止风险，又能防止各个金融领域之间的风险相互传递。

目前中国金融科技和互联网金融发展很快，这对传统金融构成了挑战。随着互联网金融的发展，风险管理要及时跟上去。20年前的中国金融市场死气沉沉，完全是计划经济下的状态。如今的互联网金融逐步探索新的领域，也带动传统金融走向混业经营的道路。金融同样要加强创新，提供滴灌式的服务，而非大水漫灌式。"双创"是新常态中经济增长的新动力，金融应该大力支持新的产品和产业，为它们提供必要的融资支持。几年前还没有大众创业、万众创新的政策，因此，金融要适应新的情况。具体地说，金融应鼓励创新创业。因为尽管我国已经进入第三产业为主的阶段了，但工业仍然需要发展，当然发展不是重复建设，而是走创新之路、创业之路。当然，鼓励产品创新并不意味着产品是全新的，功能改变了就是新的。比如，现在的手机与15年前的手机相比，具备很多新功能。它的功能不断发展，不断增加，这就是新产品。在这方面，金融可以帮助创新创业的企业发展。这将成为经济增长新的动力。金融还有一个作用，就是把民营，还有小微企业送到资本市场去，发展直接融资。因为资本市场是各种各样的，那就会有适合民营企业、小微企业的资本市场。

要发挥金融科技在地下金融阳光化方面的积极作用。适应新常态，应该趁早把地下金融升到地面上来，变成阳光下的金融。地下金融的钱很多。我们在广州、佛山、中山市调查时，请民营企业家出席座谈会。他们说，现在我们没办法，只有向高利贷求助，因为银行嫌我们规模小，没有信用记录等。只能转而向高利贷求助，不仅利息太高，还会出现黑社会那一套。监管部门要对高利贷应该有所动作，鼓励阳光金融的出现。为什么地下金融不能阳光化呢？怕人家查旧账。他们不放心，所以怕浮到地面上。但今后为了适应新常态，一定要走阳光金融之路，逐步把地下金融变为公开的金融、地上的金融。地下金融也就是无牌照经营的金融活动，当前部分互联网企业无照从事金融活动，出现一些乱象，经过整治，逐步走阳光化道路。

金融还应该大力建设公共投资基金、参与国有大企业改革。具体而言，公共投资基金是混合所有制的，是城市的建设用公共投资基金的方式参与。为了建设城市的公用事业、公共建设，需要大量的资金。金融在这里可以起到作用吗？全世界有没有先例？我们考察了澳大利亚、新西兰，都是这样的。他们的城市是靠公共投资基金筹集的资金，项目公布、账目公开，供大家投资审查，这样越滚越大，这对我们来说是解决城镇化的质量、城镇化的速度很有参考价值的。当前许多地方政府以基金、PPP名义变相举债，使得财政风险和金融风险交织，这是没有真正发挥市场约束作用，要增加财政透明度，规范政府融资举债行为，加强人大对财政收支和债务监督，落实责任制，终身问责。要知道，在监督不严的中国各个城市，公共集资的风险不容忽视，否则好事会转化为坏事。

温信祥是我和朱善利教授共同指导的博士后。他在光华管理学院读硕士时是宏观经济运行方向研究生。当时他在东京工作,我建议他研究日本农村金融及其启示,并要求研究报告侧重在"启示"。在这以前我曾访问日本很多次,知道日本农村金融很有借鉴意义。2014年他的博士后报告编辑成书,以我担任主编的《北大光华县域经济与地方金融研究丛书》出版。他在工商银行工作十八年,历经工行财务重组、股改上市和国际化三个重要阶段,历任财务处长、股改办副主任、国际部副总经理和东京分行总经理,经历了大型银行艰难转型和涅槃重生,具有丰富的实践经验。在繁重的工作之余,醉心研究,笔耕不辍,2013年调任央行工作,视野更加宽广,在研究宏观问题时具备扎实的微观基础和国际视野,在现代经济金融分析框架下,条分缕析追问微观机制和应对之策,理论和实践结合较好。本书覆盖数字货币、金融科技、货币政策、金融改革和商业银行,把握了这些领域的最新动向和趋势,对决策、管理和经营都具有重要参考价值。当他请我为这本新的著作写序时,我欣然同意。我认为他对中国金融实况的了解比几年前又有了进步。我为他高兴。

**2017 年 12 月**

# 新时代需要新金融　新科技助力新作为
## ——《新金融趋势》序言

党的十九大作出了"中国特色社会主义进入新时代"的重大判断，提出了"贯彻新发展理念，建设现代化经济体系"的重要任务。金融是现代经济的核心，是实体经济的血脉，是资源配置的枢纽。面对新时代提出的新任务、新要求、新使命，金融业要有新气象，更要有新作为。

当前，全球正迎来新一轮科技革命和产业变革，信息化浪潮蓬勃兴起，数字经济、共享经济在世界范围内迅速发展，金融科技作为其中一项重要内容，正不断推动金融业加速向移动化、数字化和智能化发展，助力构建与现代化经济体系相适应的现代金融体系。同时也要看到，金融科技是技术驱动的金融创新，不会改变金融风险隐蔽性、滞后性和负外部性的特征。我们在金融安全和风险治理方面绝不能掉以轻心。因此，必须准确把握金融科技的客观规律和发展趋势，真正做到趋利避害、扬长避短，发挥好新科技在金融领域合规创新应用方面的积极价值。

一是坚持正确价值导向。金融科技发展应该始终坚持以服务实体经济为宗旨，以促进金融业转型升级和建设普惠金融体系为己任，以满足金融消费者多元化需求、补齐传统金融服务短板为着力点，积极稳妥开展金融科技创新，绝不能搞脱离自身发展阶段、超出自身风险管控能力的过度创新，也不能打着改革创新的旗号，搞规避金融监管、触碰法律底线的伪创新。

二是严格遵循客观规律。金融科技发展要注重遵循技术发展的客观规律，既不能唯技术至上，忽视技术自身发展的成熟度以及与业务的契合度，过高估计新技术应用可能带来的效益，也不能对技术发展的趋势充耳不闻、视而不见，不做任何前瞻性的技术储备和战略布局。同时，也要注重遵循金融发展的客观规律，要将金融科技创新放在一个更长的经济金融周期去观察和检验，不能只关注技术应用的短期效应，而忽视金融风险发生的滞后性。

三是统筹兼顾安全效率。确保安全是金融科技发展的生命线，提升效率是金融科技发展的动力源。我们要辩证地、具体地、动态地认识和把握安全效率之间的关系。一方面，从金融的高风险性、强涉众性和内在脆弱性看，安全在金融科技发展过程中具有一定的优先性，应该在做好风险管理安排和金融消费者保护的前提下提升效率。另一方面，要认识到安全是相对的，不能因为追求所谓的绝对安全，在促进创新和提升效率方面缩手缩脚、停滞不前，应该通过建立试错容错机制、开展试点验证、加强应用保障等手段，给真正有价值的金融科技创新留有一定的空间和观察期。

四是有序推动合作开放。在开放、联动、共享的信息化时代，封闭式、割据式的经营发展思路已经很难适应时代趋势和要求。一方面，从业机构要注重"修炼内功"，立足自身定位和资源禀赋，积极拥抱金融科技，与时俱进地对治理结构、管理模式、运营机制等方面进行适应性调整，对金融和科技的融合趋势要跟得上、跟得紧、跟得住。另一方面，也要善于"借助外力"，把金融科技"朋友圈"建设好、维护好、发展好，在技术研发、风险管理、精准营销等方面不断探索合规可行的合作模式，真正实现"1+1>2"的优势互补和协同发展效应。

不谋大势者，不足谋一时；不谋全局者，不足谋一域。温信祥博士是国内较早研究互联网金融和金融科技的学者型官员，具备丰富的金融工作实践经验和扎实的金融理论研究功底。《新金融趋势》涉及金融科技、数字货币、货币政策、金融改革和商业银行转型各个方面，内容充实，观点鲜明，论证严谨，是温信祥博士近年来围绕新金融趋势这条主线独立思考、独立研究的成果结晶，提供了一幅描绘新金融发展脉络和趋势的全景式图画，相信能够帮助广大读者和从业者观势而动，乘势而上，顺势而为。

是为序。

中国互联网金融协会会长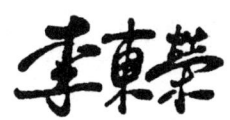

2017 年 12 月

# 新时代金融面临的新挑战和新机遇

## ——《新金融趋势》序言

对中国金融业来说，这是最好的时代，这是最坏的时代。2013年，中国金融业增加值占GDP的比重第一次超过美国，达到6.9%；2016年和2017年前半年，中国金融业增加值占GDP的比重更分别高达8.4%和8.8%，高于美国同期的7.5%。电子支付是所谓的中国"新四大发明"中得到全球最大关注的一项，构成"新四大发明"中另外两项——共享单车和网购——的重要前提条件，触动了大部分中国人的生活。同时，金融风险成为未来三年三大攻坚战之首"防范化解重大风险"的重点对象。不同的人对这些现象有不同的评价，但有一点可能是共识，中国金融进入了新时代。

中国金融新时代的重要特征是什么？

最鲜明的特征应该是金融与科技的深度融合。我们的金融体系中有很多特殊之处，但在所有的新特征中，从影响的广度和深度，到在全球的相对位置来说，互联网金融无疑是最突出的。这一特征给中国金融带来很大的机遇，同时也给金融监管带来了新的挑战。

中国金融领域的另一重要特征是金融的现状与中国经济发展的要求之间的不协调变得更加尖锐。随着中国社会的主要矛盾转化为人民日益增长的美好生活需要和不平衡不充分的发展之间的矛盾，我们的经济已由高速增长阶段转向高质量发展阶段。然而，我们的金融体系和与之密切相关的财政体系、政府相关企业和投资体系仍然是支持经济高速增长的体系。这个体系有强大的动员资源能力，只要政府指定了方向，就可以将大量的资源调动到该方向，不管资源使用的效率高低，也不管风险的大小。这个体系还有巨大的惯性，一旦将资源配置到某个方向，形成与之相适应的产能和利益，就会产生在同一方向继续配置资源的强烈要求，导致调整方向非常困难。金融在这个过程中往往起到火上浇油的作用，因为财政体系、政府相关企业和投资体系有巨大的惯性，而金融有强烈的配合财政、政府相关企业和投资的倾向。在高速增长阶段，基础设施投资、房地产投资和相关产业占经济的比重很大，需求增长也很快，这种系统惯性成本较小，因为快速增长的需求通常会解决产能过剩问题。然而，随着经济增长速度换挡，高质量发展变得更加重要，我们更加需要不断地调整结构来满足人民日益增长的美好生活需要，上述的系统惯性所带来的效率损失和风险就会变得更大。这个问题是中国金融体系所面临的最大挑战。

金融新时代的另一重要特征是中国经济和金融在国际上的地位更加重要，更加深入地融入全球经济和金融体系，这也带来了新的机遇和挑战。

我们怎样面对这些机遇和挑战？《新金融趋势》一书收集了作者温信祥在过去几年中思考相关问题所写的论文，对于我们更好地找到答案很有价值。信祥的特殊背景为找到答案提供了良好的条件：他曾在商业银行担任过重要职务，业务范围包含国内、国际多个领域；从2013年起，信祥转战中央银行，先后担任人民银行金融研究所副所长和货币政策司副司长，现任货币政策委员会秘书长。信祥的商业银行和中央银行工作经历，北大数学学士、经济学硕士和人民银行研究生部经济学博士的教育背景，都可以在本书中找到踪影。

本书的前两部分主要讨论金融与科技融合方面的问题。在"数字货币"这一部分，《数字货币展望》一文首先探讨了什么是数字货币，数字货币对现有的法币系统、金融体系乃至国际货币体系是否会形成冲击等问题，为我们更好地理解数字货币提供了基础。作为货币政策和金融监管政策实践的参与者，信祥进一步讨论了数字货币对货币政策的影响以及对数字货币的监管。在货币政策方面，信祥讨论了电子货币对货币供给和需求的影响，指出电子货币的发展增强了货币政策从数量型调控向价格型调控转型的必要性，也讨论了双向兑换型虚拟货币对货币政策有效性、铸币税收入和货币指标的准确性的不利影响。在监管方面，信祥强调了数字货币可能带来的洗钱、恐怖主义融资、投机等风险，并从保护消费者权益、维护金融科技创新出发提出了监管建议。在金融科技创新方面，《区块链的能与不能》一文特别讨论了作为数字货币的重要技术支撑，区块链技术的优势和局限。最后，信祥还以非洲国家的移动货币为案例，探讨了移动支付在我国农村地区的应用前景。

"金融科技"这一部分首先在《科技如何改变金融》一文中介绍了科技介入金融的主要领域，包括支付清算、融资、投资管理以及征信等，并从金融机构、新进入者、消费者和监管者的角度分别剖析了科技对传统金融的冲击方式。在中国，科技金融通常被等同于互联网金融。《现代金融产业体系的全新发展机遇：互联网金融的创新通道及约束因素》一文讨论了互联网金融的常见业态、创新方向、发展约束和要克服的关口：常见业态为互联网支付、互联网融资和互联网金融销售；创新方向为显著降低成本、极致的客户体验、大数据计算和移动互联网；发展约束为技术的突破需要时间积累、路径依赖以及金融风险的外部性、滞后性和不对称性；要突破的关口包括服务实体经济关、风险管控关和监管合规关。在这些分析的基础之上，《互联网金融的中国道路》《谁的互联网金融？》和《迎接互联网金融的春天》等文章探讨了中国互联网金融面对的机遇和挑战，特别强调以技术变迁推动制度变迁，以制度变迁迎接技术变迁，以争取技术和制度双重红利。《从货币角度看第三方支付创新和监管》一文将这样的探讨聚焦于第三方支付这一特定业态。

互联网对传统金融机构，特别是对银行业带来什么机遇和挑战？信祥在商业银行的工作经历为回答这些问题创造了良好的条件。《互联网银行的挑战和机遇》和《主动降维应对互联网金融攻击》等两篇文章对此进行了详尽的分析，并给出了具体的建议。

互联网金融要突破的第一关口就是服务实体经济，特别是为创新型企业提供中小微融资，但服务实体经济发展必然会带来风险，如何在支持实体经济发展和防控自身风险之间寻求平衡是一个重要问题。《互联网金融能够破解创新型小微企业融资难题吗？》和《互联网金融也要重视流动性风险管理》两篇文章对此进行了探究。

本书的第三、第四两部分分别讨论货币政策和金融改革，对于回答金融体系如何更好地满足中国经济发展的新要求这个问题作出了贡献。

我们金融体系的两个最重要问题是金融没能帮助实体经济实现投资资源的有效配置以及金融存在较大的潜在风险。这两个问题有密切的关系，联系的枢纽是经济结构。一个可以帮助我们将问题想得更加清楚的结构模型是将投资分成两类，一类是政府驱动型投资，另一类是市场驱动型投资。我们可以将这样的结构称为中国经济的新二元结构。政府驱动型投资是政府调控经济的重要手段，因为容易动员，但问题是，像我们前面分析的那样，这样的投资惯性比较大，在一定程度上也约束了政府对经济的调控，使得政府不得不继续在同样的方向上持续投入。当经济发展还处于量的扩张为主的阶段时，这样的惯性带来的效率损失较小，但是当经济发展已经进入以质的改善为主的阶段时，投资方向的调整对于效率的重要性更大，这样的惯性带来的效率损失就更大。在我们追求高质量发展的新时代，惯性越大的结构效率越低。新二元结构中，还有一个特点是政府驱动的投资对资金成本不敏感，因为这部分投资的背后，有着强烈的软预算约束预期，就是说，但投资出现问题时，预期会得到政府的帮助来渡过难关。对资金成本越不敏感的经济结构，资金成本就会越高。所以在新二元结构的框架之下，政府驱动投资占的比重越大，惯性越大，效率越低，投资回报率越低，同时对资金成本的敏感度越低，资金成本越高，资金成本更高和投资回报率更低一起意味着风险更大。要提高效率，降低风险，就需要调整结构，但结构调整如果过于突然，又会带来其他的风险。所以需要有定力、有节奏地调整经济结构，金融应该配合这样的结构调整。

本书第三部分的文章《降社会融资成本重在结构性改革》为上述的分析提供了详细的内容。这篇文章特别探讨了在总体资金宽裕、市场化配置资金程度提高的情况下，为何企业融资成本高。文章指出，"一个重要原因是前期项目再融资挤占了当期融资资源"。"银行贷款被前期项目占压情况相当严重。其中比较典型的就是房地产项目和政府融资平台，由于这些项目期限很长，需要不断追加投入，不但不能收回本金，即使是偿还利息负担也十分沉重"。"实体经济融资难、融资贵局面始终难以改变的原因，除了大量资金流入房地产、政府融资平台外，还有一个重要原因就是一些产能过剩、低效率企业还占用着大量的金融资源"。文章得出的结论是只有深入进行结构性改革才能有效降低社会融资成本。《"融资难与贵"的三个视角：融资结构、资本约束和信任重建》一文也谈到"二元融资体系下信贷配给恶化"是融资难与贵的重要原因之一。《经济泡沫判断的日本教训》一文则提醒我们经济增长"量增质降"和其他一些结构性问题带来的危害。《多渠道解决地方政府债务和融资》一文在化解地方政府存量债务风险这一背景下对地方政府的再融资问题提供了思路。第四部分的《经济企稳向好为深化供给侧结构性改革创造适宜的环境》一文深刻分析了当前各项改革所面临的经济环境，并对供给侧结构性改革的方向作出了一些判断。

防范金融风险除了需要调整实体经济的结构之外，还需要考虑货币政策与金融监管这两个方面。《奠定新时期金融稳定发展的基石——全国金融工作会议精神解读》一文就货币政策与监管政策的协调问题进行了深入的分析。《稳健的货币政策的认识》分析稳健的货币政策如何综合运用多种货币政策工具，合理调节银行体系流动性水平，引导货币信贷和社会融资规模平稳适度增长，为经济发展和结构性改革营造适宜的货币金融环境，提高金融支持实体经济的效率。制度改革直接关系货币政策执行效果，《利率市场化临门一脚》和《存款准备金制度研究》这两篇文章分别对利率市场化和存款准备金这两项制度进行了分析和展望。

关于金融监管，第四部分的《也谈金融监管体制改革的四种观点》一文对关于金融监管体制改革的四类观点进行了讨论，并提出了一些关于推进改革的思路。《建议对金融机构资产管理业务实施宏观审慎管理》系统论述了资产管理业务的主要特点、存在问题和应对建议。

住房金融改革是未来一段时期我国金融改革的重要方面。《金融如何助力住房供给侧改革》一文从宏观上提出了住房金融改革的总体思路。《"十三五"住房金融改革发展的新思路》《我国住房金融体系现状和存在的问题》《住房金融发展的国际经验和启示》和《进一步深化我国住房金融改革的建议》这四篇文章依次分析了我国住房金融体系的现状和存在的主要问题，梳理了主要发达经济体住房金融改革的成功经验，为"十三五"期间如何推动我国住房金融改革提出了更加具体的思路。

本书对于中国经济和金融更加深入融入全球体系所带来的机遇和挑战也提出了独到的见解。第三部分《未来经济增长的积极因素》一文对全球经济金融形势作出了前瞻性展望。第四部分《人民币国际化的全新历史时期——"一带一路"与未来国际金融体系》一文对比了世界主要国际货币国际化的经验，探讨了这些经验对人民币国际化的启示，同时也分析了人民币国际化所面临的机遇和挑战。第五部分《后金融危机时期中资银行国际化的路径选择》一文分析了国际金融监管环境和国际金融格局的变化，比较了中资银行国际化的外部环境和主要模式，在此基础之上提出了后金融危机时期中资银行的国际化发展策略。本书还介绍了富国银行、德意志银行和渣打银行等国外知名银行的成功发展经验，以及这些经验对我国商业银行发展的重要借鉴意义。

  本书内容非常丰富，涉及的问题很多都是我们在经济金融领域所面临的重大问题。信祥对这些问题进行了深入的思考，提出了很有启发性的见解和很有价值的建议，我读了以后很有收获。信祥邀我为他的大作作序，我感到很荣幸，于是就将我阅读本书后的体会写出来供读者参考。我对本书的一些内容的描述反映了我的理解，不可避免地有和书中的原意不一致的地方。所以我还是请读者认真地阅读原文，我相信读者一定会像我一样得到很大收获。

清华大学经管学院

**2018 年 1 月 7 日**

# 前　　言

本书由我近几年论文集成，主题涵盖了数字货币、金融科技、货币政策、金融改革和商业银行。本书取名《新金融趋势》，希望能有助于把握金融新趋势，发展新金融。

每一次金融危机都会深刻改变金融趋势。20世纪30年代和2008年的两次金融危机也是如此。1929—1933年大萧条是由疯狂投机活动引起的金融危机而触发的。罗斯福总统的新政也先从整顿金融入手。推出联邦存款保险制度，给全国各银行的存款提供保险，减少恐慌和挤兑压力；建立分业经营体系，把商业银行跟投资银行、保险等隔离开来，降低金融机构的冒险空间。这些措施对于稳定银行体系起了积极作用。20世纪30年代危机过去几十年间，随着时间的推移人们渐渐忘记危机的教训，陆续放松金融管制，打破分业经营界限，到2008年再次爆发严重的金融危机。虽然美国等政府的救市让这次金融危机没有像1929—1933年那样伤及社会，但这些史无前例的救市措施也带来了后续隐患。"大而不能倒"逻辑下的救市行为和救市预期带来道德风险，同时也为更加严格的监管提供了理由，金融自由化和国际化的势头再次停顿甚至扭转。

从国内来看，2008年国际上爆发危机时，中国大型银行已经完成重组上市，抗风险能力大大增强，加之国际化程度有限和资本项目尚未完全开放，受到的冲击较小，主要银行还抓住发达国家从全球收缩的历史性"窗口期"完成国际化布局，几个大银行成为全球系统性重要银行。人民币顺利加入 SDR。第一个趋势就是中资金融机构国际化和人民币国际化。当然随着国际化布局的完成，中资金融机构国际化从网络和规模扩展进入本地化经营的精耕细作阶段。农行纽约分行和工行马德里分行事件也警示了国际化的艰辛。第二个趋势是在网商和数字经济迅速发展背景下，服务于数字经济的金融科技异军突起，移动支付全球领先，成为传统金融机构之外的另一支重要金融力量。第三个趋势是在金融创新背景下，理财、资管等影子银行爆发式发展，在服务实体经济的同时也积累较大金融风险。第四个趋势是在新的《预算法》约束下，任务和事权繁重的地方政府在"土地财政"乏力的背景下大肆通过"金融创新"形成大量的隐性债务，财政金融化趋势较为明显。第五个趋势是房地产成为居民财富主要构成部分，热点城市价格高企和部分地区库存积压并存，住房金融化趋势明显。第六个趋势是在金融创新和高杠杆背景下，为守住不发生系统性风险的底线，更加注重加强宏观审慎管理和金融监管。上述六大趋势在本书中都有所体现。

## 一、数字货币的挑战

央行为什么要研究数字货币？2013 年比特币已经开始"兴风作浪"，对数字货币的研究是应时而生，有其必要性和迫切性。后来的发展证明，如果当时没有提前布局研究，面对包括 ICO 在内的乱象，监管部门就会更被动。正是基于长期的观察和研究，才能比较准确地辨认"好"的创新和"坏"的创新，进行更加主动的监管，防止出现难以收拾的损害投资者利益的局面。数字货币研究小组起点是周小川行长的一次内部谈话。周行长介绍国际上最新的数字货币研究情况，希望我们几个人研究借鉴国际上的一些经验，提出中国数字货币的构想。随后在央行内部成立了数字货币研究小组，在行领导的带领下，研究小组每个月都要有进展、每个季度都要汇报。我作为主要成员参加数字货币研究，也是央行最早参加数字货币研究的人员之一。

所谓数字货币，包括法定货币的电子化和非法定货币的电子化。在 2013 年刚开始做这个课题的时候，英文中有二三十个单词描述数字货币，作为实际政策研究部门，不想纠缠讨论概念，而是对数字货币作了较为广泛的定义。法定货币电子化包括网银、第三方支付等，非法定货币电子化包括特定的虚拟货币，如 Q 币、比特币等。我们认为，未来的中央银行数字货币，肯定是法定货币的电子化形式。私人数字货币是否会被消灭？我认为比较困难。从货币历史来看，私人货币早于法定货币，世界各国都是这样。但需强调的一点是，一旦推出法定货币以后，金融当局必然要对私人货币的使用范围、领域、规模等进行限制、监管和调控。我们国家对"银行"实行严格的监管制度，何况"货币"？

数字货币不但受到投资者的青睐，对不法分子也颇具吸引力。目前流行的数字货币非央行机构发行，理论上免受政府干预；其匿名性使自身具有像现金一样隐藏交易的能力，这使数字货币可以逃避现有的监管政策，具有了逃避政府监督的潜力。比特币诞生之初即被用在各种违法犯罪事件中，例如枪支贩卖、毒品交易、成人网站、人口贩运等；犯罪分子也将数字货币用于洗钱、恐怖主义融资、逃避高税收、逃避资本管制和财产没收等方面。近年来，比特币还成为勒索病毒攻击的最新犯罪工具。比特币等数字货币的出现，一定程度上助长了勒索病毒的泛滥。网络安全公司 Malwarebytes 数据显示，勒索案件在网络攻击事件中的比例由 2015 年的 17% 上升到 2016 年的 61%，其中 2016 年比特币勒索在黑客攻击模式中比例上升近 50%。

从法治和监管的互补性来看，在法治和执法水平比较低的环境中，为了保护投资者的利益，监管需要更主动、更强大。全国金融工作会议明确了金融要服务实体经济，更何况这些金融创新？对私人数字货币领域我们还是要有比较强的规范和监管。从货币政策和宏观调控角度来看，中央银行发行货币，首先还是有利于货币政策的传导、执行，改善和强化宏观调控。任何创新都不应该单纯削弱或者规避调控。最后，现在对于所有货币都有一系列反洗钱、反恐怖融资、反逃税等方面的监管要求，金融创新的产物包括数字货币也不能违背这些法律法规。

现在很多地方都在研究金融创新和金融科技监管的经验。国际上对数字货币的监管态度大概有几类：第一类是比较乐观的，如国际货币基金组织总裁拉加德，她的演讲中认为数字货币是未来的方向。当然从很长周期看，我们认同这一观点，毕竟未来的世界是数字世界。第二类是像俄罗斯等国，普京就对比特币等数字货币保持警惕，并发出警告。第三类则是观望和矛盾中。一方面认为这是机遇不能错过，另一方面又觉得有风险还要观察。第一类包括"小国大金融"的国家，如新加坡、英国、瑞士等。这些国家为了在国际上竞争"国际金融中心"地位，常常降低监管门槛。这些国家法治严密，新兴的金融创新在本国无法"兴风作浪"，是否"祸害"别的国家则事不关己、漠不关心。这些国家监管当局基于本国的较高的法治水平作出放松监管的决定，新兴的国家如果照搬照抄往往门户洞开、深受其害。即使是这些国家，它们也对风险有所担心，推行"沙盒监管"，试图控制风险范围。所以，看国际经验并不是说别国松我们就松、别国紧我们就紧，还是要回归本质，看这些金融创新到底能起什么样的作用。对任何金融创新都要看其实质是否有利于提高效率、改善服务，都要有底线思维和风险意识，不能把监管和支持创新对立，不能认为加强监管就是妨碍创新。

我从2013年开始研究数字货币国际经验和总体思路，对比特币、非洲移动货币进行案例研究，从法定货币和私人货币的角度对数字货币的监管进行设计，对数字货币对货币政策的影响进行初步研究。这些研究成果至今公开发表了6篇文章，构成了本书第一部分数字货币。

数字货币的发展无疑对金融行业和中央银行带来巨大的挑战。一方面，技术带来的创新不以人的意志为转移，不管喜欢或不喜欢终将带来巨变，不能低估技术进步带来的制度变迁。另一方面，数字货币的发展必将对中央银行的货币政策有效性带来影响，传统的金融调控体系和金融监管手段也需要与时俱进，在应对挑战中发展。在数字货币部分文章包括了最重要的案例，比较系统地分析了非洲移动货币、中国移动支付、比特币及其背后的区块链技术、ICO的爆发和叫停。

以比特币为代表的虚拟货币也是一种超主权货币。它不由任何一国来发行，也不由国际组织发行，它由私人市场产生，其数量由大众普遍接受的技术规则来约束。由技术规则约束虽然存在价格波动大等缺陷，但它仍然在全球部分人群中受到欢迎。欧央行关于虚拟货币的研究报告曾经提到一个有意思的现象：在塞浦路斯银行业危机时期（2013年3~4月），比特币运行到历史最高水平。数字货币的产生，或许为解决国际货币体系特里芬难题提供了另一个思路。

能够影响中央银行的数字货币，作为金融基础设施的重要部分，对金融行业影响也是深远的。以支付为例，非洲移动货币与以微信支付、支付宝为代表的第三方支付都是借助技术创新的后发优势实现的跨越式应用。研究发现，非洲的移动货币和我们的支付宝账户、微信账户是非常类似的，甚至还多了一个取现功能。不仅是非洲，还有东南亚和南美的一些落后地方，它们的移动货币在支付领域已经完全超过银行，占到绝大多数的比重。非洲的移动货币最早是由电信公司做起来的，后来中央银行和它们达成一个协议，收归央行监管。技术都是跨越式发展的，越落后的地方越容易弯道超车。它们通过技术解决了监督和成本问题，每发生一笔支付，这个信息都会发到上一级平台，实时监督。对比非洲移动货币的案例，第三方支付特别是移动支付的发展表明，我国金融鼓励创新和防范风险做得还是不错的。非洲、东南亚等国家对创新也是很大胆的，用技术解决普惠金融可及性、成本和监督的问题。非洲国家移动支付虽然发展很快，但是它们基本为外资控制，本国没有成长类似蚂蚁金服、微信支付这样的国家企业。在对外开放中获得了发展，但是可能失去了独立性。

《移动货币：非洲案例及启示》这篇案例研究发表在了《中国改革》上，也可以在央行工作论文找到。这个案例充分表明先有自发创新、后有主动规范、纳入金融监管的顺序，也表明了技术创新往往先发生在相对落后国家和地区，不能只盯着发达国家，抱着发达国家没有我们也不能有的固定思维。2014年在写作《移动货币：非洲案例及启示》等文章时，在广大的农村地区，金融服务覆盖率仍相对较低，农村移动支付业务发展缓慢，支付服务的供需矛盾较为突出。经过这两三年的大力推广，目前包括农村地区在内的移动支付已经较为普及和便利，增强了金融的便利性、包容性和普惠性。大城市现在几乎进入"无现金社会"，至少从个人来讲出门不带现金带手机就可以满足支付需要。有关部门也进一步明确了第三方支付有关监管要求。

## 二、金融科技的领先实践

本书的第二部分主题是金融科技，主要由12篇互联网金融方面的文章组成。2013年11月在北大国家发展研究院参加会议，作了一个发言《马云的成功可以复制吗？》，分析了以支付宝为代表的互联网金融崛起的历史背景和广阔前景。2014年接受《人民论坛·学术前沿》约稿形成《现代金融产业体系的全新发展机遇：互联网金融的创新通道及约束机制》，系统提出互联网金融创新的四个方向和三个约束因素，明确指出互联网金融创新存在边界，受到约束。从技术上看，存在"30年法则"约束，从社会学看存在路径依赖约束，从金融学看需要考虑金融风险的外部性，受到监管合规约束。在当时一边倒的氛围中，提出既不能低估互联网金融创新的速度，也不能操之过急，甚至拔苗助长。2014年在中国支付清算协会上发表主题演讲《从货币角度看第三方支付创新与监管》，在借鉴国际监管经验的基础上明确提出第三方支付不能形成资金池，支付和清算是不一样的，清算具有系统重要性。在2014年CF40上海外滩互联网金融年会上明确提出互联网金融发展使得传统金融机构面临巨大挑战，建议允许银行等传统金融机构收购互联网金融公司，以子公司形式实现"降维竞争"。在2015年财富管理50人论坛上作了题为《互联网金融也要重视流动性风险管理》的发言，介绍了明斯基三个融资阶段和两个流动性枯竭案例，为如火如荼的互联网金融提个醒。2014年作为《清华金融评论》编委和廖理副院长联合主编了一期互联网金融（主题）杂志，并联名写了卷首语《迎接互联网金融的春天》。现在互联网金融进入整治阶段，回顾过去5年有关这方面的文章和发言，还是很有意思的，许多展望逐步实现，许多方面的发展超过想象，但是令人安慰的是过去对风险的提醒是持续不断的。年轻的互联网金融行业经过整治，大浪淘沙，必将再次起航。科技已经深刻改变金融，未来这一趋势还将继续，特别是人工智能、数字经济的发展将使得科技和金融深度融合、嬗变和升华。

### 三、构建货币政策与宏观审慎政策双支柱

本书的第三部分主题是货币政策，主要涉及经济金融形势、国际货币政策经验和教训、国内影子银行、融资难和融资贵等方面，包括13篇文章。第一篇文章《奠定新时期金融稳定发展的基石——

全国金融工作会议精神解读》是2017年全国金融工作会议后应《紫光阁》杂志约稿写的。全国金融工作会议承上启下，总结了过去五年的金融工作，提出了今后五年金融工作的目标、思路、原则和措施。对其学习也是一个不断深化和与时俱进的过程。第二篇文章《降社会融资成本重在结构性改革》是在金融研究所工作期间对金融业面临"融资难、融资贵"这个难题的思考，文章分上下两篇发表在《第一财经》，比较系统地分析了融资难和贵的概念、成因和对策。明确指出，社会融资成本高主要是经济结构性失衡造成的。当前主要的结构性失衡包括实体经济和金融比例失衡、直接融资和间接融资比例失衡、股权融资和债权融资比例失衡、银行业表内和表外业务失衡、大中型金融机构和小微金融机构发育程度失衡等。此文后来被英文杂志 China Economic Review 收录。第三篇《稳健的货币政策的认识》是2015年作为政府工作报告写作组成员在"两会"后按照国务院研究室统一要求写的辅导报告文章，收入《十二届全国人大四次会议政府工作报告辅导读本》。在这篇文章中介绍了宏观审慎管理（MPA）的情况。当时在货币政策司担任副司长，很荣幸参与了MPA有关工作。《利率市场化临门一脚》是在金融研究所工作时写的。大约一年后人民银行放开商业银行存款利率下限，利率市场化实现历史性的一跃。《"融资难与贵"的三个视角：融资结构、资本约束和信任重建》是参加厉以宁教授从事学术活动60周年纪念活动的演讲整理而成。《影子银行融资成本探析》是参加第一财经研究院杨燕青博士组织编写的《金融稳定报告》所负责的一章，这是合作成果，形成报告时我没署名。《未来经济增长的积极因素》是2014年参加中央财经大学组织的研讨会的演讲稿，当时同一场合还有白重恩和黄益平两位教授。这个演讲在研究美国20世纪90年代持续增长经验的基础上，针对当时比较悲观的情绪讲了一些积极因素，后来的经济企稳向好也算是一种印证。

### 四、深化金融改革、改善金融服务

本书第四部分主题是金融改革，主要涉及金融监管体制、资产管理监管、人民币国际化、住房金融等方面。其中住房金融是承担住建部课题形成的研究成果。在住房课题中提出了面对冷热失调和结构失衡的复杂局面，还要防止过多的资金进入房地产市场，对房地产价格产生推波助澜的不好作用，特别是要关注银行和保险等企业的资管资金在各地"地王"和房价泡沫中的不好作用。金融业不仅要审查个贷和开发贷的信贷风险，更要高度关注房地产价格泡沫和库存过剩的宏观风险，避免同质化竞争，避免金融地产化和地产金融化的不好倾向。下阶段房地产调控政策的主要着力点是推进住房供给侧结构性改革，需要采取综合措施，更好地发挥金融支持的重要作用，促进房地产市场盘活存量、用好增量，实现平稳健康发展。《设立蓝色金融创新综合试验区的设想》是国家海洋局委托课题的一个研究成果，此外该课题还以《蓝色金融：助力海洋经济发展》为书名由中国金融出版社出版。《建议对金融机构资产管理业务实施宏观审慎管理》是2016年的一个研究报告。2015年资产管理业务风险还没有被充分认识，许多银行把发展资产管理业务作为下一步重点和战略转型方向，监管部门对资管业务资本、流动性监管以及对宏观调控的冲击的严重性还没充分认识，基于自己多年从事财务会计管理和资本管理的经验，从2015年开始在会议上多次讲要重视资产管理可能带来的系统性风险问题。后来随着保险资管等问题相继暴露，"一行三会"纷纷加强了对资产管理业务的规制和监管。目前出台了关于加强资管业务管理的征求意见稿。最大难点还是规模巨大的存量资管业务如何实现平稳过渡。资管业务"从哪儿来，到哪儿去"，银行如何"回归本源"，如何落实"谁的孩子谁抱"，这些需要中国智慧，这个案例值得好好总结。

### 五、商业银行再出发

第五部分主题是商业银行。收录了我最近以及前几年发表的商业银行方面的 8 篇文章。从 1995 年参加工作直到 2013 年我一直在大型银行工作,从总行到海外分行,业务领域主要包括财务管理、股改上市、国际化经营管理等三个方面。我离开工行时,当时的董事长说他在工行十几年做了"财务重组、股改上市、国际化"三件大事,我都在前线。十八年的青春年华,有这句话我还是十分感激的。由于这几个方面工作十分繁重,最忙时兼任计财部系统财务处处长和股改办公司治理规划处处长,确实是"白加黑""5+2"的工作模式。在担任财务处处长的几年中组织编写了一系列科目的支出行为管理办法,形成了财务分析模板,实现了财务会计体系从传统的国有银行向现代上市银行的转轨。在担任财务处处长期间,在当时的计财部总经理潘功胜博士带领下开始设计股改方案,我经常到当时负责该项工作的人民银行研究局汇报工作。第一批股改的银行是中行和建行,并没有工行。当我得知采用外汇储备注资时就觉得十分巧妙,事情可成。2003 年"非典"期间,我和领导没有休假,周末都在单位加班测算股改方案,推门而出时眼睛被楼道里消毒药水刺激得流泪。此时,我们才为自己可能感染"非典"有些担心。

在担任国际部副总经理负责境外机构建设和管理期间,组织编写了《商业银行国际化》丛书,制定三年国际化战略并组织实施,实现境外机构跨越式发展。最难忘记的是在欧洲五国申请设立分支机构和东盟国家机构布局。比较经典的案例是越南河内分行申设。由于事先获知越南央行率领的代表团将访问中国,我和负责接待的中国人民银行国际司负责同志商量安排他们访问工行,工行姜建清董事长亲自接待,我则带领他们参观北京分行。随后我又想办法安排董事长在博鳌会议期间拜见越南总理。这一系列的外事活动确保最终我们申请顺利获批,而且早于其他两家国内银行,虽然它们比我们去得早。在获悉马来西亚将开放五张外国银行牌照的消息后,我当即飞往吉隆坡拜会马来西亚央行,最终也顺利获得其中一张牌照。在港投行工商东亚即将受到香港证监会处罚前,记得是春节前,我受命飞往香港拜会香港证监会高层,商量通过其他在港机构获得证券牌照事宜,最后成功设立了工银国际。在欧债危机爆发之际,我带队飞往欧洲,拜会卢森堡、荷兰、西班牙等国家,申请用卢森堡子银行一次性在五国设立分行,记得当时冰岛火山灰还影响航班飞行了。

2011年到东京分行担任总经理兼日本总代表,上任不到2个月就发生东日本九级大地震。那是个周五,我原计划回国看望住院的父亲,在去机场路上看见灾情严重临时决定调转车头回办公室了。地震导致地铁中断,大批员工滞留办公室。我就在办公室住下,安慰清点员工。当天晚上余震不断,到半夜地铁线路陆续恢复,员工陆续回家。第二天直接去周六也要开业的池袋出张所。由于地震,海底电缆受到影响,又马上联系总行IT总监协调电信部门,调用其他电缆确保池袋出张所正常营业。此时陆续接到国内的关心电话,许多好心人担心福岛核电站爆炸泄漏辐射,有的建议我多买一些食品储备。事实上后来确实超市食品饮用水都被抢购一空,再后来买水也受限制,汽车加油也要受到限制,我才意识到问题有点严重。不过我分析,日本和美国是盟国,美国有基地驻军,东京又是港口城市,在极端情况下也是有能力保障食物供应的。虽然有好心人建议我别吃鱼类了,不过也顾不得这么多了。有的同事怕受核辐射污染天天吃面包,我是基本不管这些,该吃啥就吃啥。当然我们在国内指示下,把家属和女员工都送回国内,留守人员在危险期白天在东京上班,晚上坐新干线回大阪,大家觉得这样安心一些。3月11

日大地震发生后2个月我都留守在一线，每天还刻意到营业厅走一走，安慰一下动摇的军心。因为有一段时间，不但国内外派员工，日本员工也考虑申请离开东京了，特别是孩子小的。

虽然平生第一次遇到了地震，但是由于一到东京就开始拜访客户，经营业绩不受影响。营销了多户日本世界五百强企业在东京分行开户存款办理业务，解决了低成本资金来源问题。又抓住人民币国际化的机会大力发展国际结算业务。在东京分行经营2年中，存款不愁、费用结余、利润翻番。顺利接受日本金融厅现场检查，聘请精通英语、中文的日本籍律师事务所合伙人担任新设立的法务合规部负责人，为分行依法合规经营奠定良好基础。到东京不久，原来负责分行合规工作的副行长就提出，他已经过了退休年龄几年了，不准备继续返聘，希望分行寻找新的人员负责合规工作。他热情地推荐了他原来工作的住友银行的几个人，我见了以后觉得难以胜任，主要是语言、业务面和学习能力方面，大银行部门人员很难适应中资分行的合规工作。后来我改变思路，从律师事务所和会计师事务所寻找人员。经过面试聘请了美国斯坦福大学法律博士、具备美日律师资格的日本人，安排她到各个主要部门实习培养，半年后任命她为新成立的法务合规部部长，直接向总经理汇报。回国后看到工行马德里分行和农行纽约分行遭遇的法律案件新闻报道，觉得当年聘请律师作为合规官还是有先见之明的。在发达国家，法律比较复杂，一定要避免法律上的风险。毕竟监管还是可以谈的，最坏也就是业务和罚款方面的处罚，而违反法律则涉及个人人身自由。

从事商业银行国际化经营这些年由于工作忙，内部报告多，发表文章少。今后也许有机会可以讲一讲，毕竟亲历这些事的机会也是难得的。

# 目　录

**第一部分：数字货币** ……………………………………………… 1

　　数字货币展望 ……………………………………………… 3
　　区块链的能与不能 ………………………………………… 17
　　数字货币对货币政策的影响 ……………………………… 27
　　如何监管数字货币？ ……………………………………… 33
　　移动货币：非洲案例及启示 ……………………………… 43
　　从肯尼亚移动货币看移动支付在中国农村金融服务中的
　　　应用前景 ………………………………………………… 66

**第二部分：金融科技** ……………………………………………… 77

　　科技如何改变金融 ………………………………………… 79
　　现代金融产业体系的全新发展机遇：互联网金融的创新通道及
　　　约束因素 ………………………………………………… 89
　　马云的成功可以复制吗？ ………………………………… 102
　　互联网金融的中国道路 …………………………………… 108
　　主动降维应对互联网金融攻击 …………………………… 117
　　互联网银行的挑战和机遇 ………………………………… 125
　　法国互联网金融及其启示 ………………………………… 130
　　从货币角度看第三方支付创新与监管 …………………… 143
　　互联网金融能够破解创新型小微企业融资难题吗？ …… 147
　　互联网金融也要重视流动性风险管理 …………………… 159

谁的互联网金融？ …………………………………………… 164
　　迎接互联网金融的春天 ……………………………………… 167

**第三部分：货币政策** …………………………………………… 169
　　奠定新时期金融稳定发展的基石——全国金融工作会议
　　　精神解读 …………………………………………………… 171
　　降社会融资成本重在结构性改革 …………………………… 178
　　稳健的货币政策的认识 ……………………………………… 190
　　非常规货币政策的国际实践及其启示 ……………………… 199
　　未来五年全球经济金融展望 ………………………………… 219
　　利率市场化临门一脚 ………………………………………… 231
　　存款准备金制度研究 ………………………………………… 239
　　"融资难与贵"的三个视角：融资结构、资本约束和
　　　信任重建 …………………………………………………… 248
　　影子银行融资成本探析 ……………………………………… 256
　　多渠道解决地方政府债务和融资 …………………………… 274
　　经济泡沫判断的日本教训 …………………………………… 278
　　货币政策不宜长期持续宽松：特朗普当选的一个启示 …… 284
　　未来经济增长的积极因素 …………………………………… 287

**第四部分：金融改革** …………………………………………… 291
　　经济企稳向好为深化供给侧结构性改革创造适宜的环境 …… 293
　　也谈金融监管体制改革的四种观点 ………………………… 296
　　建议对金融机构资产管理业务实施宏观审慎管理 ………… 302
　　区域互保联保风险化解探讨 ………………………………… 308
　　人民币国际化的全新历史时期——"一带一路"与
　　　未来国际金融体系 ………………………………………… 316
　　金融如何助力住房供给侧改革 ……………………………… 330

"十三五"住房金融改革发展的新思路 …………………… 339
我国住房金融体系现状和存在的问题 …………………… 348
住房金融发展的国际经验及启示 ………………………… 358
进一步深化我国住房金融改革的建议 …………………… 375
设立蓝色金融创新综合试验区的设想 …………………… 382

## 第五部分：商业银行 ……………………………………… 389

商业银行行为与文化建设 ………………………………… 391
后金融危机时期中资银行国际化的路径选择 …………… 397
国际金融监管新趋势与我国的对策 ……………………… 415
推进中资银行国际化具有战略意义 ……………………… 418
跨国银行应对经济周期的战略研究 ……………………… 420
从富国银行看大银行如何提供小微金融服务 …………… 438
从德意志银行的兼并收购看其发展战略转型 …………… 449
渣打银行的新兴市场发展路径 …………………………… 463

**后记** …………………………………………………………… 482

# 第一部分：数字货币

# 数字货币展望[①]

展望未来，数字货币的高级形态可能超出我们现在的想象，但是在可预见的未来，货币的世界有可能是有诸多"并存"的世界。

货币在经济中的地位十分重要。许多著名的经济学家都对货币作过专门的论述，比如凯恩斯就写过《货币论》，其代表作《就业、利息和货币通论》中也有"货币"的一席之地。货币形态的演变反映了经济金融的变化；反过来，货币形态的变化也会对经济金融造成影响。

2009年，比特币（Bitcoin）横空出世，吸引了众多目光。比特币的价格在短短数年中跌宕起伏，诞生之初几乎一文不名[②]，高时价格超过30000元[③]，低落时也曾滑落至1000元左右；交易数量也从最初的零星交易到异常火爆，之后陡然下降，再到小高潮迭起。

在比特币之前，已经有过游戏币一类的虚拟货币，它们在特定的领域内，受到特定人群的追捧，但是比特币却以其去中心化、去信任等独一无二的特征，更新了人们对货币的概念，并再次引发对货币问题的深层次思考。什么是虚拟货币？虚拟货币是不是货币？它对现有的法币体系是否会形成冲击？对中央银行、商业银行为主的金融体系会产生什么样的影响？在国际货币体系，虚拟货币将会扮演什么样的角色？本文从

---

[①] 原文发表于《财经》杂志2016年第56期，合作者：张蓓。
[②] 比特币的第一笔交易记录，据报道是2010年5月21日，佛罗里达程序员拉斯勒·豪涅兹用1万个比特币，购买了价值25美元的比萨优惠券。
[③] 本书编辑时，2017年底比特币价格突破15000美元。

虚拟货币开始，回顾货币的历史与现实，探索货币形态变化背后的故事，寻找上述问题的答案。

## 一、三个概念：电子货币、虚拟货币和数字货币

根据欧洲中央银行的定义，虚拟货币（virtual currencies）是非央行、信用机构、电子货币机构发行的，在某些情况下可以作为货币替代物的价值的数字表现。这个定义里非常重要的一点是"非央行"，它指明了虚拟货币区别于之前的电子货币的最重要特征。与电子货币一样，虚拟货币也是无形的，两者之间最重要的区别就是发行者的不同。电子货币是法币的电子化，包括我们常见的银行卡、网银、电子现金等，还有近年来发展起来的第三方支付，如支付宝、财付通等，这些电子货币无论其形态如何、通过哪些机构流通，其最初的源头都是中央银行发行的法币。但虚拟货币是非法币的电子化，其最初的发行者并不是央行，比较早的有腾讯发行的Q币以及其他的游戏币等，这些虚拟货币还主要是在特定的虚拟环境里流通；之后出现的比特币，通过区块链技术较好地解决了去中心化、去信任的问题，实现了全球流通，在相当大的范围内受到追捧。为了讨论方便，电子货币与虚拟货币，统称为数字货币（见表1）。

表1　　　　　　　　虚拟货币、电子货币与数字货币

| 分类 | 数字货币 | | | |
| --- | --- | --- | --- | --- |
| | 电子货币 | | 虚拟货币 | |
| | 货币电子化 | 电子化货币 | 闭环内 | 闭环外 |
| 流通体系 | 金融机构 | 非金融机构 | 特定虚拟环境 | 跨境流通 |
| 典型 | 网上银行 | 第三方支付 | Q币、游戏币 | 比特币 |
| 监管现状 | 监管 | 监管不足 | 有相关监管 | 起步阶段 |
| 与法币关系 | 法币电子化 | 非法币电子化 | | |

由于发行者的不同，虚拟货币的流转体系也与现有的法币体系存在差异。虚拟货币体系主要包含如下关键要素：一是发明者。他们开发相

关技术，创造了虚拟货币。这些发明者制定了技术规则，有一些发明者还会继续维护和更新系统。二是发行人。他们发行虚拟货币。按虚拟货币的发行管理方式可区分为集中发行和分散发行。集中发行由单个机构或者个人来发行货币，典型的例子有瑞波币。分散发行的典型例子是比特币，通过"矿工"挖矿产生比特币。"矿工"是自然人或一个群组，他们自愿进行计算机处理来验证一系列交易，并将其添加到公共账簿，从而获得比特币奖励。三是钱包提供商。他们给使用者提供一个数字钱包。使用者也可以不使用供应商的钱包，自己建立、维护一个钱包。像比特币这样的分布式虚拟货币的钱包并不储存任何虚拟货币的货币单元，它保存的是使用者的所有比特币地址和私钥信息，从而提供了访问存储在区块链上账户的通道。在这样的虚拟货币体系中，货币单元的转移实际上是从一个账户扣除一定量加到另一个账户。发送方用私人密钥和签名发送支付指令，可对连接的所有用户发起付款。四是交易服务商。他们使货币单元在使用者之间转让。比特币体系中的"矿工"提供交易的验证，从而执行了支付处理功能。五是交易场所和交易平台。此外，还有使用者以及其他要素，如商家、支付机构、软件开发商、计算机硬件制造商等。

各界对于比特币这样的虚拟货币是否是货币，尚未达成共识，甚至一国的不同监管机构，也可能有不同的判断，而且随着虚拟货币的发展，各方的观点也在不断演化中。判断虚拟货币是否是货币，可以从货币的三个基本作用出发。一是交易媒介，二是价值储存手段，三是记账单位。从交易媒介看，目前虚拟货币还没被广泛使用，比特币等只是在很小的范围内作为支付手段，像比特币这样的虚拟货币，绝大部分交易是投资或投机行为。从价值储存手段看，以比特币为代表的虚拟货币价格波动性很大，也缺少现代货币的其他特点，比如不能存入银行获取利息，缺少像存款保险一样的保障机制，没有在贷款、信用卡等日常金融活动中被广泛接受和使用。从记账单位看，比特币的价格大幅波动阻碍了它作为记账单位功能的发挥。交易所之间，同一时间比特币的价格不同。价格的不确定性给比特币的使用带来很大的问题。另一个障碍是比特币的价格太高了，如果应用在零售商品的支付上，需要计算到小数点后面许多位之后。显然这给商品的标价带来了麻烦。总体看，现阶段的虚拟货币具备了一定的货币特征，但还不足以成为广泛接受的货币。

## 二、货币形态演变：需求与供给的共同作用

货币形态的演变是供给与需求共同作用的结果。从需求看，经济的发展对货币形态提出了要求。从供给来看，技术的发展使得货币形态的演变成为可能。在人类社会早期，货币呈现商品货币形态，贝、龟、珠、玉、布帛等都曾被当作过货币。之后，世界各地的货币先后过渡到金属货币，包括铜币、银币、金币等。再之后，随着经济的发展，开始出现纸币。随着信息网络技术的发展，电子支付方式进入经济生活，货币呈现为电子货币形态，近年来更是出现了虚拟货币（见图1）。

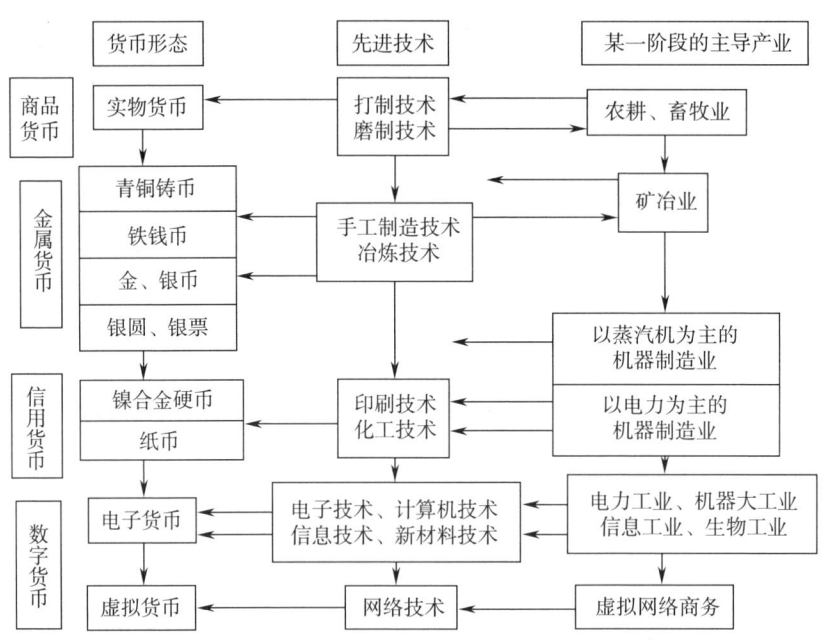

资料来源：苏宁：《虚拟货币的理论分析》，社会科学文献出版社，2008。

**图 1　货币形态的演变**

(一) 数字货币之前

在人类社会的早期阶段，人类活动的范围非常有限，货币只需要在非常小的地域范围内充当一般等价物。质量、数量相对稳定，携带、储存比较方便的商品，比如贝壳、布匹等，都有可能成为货币，这就是最原始的商品货币。这样的货币对技术也基本没有什么要求，最多是将龟壳和贝壳打磨光滑、穿孔等。

随着经济发展，人类活动范围逐渐扩大，形成了诸侯国、城邦，交易对象不再限于一个小村庄、一个城市。甲地的商品货币在乙地可能不再具有货币所需要的特点。各地的比较优势不同，许多商品在更大范围内不再具有一般等价物的特征。比如，内陆少见的贝壳，可能在沿海随处可见，贝壳在内陆和沿海的价格会出现巨大变化，不能再作为一个稳定的价值衡量尺度。最终，能够在更广地域范围内保持价值稳定的金属货币从众多商品货币中脱颖而出，先后被不同区域的人类社会作为通用货币。这样的金属货币，必须有冶炼技术作为基础，无论是铜币、银币还是金币，都必须有相应的开采、冶炼、提纯、铸造等技术作为保证。例如，中国很早就开始铸造使用青铜货币，并延续数千年，与中国发达的青铜冶炼、铸造技术是分不开的。比较普遍的观点是，欧洲发现南美洲后，南美的白银流入中国，日本白银流入中国，白银才逐步取代铜钱，直至明朝张居正"一条鞭法"改革才确立银本位。

随着经济的进一步发展，交易规模不断扩大、交易的区域范围越来越广，金属货币虽然价值稳定，但对于远途的大规模交易而言，运输、储藏成本还是非常可观的。另外，金属货币还有一个致命的约束，那就是矿藏的有限性。当经济规模和交易规模快速增长，或者金属货币大量流出时，流通领域中的金属货币不足，就会出现通货紧缩或者货币成色下降等问题，制约经济发展。为了便利交易、适应经济发展的需要，纸币出现了。与金属货币具有内在价值不同，纸币自诞生起，就具有信用的特征，其本身几乎没有什么内在价值，其价值在于其所代表的信用。纸币出现，特别是英格兰银行取消纸币和黄金兑换关系后，信用货币得以确立，英格兰银行逐步从原来的经营借贷的商业机构转变为中央银行，金融对经济的影响日益扩大。可以说现在我们的中央银行和商业银行体系产生以及运行和纸币及信用货币密切相关。

(二) 数字货币

近几十年来，世界经济进一步呈现全球化趋势，各经济体之间的经济联系更加紧密，全球金融市场跨越了地域的限制，产品种类、交易频率、规模是以前所无法比拟的。纸币已经无法满足这样的需求，随着信息技术的发展，电子货币出现了，不同于具有有形形态的货币，电子货币仅仅只是在计算机网络中存在的字符，脱离了形体的限制，其传输速度大大提高、传输成本大大降低，便利了全球贸易和金融交易。但需要注意的是，电子货币仅仅是法币的电子化，它依托于法币存在，代表法币的价值。

互联网经济的发展，催生了游戏币这样的早期虚拟货币。它们一般由游戏机构发行，主要用于虚拟商品的支付。由于可以购买商品的范围有限，且受制于发行机构的信用，一般只在特定范围内流通。

2009年出现的比特币，以不同于以往虚拟货币的面貌，在全球范围内受到追捧。从供给方面看，区块链、加密等技术的进步使得制约虚拟货币发展的安全问题、信任问题得到较好的解决。比特币的拥有权由分布式账簿来记录，并由加密协议和"挖矿"社区来确认，具有分布式、去中心化、去信任化、不可篡改、加密安全性等特征，很好地解决了数字货币中的"双花"和"拜占庭将军"难题，使得交易双方无须相互信任就可以完成交易。从需求看，首先，比特币在一定程度上打破了现实世界中或多或少存在的货币兑换限制和支付的寡头垄断，只要有能够连接互联网的机器，就可以在全球范围进行交易，而且成本很低[①]，满足了公众低成本进行跨国界支付、交易的需求。其次，2008年国际

---

① IMF报告显示，2015年，每笔小额汇款（以200美元为例）的全球平均成本约为交易金额的7.7%，而在等额情况下比特币的成本仅为1%。

金融危机之后，一些央行采取大规模量化宽松政策，招致了滥发货币的质疑。比特币不由任何一个单一的机构发行，由"矿工挖矿"产生，产生的速度由技术规则预先设定，并有一个上限，消除了使用者对货币滥发的担心。此外，比特币的匿名特征，也迎合了信息时代一些人对于个人隐私保护的需要。

### 三、金属货币与信用货币：关于货币的三个基本问题

在纸币这种信用货币出现后，历史上关于货币出现了两种对立的观点——货币金属论（Metallism）和信用货币论（Chartalism），前者基于金属货币，后者基于信用货币。它们在关于货币的三个基本问题上都有不同的答案：一是货币是否有价值，二是谁来发行货币，三是货币数量如何调节。

货币金属论认为，货币的价值来自其内在价值，即商品的市场价格；货币是私人市场的产物，政府仅仅是确认了市场上所形成的货币；只要纸币是基于金属或某种具有内在价值的其他物品，那么纸币也可以作为货币流通；由于金属货币的供给量是固定的，因此任何人都难以创造出更多的货币并调节货币供应量。信用货币论认为，货币的前身是债务和信贷体系；货币本身并没有内在价值，是一种非商品的象征；权威机构发行纸币，国家通过用纸币征税、收罚款、收税创造出了对货币的巨大需求，并用立法规定法定货币；由于纸币的制造成本很低，发行者可以很容易地调节其供应量。

无论是金属货币体系，还是信用货币体系，稳健货币体系的关键是保证货币数量与经济发展相适应，从而保持整体物价的稳定。不同的是，金属货币体系下，更多出现的失衡是货币短缺，而在信用货币体系下，更多出现的失衡是货币泛滥。在中国悠久的金属货币历史中，"截首刀""剪切钱"等钱币形态的出现，正反映出当时由于铸币材料不足所导致的"钱荒"。信用货币体系下，由于滥发货币造成的恶性通货膨胀，在世界各国不同时期有过许多生动的例子。

虚拟货币的出现，使上述三个问题的讨论变得更加丰富。从比特币的设计看，它的发明者似乎更青睐金属货币，一定程度上以虚拟货币形式模拟了金属货币的特征。在比特币体系中，比特币产生的速度受到严格控制，还设定了比特币的数量上限。发明者甚至很有深意地将比特币的产生过程命名为"挖矿"，而且有创造性地将"挖矿"设计成去中心化的、分布式的形式。这种设计使得比特币更加具有金属货币的特征，它的价值体现了"矿工"所提供的服务，它是私人市场的产物，任何个人或机构都可以发行比特币，比特币数量难以调节。但同时，比特币也具有信用货币的特征，尽管它的价值与"矿工"所提供的服务有关，但它并非金银那样的实体，其价值依然要基于信任。尽管用户不需要信任交易中的另一方或任何中心化的媒介机构，但是需要信任虚拟货币背后区块链等技术协议下的软件系统。

这种设计也使比特币具有金属货币同样的缺陷，即数量无法根据经济发展需要进行调节，其本身价格波动过大，作为货币来标注其他商品价格，会导致通胀率的剧烈波动。吸取了比特币的教训，一些虚拟货币采取了不同的货币数量调节方法。

**四、数字货币时代的中央银行与商业银行**

虚拟货币与其背后的区块链技术同时对政府机构和商业机构提出了挑战。虚拟货币以及区块链的去中心化特征既意味着商业银行可以不通过中央银行完成清算和发行自己的数字货币，也意味着中央银行可以不通过商业银行完成货币发行。前者反映了19世纪的"自由银行制度"思想，后者则是"狭义银行"体系的体现。

经过数百年的演变，中央银行成为发行的银行（发行货币）、银行的银行（提供清算、最后贷款人）、政府的银行（保存和管理政府的存款），但数字货币的发展使得"自由银行制度"的讨论再次回到人们的视野。商业银行可以发行自己的数字货币，比如花旗银行就运用区块链分布账户技术研发自己的数字货币——"花旗币"。

中央银行的三种基本职能确实在数字货币情景下受到了挑战，但中央银行仍然具有不可动摇的优势。首先，中央银行以国家信用为后盾，其发行货币的信誉一般而言高于本国的商业机构。其次，中央银行的无限货币创造能力使其能够充当最后贷款人角色，为其他商业银行提供支持，维护金融稳定。最后，从公平竞争的角度看，由中央银行来管理政府存款可以减少商业银行之间的不公平竞争。

随着数字技术的发展，一些国家已经开始积极探索货币当局在数字货币发展中应该扮演的角色，但各国态度存在差异。英格兰银行的态度比较积极，提出通过借助"分布式账簿"技术，中央银行的资产负债表有可能向更多的金融机构开放，甚至向非金融机构乃至家庭和个人开放。一些中央银行开始发行数字货币。2014年12月，厄瓜多尔政府为了提升金融包容性，同时也为了在一定程度上摆脱美元影响，宣布建立自己的电子货币体系"Sistema de Dinero Electrónico"，作为实体货币的补充。

在传统的货币发行中，流通中现金其实也是央行对公众的直接负债，只是由于技术限制和成本方面的考虑，央行通过商业银行来发行现金。随着技术的进步，央行通过数字货币形式直接将货币发行至个人和企业账户成为可能。

正如英格兰银行副行长本·布劳德本特在其题为"中央银行与数字货币"的演讲中所提到的，如果央行负债表扩大至企业和家庭，中央银行数字货币账户与银行存款账户越相似，所产生的银行存款流失的问题就会变得越严重。在这种情况下，中央银行发行数字货币就不仅关乎货币交易安全性和成本问题，而是一项涉及宏观审慎的金融政策，有可能对现代金融体系的基础结构产生重要影响。

尽管央行发行数字货币会给商业银行带来冲击，但商业银行提供的金融服务仍然是不可或缺的。商业银行最主要的职能是期限转换，即借短放长。与之相联系的，是商业银行提供了信用风险甄别、定价、风险管理等服务，还有其他的各种金融服务。

## 五、数字货币与国际货币：特里芬难题是否有解

世界经济一体化要求有在国际交易中发挥一般等价物作用的货币。英镑曾经在相当长的时间内充当了国际货币，在布雷顿森林体系下，美元是最重要的国际货币。但无论是英镑为主的体系，还是美元为主的体系，都存在特里芬难题。所谓特里芬难题，是美国耶鲁大学教授特里芬在1960年出版的《黄金与美元危机》中提出的一个观点：各国必须用美元作为结算与储备货币，导致流出美国的货币在海外不断沉淀，对美国来说就会发生长期贸易逆差；而美元作为国际货币核心的前提是必须保持美元币值稳定与坚挺，这又要求美国必须是一个长期贸易顺差国。这两个要求互相矛盾，因此是一个悖论。特里芬难题揭示了以一国货币作为最主要国际储备资产体系中内在的不可克服的矛盾。

随着世界经济从美国一国独大，到欧日等发达经济体以及中国等新兴经济体快速发展，国际货币体系也从以美元为中心的布雷顿森林体系逐步发展到多中心的体系。这种多中心的体系，理论界也有人将其称为"无体系"（no system），各种货币之间的汇率波动频繁。在这种多中心体系下，只要是一国的主权货币充当国际货币，特里芬悖论就依然存在，只是在程度上有所不同。

1970年国际货币基金组织开始发行特别提款权（SDR），成员国同意使特别提款权在未来的国际货币制度中逐步取代黄金与美元，成为各国货币的定值标准和主要的国际储备资产。这种超主权货币的思路，是应对特里芬难题的一种方法。但要使特别提款权成为真正的国际货币，需要保证SDR的稳定性，还涉及SDR的发行与分配、国际收支的调节等。各成员国经济发展阶段存在差异，均有各自的利益诉求，要在这些关键问题上达成一致，殊为不易。

以比特币为代表的虚拟货币也是一种超主权货币。它不由任何一国来发行，也不由国际组织发行，它由私人市场产生，其数量由大众普遍接受的技术规则来约束。由技术规则约束虽然存在价格波动大等缺陷，

但它仍然在全球部分人群中受到欢迎。欧央行关于虚拟货币的研究报告曾经提到一个有意思的现象：在塞浦路斯银行业危机时期（2013 年 3～4 月），比特币运行到历史最高水平时期。数字货币的产生，或许为解决国际货币体系特里芬难题提供了另一个思路。

**六、格雷欣法则：对还是错**

格雷欣法则简称"劣币驱逐良币"。真的是劣币驱逐良币吗？深入地看，这个法则的前提是强制规定劣币与良币的兑换比率。当劣币与良币的市场比价与法定比价不一致时，市场比价比法定比价高的良币将逐渐减少，而市场比价比法定比价低的劣币将逐渐增加，形成良币退藏、劣币充斥的现象。反过来看，如果没有强制限定劣币与良币的兑换比率，竞争将会导致良币驱逐劣币。哈耶克晚年曾写过一本《货币的非国家化》，提出货币供应应与其他商品和服务一样，交给市场竞争决定。

历史经验表明，包括货币形态在内的货币制度对经济具有重要的影响，合适的货币制度能够极大地促进经济的发展，得到广泛接受；而不合适的货币制度则可能成为经济的巨大阻碍和束缚，最终会被淘汰。例如，中国至秦始皇统一钱币，已从商品货币时代进入到金属货币时代。但西汉末年，王莽篡位称帝重新引入龟、贝等商品货币，复杂而紊乱的币制带来"农商失业、食货俱废，民人至涕泣于市道"（《汉书·王莽传》）。王莽失败后，汉朝的货币制度又回到了五铢钱为主的金属货币制度。又如 19 世纪的英国，金属货币与纸币并行，但"现金停兑法案"出台后，缺乏约束的小银行滥发货币，物价飞涨，出现了金融危机。是接受纸币，还是回到金属货币时代，英国经历了一场"寻找规则"（looking for a rule）的货币改革。通过在试错中不断总结，1833 年的《银行法》宣布 5 英镑以上的银行券为"法币"（legal tender），1844 年的《银行法》明确货币发行权集中于英格兰银行，并将其置于政府管制与公众监督之下，货币发行的"私权"逐步转化为"公权"，币值稳定有了制度保障，纸币的信用也得到了进一步增强。英国进入了信用货币时代，英格兰银行发行的银行券在相当长的时间内成为世界货币。

作为一种良币，应当具有便于使用、安全、数量适当以维持价格稳定、信誉高等特点。正如前面分析的，以比特币为代表的虚拟货币具有不少优点，所以很快在全球范围内得到追捧。但是，这并不意味着虚拟货币没有风险。从使用者的角度来看，一是缺乏透明度。对于大多数使用者来说，复杂的技术难以理解，多数时候只能获得有限的信息，这使得使用者易于遭受欺诈。二是缺乏法律认可和监管。目前对虚拟货币的监管尚在起步阶段，相关法律制度很不健全，对关键参与者的监管几乎还是空白，因此使用者可能面对非法合同、不可执行等意想不到的后果，也不受存款保险等法律保护，因欺诈、被盗、实体破产所遭受的损失也缺乏赔偿机制。三是存在技术安全问题。尽管破坏像比特币这样的区块链系统需要攻击51%以上的节点，难度较高，但攻击者可能转而攻击使用的个人，比如侵入个人的钱包或攻击相关平台。四是解决问题的成本可能很高。因遭受黑客攻击等产生受质疑的交易时，由于区块链不可篡改、不可逆转的性质，这些交易不能轻易地像中心化数据库数据那样实现交易的撤销，而要发动整个社区的"矿工"或者控制多数算力，这需要付出巨大的成本。

2016年6月17日发生的The DAO被黑客攻击、导致价值6000万美元的以太币被劫持，就是一个生动的例子。它一方面表明基于区块链的应用开发依然存在操作风险，虚拟货币的安全得不到保障；另一方面，对于黑客行为性质[①]、解决方案[②]的争论也表明相关的法律和监管必须

---

[①] 一方观点认为，此次黑客攻击事件是"代码套利行为"，代码本身是不以使用者意图为转移的，它只是机械而严格地执行代码化的智能合约，即使诉诸法律，也可能认定黑客是正常操作程序，按照代码执行。另一方观点认为，黑客的行为具有"动机恶意"和"结果恶意"，属于事实上的盗窃行为。

[②] 关于该事件主要有三种解决方案：一是硬分叉，即让所有网络上的相关交易回到被盗之前；二是软分叉，即更新网络，封锁来自黑客地址的所有交易；三是不作人为干预，让系统自动处理。赞成分叉的观点认为，这有助于及时制止事态进一步恶化；但也有观点反对分叉，认为分叉是"中心化"的行为，与"去中心化"相反，且客观上存在滥用"专业垄断"的可能性，未来有可能利用此权利"作恶"。

及时跟进。

国际货币基金组织在《关于虚拟货币及其未来的初步思考》中，从监管者的角度列举了虚拟货币的风险：一是容易沦为洗钱、恐怖融资和逃避法律制裁的工具，对金融诚信造成威胁。二是削弱对消费者的保护。三是成为逃税工具，增加了税收处理的难度。四是规避资本流动管控。五是对金融稳定构成威胁。六是影响货币政策的实施。

## 七、结语

数字货币这种新的货币形态促使我们回顾货币的历史、思考货币的未来。展望未来，数字货币的高级形态可能超出我们现在的想象，但是在可预见的未来，货币的世界有可能是有诸多"并存"的世界。法定货币（国家信用）与私人货币（私人信用）并存；传统钞票（有形）与数字货币（无形）并存；央行的角色在货币供给中，既充当发行者，也充当监管者，在最终清算中，既提供清算服务，也对其他机构的清算进行监管。

我们的结论主要有以下几点：

1. 货币在经济和金融中的地位非常重要。货币形态的演变反映了经济、金融和技术的变化；反过来，货币形态的变化也会对经济和金融造成影响。

2. 货币形态的演变是供给与需求共同作用的结果。从需求看，经济的发展对货币形态提出了要求。从供给来看，技术的发展使得货币形态的演变成为可能。

3. 随着数字化进程，虚拟货币已经客观存在，未来数字货币使用范围将越来越大。现阶段的虚拟货币具备了一定的货币特征，但还不足以成为广泛接受的货币。

4. 围绕货币有三个关键问题：货币是否有价值，谁来发行货币，货币数量如何调节。数字货币的出现进一步丰富了这三个问题的讨论。

5. 数字货币与其背后的区块链技术同时对政府机构和商业机构提

出了挑战。数字货币时代的金融体系也许和现在大不一样。

6. 数字货币的产生，或许为解决国际货币体系特里芬难题提供了另一个思路。

7. 如果没有强制限定劣币与良币的兑换比率，竞争将会导致良币驱逐劣币。

# 区块链的能与不能[①]

区块链技术虽然受到了追捧，但多数还在研究测试阶段，同时也有其他技术与其竞争，区块链真正大规模商业化应用还有待时间检验。

2014年，在比特币横空出世后五年，其背后的区块链技术的热度开始超过比特币本身。为了这个看起来直白到不甚优美的技术概念，不少机构投下重金，一些研究者称其将改变经济和社会。本文拟从区块链与比特币、区块链的能与不能、中心化与去中心化、技术规则与法律规则、治理与监管、中央银行和商业银行等几个角度对区块链进行分析。

## 一、区块链与数字货币：技术与应用

区块链是伴随比特币热起来的一种技术。比特币作为数字货币，要具有可以传递的价值，必须解决信任问题。以往的信任是通过中心化的方案来实现的，既通过某个公司或者政府信用作为背书，将所有的价值转移计算放在一个中心服务器中。比特币的创始人中本聪通过分布式账簿提供了一种去中心化的解决方案，即区块链。在这个体系中，货币的拥有权由公共总账来记录，并由加密协议和"挖矿"社区来确认，具有分布式、去中心化、去信任化、不可篡改、加密安全性等特征。正是由于

---

[①] 原文发表于《财经》杂志2016年第52期，合作者：张蓓。

区块链很好地解决了数字货币中的"双花"①和"拜占庭将军"②难题，以比特币为代表的数字货币在一定范围内快速发展起来。

区块链技术不仅可用于数字货币，还有其他更广泛的用途。货币范围的应用被称为区块链1.0，主要解决货币和支付手段的去中心化。早在比特币创建之初，中本聪就考虑让其具有可编程的特征，从而可以支持多种交易类型。以此为发端，区块链技术的应用范围超越了数字货币，区块链2.0可用来注册、确认和转移各种不同类型的资产及合约，如各种金融交易、公共记录、私人记录等，从而更宏观地对整个市场去中心化。区块链3.0则进一步超越了经济领域，可用于实现全球范围内日趋自动化的物理资源和人力资产的分配，促进科学、健康、教育等领域的大规模协作③。

可以说，区块链因比特币为人们所熟知，但区块链比比特币走得更远。区块链是一种中性的技术，而比特币是其一种应用形式。正如中金公司分析报告所称，"比特币因其剧烈的价格波动和与犯罪相连的坏名声，2009年诞生至今仍远未进入主流。作为比特币背后的架构协议，区块链越来越受到广泛关注"。英国政府科学办公室的报告《分布式账本技术：超越区块链》也指出，关键不在于这项技术自身是好的还是坏的，而是这项技术有什么应用场景，为什么而设，如何应用，有什么相应的安全措施去避免可能带来的问题。

---

① 在区块链加密技术出现之前，加密数字货币和其他数字资产一样，具有无限可复制性，如果没有一个中心化的媒介机构，我们没有办法确认一笔数字现金是否已经被花掉。因此，在交易中必须有一个可以信贷的第三方来保留交易总账，从而保证每笔数字现金只会被花掉一次。中本聪通过使用区块链盖时间戳并发布全网的方式，保证每笔货币被支付后不能再用于其他支付。当且仅当包含在区块中的所有交易都是有效的且之前从未存在过的，其他节点才认同该区块的有效性。

② 东罗马帝国时期，几个只能靠信使来传递信息的围攻城堡的联盟将军，如何防止不会被其中的叛徒欺骗、迷惑从而作出错误的决策。这就是拜占庭将军问题。为了解决这个问题，数学家设计了一套算法，让将军们在接到上一位将军的信息之后，加上自己的签名再转发给除自己之外的其他将军。在这样的信息连环周转中，将军们可以在不找出叛徒的情况下达成共识，从而保证得到的信息和作出的决策是正确的。

③ （美）梅兰妮·斯万：《区块链：新经济蓝图及导读》，新星出版社，2015。

## 二、区块链的能与不能：优势和局限性

2014年以来，区块链技术已被与比特币分离看待，越来越多的企业、政府机构等开始对区块链这项技术感兴趣，也有越来越多的资本投入到区块链应用的研究开发中去。不仅相关的创业公司不断涌现，传统机构也纷纷开始内部研究、外部联盟，布局区块链。

区块链之所以受到追捧，与其特点和优势是分不开的。根据英国科学办公室的定义，区块链是一种数据库，它将一些记录存放到一个区块里（而不是将它们收集到一个单一的表格或者纸张上），每一个区块使用密码学签名与下一个区块"链接"起来，可以在任何有足够权限的人之间进行共享和协作，采用"共识算法"来协作维护账本的真实性。

上述特点使区块链技术具有如下优势。一是去中心化。这意味着不需要一个可信的第三方，也意味着至少要攻击51%以上的节点才能破坏整个网络。二是数据难以被篡改。首先，采用哈希算法通过单向数学函数检验是否有人试图篡改信息；其次，每个节点都能获得完整数据库的拷贝，任何试图篡改数据库的行为都显而易见；最后，采用工作量证明机制等方法来保证诚实的链条以最快的速度延长并超越其他竞争链条。如果想要对已出现的区块进行修改，需要拥有超过全网51%的算力，这使得作伪的成本会高于预期获得的收益。三是去信任化。参与系统的每个节点之间进行数据交换无须互相信任，整个系统的运作规则是公开透明的，所有的数据内容也是公开的，因此在系统指定的规则范围和时间范围内，节点之间不能也无法欺骗其他节点。四是透明性与私密性相一致。账号全网公开而户名隐匿。五是中立性。以比特币为例，任何人都可以使用比特币，而不受到文化、语言、宗教、地位政治制度和经济区域限制。这意味着那些没有银行账户或者不能充分获得金融服务的人群能够在低技术的环境下使用比特币。

从金融领域看，在银行、证券、保险领域已有一些应用实例。例如，Ripple为金融机构提供跨境支付和外汇市场做市的区块链解决方

案，可以提供 7×24 小时的全天候实时支付服务，一般几秒就可以完成交易，还可以通过算法寻找最优价格成交，提高效率、降低成本。NASDAQ 与区块链初创企业 Chain.com 合作，正式上线了用于私有股权交易的 Linq 平台，2015 年 12 月 30 日在该平台上完成了第一笔股票发行。劳合社开始了名为 Target Operating Model 的现代化计划，包括由区块链驱动的交易室和以代币为桥梁的保险市场联盟，这种由区块链驱动的交易室可以使国际保险公司更安全便捷地参与全球分保、再保交易，而无须中间方。

从经济领域看，区块链在物联网、共享经济、资产鉴定等方面的应用都有一定的进展。例如，2015 年建立的 Everledger，是一个基于区块链技术的钻石数字账本，它可以为每一颗钻石建立一个数字"护照"，记录来源、跟踪所有权，并能够使用智能合约，将钻石销售和传输的条款和条件相关联从而自动执行合约。

在政府行政领域，区块链技术在发达经济体和发展中经济体都有应用空间。波罗的海边的爱沙尼亚，人口只有 130 多万，但是世界上使用国家级公钥基础设施（PKI）最多的国家。爱沙尼亚自 2013 年起采用区块链技术用于公民身份信息和企业信息管理。居民可以使用 PKI 领取处方药、投票、登录网上银行、查看子女教育记录、申请政府福利、报税、提交遗嘱、申请入伍等，功能多达 3000 多项；企业凭 PKI 身份可申请执照、提交财务报表、发布股权文书等；政府官员则用 PKI 加密文件以便进行安全通信、审核批准许可等，内阁会议成员使用 PKI 审查议程、投票表决并审核纪要。英国对区块链技术也有浓厚的兴趣，政府科学办公室、英格兰银行等机构对区块链进行了深入的研究，英国政府赞助了数字化五国（D5 group of nations）项目，该项目旨在通过数字化改善公共服务的质量，成员包括英国、以色列、新西兰、韩国和爱沙尼亚。

但是，这并不意味着区块链技术不存在局限性。最早最大的区块链——比特币区块链存在区块容量限制、确认时间长、能量消耗大等缺点，限制了其商业应用。近年来，一些企业和机构开发出其他区块链协议，以权益证明、股份授权证明等机制取代费时费力的工作量证明机制，提高交易速度，降低能耗。

即便如此，区块链在应用中仍然面临一些挑战。一是信任问题。尽管用户不需要信任交易中的另一方或任何中心化的媒介机构，但是需要信任区块链协议下的软件系统，大众可能仍然需要权威机构为之背书。区块链技术去中心化和不可篡改的特性是有限的，更多的是在私有链和联盟链层级上实现去中心化，还有更高层级的机构或系统可以对整个区块链进行把控。二是技术鸿沟。有能力在互联网上安全使用区块链技术和无能力人群之间存在鸿沟。要解决这个问题，系统必须设计成"傻瓜式"，用户不需要了解太多关于这个系统的知识也能良好地使用这个系统，且系统能明确地向用户展示出其功能和带来的结果。三是安全性。尽管破坏区块链系统需要攻击51%以上的节点难度较高，但攻击者可能转而攻击使用的个人，比如侵入个人的钱包或攻击相关平台。四是存在隐私挑战。用户与钱包之间的别名身份在匿名性上其实是很弱的，加上比特币区块链交易的透明性，任何人可以通过观察区块链得出关于某事的结论。五是与现有应用技术以及使用习惯的平滑接轨。由于存在路径依赖，旧的观念可能制约新模式的产生。现有应用技术有一定的客户黏性，区块链技术要得到广泛接受，必须克服路径依赖。六是技术规则可能缺乏现实世界中所需的必要灵活性。例如中金公司的分析报告就提到了目前的区块链在改造金融基础设施中存在的不足，包括事后不可追索、无法以净头寸结算、无法融券、交易令牌与实物资产匹配不足、智能合约自动执行可能形成自我加强的反馈环导致金融不稳定等。

这些障碍，有些可以通过区块链技术的发展得以解决，有些也许需要区块链之外的其他技术。区块链并不是万能的，经过成本收益比较，部分领域更适宜使用区块链技术。例如DTCC发布报告称，区块链特别适用于证券发行和后续服务、清算、结算、复杂金融合约的交易、记录和对照、抵押品管理等。

历史经验表明，技术突破性发明从实验室走向商用普及，存在一个"30年法则"，即技术的突破是需要时间积累的。区块链技术虽然受到了追捧，但多数还在研究测试阶段，同时也有其他技术与其竞争，区块链真正大规模商业化应用还有待时间检验。

### 三、中心化与去中心化的权衡

尽管去中心化是区块链技术的核心，但是去中心化也带来高冗余、效率低和资源浪费。去中心化要求信息全网广播、全网记账。对动辄每秒几十万笔的金融交易频率而言，全网广播对网络性能提出极高要求，全网记账对存储空间提出了要求。区块容量也是一个问题，中本聪设计比特币区块链时设置了每个区块1MB的容量限制，随着比特币发行量的增多和应用推广，导致交易时间延长，甚至高峰时一些交易请求无法成功。之后的区块链在区块容量上有拓展，但依然存在瓶颈。此外，工作量证明机制，即"挖矿"，带来大量的能量损耗。

为了提高效率，之后的区块链技术在上述方面作出了改进，区块链的形式多样化发展。根据中心化与去中心化的程度，有三种类型的区块链——公共链（public blockchains）、联盟链（consortium blockchains）和私有链（fully private blockchains），它们之间的区别如表1所示。

公共区块链的优点已经由比特币的风行而得到体现，完全去中心化的特质可以保护用户免受开发者的影响，带来更大的网络效应，其所提倡的自由、中立和开放，受到很多人群的欢迎。

表1　　　　　　三种区块链：公共链、联盟链和私有链

| | 公共链 | 联盟链 | 私有链 |
|---|---|---|---|
| 中心化程度 | 去中心化 | 多中心化 | 中心化 |
| 参与者 | 任何人自由进出 | 预先设定、具有特定特征的成员 | 中心控制者制定可以参与的成员 |
| 信任机制 | 工作量证明 | 共识机制 | 自行背书 |
| 记账人 | 所有参与者 | 参与者协商决定 | 自定 |
| 激励机制 | 需要 | 可选 | 不需要 |
| 典型应用 | 比特币 | 清算 | 内部研发测试使用 |

相比于公共区块链，联盟区块链和私有区块链在效率和灵活性上更有优势，主要体现为以下几点：一是交易成本更便宜，交易只需被几个受信的高算力节点验证就可以了，而无须全网确认；二是节点可以很好地连接，故障可以迅速通过人工干预来修复，并允许使用共识算法减少区块时间，从而更快完成交易；三是如果读取权限受到限制，可以提供更好的隐私保护；四是更灵活，如果需要的话，运行私有区块链的共同体或公司可以很容易地修改该区块链的规则，还原交易，修改余额等。

区块链的发展和演变很好地体现了经济金融史一再重现的中心化和去中心化的互相交锋渗透。区块链现实的应用取决于现实的需求，正如以太坊创始人所说，"只有一种区块链能活下来的想法是完全的误导……一切依你所需"。

**四、法律规则和技术规则**

区块链受到推崇还有很重要的一点，即技术规则对行为的约束。以智能合约为例，它是账本中具有可执行属性的数据记录，其内容在特定环境下会被触发执行，触发方式有时间驱动（如抵押赎回）、事件驱动（如遗嘱执行）、条件驱动（如对赌协议）、钱货两清（如无人工厂）等。

其实现实世界的数字化早已在进行中，法律规则和技术规则同时在起作用，只不过区块链技术使得技术规则的作用更加凸显。基于区块链的比特币显示出它们能够在没有法律规则的情况下仅仅依靠技术规则来有效运转。网络中的每一个参与者运行着相同或兼容的软件，界定了行为规范。例如，参与者只能花掉自己能够用密钥证明拥有的余额；每一笔交易在被登录到账本上前需要被验证，验证者通过"挖矿"来竞争记账的机会，并获得比特币的奖励；比特币的产生数量有限制等。

技术规则有一个重大的优势，即合规成本很低：参与者仅仅需要使用一个合规的软件包来签发交易。这使得人们可以跨越时间和空间限制，依靠技术规则而不必依托信任来完成协作、交易等。

但是在区块链的应用中,人们也逐渐发现了仅仅依托技术规则不能解决所有的问题。一是机器会刚性地执行规则,哪怕遵守规则会导致产生未预见的或不想要的结果。二是区块链的应用如果涉及实物资产,而实物资产又受到管辖权的法律规则约束,那么技术规则与法律规则的协调是非常重要的。三是技术规则不可能仅由数学算法进行治理,它同样是由人制定出来的,只不过形式体现为代码和软件。谁来制定软件所体现的规则,影响到技术规则所涉及的每一个参与者。这也揭示出一点,即在区块链的发展中,参与技术规则的制定是至关重要的。

**五、治理和监管**

这个问题与上一个问题相关。所谓治理,是某一系统参与者制定规范,保护其私人权益;而监管则是由外部机关制定规范来保护公众利益。前者既包括企业、机构内部的治理,也包括行业协会、联盟的自律。

区块链的应用在不断发展中,对于企业和机构来说,一方面要通过内部治理的优化来满足客户需求,另一方面要积极参与相关联盟的规则制定。中国企业、机构已开始这方面的尝试。2016年2月3日,中关村区块链产业联盟成立,搭建横跨大学、科研院所以及企业之间的合作交流平台,组织国内外区块链产、学、研开展合作,致力于解决会员单位在发展中遇到的技术攻关、知识产权保护、产业化等问题,打造完整的区块链产业链。

对监管者而言,任务则更加艰巨。技术的发展,使得监管者必须考虑同时通过法律规则和技术规则来进行监管,从而弥补市场失灵,并抵御系统性风险。

通过法律规则监管公共区块链(例如比特币)面临的一个巨大挑战是其去中心化的特征,使得现有的法律很难找到适用的监管对象,且很容易被绕过。一个替代的解决办法是监管那些处理比特币的企业,如交易所和钱包服务商,从而保证相关交易没有违反现有的法律规定,如反洗钱、反恐怖融资等。

正如上面提到的，区块链技术凸显了技术规则的重要性。对监管者来说，必须要考虑通过技术规则来监管。其实这早已有先例，TCP/IP和其他一些互联网核心协议就是政府出资的研究项目的成果。这意味着监管者在技术规则的制定上面临来自国际的竞争与合作。

### 六、中央银行和商业银行：金融体系的重构？

在介绍了以上一些分析视角后，我们来关注以下区块链应用最为发达的领域——金融领域。

区块链技术同时对政府机构和商业机构提出了挑战。区块链的去中心化特征既意味着商业银行可以不通过中央银行完成清算，也意味着中央银行可以不通过商业银行完成货币发行。前者反映了19世纪的"自由银行制度"思想，后者则是"狭义银行"体系的体现。

前者的例子是R3 CEV，这个区块链联盟的核心职能是制定银行业区块链技术的行业标准，探索区块链的应用，目前的创始伙伴已经超过40多个，包括花旗银行、瑞士信贷、德意志银行、摩根大通、高盛、汇丰、荷兰ING、瑞穗等。R3已经进行了多项测试，有可能在技术进步基础上，形成去中心的全球交易、清算体系，突破分割、监管限制，降低成本。

后者的例子则是英格兰银行主管货币政策的副行长本·布劳德本特在其"中央银行与数字货币"演讲中提到的中央银行的资产负债表向更多的金融机构开放，甚至向非金融机构乃至家庭和个人开放，这可能导致存款从商业银行转移到中央银行。

目前，究竟形势会向哪个方面发展，还很难下结论。从历史上看，这是一个最终由市场来选择的过程，最有效率的体系最终会取得胜利，当然也有可能是竞争促进了效率的改进，最终形成并存的局面。

### 七、结语

区块链技术兴起的时间不长，有不少应用目前还处在概念阶段，但其带来的观念冲击值得重视。综合上面的几个分析视角，我们有以下几个结论。

一是区块链是一种中性的技术，有一定的应用前景，但不是万能的。区块链有优势的领域包括在大家互不相信的情况下建立信用机制；解决中心化导致的非技术方面成本过高的问题，包括管理成本、组织机构的搭建等；通过使信息真实透明、可追溯，可减少欺诈、腐败等。但区块链也存在不少技术瓶颈，有些方面甚至远远落后于现有的中心化系统。因此，在应用区块链时需要妥善评估成本与收益。

二是技术的突破是需要时间积累的。区块链技术虽然受到了追捧，但多数还在研究测试阶段，也有来自其他技术的竞争，以及路径依赖所导致的取代旧技术的障碍，区块链真正大规模商业化应用还有待时间检验。

三是区块链虽然带来了去中心化的理念和方法，但是去中心化和中心化各有优势和缺陷，现实的应用取决于现实的需求。

四是在日益数字化的世界中，法律规则和技术规则都会产生影响，参与规则的制定至关重要。

五是监管者在法律规则之外也需关注技术规则，并需面对国际的竞争和合作。

六是区块链技术可能引起包括金融体系在内的经济社会重构，最终哪种体系被采用，是一个由市场来选择的过程，最有效率的体系最终会取得胜利，当然也有可能是竞争促进了效率的改进，最终形成并存的局面。

七是对于区块链技术，以谨慎的态度深化研究是必需的。但政府在多大程度上、以何种方式介入值得探讨。应该交由市场主体的，应由市场主体在竞争中发展优化，应该由政府负责的，则政府应该承担责任。前者是治理，后者是监管。

# 数字货币对货币政策的影响[①]

技术和经济的发展，使得货币形态发生了巨大的变化，越来越多的数字货币进入我们的生活，也对中央银行的货币政策提出了挑战。

2009年，比特币横空出世，作为世界上第一个去中心化的分布式匿名虚拟货币，吸引了众多目光。比特币之前，已经有过游戏币一类的虚拟货币，它们在特定的领域内，受到特定人群的追捧。而在游戏币之前，也已经有了许多电子货币，如银行卡、电子票据等，它们是法币的数字化。近年来，数字货币的快速发展，对经济金融产生了一定的影响，也引发了关于数字货币对货币政策影响的深层次思考。

## 一、虚拟货币、电子货币和数字货币

在研究数字货币对货币政策的影响之前，我们先比较几个重要的概念——虚拟货币、电子货币和数字货币。与电子货币一样，虚拟货币也是无形的，两者之间最重要的区别就是发行者的不同。电子货币是法币的电子化，包括我们常见的银行卡、网银、电子现金等；还有近年来发展起来的第三方支付，如支付宝、财付通等。这些电子货币无论其形态如何、通过哪些机构流通，其最初的源头都是中央银行发行的法币。但虚拟货币是非法币的电子化，其最初的发行者并不是央行。比如，腾讯Q币以及其他的游戏币等，这类虚拟货币主要限于特定的虚拟环境里流

---

[①] 原文发表于《中国金融》2016年第17期，合作者：张蓓。

通；之后出现的比特币，通过区块链技术较好地解决了去中心化、去信任的问题，实现了全球流通，在世界范围内受到追捧。电子货币与虚拟货币，统称为数字货币（见表1）。由于性质不同，不同数字货币对货币政策的影响也存在差异。

表1　　　　　　　　虚拟货币、电子货币与数字货币

| 数字货币 | | | | |
|---|---|---|---|---|
| 分类 | 电子货币 | | 虚拟货币 | |
| | 货币电子化 | 电子化货币 | 闭环内 | 闭环外 |
| 流通体系 | 金融机构 | 非金融机构 | 特定虚拟环境 | 跨境流通 |
| 典型 | 网上银行 | 第三方支付 | Q币、游戏币 | 比特币 |
| 与法币关系 | 法币电子化 | | 非法币电子化 | |

## 二、电子货币对货币政策的影响

电子货币是法币的电子化，包括非现金支付方式，如票据支付、银行卡支付、预付卡支付等。最初，电子支付主要通过银行等金融机构来完成；后来随着互联网技术的推广，非金融支付机构也进入支付体系，被称为第三方支付，如支付宝等。第三方支付机构的加入，使支付变得更加便利，比如提供更加友好的支付界面、拓展特约商户范围、收集整理信息提供增值服务等，但最终的支付清算仍然主要通过银行体系来完成。随着规模的快速扩张，电子货币对货币政策的影响也日益显现。

电子货币导致货币需求的稳定性下降。在选择持有货币还是持有其他金融资产时，经济主体不仅要考虑收益，还要考虑交易成本，包括购买金融产品的佣金、出售金融产品到银行取现所花费的时间等。电子货币便利了货币和金融产品的转换，降低了交易成本。在这种情况下，经济主体对利率的敏感度提高，利率的微小变化有可能引起经济主体频繁改变货币和金融资产的持有量，货币需求的稳定性下降。

电子货币对货币供应总量的影响存在不确定性。一方面，非现金支付中的票据贴现和信用卡涉及信用创造，会增加货币供应量；另一方

面，一些非金融支付机构开始提供信用服务，从而减少企业和个人对金融机构信贷的需求，相应减少货币创造和货币供应量。从对货币供给结构的影响看，随着电子货币的广泛应用，各层次货币供应量之间以及货币与金融资产之间的边界日益模糊，各层次货币供应量的可测性和可控性下降。

电子货币的发展导致数量型调控的有效性降低，但有助于提高价格型工具的有效性。在数量型调控中，中央银行主要通过调控基础货币的数量来调节货币供应量，最终影响产出、通胀等经济变量。电子货币的发展导致了货币需求的不稳定性，各层次货币供应量的可测性和可控性下降，对货币乘数的影响也存在不确定性。这侵蚀了数量型调控的基础，削弱了数量型调控的有效性。但电子货币便利了现金与其他生息资产的转换，企业和个人更容易持有生息资产，企业和个人将不付息的现金转化为生息资产，生息资产比例上升，企业和个人对利率的敏感度上升，有助于利率等价格型工具发挥作用。

### 三、虚拟货币对货币政策的影响

以比特币为代表的虚拟货币具有不少优点，所以很快在全球范围内受到追捧。区块链、加密等技术的进步使得制约虚拟货币发展的安全问题和信任问题得到较好的解决，交易双方无须相互信任就可以完成交易。比特币在一定程度上打破了现实世界中或多或少存在的货币兑换限制和支付的寡头垄断，且成本很低，满足了公众低成本进行跨国界支付和交易的需求。2008年国际金融危机之后，一些央行采取大规模量化宽松政策，招致了滥发货币的质疑。比特币不由任何单一机构发行，而是由"矿工挖矿"产生，其发行速度和规模由技术规则预先设定，并设有一个上限，消除了使用者对货币滥发的担心。此外，比特币的匿名特征，也迎合了信息时代一些人对于个人隐私保护的需要。

但是，这并不意味着虚拟货币没有风险。一是缺乏透明度。对于大多数使用者来说，复杂的技术难以理解，使得使用者易于遭受欺诈。二是缺乏法律认可和监管，因欺诈、被盗、实体破产所遭受的损失也缺乏赔偿机制。三是存在技术安全问题。尽管破坏像比特币这样的区块链系统难度较高，需要攻击51%以上的节点，但攻击者可能转而攻击使用的个人或攻击相关平台。四是解决问题的代价可能很高。比如，因遭受黑客攻击而产生可疑交易时，由于区块链不可篡改、不可逆转的性质，这些交易不能轻易地撤销，而要发动整个社区的"矿工"或者控制多数算力，这需要付出巨大的成本。例如，2016年6月17日，The DAO 遭受黑客攻击，导致价值 6000 万美元的以太币被劫持，后续解决方案在成本、合法性等方面引起了广泛争论。

按与真实货币的转换能力，虚拟货币可以分为封闭型虚拟货币、单向流入的虚拟货币和双向兑换的虚拟货币。封闭或单向流入型虚拟货币只在封闭的特定领域内承担一般等价物的职能，对货币政策和实体经济的影响非常有限。由于游戏币这样的虚拟货币通常只能单向兑换，仅在某些游戏中充当购买虚拟商品的货币，且不能兑换回法币，因此它们更类似于一种特殊的商品，其价格更类似于单个商品的价格。游戏币购买力波动的影响，只限于该款游戏玩家范围，而货币政策关注的是价格总水平的稳定。

双向兑换型虚拟货币较大程度地具备了货币的特征，但其不是央行或公共当局发行的货币，流通也不经过传统的商业银行体系，如果达到一定规模，对中央银行的调控会产生较大影响。一是削弱货币政策有效性。央行调控的前提条件是垄断货币发行权充当最后贷款人，通过投放或回收基础货币，调控银行体系流动性，影响短期利率，从而影响实体经济的储蓄和投资等经济行为。当虚拟货币达到一定规模，在经济中充当货币职能，其数量和价格均会对实体经济产生重大影响，而央行缺乏调控这些虚拟货币数量、价格的能力，只能通过调控法币流动性和价格来施加间接影响，货币政策的有效性将被削弱。二是影响铸币税收入。虚拟货币的发行流通将弱化中央银行对货币发行的垄断，造成中央银行铸币税损失。三是降低货币指标的准确性。此外，值得注意的是，一些虚拟货币的支付网络有可能对以央行和商业银行为主体的既有支付体系形成替代和冲击，从而削弱央行通过支付体系监测资金流动、收集信息的能力。

一些因素制约了双向兑换型虚拟货币对货币政策的影响。一是目前虚拟货币使用率较低。二是去中心化的虚拟货币有固定发行上限，容易引致通缩和囤积，甚至成为投资炒作的对象，从而导致价格大幅波动。三是中心化的虚拟货币，其发行人承担了对该种货币的兑付承诺和币值调节职能，有可能引致系统性风险，可通过法律予以规范和约束。由于目前数字货币的广泛使用还存在一定障碍，其对货币政策调控的影响仍在可控范围之内。

**四、有关中央银行发行数字货币的讨论**

随着数字技术的发展，一些国家已经开始探索货币当局在数字货币发展中应该扮演的角色，但各国态度存在差异。英格兰银行的态度比较积极，提出通过"分布式账簿"技术，中央银行的资产负债表有可能向更多的金融机构开放，甚至向非金融机构乃至家庭和个人开放。

如果中央银行发行的数字货币仅仅只是替代纸钞和铸币，那么它实际上就是一种电子现金，对货币政策和商业银行的影响都不大。在传统的货币发行中，流通中现金其实也是央行对公众的直接负债，只是由于技术限制和成本方面的考虑，央行通过商业银行来发行现金。随着技术的进步，央行通过数字货币形式直接将货币发行至个人和企业账户成为可能。电子现金流转仍然通过央行和金融机构再至企业和个人，在货币创造渠道、流转环节、功能上与纸币完全相同，没有脱离传统货币政策调控的范围。电子现金的主要功能在于便利交易支付。考虑到近年来第三方支付等非现金支付方式的发展已经极大地便利了交易支付，电子现金对货币交易需求的影响有限，对货币政策的总体影响不显著。电子现金在多大程度上被公众接受，取决于其使用的便捷性、安全性。

如果央行数字货币不仅替代了现金，同时也与商业银行存款竞争的话，央行数字货币会对经济产生更多实质性的影响。正如英格兰银行副行长本·布劳德本特在其题为"中央银行与数字货币"的演讲中所提到的，如果央行负债表扩大至企业和家庭，中央银行数字货币账户与银行存款账户越相似，所产生的银行存款流失的问题就会变得越严重。在这种情况下，中央银行发行数字货币就不仅仅关乎货币交易安全性和成本问题，而将涉及宏观审慎，有可能对现代金融体系的基础结构产生重要影响。

尽管央行发行数字货币会给商业银行带来冲击，但商业银行提供的金融服务仍然是不可或缺的。商业银行最主要的职能是期限转换，即借短放长。与之相联系的是商业银行提供了信用风险甄别、定价、风险管理等服务，在这些领域，商业银行提供的专业金融服务仍然不可或缺。

# 如何监管数字货币?[1]

数字货币作为一种新的金融科技受到投资者青睐,价格暴涨,相关ICO项目野蛮生长。数字货币火爆的同时,也带来了洗钱、恐怖主义融资、投机等风险,让公众利益受损害。本文总结了数字货币存在的问题,分析了国外对数字货币监管的方式,结合数字货币特点和国情,从保护消费者权益、维护金融科技创新出发,提出了针对不同问题的监管建议。

数字货币起源于20世纪80年代密码学家David Chaum一篇关于电子现金设想的论文。90年代,他创建了第一种数字货币Digicash,可保证交易匿名。随后,一系列去中心化、可绕开第三方银行的数字货币被创造出来,例如,e-gold和自由储备,却都因涉及洗钱活动被美国政府取缔。2009年问世的比特币(BTC)是第一个去中心化的数字货币(Cryptocurrency),实现了之前密码学家设想的一系列性质:匿名性、去中心化、不可篡改等。

根据国际清算银行2015年11月"数字货币"的报告,数字货币(digital currency)是一种数字形式的资产,具有一定的货币特征。数字货币可以用法定货币计价,由发行人发行并负责赎回。根据欧洲中央银行的定义,虚拟货币(virtual currencies)是非央行、信用机构、电子货币机构发行的,在某些情况下可以作为货币替代物的价值的数字表现。

---

[1] 原文发表于《中国金融》2017年第17期,合作者:陈曦。

在欧洲中央银行 2012 年的报告里，虚拟货币被定义为一种数字货币。除了比特币，目前市场上常见的以太币（ETH）、莱特币（LTC）、瑞波币（XRP）等也均为数字货币。2013 年 12 月 5 日，中国人民银行联合工信部、银监会、证监会和保监会印发《关于防范比特币风险的通知》，明确了比特币为"网络虚拟商品"，而不是货币。

## 一、数字货币魅影

信息技术的发展使金融科技在全球范围内发生着日新月异的变化，基于区块链的比特币，为金融科技的创新提供了重要的技术和应用支持，受到了越来越多人的重视和追捧。在比特币总量有限、产出趋缓，市场避险情绪的升温，投资人逐利的天性等因素的驱动下，比特币的价格一再被推高，短短八年时间比特币价格已暴涨 500 多万倍。

截止到 2017 年 6 月 10 日，以比特币为代表的数字货币总市值，里程碑式地突破了 1000 亿美元。亚洲投资者为比特币等数字货币的价格疯涨作出了巨大贡献。过去一年新增的数千万比特币钱包平台注册用户，主要集中在中国、韩国和日本。2016 年中国比特币交易量占据全球交易量的 93%；2017 年由于金融厅承认比特币，日本超越美国成为比特币交易量最大的国家，占比达 40%；韩国以太币交易额超过了比特币交易额，以太币韩元交易量超过全球以太币总交易量的 30%。

大量资金不断涌入数字货币市场，与之相关的 ICO 项目市场持续火爆。ICO（Initial Coin Offering），指基于区块链技术的首次公开募币，是创业公司绕过需要严格规范的风投资本或银行，为新的数字加密代币项目募集资金的过程。这一概念源自股票市场的首次公开发行（IPO），投资人得到的是代币而非股权。在 ICO 活动中，一部分代币被出售给项目的早期支持者，以换取法定货币或其他数字货币，通常是比特币。ICO 项目参与门槛较低，缺乏监管，为初创企业提供一种快速的融资方式；投资者对项目涉及的数字货币抱有未来升值的预期。

ICO 市场喷薄而发，2017 年以来吸引了近 13 亿美元的资金（数据

来源：Autonomous NEXT）。国内外的 ICO 投资人的热情更持续刷新募币金额和速度的新纪录。2016 年全球 ICO 总融资额接近初创企业通过传统风险投资公司获得的资金的半数，2017 年前者已超过了后者。中国的 ICO 市场也是如火如荼，据国家互联网金融风险分析技术平台发布，2017 年上半年国内共有 43 家相关平台提供 ICO 服务，累计融资人民币 26.16 亿元，参与人次累计 10.5 万人。募币速度上，ICO 项目也享受着野蛮生长带来的"红利"。2017 年 6 月，Web 浏览器创业公司 Brave 的 BAT 项目，其代币 ICO 在数十秒内筹集到了 3500 万美元。而后，甚至相对不知名的项目 Bancor，在数小时内融得了价值 1.53 亿美元的以太币，创下了 ICO 的历史纪录。

## 二、数字货币乱象

数字货币不但受到投资者的青睐，对不法分子也是颇具吸引力。目前流行的数字货币非央行机构发行，理论上免受政府干预；其匿名性使自身具有像现金一样隐藏交易的能力，这使数字货币可以逃避现有的监管政策，具有了逃避政府监督的潜力。

数字货币产生之初即被用在各种违法犯罪事件中，例如枪支贩卖、毒品交易、成人网站、人口贩运等；犯罪分子也将数字货币用于洗钱、恐怖主义融资、逃避高税收、逃避资本管制和财产没收等方面。根据英国财政部 2015 年的一份风险评估报告，犯罪分子利用数字货币，多数都是在进行线上市场的传统犯罪交易。数字货币交易所，很容易用于推动非法活动，成为洗钱、恐怖主义的犯罪平台。2017 年 7 月 28 日，美国政府对俄罗斯商人亚历山大·维尼克提起控诉，罪名包括洗钱和其他使用 BTC-e 交易所的比特币交易进行违法犯罪。比特币交易所 BTC-e，是世界上最大最早的虚拟货币交易所之一，涉嫌利用比特币为犯罪组织洗钱达 40 余亿美元。

普通投资者投资购买数字货币，一般会承受两类风险：一是数字货币本身的投机风险；二是不受监管的数字货币交易平台带来的风险。当然，如果购买的"数字货币"在技术上并不具备数字货币特征，仅仅是挂名的非法集资或非法 IPO，那么风险就更大了。

数字货币具有投机风险，投资比特币或其他数字货币，更像是一种投机行为。由于缺乏实际兑换价值，且自身价值缺乏"货币锚"为基准，容易受到监管政策变化的影响，数字货币价格产生巨幅震荡，普通投资者盲目跟风容易遭受重大损失。

数字货币交易所缺乏对消费者合法权益的保护，当出现非法经营、经营者携款潜逃时，投资人损失惨重。2013 年，国内比特币交易平台 GBL 以遭黑客攻击为由突然"跑路"，用户直接损失超过 2000 万元。另外，交易平台的自身安全性存疑，网络安全防范不到位，容易受到黑客攻击，致使存储的数字资产被盗。2016 年，香港比特币交易所 Bitfinex 近 12 万枚比特币遭窃，价值约 7200 万美元，最终解决方案让用户平摊 36% 的损失。2017 年，韩国最大比特币交易所 Bithumb 遭入侵，用户损失数十亿韩元，预计约有 100 名受害者将对 Bithumb 提起集体诉讼。由于缺乏法律和监管规定不明，即使损害被证明，交易平台是否对遗失的资金负责赔付的法律责任难以判定。

近年来，匿名的数字货币成为勒索攻击的最新犯罪工具。比特币等数字货币的出现，一定程度上助长了勒索病毒的泛滥。网络安全公司 Malwarebytes 数据显示，勒索案件在网络攻击事件中的比例由 2015 年的 17% 上升到 2016 年的 61%，其中 2016 年比特币勒索在黑客攻击模式中比例上升近 50%。勒索病毒的传播给全球互联网造成巨大破坏。2017 年 5 月 12 日，全球爆发的勒索病毒"WanaCrypt0r 2.0"使至少 99 个国家的 7.5 万台计算机被感染。黑客索要比特币赎金，否则将删除所有资料。比特币勒索的危害不仅表现在造成直接的经济损失，还因勒索攻击造成医疗卫生、教育、金融等行业公共服务中断，危害公众利益，甚至国家层面上的网络安全。

比特币等数字货币的持续热炒，让国内外不法分子抓住人们欲快速获得财富的心理，利用数字货币概念，炮制传销骗局。央行货币金银局发布的《关于冒用人民银行名义发行或推广数字货币的风险提示》，引起了人们对数字货币传销及诈骗的重视。数字货币传销用"新概念"炒作，通过重奖拉人头，层层发展下线，打着创新的幌子，不改传销的本质；通过模仿比特币构建平台系统，操纵山寨币的产生及交易行情，吸引投资人购买，等时机成熟，再大量抛售；投资者损失惨重。而原始的比特币由去中心化的"挖矿"产生，不受任何人操纵。江苏省互联网金融协会出台的《互联网传销识别指南》（2017版），已对26种数字货币非法传销项目进行了曝光，如珍宝币、百川币、维卡币等。其中，维卡币已经被证实是一个全球性的传销骗局，在德国、印度受到当地政府严厉打击，全球多个国家均已对维卡币的传销行动发出警告。

ICO热度暴增，投资者范围不断扩大，过度炒作、哄抬价格、诈骗等问题逐渐暴露出来。ICO项目有较高的技术门槛，投资者缺乏区块链技术了解和认知，即使拥有全套项目白皮书和开源代码也很难预判是否严格执行所述技术路线保障应用运行，以及真实的运营情况和盈利前景。另外，很多ICO项目的KYC和AML标准合规并不严格，项目开发者是匿名的，资金没有托管钱包，无法防止恶意的项目开发者卷走资金。由于这些ICO项目处于监管灰色地带，投资者的权益得不到保障，成为ICO圈钱的受害者。

**三、国际监管对策**

越来越多的国家政府和央行将比特币等数字货币纳入本国的监管体系，但监管进度和态度各不相同，有的国家在比特币问题上经历了转变。美国、新加坡、日本对数字货币的监管走在了世界的前列。英国、加拿大、澳大利亚、瑞士等国家对比特币态度友好，认可其积极意义，正着手或已经制定监管法案来规范比特币行业的发展。出于保护金融科技创新的角度，俄罗斯、泰国完全禁止比特币的使用的态度有所松动。

各国监管机构以数字货币初创公司和数字货币交易平台为主要监管

对象，以反洗钱、保护消费者正当权益为主要目标，主要监管形式有四种：

一是以传统的货币转移法为依据，出台专门针对虚拟货币的监管法案。例如纽约州发布的《数字货币监管法案》、加利福尼亚州通过的《虚拟货币商业统一监管法》以及日本实施的《虚拟货币法案》。

二是出台法律解释，将虚拟货币纳入传统的法案。例如2017年欧盟议会（EP）发布第四版《反洗钱法》修改草案，将数字货币领域的反洗钱管控纳入其中。2017年佛蒙特州通过新法案，对"虚拟货币"进行了定义，更新了该州的货币交易规则，并补充到该州的货币转移服务法。

三是利用监管科技，解决数字货币领域的监管问题。例如2017年欧盟投入500万欧元的资金支持数字资产监控项目"Tools for the Investigation of Transactions in Underground Markets"（地下市场交易调查工具），旨在为调查或减少与数字货币和地下市场交易相关的犯罪和恐怖主义提供技术解决方案。

四是单独出台监管规则、文件等。例如2013年人民银行等五部委联合下发《关于防范比特币风险的通知》，禁止金融机构和支付机构开展比特币业务，仅将比特币作为特定商品对待。

监管内容主要有以下五个方面：

一是对数字货币的法律性质进行归类，确立其法律属性。数字货币性质的认定一直是法律监管的核心问题。世界上已有包括中国、英国、美国、日本、新加坡等超过20个国家和地区，对比特币等数字货币的属性进行了认定。不同的监管机构，对其法律属性的认定不同。英国税务及海关总署（HMRC）把比特币定义为私人财产；美国国税局将比特币归类为应纳税资产；在日本，比特币被定义为一种新型支付方式；澳大利亚则"允许数字货币被视为符合消费税的货币"。

二是监管ICO，保护投资人权益。ICO监管进度和ICO的发展程度并不匹配。美国、新加坡在ICO监管中先后判定ICO代币属于有价证券范畴，将被纳入监管范围。

2017年7月25日，美国证券交易委员会（以下简称SEC）在调查ICO项目DAO的报告中称，DAO代币构成了证券，数字代币的发售（即ICO）可受联邦证券法的管制。SEC表示，以公共利益为出发点，美国联邦证券法可适用于各类活动，包括分布式账本技术，根据特定的事实及情况，无须考虑组织的形式或用于完成特定要约或售卖活动的技术。基于分布式账本技术和区块链技术的证券发行和销售行为，除非获得有效豁免权，都必须进行登记注册。用于交易的虚拟证券交换行为也必须进行登记。

2017年8月1日，新加坡金融管理局（MAS）发布说明称，如果数字代币构成《证券和期货条例》第289章（以下简称SFA）监管下的产品，则此MAS将监管此数字代币供应或发行（即ICO）。MAS解释，数字代币不只是一种虚拟货币，还可以代表发行者的资产或财产的所有权或者证券利益。因此，数字代币可以被认为是一种股票产品或SPA所规定的一种集体投资计划的组成；也可以代表发行人的债务，可视为SFA监管下的公司债券。

瑞士是对数字货币友好的国家，瑞士的数字货币公司不需要任何特定许可证书或审批。英国金融行为监管局（FCA）在2017年4月的论文中，对区块链和数字货币进行了讨论。中国等国家密切关注ICO监管问题，专家、监管机构和业界的有关人员呼吁ICO监管应该提上日程。

三是采用许可证制度，对数字货币初创公司合法资格进行监管。纽约州金融服务局（NYDFS）于2015年6月发布BitLicense监管框架，这使得纽约成为美国第一个正式推出定制比特币和数字货币监管的州，为美国其他州和其他国家监管虚拟货币树立了标杆。随后，美国华盛顿州、日本等也推出了类似的许可证制度，旨在保护消费者权益。这些许可证制度，以在比特币等数字货币领域运营业务的公司为监管对象，包含各种合规政策，例如必须符合KYC（认识你的客户）/AML（反洗钱）监管规定等。

四是将数字货币交易平台和私人用户纳入反洗钱法规,防止洗钱活动。绝大多数交易,例如,数字货币和法币的兑换,是通过交易平台来完成;且对平台的监管难度小于对私人用户的监管,多数政府将交易平台作为反洗钱监管的重点。为提升监管效率,美国、日本将数字货币交易平台、支付公司等中介服务机构作为反洗钱监管重点。针对数字货币私人用户的反洗钱措施,主要集中在解决数字货币的匿名性。欧盟第四版《反洗钱法》修改草案,以数字货币用户实名化来监督数字货币的使用,以便确定洗钱等可疑活动。

五是减免比特币交易税或制定监管豁免特权,放松对数字货币行业监管。为了鼓励金融创新,部分政府放松了对比特币等的监管。澳大利亚废除比特币商品与服务税,欧盟对比特币及其他数字货币交易免征增值税,美国北卡罗来纳州和新罕布什尔州对数字货币部分商家制定了监管豁免的特权。

### 四、展望与建议

适当的监管可以规范数字货币的发展,鼓励金融科技创新。数字货币作为金融科技领域的新事物,其监管既要有助于创业创新,又要把握监管时机和监管程度;既要注重防范风险,又要建立合法合规、创新友好的监管环境。结合我国具体国情,借鉴国际经验,我们给出了数字货币的一些监管建议。

一是建立健全数字货币监管框架。首先,监管态度选择上,把握金融监管、金融创新与金融风险之间的关系,对数字货币进行适度监管。其次,在监管主体方面,要明确数字货币监管部门及职能。再次,在监管客体方面,要覆盖数字货币市场上的不同角色,如数字货币交易平台、数字货币创业公司和投资人等。最后,在监管方式选择上,根据数字货币的发展变化,可以选择有针对性的监管措施,例如,确立数字货币行业标准,从源头上降低行业风险隐患;将以比特币为代表的数字货币纳入反洗钱监管范畴。

二是对数字货币交易平台采用许可证制度进行监管，保护消费者合法权益，防止欺诈、洗钱、恐怖主义融资等活动。交易平台的监管可以采用许可证制度；对备案管理、许可准入、反洗钱职责和流程、用户实名、大额交易限制等方面作出具体规定。在比特币交易风险与银行机构、支付机构间建立必要的防护屏障。

三是对数字货币初创企业引入"沙盒监管"，保护消费者权益。结合我国目前金融环境，在数字货币产业，引入"沙盒监管"，需考虑"数字货币沙盒监管"的预期目标和主体，即哪类监管机构负责；根据被监管机构的创新风险和风险控制力及消费者权益的保障等方面，选择"沙盒监管"的具体模式；构建"数字货币沙盒监管"的具体制度，如数字货币初创企业的准入制度、进驻期限、运行责任沙盒内数字货币用户及投资人权益保障机制等。

四是对 ICO 加强监管，重点保护投资人合法权益与社会公众利益。明确 ICO 这种新型融资方式的法律规制或者相应的司法解释，发布对参与 ICO 项目的数字货币交易平台的规范性引导、政策性建议和强制性的法规，对发行人施予持续性信息披露和反欺诈责任条款，完善投资者权益保护等基础性法律规范。

整治乱象后，对于 ICO 这一创新的数字货币融资方式，也可引入"沙盒监管"，解决 ICO 监管相对滞后问题。同时，加大数字货币、区块链等相关知识及信息的普及力度，使公众投资者了解 ICO 产业及投资风险，理性对待 ICO 项目的融资需求，减少非理性的投资行为和投机行为。

五是多种措施防止数字货币传销、诈骗。对借数字货币之名从事传销这一新的传销形式，建议修订或加强禁止传销条例的司法解释；同时对数字货币交易平台进一步规范，明确交易平台对交易货币是否承担监督义务；设立向社会公众发布数字货币交易潜在风险提示的常态化机制，建立数字货币投诉处理机制，进一步完善投资者权益保护。

六是发展监管科技。利用大数据、云计算、人工智能、机器学习、区块链等技术，对反洗钱、数字货币交易平台、ICO 等进行合规性监管，提升监管效率。

七是加强国际监管合作。数字货币去中心化的特点要求各国监管机构协同监管。成员国之间应制定原则性监管法规，建立统一数字货币国际纠纷解决机制，加强信息共享与交流，共同打击数字货币跨国犯罪活动。

# 移动货币：非洲案例及启示[①]

本文以移动货币在非洲的发展情况为例，从移动货币的基本概念、移动货币的主要功能和运作模式、主要国家对移动货币的监管政策等方面，对移动货币这一金融创新进行了较为深入的研究和分析，以期对中国发展农村金融和普惠金融有所启示。

如今，在一向被人们潜意识认为贫瘠、落后的非洲大陆，一项名为移动货币（Mobile Money）的金融革新正在迅速崛起，并以前所未有的力量改变了非洲的金融生态。现在，在非洲很多国家，移动支付已成为当地居民小额汇款转账的主要手段，为很多不享受银行服务的人提供了类银行服务，显示出巨大的后发优势。为此，本文拟对移动货币的基本概念、非洲移动货币发展情况和运作模式、非洲主要国家对移动货币的监管政策等方面进行研究，并由此得出对中国的启示。

## 一、移动货币的概念阐述

### （一）移动货币的基本定义

目前，国际上对移动货币还没有统一的定义，各国根据本国的实际发展情况对移动货币的界定也不尽相同。安永认为所有通过手机完成的货币交易都可称为移动货币[②]，概念上较为宽泛也较为模糊。而根据全球移动运营商协会（Global System for Mobile Communications Assembly，

---

[①] 原文为中国人民银行工作论文，No. 2015/3，合作者：叶晓璐。
[②] Ernst & Young, Mobile Money: an overview of global telecommunications operators, 2010, page 6.

GSMA）的定义①，移动货币是一项金融服务革新，该革新借助信息和通信技术（Information and Communication Technologies，ICTs）以及非银行物理网络，将金融服务延伸到没有被传统银行覆盖的地区和人群，并具有两个主要特点：一是客户在银行体系之外的网络完成存取款操作；二是客户通过手机界面完成交易。

为更好地进行阐述，我们倾向于引用非洲发展银行（African Development Bank，AFDB）的定义②，即移动货币与存在传统银行账户上的货币不同，是指存放在用户识别卡（SIM卡）上的货币，SIM卡取代银行账号成为用户身份的识别码。从功能角度分析，移动货币涵盖汇款、小额支付等多种业务，旨在通过手机向没有银行账户的人群提供金融服务，或者向已有银行账户的人群提供技术便利。

在货币概念上，我们认为移动货币属于电子货币（electronic money，e-money）的范畴③，是法定货币的电子化。具体而言，移动货币没有物理形态，以手机和网络技术为依托进行储存、支付和流通，移动运营商为移动货币提供技术和服务，客户基于移动运营商的信用购买和使用移动货币。

移动货币本身不产生新的货币，对货币政策的影响有限。正如国际清算银行（BIS）报告所指出的，"尽管电子货币在一些国家发展很快，但就目前而言对这些国家的货币基础影响有限，而且这些国家的央行能密切关注电子货币和真实货币的关系，并且对短期利率进行控制。因此大多数中央银行认为在零售支付领域的创新对货币政策的影响是中性的，或者影响很小"。④

---

① Global System for Mobile Communications Assembly (GSMA), Code of Conduct for Mobile Money Providers, 2014, page 11.
② Lassaad Lachaal and Jian Zhang, Mobile Money Services, Regulation and Creating an Enabling Environment in Africa, report of African Development Bank (AFdB), 2012, page 1.
③ 见温信祥等2016年发表于《财经》杂志第56期的《数字货币展望》一文对数字货币的分类（表1）。
④ Innovations in Retail Payments, Report of the Working Group on Innovations in Retail Payments, Bank for International Settlement (BIS), 2012.

## (二) 移动货币和移动银行的比较

目前，国际上主要有两种通过手机提供金融服务的模式：一是移动运营商主导的移动货币服务，我们简称为移动货币（mobile money）；二是银行主导的移动金融服务，我们简称为移动银行或手机银行（mobile banking）。移动货币可以为用户直接开立与手机 SIM 卡相联的虚拟账户，用户在指定的移动货币代理点进行现金的存取，并通过虚拟账户直接进行汇款、支付等操作；移动银行使得客户通过手机即可登录其银行账户并进行账户操作，同时可通过银行自身的网点、ATM 进行现金存取。移动运营商主导模式和银行主导模式共同为客户提供移动金融服务（mobile financial services）。两者的主要区别如表1所示：

**表1** 移动货币和移动银行的区别

| | 移动货币 | 移动银行 |
| --- | --- | --- |
| 主导机构 | 移动运营商 | 银行 |
| 账户类型 | 与SIM卡相联的虚拟账户 | 传统银行账户 |
| 客户类型 | 手机用户 | 银行客户 |
| 适用国家或地区 | 金融基础设施落后，银行覆盖率较低 | 经济发展较好，银行渠道多样，银行业竞争充分 |

由此可以看出，移动货币和移动银行的模式选择和发展路径，主要是由所在国家或地区的经济和社会环境决定的。在金融基础设施落后的地区，传统金融服务覆盖率低，移动货币具有成本低、易推广的优势，增强了金融的普惠性；而在经济发展较好、银行业竞争充分的地区，移动银行打破了银行物理网点的限制，丰富了银行服务渠道，提供的产品或服务较移动货币更为多样，便利了广大银行客户，有利于增强客户黏性。近年来，在一些国家，移动货币和移动银行呈现出了互补发展、相互趋同的趋势，并逐步发展出了基于代理商网络的银行服务体系（Agent Banking），即银行不仅借助自身的物理网点为客户提供服务，而且通过与零售商等代理机构的合作，借助代理商渠道为客户提供基本的银行服务，从而将银行服务延伸到广大的农村地区。

就具体的汇款支付业务而言，移动货币和移动银行均使得用户通过移动终端实现汇款或支付，在支付方面的功能都属于移动支付的范畴，与银行传统支付方式相比，移动支付不受时间和空间的限制，具有便捷迅速、运营成本低、费率低廉的优势，但无论是移动货币还是移动银行，有两点不变：手机服务永远是移动运营商提供，资金清算则由银行负责。

## 二、非洲移动货币发展情况

（一）非洲移动货币发展情况

截至 2007 年底，肯尼亚（M-PESA）、南非（WIZZIT, MTN Mobile Money）和赞比亚（CELPAY）非洲三国已经出现了移动货币业务，提供现金存取、账单支付、汇款等基本业务。随后，自 2008 年至 2010 年，非洲尤其是撒哈拉地区另外 16 个国家也陆续出现了移动货币业务，并呈现迅速发展趋势。2013 年，移动货币业务进一步延伸到巴西、玻利维亚等拉美国家，以及塔吉克斯坦、越南等亚洲国家。而非洲一直是移动货币业务发展最快和规模最大的地区。GSMA 报告显示，截至 2013 年 6 月，全球共有 2.03 亿移动货币注册账户，其中约 6100 万个账户为活跃账户（在过去三个月中至少有 1 笔交易）。从全球分布看，撒哈拉非洲移动货币注册账户为 9830 万户，占比为 48.4%；其次为中东和北非，占比为 17.6%。而从活跃账户的比例看，撒哈拉非洲活跃账户为 4240 万户，占比高达 70%，远远高于全球其他地区。GSMA 的 2013 年调查显示，全球共有 9 个国家移动货币账户数量超过银行账户，这 9 个国家全部位于撒哈拉非洲。

就非洲内部而言，英国《经济学人》的调查显示，截止到 2011 年，非洲移动货币使用率最高的国家为肯尼亚、苏丹、阿尔及利亚和加蓬，这些国家使用移动货币进行汇款或支付的比例占到所有汇款或支付量的 40% 以上，其中肯尼亚的比例高达 68%，这是迄今为止全球最高的移动货币使用率，而乌干达、安哥拉、索马里等国家的比例在 30% ~ 40% 之间,也是移动货币快速发展的地区。

(二) 非洲移动货币的社会效应

移动货币的发展产生了良好的社会效应。2007 年肯尼亚移动运营商 Safaricom 推出的 M – PESA 就是其成功典型之一。M – PESA 业务最初的功能非常简单,仅包括存款、取款、汇款及手机充值等最基本功能。2010 年,M – PESA 推出超市付款服务,用户可以使用其 M – PESA 账户在超市进行付款,获得全新购物体验。2011 年,M – PESA 推出国际预付费 Visa 卡,用户可通过其 M – PESA 账户向国际预付费 Visa 卡转账,同时与西联汇款(Western Union)结成联盟,用户可以接收来自 45 个国家和地区的国际汇款。2012 年,M – PESA 与 Equity Bank 和 Diamond Trust Bank 合作,M – PESA 用户可以在合作银行的 ATM 上取款。除国内业务外,Safaricom 甚至开发了跨国的类似电子货币转账系统,可以提供便捷的国际汇款和支付服务。M – PESA 推出前,肯尼亚 38% 的人未使用过金融服务。M – PESA 让大量人群方便地享受了类银行业务。截至 2013 年,M – PESA 客户数量达到 1710 万,占肯尼亚总人口的 35% 左右,覆盖了肯尼亚绝大部分手机用户。M – PESA 客户大多是"蓝海"市场的客户,极大改善了肯尼亚普通居民金融服务的便利性,在服务社会和增强金融包容性的同时,也给运营商带来了丰厚的利润。

在乌干达,截至 2013 年,国内 6 家移动运营商共建立了 64000 多家代理商网络,共同服务 1760 万客户,大大提升了乌干达普惠金融的包容性,使得该国成人的金融覆盖率从 2009 年的 28% 迅速提高到 2013 年的 54%。

(三) 非洲移动货币迅速发展的原因分析

1. 传统银行服务的低覆盖率为移动货币的发展提供了契机。除了南非以外的非洲是全球经济最落后的地区。世界银行 2010 年报告显示,在全球 24 个最贫穷的国家中,有 22 个国家位于撒哈拉非洲。撒哈拉非洲也是金融服务覆盖率最低的地区。高成本的银行服务无法延伸到广大的偏远地区,为低廉、便捷的移动货币的发展提供了契机。

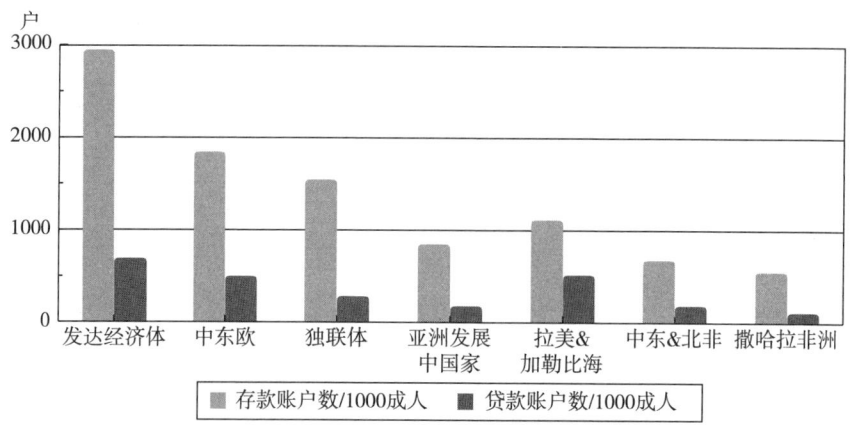

数据来源:IMF。

**图1　2013年全球银行服务覆盖率分布图**

2. 手机普及率的迅速增长为移动货币的发展提供了条件。近20年来,手机普及率在非洲逐步上升,截至2011年底非洲手机用户达到6.2亿户,年复合增长率达到30%,为移动货币的发展提供了条件。全球约有25亿人口没有银行账户,但其中的17亿人口拥有手机。由于非洲手

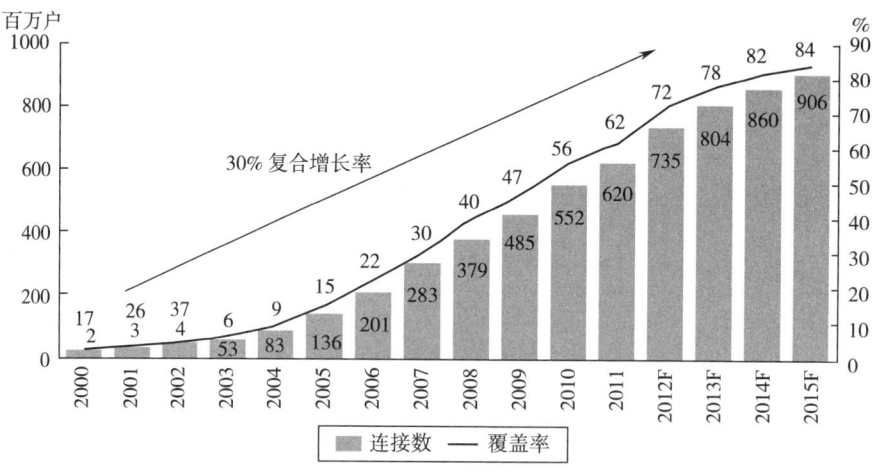

数据来源:非洲发展银行。

**图2　2000—2011年非洲手机普及率增长示意图**

机业务盈利空间狭窄，为抢夺市场份额，各大电信运营商逐步推出了适应市场需求的汇款等基础服务，并逐步增加了账单支付、购买商品等其他服务，丰富了移动货币的服务内容，受到广大民众的欢迎。此外，移动货币需要的技术门槛较低，客户无须借助智能手机下载 APP 软件，只需更新 SIM 卡，即可在任何普通手机上使用，进一步扩大了移动货币的受众人群。

### 三、非洲移动货币的主要功能和业务模式

MTN 是非洲最大的电信运营商，该跨国电信集团业务遍及非洲和中东的 22 个国家，为 2.19 亿用户提供服务。MTN 推出的移动货币名为 MTN Mobile Money，是非洲使用国家最多的移动货币，已推广至乌干达、喀麦隆、加纳、科特迪瓦、卢旺达、贝宁、尼日利亚、赞比亚等东非和西非国家。MTN Uganda 是隶属于 MTN 集团的乌干达子公司，是最早在乌干达推出移动货币业务的电信商，目前在乌干达有 2 万多家代理商，是该国最大的移动货币服务商。下面以乌干达的 MTN Mobile Money 为例，介绍移动货币的主要功能和业务模式。

（一）主要功能

1. 客户注册。

（1）客户通过 MTN 的代理网点更换手机 SIM 卡，使得 SIM 卡能兼容 MTN Mobile Money 服务；

（2）客户在代理网点填写注册表格，填写的信息包括姓名、性别、出生日期、身份证号等基本信息，同时阅读 MTN 的移动货币业务介绍和客户服务条款，签名确认同意 MTN 的服务协议；

（3）代理网点根据客户提供的身份证原件和复印件（护照、驾照、国名证、工作证、纳税证明、选民证等证件都可作为身份证明），检查客户的身份信息；

（4）代理网点为客户完成注册，并开立 MTN Mobile Money 账户，账户初始余额为零，整个开户过程完全免费。

2. 业务功能。

**表2　　　　　　　MTN Mobile Money 主要业务功能**

| 业务名称 | 具体描述 | 操作方法 |
|---|---|---|
| 汇款 | 通过手机汇款到国内的 MTN 手机注册用户、其他手机注册用户、无手机用户，也支持部分国际汇款。 | 如收款人为手机注册用户（MTN 或其他运营商）：进入 MTN 主页→选择 Mobile Money→选择"汇款"并根据提示完成操作。操作完成后，付款人和收款人都将收到汇款交易的确认短信。 |
| 存款 | 在 MTN 授权的任一代理网点将现金存入 MTN Mobile Money 账户。 | 向网点提供 MTN 手机号码和 Mobile Money 账号，将现金存入 Mobile Money 账户。 |
| 取款 | 在 MTN 授权的任一代理网点提取现金。 | 如客户是 MTN Mobile Money 注册用户，须向网点提供 Mobile Money 账号、身份证号、取款金额。客户手机收到取款短信后输入账户密码，客户和代理商同时收到取款交易的确认短信，凭短信从代理商获取现金。如客户不是 MTN Mobile Money 注册用户，则须提供身份证明文件和取款密码，并将密码输入代理商的手机完成取款。 |
| 账单支付 | 与众多机构或商户合作，使得客户通过手机支付学费、水电费、购买商品或彩票等。 | 进入 MTN 主页→选择 Mobile Money→选择"支付账单"并根据提示完成操作。 |
| 手机充值 | 直接对 MTN 手机进行充值，可为本人或他人手机充值。 | 进入 MTN 主页→选择 Mobile Money→选择"充值"并根据提示完成操作。如为他人充值，则客户和他人手机都将收到充值交易完成的短信。 |
| 账户管理 | 余额查询、账单服务、密码修改等。 | 进入 MTN 主页→选择 Mobile Money→选择"我的账户"，并根据提示完成操作。 |

资料来源：根据 MTN Uganda 网站相关内容整理。

在具体操作流程上，用户操作界面通俗易懂，只要客户按照手机界面指引，即可轻松完成交易。但同时，客户须手工输入收款人的手机号码、金额和账号，不够人性化。

除了存取款、汇款等业务外，近期 MTN 与乌干达两家保险公司 AON 和 Jubilee 合作，推出了低费率的人寿保险产品，特点是费率低、购买方便、理赔简单。客户可通过 MTN 的移动货币服务购买保险，在确认理赔后，保险公司会在 48 小时内将理赔资金汇入受益人的移动货币账户内。这一创新受到乌干达保险监管机构的欢迎。未来 MTN 也可能会提供各类存款甚至小额贷款产品。

3. 业务规定和收费。MTN Mobile Money 提供的各类业务价格透明，根据金额和业务种类收取不同的费用，并直接从客户的 Mobile Money 账户直接扣费。使用最为广泛的汇款业务费用低廉，若收款人也是 MTN Mobile Money 注册用户，每笔汇款业务最高费用也不足 1 美元，与其他汇款业务相比具有明显的优势。此外，代理网点无权向客户收取任何费用，只能赚取 MTN 的佣金收入。在业务金额上，MTN 也做出了明确的限制。客户每日交易上限为 400 万先令（约 1400 美元），账户最高余额为 500 万先令（约 1750 美元），最低余额为 500 先令（约 0.17 美元）。

（二）业务模式

MTN Mobile Money 的业务运营网络包括托管银行（Stanbic Bank）、超级代理商、零售代理商三类机构，最终面向客户。MTN 分别与上述三类机构签订协议，明确各自的责任义务，确保业务正常运行。其中，MTN 公司是移动货币服务的提供者，负责整体业务运行；托管银行负责托管 MTN 客户资金，并负有反洗钱的监督和报告义务；超级代理商主要为金融机构或者交易商，作为 MTN 公司的节点，负责向零售代理商提供电子货币或现金的管理和调配；零售代理商则直接面向客户，向客户提供产品介绍和指导，协助客户完成注册和开户，以及为客户进行存取款交易。

按运行系统分，MTN Mobile Money 可以分为三个系统：一是代理商网络系统，负责为客户提供注册、咨询、现金存取等服务；二是手机客户端应用系统，为手机客户提供操作界面；三是后台系统，保证在线处理和交易的顺利完成。

移动货币和现金的管理和使用如图 3 所示。每家授权网点根据自身的客户数量和业务规模，用一定的真实货币（来源于客户资金）购买等

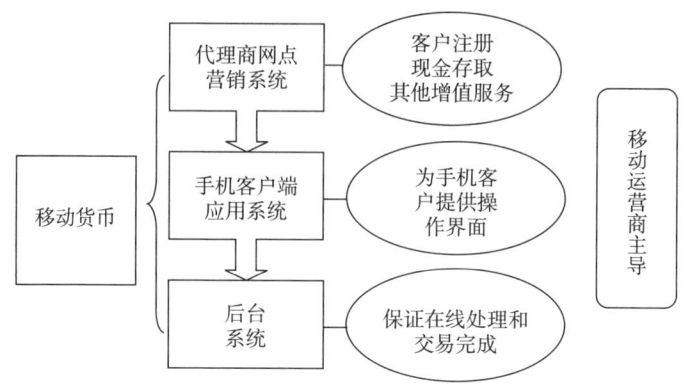

**图 3　MTN Mobile Money 三级系统**

值的电子货币（称为"浮筹"），以满足每日的客户存取款需求。客户在保证其虚拟账户有足额资金（移动货币）的情况下，可进行汇款、支付、手机充值等业务。如客户 C 须向客户 D 汇款（如图 4 所示），客户 C 先通过授权网点 A 卖出真实货币，买入等值的移动货币，随后通过手机进行汇款操作，客户 D 的虚拟账户将收到该笔汇款（移动货币），客户 D 通过授权网点 B 卖出此移动货币，买入等值的真实货币，汇款完成。

（三）代理网络管理体系

除了托管银行和广大客户，MTN 面对的是一个庞大的有 2 万多家零售网点的代理网络。如何有效管理代理网络，保证服务的统一性、兑付的及时性和风险的可控性，成为 MTN 公司的移动货币业务能否成功的关键因素。为此，MTN 公司制定了较为严格的代理网点管理体系，根据代理网点的性质、规模、环境等不同特点，对 2 万多家代理网点分成三类进行分类管理，并采取定期培训、呼叫中心支持、后台服务、现场支持等多种方式提供分类支持，并在欺诈风险、流动性风险、新产品及特点、客户需求和行为等方面对代理商进行重点指导和培训。

在权利义务方面，MTN 须与代理网点签订合作协议，明确代理网点必须遵守的规定和履行的义务。根据情节轻重，MTN 将代理网点的

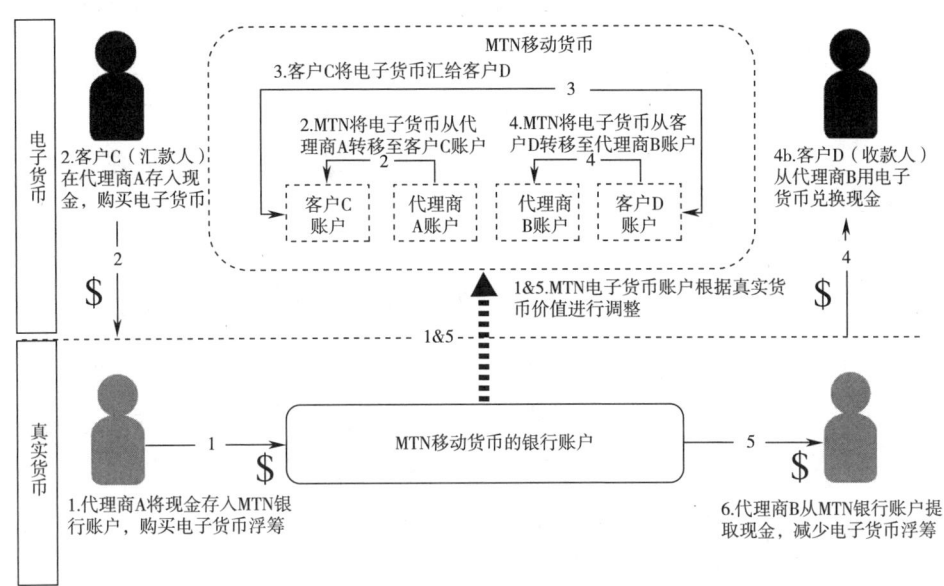

资料来源：根据 IMF 资料整理。

**图 4　MTN 移动货币运作流程**

不同违规行为分成三级（特别严重违规行为、严重违规行为、违规行为），并进行相应的处罚，具体如下：

表 3　代理网点的违规行为及处罚规定

| 级别 | 行为描述 | 行为举例 | 处罚 |
| --- | --- | --- | --- |
| 特别严重违规行为 | 违反反洗钱等监管规定，影响公司未来盈利和声誉。 | 同时与其他运营商达成移动货币代理合作；将客户存款分批交易以便赚取更多佣金；欺骗客户；任意动用客户现金；为客户进行虚假账户注册；私自向客户收费等。 | 终止合作协议。 |
| 严重违规行为 | 违反了合作协议规定，影响公司声誉，但不影响公司盈利。 | 没有审核客户身份即为其办理交易；没有按规定进行客户开户记录等。 | 警告；如多次违规，终止合作协议。 |
| 违规行为 | 因疏忽大意违反内部流程规定。 | （未公布） | （未公布） |

资料来源：根据 MTN Uganda 网站相关内容整理。

在利润分配模式方面，代理商获得的佣金收入来自客户存取现金的交易，根据每笔交易的金额和存取款方向，逐笔计算、按月结算。如客户存入现金，代理商可获得最高 3 美元左右佣金，如客户存款金额小于 5000 先令，则代理商没有佣金；如客户提取现金，代理商可获得客户手续费 30%~50% 的佣金收入，较为可观。

**四、非洲主要国家对移动货币的监管政策和监管挑战**

肯尼亚作为非洲移动货币发展最快的国家，其监管政策也最为完善。而乌干达作为后起之秀，其监管部门也出台了一系列文件对移动货币业务进行规范。下面以肯尼亚和乌干达两个国家为例，归纳介绍非洲主要国家对移动货币的监管态度和政策。

（一）对移动货币的监管态度

金融监管的基本原则有二：一是维护金融稳定，防范系统性金融风险；二是保护存款人，特别是中小存款人的利益。在不违背这两个原则的前提下，肯尼亚和乌干达都对移动货币业务采取了鼓励支持的态度，以最大限度地发挥金融的普惠性。

在两国央行看来，移动货币业务在整个金融系统中的占比非常小，对整体金融稳定的影响有限。在肯尼亚，虽然 M-PESA 业务量占到全国电子交易量的 70%，但交易金额只占总额的 2.3%，2010 年 M-PESA 账户余额只占整个银行业存款的 0.2%。而在乌干达，截至 2014 年 6 月，移动货币账户中的资金量仅占整个银行系统存款总量的 1.4%，移动货币的交易量不到整个金融系统交易量的千分之一，个别移动货币服务机构的倒闭将会对其客户造成损害，但几乎不会造成系统性金融风险。

在肯尼亚和乌干达，监管机构都采取了"先试后管"的态度。以肯尼亚为例，为鼓励创新，肯尼亚央行允许移动货币业务在可控范围内先行发展，风靡肯尼亚的移动货币 M-PESA 因此在央行的监管下经历了试运行和正式运行两个阶段。2009 年，随着 M-PESA 业务的快速发展，央行对 M-PESA 的各项业务进行了评估，随后进行了监管政策修订，使得移动货币业务纳入了监管框架。随后，肯尼亚央行根据移动货币业务发展情况进行了多次监管政策的调整和完善，于 2011 年颁布了电子货币监管法规，于 2013 年颁布了移动货币业务反洗钱指引和汇款业务监管法规。2014 年，肯尼亚政府正式出台了《国家支付系统法规》，首次将移动货币正式纳入立法框架。

此外，肯尼亚央行于 2010 年颁布了代理银行监管指引，以此鼓励和规范银行通过代理网络扩大银行服务覆盖面，有效补充移动货币业务，使得更多的人享受金融的便利。而乌干达央行直至 2013 年才正式颁布了《移动货币监管指引》。埃塞俄比亚等非洲其他国家也陆续颁布了关于代理银行业务的相关监管规定，允许银行通过代理网络延伸基本金融服务，从而以较小的成本将金融服务推广到偏远地区。目前，电信运营商主导的移动货币业务和银行主导的代理银行业务，在非洲协同互补发展，但整体而言，移动货币业务具有先发优势，在非洲尤其是撒哈拉非洲处于主流地位。

（二）监管框架和监管原则

根据乌干达《移动货币监管指引》，乌干达央行负责移动货币业务的审批和监管，对整个移动货币业务进行监管，并有权发布移动货币业务监管指令。乌干达通信委员会（Uganda Communications Commission，UCC）负责对移动网络运营商（Mobile Network Operators，MNOs）颁发牌照和实施监管，确保移动货币电信网络的稳定安全。未来央行将进一步加强与通信委员会的监管合作，减少监管漏洞。

在各方责任和义务方面，肯尼亚和乌干达监管都规定，移动运营商必须选择金融机构开立托管账户，并签署合作协议；同时必须选择合格的代理商进行合作，同时也签署代理合作协议。移动运营商负有平台风险控制、反洗钱和反恐怖融资的监控、消费者保护、定期向央行报告等法定义务，对其代理机构负有监督管理责任，并对代理机构行为负责，移动运营商须向央行定期报告其运营情况，提交年度审计报告，央行也可指定专门机构对移动运营商进行不定期审计;金融机构需就移动货币合作业务申请央行核准,需对移动货币服务商尽到勤勉尽职之责,管理托管账户。代理商代表移动运营商开展业务,须尽到客户身份审核、可疑交易报告、为客户信息保密等职责,代理商不得在系统失败时进行交易,不得替客户交易,不得向客户收取费用。此外,肯尼亚规定代理商可以与多家运营商合作开展移动货币业务,但需分别签署合作协议;而乌干达则规定,一家代理商只能和一家运营商合作,具有排他性。

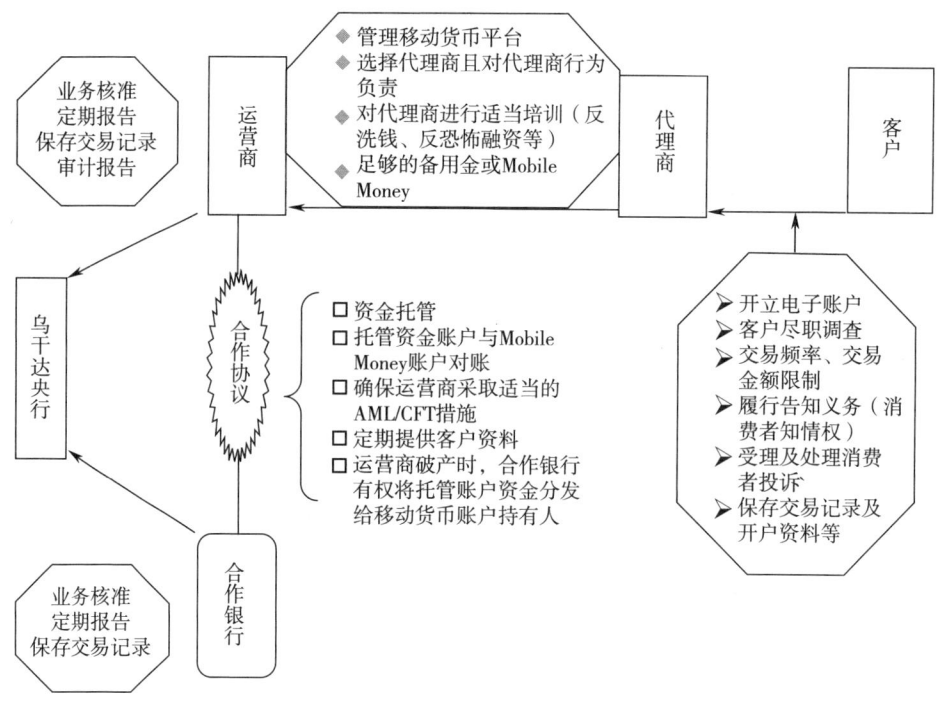

**图5 乌干达央行对移动货币的监管框架**

在监管原则方面,肯尼亚和乌干达都明确了只有银行才能承担货币经纪角色并吸收存款,移动运营商无权吸收存款,也无权调用资金,以此维护金融系统的稳定。

乌干达央行颁布的《移动货币监管指引》对移动货币的监管要点如下,下文将作进一步的阐述。

表4　　　　　　　　　乌干达央行对移动货币的监管要点

| 监管内容 | 主要规定 |
| --- | --- |
| 客户资金安全 | (1) 运营商须在合作金融机构开立资金托管账户。该托管账户中的资金属于平台中电子货币持有人。(2) 托管金融机构应明确托管账户的交易程序，该程序需确保托管银行的托管责任的履行。(3) 合作金融机构和运营商须建立电子货币账户和托管账户的日对账机制。(4) 托管资金账户中须有足够的能覆盖电子货币交易量的资金。 |
| 反洗钱、反恐怖融资 | (1) 运营商负有反洗钱和反恐怖融资的监控义务，对其代理机构负责。落实反洗钱、反恐怖融资。(2) 了解你的客户：开户时须履行客户尽职调查义务。客户需提供如下开户资料：有效护照、驾照、身份卡、金融卡等。(3) 对交易频率、交易量和交易额需设限；上述限制及其修订须报央行核准。(4) 客户身份资料、可疑和大额交易要向合作金融机构报告，合作金融机构按规定上报央行。 |
| 消费者权益保护 | (1) 央行有关金融消费者保护的规定均适用于移动货币业务。(2) 每项交易均应验证顾客密码后进行，开户时代理商需告知顾客防止密码泄露；建立交易确认机制。(3) 移动运营商应当提供顾客移动钱包的书面收支表和对已完成交易的记录。(4) 保管顾客信息和交易数据；非经顾客协议同意不得泄露。(5) 建立适当有效的投诉接收及处理程序；顾客对投诉处理不满意的有权向央行投诉。 |

资料来源：作者根据乌干达央行《移动货币监管指引》整理。

## （三）监管重点之保障客户资金安全

为保证客户资金安全，肯尼亚和乌干达都规定存款业务只允许商业银行办理，并进一步明确了以下几个方面的内容：

一是移动运营商必须在银行开立托管账户，无权动用客户资金。其中，肯尼亚规定，如果托管资金超过1亿先令（当地货币），资金必须托管在至少两家银行，而且每家银行托管的资金规模不得超过资金总规模的25%。而乌干达央行则规定资金必须选择一家银行进行托管，且对银行的资金托管规模没有限制。二是托管资金必须能够覆盖运营商卖给客户的移动货币总额（即相当于100%的存款准备金），一旦运营商出现违约或破产，客户将从托管资金获得与电子货币等值的真实货币。三是客户资金账户必须独立于运营商其他账户，运营商无权动用托管账户的资金对外偿还债务，托管账户中的资金属于平台中电子货币持有人。

此外，肯尼亚规定移动货币运营商必须持有最低核心资本金 2000 万先令（折合约 21.8 万美元），任何时候都不得低于这一金额，且肯尼亚央行有权对最低核心资本金要求进行调整。

（四）监管重点之反洗钱和反恐怖融资

由于移动货币账户采用实名制，因此移动货币具有非匿名性；同时移动货币通过移动技术和银行清算系统进行清算，资金流向具有可追踪性。非匿名性和可追踪性，使得移动货币业务在洗钱方面的风险较小。

但是肯尼亚和乌干达仍然对反洗钱和反恐怖融资方面作了较为具体的监管规定，明确了移动货币运营商在反洗钱和反恐怖融资方面的责任和义务。一是为客户开户时须履行客户尽职调查义务，即了解你的客户，客户必须提供有效身份证件进行实名开户。二是设定单笔交易和每月交易上限，对于超过一定金额的汇款须按要求进行反洗钱审查。三是及时汇报和定期报告制度，两国央行都规定移动运营商须每月向央行提交反洗钱报告，每年提交经审计的财务报告。四是规定移动运营商负有反洗钱和反恐怖融资的监控义务，对其代理机构负责，移动运营商要落实反洗钱、反恐怖融资，建立符合反洗钱要求的系统和反洗钱机制，完善内控措施，减少内控合规风险。

值得注意的是，与肯尼亚央行不同，乌干达央行赋予了托管银行更多的权利。移动运营商须向托管银行及时汇报可疑交易，并由后者向央行汇报。此外，乌干达央行要求移动运营商的移动货币业务平台数据须实时在合作银行备份，合作银行须为实时备份提供系统保证，使得银行有权实时了解账户余额和运行情况。

（五）监管机构对移动货币的风险控制

为规范移动货币的健康发展，肯尼亚和乌干达的监管机构明确了以下几个方面的风险控制规定：

一是通过准入审批、明确各方权利义务进行事前控制。肯尼亚和乌干达监管机构对移动运营商均实行准入制度，运营商必须在获得央行批准后才可正式运营。移动运营商选择的托管银行，必须是本国正式注册的合法金融机构，具有托管业务资质。同时，两国监管机构均明确了包括移动运营商、托管银行、代理机构在内的各类机构的主要责任和义务，并明确了移动运营商在保护客户资金安全、反洗钱反恐怖融资、保证移动货币业务正常运营等方面负有主导责任。

二是通过移动运营商的系统进行流程控制。在批准运营商开展移动货币业务前，监管机构须对其系统进行评估。移动货币系统须符合业务正常运营、数据监控、系统报告、业务连续性、数据安全传输和存储、保持与资金清算系统的连接等标准。比如肯尼亚规定，移动运营商的系统必须对每一笔交易有准确、可跟踪的全过程信息记录。移动运营商为每家代理网点分配唯一的识别码，通过识别码可以在系统上实时跟踪代理网点的运营情况，并对每家代理网点的交易记录进行实时保存，通过网络监控的方式对交易进行批量监测，对异常数据进行查询与核对，从而大大减少了代理商违规交易的风险。此外，系统还须具备数据备份和恢复功能，在交易失败或特殊情况时能保证业务的正常运营。

三是通过央行的监督、审计、惩罚职能等进行事后控制。如前所述，移动运营商须每月向央行提交反洗钱报告，每年提交经审计的财务报告，央行有权定期或不定期聘用审计机构对移动运营商进行审计，以此达到事后监督的目的。此外，肯尼亚还规定，若移动运营商违法或违规运营，监管机构有权暂停或者取消该机构的移动货币业务。

（六）监管挑战

一是现有监管规定如何适应快速发展的移动信息技术，并作出正确的监管指引。大多数国家监管部门目前对于移动货币支付的监管规定仍处于框架层面，没有在技术层面进行明确的规定。当前，非洲移动货币业务发展迅速却缺乏统一的行业标准，各大电信运营商为抢夺市场纷纷推出不同的产品和定价策略，在部分国家也存在垄断现象，这些都有待监管机构进行规范。

二是监管机构如何平衡审慎监管原则和鼓励金融创新两者之间的矛

盾，维持金融稳定的同时使得更多民众受益于移动货币的便利。随着移动货币业务发展的深入，移动货币已经不仅仅能提供支付、存取款等基础业务，而是逐步拓展到国际汇款、保险、小额存贷款等更为复杂的业务，比如肯尼亚电信运营商 Safaricom 在 M-PESA 的基础上联合非洲商业银行推出支持小额存贷款业务的 M-Shwari，未来或将改变金融业的游戏规则，也对监管机构提出了严峻的挑战。

三是金融监管机构如何加强与电信行业监管部门甚至工商管理部门的有效合作，促进移动货币业务健康发展。移动货币涵盖了银行、支付、电信、零售等各个行业，仅凭金融监管部门一己之力无法进行全面有效的监管，与其他监管部门的合作能有效避免监管漏洞，但同时也要防范监管重叠。目前，肯尼亚、乌干达等国家的央行已明确提出要加强与电信监管部门的合作，但具体的监管分工和配合仍有待进一步明确。

### 五、非洲移动货币与中国第三方支付机构、美国 PayPal 的比较

（一）非洲移动货币与中国第三方支付机构的比较

在我国，以支付宝为代表的第三方支付迅速发展壮大，2014年网络支付市场，支付宝拥有88.2%的品牌渗透率，处于绝对领先地位。截至2014年3月31日，支付宝的总支付金额达到了6230亿美元，约合38720亿元人民币；日均支付量已超过百亿元，日交易笔数超过8000万笔；拥有近3亿实名用户。2014年3月以来，支付宝每天的移动支付笔数超过2500万笔。随着移动通信的发展，支付宝与移动终端（手机）结合的模式被广泛接受。

非洲移动货币与以支付宝为代表的第三方支付相比，两者的相似之处包括：均生成大量移动或电子货币账户（弱资金账户），均需要实名认证（非洲移动货币须面签，后者须通过银行卡实名认证）；均针对"蓝海"客户，极大填补了市场空白，具有金融包容性；都是实践（创新）在先，监管（规范）在后。

两者的不同主要体现在以下方面：一是非洲移动货币的使用不以使

用者在银行开户为前提，普惠性更强。支付宝和移动银行都要求使用者开立银行账户。支付宝可以独立开户，但在支付前也要先关联银行卡充值。二是非洲移动货币发展主体是移动运营商，而在我国网络庞大、用户规模巨大的移动运营商还没有开展大规模的类似业务。非洲移动货币对手机性能要求不高，不要求是智能手机，普通手机更换 SIM 卡即可。三是非洲移动货币业务强调银行在移动货币业务中的地位和作用。规定吸收公众存款的只能是银行，资金的调拨只能由银行进行，运营商必须与银行合作或者须将资金在银行托管。而我国对支付宝的监管则侧重于客户备付金的监管，银行在第三方支付业务中的地位和职责不凸显。

（二）非洲移动货币与美国 PayPal 的比较

美国 PayPal 成立于 1998 年 12 月，是目前全球最大的网上支付公司，美国 eBay 公司的全资子公司，致力于为个人以及网上商户提供安全便利的网上支付服务。

美国对 PayPal 等货币服务商的监管，与非洲国家对移动货币的监管有相似之处，都强调客户资金安全，突出银行的作用。以 PayPal 为例，客户可以通过信用卡、借记卡、银行账户、其他 PayPal 账户或现金对 PayPal 账户进行充值，根据规定，PayPal 的客户资金必须存放在富国银行的独立账户中，只能按照客户指令进行划转，不能挪作他用，PayPal 账户中的资金可以用于 eBay 商户、在线商户、实体零售商的购物消费，进行银行转账或者购买支票，对于 PayPal 账户的转入资金和转出资金并没有限制。此外，PayPal 等货币服务商必须接受银行合作伙伴或银行发起人的间接监管，严格遵守银行关于客户背景调查、反洗钱、风险管理等方面的规章制度，否则银行将不会与其进行业务往来。

与中国支付宝、美国 PayPal 相比，非洲移动货币有独特的优势：一是支持通过代理商网络进行存款和取款的现金交易；二是对手机的技术要求低，通过普通手机收发短信即可完成操作，无须连接互联网；三是不需要关联银行账户，可以直接向非银行账户提供金融服务。这些优势使得移动货币在非洲获得了飞速发展。

### 六、非洲移动货币发展对中国的启示

#### (一) 启示

移动货币能覆盖广大的"蓝海"客户,丰富了支付结算工具,让大量没有享受到金融服务的人群能够方便地享受类银行业务,增强了金融体系包容性。非洲移动货币的发展极大地改善了当地普通居民金融服务的便利性,这对中国发展普惠小微金融,改善广大农村地区的金融环境具有较强的借鉴意义。是否有必要借鉴移动货币模式,主要涉及两个方面问题。一是我国是否存在较大数量的无法获取正规金融服务,特别是支付、账户等基础服务的成年人?二是银行向农村地区提供这些服务获得的收益是否足以覆盖成本,财务补贴政策是否可持续?

中国是一个典型的二元经济结构国家,农村人口约6.35亿[1],占总人口的比重为47%。农村与城市金融服务需求和特点存在差异,广大农村地区的银行服务覆盖率仍有较大的提升空间,客观上要求在农村金融和移动支付监管方面应该有差异化的制度供给和监管规则。在中国农村地区发展移动货币存在着如下几方面的客观需求:一是偏远地区金融覆盖率低。我国农村地区和非洲国家都具有偏远地区广阔的特点,这些地区人群的金融需求无法得到有效满足。截至2014年底,全国共开立个人银行结算账户64.73亿户,但世界银行统计数据显示2011年底中国农村地区成人拥有银行账户的比例为58%[2],远低于城市的82.1%。这几年随着金融支农和普惠金融的发展,部分农村社保卡也具备金融功能,但是也没有数据表明目前成年人拥有银行账户的比例已经达到100%。根据有关数据,截至2014年底,全国金融机构空白乡镇还有1570个。这些乡镇的居民获得金融服务存在空间障碍。目前每万人拥有约1.5个银行网点,但是东西部差异较大,比如2013年广东拥有网

---

[1] 数据来源:世界银行2013年统计数据。
[2] 数据来源:世界银行2011年统计数据。

点数量 1.61 万家①，而面积相当于 6.8 个广东的西藏，金融网点数仅有 677 家，与广东面积相当的吉林省也仅有金融网点数 4728 家，不到广东金融网点数的三分之一。二是传统银行网点和 ATM 机具运营成本高。在广大农村地区推广传统银行服务的运营成本相对较高，盈利较低，使用 ATM 机具的客户须事先在网点开立账户和银行卡。成本高、收益低也是银行从一些农村地区撤离的主要因素。目前监管部门采取措施鼓励金融机构到农村地区开展普惠金融，但是商业银行如果继续采取传统的物理网点模式恐怕难以做到商业可持续。截至 2014 年末，全国人均持有银行卡 3.64 张，人均持有信用卡 0.34 张，其中北京、上海信用卡人均拥有量远高于全国平均水平，分别达到 1.70 张和 1.33 张，广大农村地区持有银行卡的人数仍然较低。客观上在农村地区需要其他更低成本的替代方式，移动货币依靠较少的基础设施投入扩大金融服务的覆盖范围和受众群体，普惠性更强。三是移动银行和第三方支付仍集中在东部发达地区，对广大农村地区的普惠程度较低。2014 年我国手机网民规模为 5.57 亿②，其中使用手机支付功能的用户为 2.17 亿，网民进行手机支付的使用比例由 25.1% 提升至 39%，使用手机银行的用户为 1.98 亿，手机银行的使用比例为 35.6%。农村地区使用手机上网的比例仍然较低，农村手机网民仅为 27.6%，城镇手机网民则达 72.4%。目前手机第三方支付及手机银行对手机性能和无线网络环境的要求较高。中国的第三方支付和移动银行都要求使用者有银行账户，支付宝等第三方支付虽允许独立开户，但客户在支付前也要先关联银行卡充值。相比之下移动货币对手机性能和互联网环境要求不高，而且非洲移动货币的使用不以使用者在银行开户为前提，普惠性更强。

　　结合当前中国的实际情况，中国探索推广移动货币已经具备了一定的基础，根据工信部统计，当前中国手机用户已近 13 亿，东西部地区

---

① 数据来源：中国人民银行网站。网点包括银行、城市信用社、小型农村金融机构、财务公司、信托公司、邮政储蓄银行、新型农村金融机构等。
② 数据来源：中国互联网络信息中心，中国互联网络发展状况统计报告（2015 年 1 月）。

的手机普及率虽有差异①,但随着无线网络的完善,智能终端价格下降,中国农村手机普及率会进一步提升。此外,非洲移动货币发展主体是移动运营商,而在我国网络庞大、用户规模巨大的移动运营商还没有开展大规模的类似业务,有较大的发展潜力。

(二) 政策建议

乌干达央行行长曾指出:"审慎金融监管有两个目标:一是防范金融危机;二是保护存款人尤其是中小存款人的利益……只要金融服务创新不与上述两个目标冲突,我们都会鼓励……在维护金融系统稳定方面,移动货币目前并未产生重大威胁。"② 2014年银监会关于《2014年深入推进农村中小金融机构支农服务"三大工程"的通知》依然要求"继续做好空白乡镇机构覆盖工作",说明目前还存在无金融机构乡镇。建议借鉴非洲经验,从无金融机构乡镇开始,在农村地区发展移动货币业务,引入移动运营商体系,发挥移动运营商的网络优势和客户规模优势,积极推动移动货币有序试点、规范发展,提高农村地区的金融普惠程度。

此外,为促进农村的移动金融覆盖率,还可以有两种模式:一是改进中国现有的第三方支付体系,鼓励第三方支付机构搭建代理网络,解决没有物理网点、不能进行现金交易的问题;二是继续鼓励银行发展移动银行业务,并可搭建银行自身的代理网络,延伸银行服务触角。综上,建议按照市场化原则,鼓励移动运营商、第三方支付机构和银行三类机构共同参与到移动金融市场中来,通过市场的优胜劣汰选择最优的服务商,实现服务商和广大民众的双赢。

在移动货币业务的监管方面,非洲移动货币的发展离不开监管机构的鼓励和配套监管政策的出台,随着信息通信技术的发展,金融创新不

---

① 根据工信部统计数据,截至2014年3月底,东部发达地区的手机普及率达到110%,欠发达的中部和西部地区分别是76%和82%。

② Emmanuel Tumussime – Mutebile (Governor of Bank of Uganda), Regulatory Challenges in the use of ICTs to promote Financial Inclusion, remarks at the Digital Impact Awards, 2014.

断涌现，鼓励创新与依法监管相结合是非洲国家监管当局遵循的原则。非洲国家监管机构将移动货币业务纳入金融监管，强调银行在移动货币业务中的地位和作用，严守两条"底线"，一是强调移动运营商必须与银行等金融机构合作或者须在银行建立托管账户；二是只有银行能支配客户资金（类存款）。此外，监管规定交易频率和金额需设限，强调"小额分散"原则；明确反洗钱、反恐怖融资义务；注重消费者权益保护；并强调平台的风控能力等。这些监管经验对我国监管部门实施对第三方支付机构的监管、对在中国农村地区发展移动货币或移动金融，或有一定的借鉴意义。

总之，我国目前还是典型的二元经济结构。目前，移动银行、第三方支付等移动金融发展良好，尤其是第三方支付获得了前所未有的发展，提高了金融的便利性和普惠性。但是，我国移动业务多数是针对城市地区开展的，农村移动支付业务发展缓慢，支付服务的供需矛盾较为突出。在广大的农村地区，金融服务覆盖率仍相对较低。如果能借鉴非洲移动货币业务经验，按照市场化原则积极推动允许银行、第三方支付机构和电信运营商三类机构共同参与移动金融业务，有利于弥补农村、偏远地区传统金融服务空白，增强金融的便利性、包容性和普惠性。还可以借鉴非洲移动货币和银行之间的边界、相互合作关系进一步明确有关监管要求，规范非存款类机构和存款类机构业务发展。

# 从肯尼亚移动货币看移动支付在中国农村金融服务中的应用前景[①]

借助现代创新技术，让农村、边远地区人民享受到更好的移动支付服务，是推动中国农村金融发展的重要内容之一。从肯尼亚 M–PESA 手机银行的实践经验看，移动支付具有效率高、成本低、简单易行等特点，能够较好地解决落后地区支付服务需求。

农村支付是农村金融服务的基础，改善农村支付环境是农村金融生态环境建设和金融基础设施建设的重要内容。尤其是对于广大发展中国家而言，如何以可持续的商业化模式改善农村支付服务，是各国共同面临的一项重要任务。当前，信息科学技术发展方兴未艾，依托手机等为媒介的移动支付正快速扩张，为丰富支付结算工具、增强金融体系包容性、推动农村包容性发展提供了有效手段。肯尼亚 M–PESA 手机银行业务以其成功实践表明，移动支付是弥补农村地区金融基础设施不足和传统金融机构物理服务网点不足的重要方式，其做法和经验对中国发展农村移动支付，进而推动农村包容性金融发展具有重要的借鉴意义。

## 一、中国农村移动支付发展现状

"三农"工作历来是党和国家的工作重心，金融在其中发挥着不可或缺的重要作用。市场经济条件下，农业的发展、农村的现代化和农民的生产消费活动，都离不开金融业的大力支持。金融支持"三农"不仅

---

① 原文发表于《国际金融》2014年第11期，合作者：王昌盛、张晓东。

包括信贷资金的投入，同时还包括农村金融服务的改善，其中尤其需要不断提高农村支付服务的安全性和便捷性。近年来，政府有关部门和市场参与主体针对农村金融支付服务环境改善做了大量的工作，取得了一定效果。但整体上看，当前我国广大农村地区仍然不同程度地存在支付服务发展水平滞后的问题。农村支付服务环境的优劣，直接影响着农村金融服务水平，探索高效、安全、经济的新型支付服务模式正是解决上述问题的重要突破点。

（一）我国农村支付服务体系建设整体状况

近年来，在政府与社会各界的共同努力下，我国农村支付体系建设成效显著，农村支付的便捷性、安全性不断得到提高。政府主管部门采取了一系列创新性措施改善农村支付服务环境，各商业银行和相关经营机构也积极响应，推动支付网络向中西部及广大农村地区延伸，增强了支付服务体系的普惠性，改善了"三农"支付服务环境。

2009年，人民银行出台了《关于改善农村地区支付服务环境的指导意见》；2014年，人民银行发布了《关于全面推进深化农村支付服务环境建设的指导意见》。上述两个指导意见为农村支付环境建设提供了规划指导，明确了工作目标、主要措施、政策扶持、风险防范等重要事项。同时，人民银行针对我国农村支付服务的现实需求，组织推广了两个代表性的农村支付项目：农民工银行卡特色服务和银行卡小额助农取款服务，较好地改善了村域支付服务环境。截至2012年底，全国共有超过4万个农村地区银行营业网点可以办理农民工银行卡特色服务业务，当年农民工银行卡特色服务取款笔数近5800万笔，交易金额约479亿元。助农取款服务也在全国范围内开通，截至2012年底，设置在行政村的助农取款服务点合计超过66万个，覆盖行政村超过40万个，消除金融服务空白乡镇比率达到70%以上。

（二）我国农村移动支付试点情况

科学技术的发展是推动金融创新的可靠力量。随着网络信息、通信技术的快速发展，越来越多的金融机构和非金融机构借助互联网、手机等信息技术广泛参与移动支付业务。作为现代支付体系的重要组成部分，移动支付以其效率高、成本低、简单易行等特点，覆盖范围近年来不断拓展。但遗憾的是，基于多方面的原因，我国移动业务多数是针对城市地区开展的，农村移动支付业务发展缓慢，支付服务的供需矛盾较为突出。

为解决县域、乡镇金融服务资源欠缺、支付服务供给相对不足的问题，2012年人民银行部署试点开展了农村手机支付，在20个省市组织开展手机支付农村试点工作。试点根据农村地区经济发展状况、支付结算需求，为农村居民提供账户查询、交易付款、税费缴纳、小额转账、补贴发放等便利支付服务。截至2013年6月，农村地区的手机支付试点商铺用户达到了460多万家，代理服务点达到了1.4万个。手机支付帮助我国很多农村地区实现了通过手机查询账户、转账汇款、缴纳煤气水电费以及小额取现等应用，极大便利了农民生产、经营和消费活动中的支付服务需要。

(三) 我国农村支付市场发展仍任重道远

在政府、市场等各方共同努力下，我国农村支付服务环境建设工作取得了明显成效，农村支付结算工具不断丰富，政策措施进一步完善，支付服务市场多元化进程也明显加快。但总体上看，受城乡二元经济结构制约，我国农村支付服务领域仍存在不少问题：一是农村支付服务供求矛盾突出，部分偏远地区还存在金融支付服务空白问题；二是农村金融基础设施建设滞后，非现金支付受理环境不到位；三是农村支付结算服务费用较高，农民使用支付服务面临成本束缚；四是农村居民对非现金结算、银行卡等新型结算工具认识不足，有关非现金支付知识较为缺乏等。此外，随着非金融机构支付服务业务范围、规模的不断扩大和新的支付工具推广，这个领域一些问题也逐渐在农村暴露，新的风险隐患也相继产生。综上，农村支付市场发展仍滞后于农村经济发展实际需要，发展农村支付业务任重道远。

## 二、肯尼亚 M‒PESA 手机银行业务的运行情况

通过移动支付改善农村金融服务环境，国际上对此已经有相当成功的模式和实用经验。特别是在非洲和东南亚一些国家，移动支付已成为当地农村居民小额汇款转账的主要手段。其中，2007 年肯尼亚移动运营商 Safaricom 推出的 M‒PESA 手机银行业务就是其成功典型之一，面市以来广受用户青睐，发展迅猛，引起业内广泛关注。

（一）M‒PESA 手机银行的运营模式

2007 年 3 月，肯尼亚移动运营商 Safaricom 正式推出手机银行业务，当地称为"M‒PESA"。M‒PESA 主要由独立于商业银行金融体系之外的三个系统组成：一是客户完成注册、现金存取以及其他增值服务的代理商网点营销系统；二是为客户提供操作界面的手机客户端应用系统；三是保证在线处理和交易完成的后台处理系统。M‒PESA 的客户注册方便快捷，先是小型店铺零售商与 Safaricom 签约并注册成为 M‒PESA 代理商，然后客户在各代理商网点录入个人基本信息后，就可免费注册 M‒PESA。拥有 M‒PESA 账号的顾客通过店铺可以将现金转换为电子货币，只需发送文本消息和代码就可以在不同手机用户之间进行电子货币交换和转账；而收款人想要将电子货币兑现的时候，只需拿着自己的文本短信到最近的代理商零售店进行兑换即可。通过这种方式，汇款人和收款人都不需要拥有银行账户，只要发一条短信就可实现转账需求。

M‒PESA 业务最初的功能非常简单，仅包括存款、取款、汇款及手机充值等最基本功能，由于方便实用，得到快速发展。2010 年，M‒PESA 推出超市付款服务，通过这项具有里程碑意义的服务，用户可以使用其 M‒PESA 账户在超市进行付款，获得全新购物体验。2011 年，M‒PESA 推出国际预付费 Visa 卡，用户可通过其 M‒PESA 账户向国际预付费 Visa 卡转账；同时，与西联汇款（Western Union）结成联盟，用户可以接收来自 45 个国家和地区的国际汇款，包括美国、加拿大、意大利和英国。2012 年，M‒PESA 与 Equity Bank 和 Diamond Trust Bank

合作，M-PESA 用户可以在合作银行的 ATM 上取款。除国内业务外，Safaricom 甚至开发了跨国的类似电子货币的转账系统，可以提供便捷的国际汇款和支付服务。截至 2013 年，客户数量达到 1710 万，为肯尼亚总人口的 35% 左右，覆盖了肯尼亚绝大部分手机用户；其业务范围也围绕居民日常生活逐步扩大。

（二）M-PESA 的营销代理体系

M-PESA 的销售渠道是一个树形网络营销代理系统，代理机构主要包括三类：一是分布在居住密集区的加油站、超市等小型店铺零售商；二是具有较多经营网点的品牌运营商；三是部分有较强合作意愿的银行和小微金融机构。

代理系统在 M-PESA 手机银行发展过程中扮演了重要的角色，是客户拓展、运营服务、业务宣传的重要载体。如何有效管理众多代理商户网点，保证服务的统一性、兑付的及时性和风险的可控性，是 Safaricom 业务健康快速发展面临的最大挑战。Safaricom 根据业务特点，采用了以主代理机构为基础的分级分层管理架构，对 3 万多个网点有效实施了组织管理，推动业务持续健康发展。分级分层管理架构主要有三种模式：一是与银行机构的超级代理模式。该模式下，Safaricom 将合作银行的一个网点作为一个超级代理机构，不面对 M-PESA 的终端消费客户开展具体业务，而是作为一个货币交易中转站，与区域内的代理商网点、Safaricom 运营商进行清算、结算等交易。二是网点组的分层管理模式。这种模式下，多个网点组成一个网点组，组内有一个主代理机构。该主代理机构负责在组织上管理组内其他网点，与 Safaricom 的主机系统进行清算结算，并向其他网点提供货币的流动性支持，在 Safaricom 的整个网络系统中起到承上启下的作用。三是分组合作模式。该模式在架构上与网点组的分层管理模式类似，由一个网点担任主代理机构，对组内的各类业务进行清算汇总。不同的是，该模式下组内的网点之间是合作关系而非隶属关系。为保证营销代理体系有效运行，Safaricom 通过定期现场检查的方式对实体店面业务运行进行督导，保证各类服务的质量；同时，通过网络监控的方式对交易进行批量监测，对异常数据进行查询与核对，保证各类交易的安全可靠。

表1　　　　　　　　M-PESA 主要业务指标　　　　　单位：亿肯先令

| | 2009 | | 2010 | | 2011 | | 2012 | | 2013 | |
|---|---|---|---|---|---|---|---|---|---|---|
| | 数值 | 增长 | 数值 | 增长 | 数值 | 增长 | 数值 | 增长 | 数值 | 增长 |
| M-PESA收入 | 2.93 | 692% | 7.56 | 158% | 11.78 | 56% | 16.87 | 43% | 21.81 | 29% |
| 集团收入 | 70.48 | 15% | 83.96 | 19% | 91.8 | 13% | 107 | 13% | 124.29 | 16% |
| 占比 | 4.15% | 4% | 9.00% | 5% | 12.43% | 3% | 15.77% | 3% | 17.57% | 2% |
| 客户数量（万户） | 618 | 197% | 948 | 53% | 1401 | 48% | 1491 | 6% | 1710 | 15% |

（三）M-PESA 业务的经济及社会效果

肯尼亚开办银行成本高昂，所以银行大多在大城市，整个肯尼亚只有约1000个银行物理网点，定位为服务少数高端用户，关注的是"红海"市场，开户门槛高，收取高额服务费用。在 M-PESA 推出之前，肯尼亚有38%的人从没体验过任何金融服务。

M-PESA 客户大多是"蓝海"市场的客户，其业务极大地改善了肯尼亚普通居民金融服务的便利性，让肯尼亚大量没有享受到金融服务的人群能够方便地享受类似银行业务。M-PESA 业务推出以来，客户数量及收入持续快速增长。2013年，客户数量达到1710万，为肯尼亚总人口的35%左右。

M-PESA 业务在服务社会和增强金融包容性的同时，也给运营商带来了丰厚的利润。据 Safaricom 统计，每两单移动货币转款交易中就有一单是通过 Safaricom 的 M-PESA 系统完成的。2013年，该项业务收入达21.81亿肯先令，并保持了连续五年的快速增长，占 Safaricom 集团总收入的比例达到近18%，占比保持持续较快增长（见表1）。

M-PESA 业务在肯尼亚的巨大成功，对其他运营商及传统银行造成了不同程度的冲击。对此，运营商及银行业采取了相应的应对措施，包括加强与 Safaricom 合作。对于运营商而言，M-PESA 业务发展如此良好，令肯尼亚其他运营商艳羡不已。事实上，肯尼亚的其他电信运营商也已经推出了类似的业务，如 Airtel Money、Orange Money 以及 Essar yuCash；同时，其他第三方公司也在肯尼亚推出了类似业务。但这些业务的推出，均未能获得理想的效果。主要原因是，在手机转账领域，渠道为王，得渠道者得天下；而 Safaricom 遍布全国的 25 万个网点的渠道优势，是其他运营商望尘莫及的。对于银行而言，在 M–PESA 推出之前，肯尼亚的银行业较少关注新的业务模式。M–PESA 业务的快速发展，使这部分被"忽视"的人群成为了金融业务的真实用户。面对自身渠道的短板及巨大潜在客户的诱惑，肯尼亚银行业普遍采取了和运营商合作的明智做法，充分利用 Safaricom 渠道优势及客户基础，逐步嫁接自身的产品及服务，以实现合作共赢。比如，Equity Bank 就和 Safaricom 联合，将 M–PESA 账户与银行账户绑定。这样 M–PESA 用户就可以享用所有附加的银行业务，包括在 ATM 上取钱、获得存款利息等。目前，已经有 25 家银行与 Safaricom 合作开展 M–PESA 业务，实现用户在 M–PESA 账户和银行账户之间的自由转账，并可以通过 Safaricom 遍布全国的 25 万个代理网点或者合作银行的 700 多个 ATM 取款。

### 三、肯尼亚 M–PESA 手机银行的成功经验及其对我国的启示

借助现代创新技术，让农村、边远地区人民享受到更好的移动支付服务，是推动中国农村金融发展的重要内容之一。从肯尼亚 M–PESA 手机银行的实践经验看，移动支付具有效率高、成本低、简单易行等特点，能够较好地满足落后地区支付服务需求。目前，我国的移动支付市场已经具备了高速增长的条件。据工信部统计数据，截至 2014 年 1 月底，中国移动通信用户达 12.35 亿人，其中 3G 用户为 4.19 亿人（33.94%），移动互联网接入用户为 8.38 亿人（67.80%），移动通信用户数占全国人口的 90.8%（用户密度）。尽管我们不可能完全照搬肯尼亚模式，但是总结肯尼亚 M–PESA 手机银行运作的成功经验，对于进一步推动我国农村移动支付行业发展无疑具有十分重要的参考价值。

(一) 引导鼓励企业积极满足农村移动支付需求

在金融服务不发达或欠发达地区存在着巨大的移动支付需求,这是一块亟待开发的领域,有着广阔的市场空间。肯尼亚人口为4000多万,在肯尼亚政府大力推动城市化进程的背景下,不少农村居民进入城市寻找就业机会。这些外出务工人员存在很大的向农村方向的汇兑服务需求。同时,肯尼亚移动电话业务迅猛发展：10年前,肯尼亚的手机用户仅有几万人,而现在的手机用户已经超过2000万人。M-PESA的推出,将肯尼亚移动业务的迅速发展与家庭汇款等具有广泛群众基础的基本需求进行了紧密结合。与之形成鲜明对比的是,在城市化程度较差的坦桑尼亚和乌干达就明显欠缺此类需求,所以当坦桑尼亚和乌干达同样推出M-PESA服务后,并没有取得预想的成功。

在我国,随着国家一系列扶农惠农政策的出台,农村经济和县域经济的不断发展,农村资金往来的日益频繁,农村支付服务需求也将随之增加。目前,我国农村手机普及率高,城乡二元经济结构下汇款、转账等支付服务需求旺盛,网络购物引发的电子商务市场正在逐步向县域开拓,农村移动支付服务具有多方面的潜在优势和巨大的市场需求。金融机构和移动运营商应当主动适应市场的发展变化,通过技术创新和管理创新,开拓农村移动支付市场。同时,政府有关部门应当加强政策引导和激励,通过税收减免、财政补贴、专项资金等形式,对农村移动支付业务给予政策扶持,进一步扩大农村移动支付的覆盖面。

(二) 充分利用现有资源节约农村支付体系建设成本

现有资源的有效整合利用,为肯尼亚移动支付业务快速扩张提供了有效、经济可行的发展路径。M-PESA的移动支付模式的最大难点是,如何组织和管理成千上万的合作代理商。当Safaricom推出M-PESA的时候,充分开发了原有移动业务的大中型零售商作为M-PESA代理,采用分层聚合模式减少管理的复杂性。另外,由于合作代理商最接近客户,更加了解市场上消费习惯和需求,在推动创新方面也有显著作用。M-PESA账户可以直接在代理点和ATM上取现,并且可以直接对非注册用户转账,从而大大优化了用户体验。

目前,我国移动支付领域也存在两支重要力量:一是传统金融机构支付服务,主要是以商业银行为主开发的移动支付服务;另一个就是非金融机构支付服务,即非金融机构在收付款人之间作为中介机构提供支付服务。应结合移动支付领域的存量与增量部分,充分整合利用各类现有资源,包括借助电信运营商等部门业已建立的广泛代理网络,降低运营成本,促进支付服务市场合理竞争,推动农村移动支付行业商业化可持续发展。

(三) 以管理和技术提高农村移动支付的安全性

风险的有效防控,为实现移动支付业务健康发展提供了基础性保障。非银行机构的 Safaricom 虽然有很高的手机市场占有率及良好的电子货币渠道,但因其并非金融企业,在金融运作及风险管理及防范上经验有限。然而迄今为止,M-PESA 服务项目并没有发生大的风险案件和投诉。M-PESA 采用 SIM 卡作为安全认证和加密手段,辅以平台的有效记录和跟踪。这也说明,只要管理到位并采用科学方法,风险是可控的。

移动支付作为一项创新业务,安全方面的问题一直是制约移动支付推广的重要因素。农村市场主体对其安全性也存在疑虑,因此在农村推广移动支付时,应切实解决支付安全方面的问题,尤其是在移动支付市场培育初期。随着身份认证技术的发展,目前移动支付在安全性问题上已经有了可靠的技术基础,但仍需要运营商、银行和政府主管部门的协同努力。完善相关的市场准入、技术标准、业务规则、内部治理要求,加强金融与电信部门监管协调,真正让农村居民接受和信赖移动支付方式,可以放心使用移动支付工具。同时,必要的移动支付知识教育和风险防范宣传也是十分重要的,借此增强农村居民的支付安全自我保护意识,减少和避免移动支付领域的欺诈犯罪等问题,为农村移动支付长远发展提供良好的安全保障。

(四) 以差异化监管政策推动农村移动支付发展

促进包容性金融是一国或地区金融政策的重要目标。M-PESA自成立以来,成功扩大了基本金融服务的覆盖面,在包容性金融方面成效显著。其移动钱包服务10个月就吸引了100万用户(而肯尼亚全国在银行开户的人还不到400万)。业务的快速发展惠及数百万没有得到充分服务的肯尼亚人,使得大量没有银行账号的中下层平民通过便捷的方式享受到了基本的金融服务。肯尼亚监管机构出于促进包容性金融发展的考虑,为该业务发展提供了宽松的发展环境:一是支持Safaricom采用专属代理制度,这意味着代理商不能代表其他供应商或银行向客户提供类似的金融服务;二是该业务可以不受肯尼亚银行业务代理监管规定的约束。2010年肯尼亚颁发了《银行代理指南》,要求银行和每个代理必须获得监管批准,对所有代理进行监督,并且详细列出了代理的准入资格,并对银行规定了相当多的许可、报告和其他要求。相比之下,Safaricom是移动网络运营商,不受肯尼亚银行业务代理监管规定的约束,可以根据自己的商业判断自由选择代理。监管部门的大力支持,为该业务发展提供了有效支撑,使M-PESA得以在宽松的监管环境下迅速发展。

中国是一个典型的二元经济结构国家,农村与城市支付结算方面的金融服务需求和特点存在显著差异,客观上要求在农村移动支付监管方面应该有差异化的制度供给和监管规则,把改善农村支付这一基础性金融服务作为发展包容性金融体系的重要任务和监管目标,重点满足农民小额转账、汇款、取现、农民各项补贴发放等基础性、必需性的支付服务需求。应抓住农村移动支付业务实质和主要风险点,进行有效而适度的差别化监管,引导业务创新,提高支付效率,优化用户体验,确保资金安全。

根据农村居民文化程度低、金融知识欠缺、参与金融实践较少的现状,有针对性地加强移动支付领域农村金融消费者保护;同时,鼓励移动支付领域的市场竞争,注重引导非金融机构拓展支付服务范围。

# 第二部分：金融科技

# 科技如何改变金融[1]

在美国和欧洲，只有一小部分的消费金融业务受到Fintech的颠覆性影响，但是中国已经过了临界点，Fintech公司已经拥有同大银行和金融机构同样多的客户。

金融与科技的深度融合步伐在加快，在世界范围内风起云涌。以往金融与科技的融合，大多是金融机构主动为之。而近年来金融与科技的关系变得更加复杂，不仅金融机构主动采用新科技，科技发展带来的服务能力提升和派生也可能替代传统的金融业务。

金融与科技的新型关系，带来了一个新名词"Fintech"，即金融科技。根据金融稳定理事会（FSB，2016）的定义，Fintech是指技术带动的金融创新，它能创造新的业务模式、应用、流程或产品，从而对金融市场、金融机构或金融服务的提供方式造成重大影响。金融科技创新范围较广，既可以是前端产品，也可以是后台技术。一系列创新已经对传统金融业务形成冲击。

## 一、颠覆的开始：主要影响领域

近年来，科技在许多领域取得进步，从而为发展金融服务奠定了基础。首先是网络通信的发展，各种网络彼此连接融合，将海量的信息数字化，信息传输覆盖全球；其次是计算能力不断提高，对大数据的处理

---

[1] 原文发表于《财经》杂志2016年第33期，合作者：张蓓。

成为可能；最后是加密技术不断进步，解决了网络价值传输的可行性问题。此外，人工智能、图像识别技术等相关技术的发展也为科技金融增添了动力。

从金融业务领域看，涉及的重大变革主要有几个方面。一是支付清算，包括网络和移动支付、数字货币等。二是融资类，包括P2P借贷、众筹等直接和间接融资方式。三是投资管理类，包括机器人（智能）投资顾问等。四是征信类。

## （一）支付清算类

Fintech中的支付清算类业务一般是指通过联网终端，发起和执行资金转移和使用的服务。这类业务起步相对较早，且增长迅速。银行是支付电子化的先行者，而第三方支付通过改进消费者的使用体验，对银行形成了补充和竞争。电商的发展直接促进了微信和支付宝等第三方支付方式的快速发展。在鲶鱼效应刺激下，银行业奋起直追，放弃了电子银行亦步亦趋模仿柜面业务的做法，转而适应用户移动支付习惯，发展移动银行业务。手机银行APP进入爆发阶段，各第三方支付机构也不断升级支付功能，支付宝、微信支付等拥有庞大的客户资源和销售渠道，借助其强大的生态系统，已逐渐培养了用户的支付习惯。从发达国家来看，其一直走在金融科技创新前沿，并拥有大部分技术专利。诞生于美国的PayPal是第三方支付的鼻祖，在国际上占据优势地位。但是由于美国等西方国家银行支付业务发达，在规模上PayPal已被中国第三方支付远远超过了。

2009年比特币诞生后，基于区块链或分布式网络技术的跨境支付在去中心化机制下更快、更低成本地完成跨境转账。2014年中国人民银行内部成立高规格研究团队研究中国数字货币，2016年设立数字货币研究所，体现了对数字货币研究的前瞻性和高度重视。

## （二）融资类（资金端）

融资类业务主要包括网络借贷和众筹，也有人将其称为债权众筹和股权众筹。网络借贷又分为两种形态，一种是点对点的P2P借贷，通过互联网平台为有投融资需求的自然人提供撮合服务；还有一种是互联网小额贷款，是传统线下小额贷款公司的互联网化，通过互联网拓展客户资源。国际上的 P2P，也有自然人投资和机构投资。

P2P 平台的出现满足了个人和小微企业融资需求，在一定程度上可以看作是民间借贷市场的一种技术实现。2013 年年中开始，由于进入门槛低，P2P 迅猛增长，P2P 平台受到资本追捧，市场规模迅速扩张，但一些平台风险控制不到位。2015 年开始，问题平台频出，根据《中国互联网金融发展报告 2016》，2015 年全年问题平台达 896 家，是 2014 年的 3.26 倍。2015 年下半年监管收紧，部分资本退出 P2P 领域，留存的 P2P 企业不断摸索自身定位，一些平台开始尝试应用金融科技作技术创新。

众筹一般指企业、个人或其他主体，为企业自身、产品、项目、服务或公益事业，通过互联网平台向公众筹集资金的活动，一般融资成功后会以企业股权、产品或服务作为融资的对价。国内股权众筹发展很快，但总体金额仍然不大。从长远来看，解决"融资难、融资贵、融资慢"问题，把巨额的储蓄转化为投资，降低社会杠杆率，都有赖于发展股权融资，不能继续依赖传统的银行和债券市场等负债渠道。而发展股权融资不仅要继续发展目前的主板、新三板等正规市场，从长远来看必须发展包括众筹在内的多层次资本市场。

（三）投资管理类（资产端）

主要是机器人投资顾问服务。机器人投顾平台借助计算机和量化交易技术，为经过问卷评估的客户提供量身定制的资产投资组合建议。传统的投资顾问需要高素质理财顾问完成，人工费用昂贵从而提高了服务对象的门槛，一般只向高净值人群提供。但机器人投顾则是以最少量人工干预的方式帮助投资者进行资产配置及管理，避免了线下获客、产品销售、投资咨询等人力资本密集环节，节约成本，降低服务门槛，普通投资者缴纳少量费用即可获得服务。此外，智能投顾利用算法、大数据作为投资依据，优化投资顾问模型，且可以避免人工投顾的非理性因素。

机器人投顾最早于 2011 年由美国 Wealthfront 公司推出，最初的客户主要是硅谷的科技员工，之后逐步扩展，在美国已经初具规模。国内以弥财、蓝海财富为代表的智能投顾公司，于 2015 年初成立，投资标的以指数基金 ETF 为主，跟踪全球市场，目标客户多为有海外资产配置需求的人群。但国内智能投顾行业目前还仅处于起步阶段，其发展受制于两个因素，一是技术基础薄弱，算法模型跟不上。二是市场对量化的认可度不高，国内投资者的风险管理意识尚未成熟。

此外，科技的发展使得自动报告生成成为可能，节约了金融行业的人工成本。它主要分成三个步骤，一是处理数据，将年报、时事新闻及数据、行业分析报告和法律公告等材料进行消化和理解，其中对于文本中的图片需要 OCR 等技术进行解析。二是分析数据，运用知识图谱中常用的知识提取与实体关联，提取关键逻辑主干，结合时间、地点等因素，将关键信息嵌入报告模板。三是经过处理数据和分析数据后生成报告，研究员进行校对和二次编辑，加入观点或结论。

在散户占主体的国内资本市场，智能投顾拥有广泛的市场基础和发展空间。

(四) 征信类

传统征信数据源主要来自银行、政府、工商企业等，一般是与信贷直接相关的客户数据，包括资产、借贷及偿还、违约记录等。随着互联网的发展，各类行为数据被记录，社交、电商及搜索等非结构化数据为征信模型提供了更丰富的内容。BAT 等互联网巨头通过电商、社交软件等获得巨大的线上数据优势，一些小的创业企业依靠购买、抓取其他互联网数据来整合、分析数据，提供决策分析、精准营销等信用衍生服务。我国的电商数据、社交数据非常丰富，但仍处于分割状态，不少平台在尝试从数据源端收集第一手数据，从而在源头建立优势。此外，目前有些创业企业也尝试收集或生产有价值的数据，并取得进展。

## 二、中外对比：互联网金融与 Fintech

Fintech 源自发达经济体，在中国有一个更加本土化的名称——互联网金融。Fintech 在中国起步虽晚，但发展却最为迅速。2016 年，花旗发布了一份报告《数字颠覆：科技金融如何将银行逼至转折点》(*Digital disruption*: *How fintech is forcing banking to a tipping point*)，报告认为，在美国和欧洲，只有一小部分的消费金融业务受到 Fintech 的颠覆性影响，但是中国已经过了临界点，Fintech 公司已经拥有同大银行和金融机构同样多的客户。

中国互联网金融与国外 Fintech 走过很多类似的道路。从需求上看，一是"80 后"人群养成使用互联网的习惯；二是传统金融服务对薄弱环节覆盖不足；三是存在规避监管的创新需求。从供给上看，相关技术进步为科技金融的发展提供了强大的技术支持，一些实体企业积累了大量数据和风险控制工具，可以用于金融业务。中国互联网金融从国际 Fintech 发展中，学习了很多有用的经验和技术，结合中国国情加以改良，更好地运用于中国情景。

但中国的互联网金融与国际 Fintech 相比，也有不同之处。首先是在某些业务领域，中国互联网金融发展更快。以美国为例，美国 Fintech 起步早，但发展没有那么迅速。主要原因是其线下金融体系已经比较发达，各项金融服务也趋于成熟，消费者习惯已经养成，与成熟的巨头进行竞争，创新难度和成本较高。而发达国家监管相对严格。例如美国对 P2P 平台按照证券交易的规定来监管，同时从保护个人投资者和借款人的角度，由消费者保护机构来监管，创新监管合规成本高。中国总体金融服务不太发达，"三农"、小微等覆盖面有限；金融产品数量少、收益低，老百姓的投资需求得不到满足。这些空白地带为互联网金融的发展提供了巨大的空间，在发展普惠金融大旗下互联网金融的监管环境总体相对宽松包容，国内许多互联网金融业务发展很快。

其次，传统金融机构创新意识不同，金融机构与科技企业之间的关系也存在差异。由于发达经济体金融市场相对成熟,竞争环境激烈,金融服务机构多为私营背景,创新意识也相对较强,Fintech 公司更多的是寻求与金融机构合作,或开拓未被传统金融服务覆盖的客户或市场缝隙。国内金融牌照垄断相对严重,天然的资源垄断优势赋予了传统金融机构特别是大型金融机构资源定价能力,享有现有的资源优势就可以获得高额利润,故而创新和服务提升的动机不足,Fintech 企业另辟蹊径、抓住机遇,有些已经成为具有系统重要性的机构,甚至有实力叫板大型金融机构。

最后,中国科技进步主要在应用场景,基础开发能力不足。比如第三方支付的技术相对成熟,市场开发主要依赖于支付应用场景,中国在这方面发展较快,随着电商发展不断扩大规模。但是在分布式账本这些底层技术开发上,国内的技术实力还远不够,观摩借鉴多,原创发明少。

### 三、新型关系相关方:硬币的两面

科技通过影响金融,影响到涉及其中的每个人和机构,有金融机构、新进入者、消费者,还有监管者。

(一)金融机构:除了生死还有其他

Fintech 的快速发展,首当其冲的是金融机构。Fintech 从现有金融机构不甚在意的业务入手,比如曾经的第三方支付市场,一些 Fintech 公司逐步发展壮大,从几个方面对现有的金融机构形成冲击。

一是 Fintech 虽然还没有威胁到银行的核心业务,但其涉足的可能是银行最易获得费用收入的业务,也是银行最有利可图的业务,一旦失去这部分收入,银行可能无法承受现有的高昂成本。

二是客户消费习惯一旦养成,可能会形成对 Fintech 公司的信任和依赖,这意味着客户可能将其他金融业务和自己的资金也一并迁移到 Fintech 公司。比如,消费者最初可能只是通过 Fintech 公司支付电商购物款,后来发现还可以很方便地将余额进行理财获益,再后来发现可以很便捷地支付水电费、房租,甚至还可以在急需用钱时获得小额信贷或者分期付款的便利,再后来,发现自己积累的信用分还可以免签以及享有其他收益。也许最开始,消费者还会有安全方面的担心,但是随着安全保障措施逐步健全(比如保险、现行赔付、第三方托管等)以及安全交易记录的逐步累积,消费者有可能逐步将自己在银行的存款转移至Fintech公司。

三是与业务相联系的是客户数据,金融机构失去的不仅是业务,还有非常重要的数据信息。依据对这些信息的分析,金融机构可以对客户进行信用评分,可以为客户量身定做产品,进行有针对性的营销。

这些冲击迫使金融机构不得不调整自己的经营策略,并有可能带来竞争格局的变化。一个常见的变化就是网点建设的变化,自动化网点数量上升,而人工服务的网点数量下降,由此也带来金融机构就业的变化。Fintech对大机构和小机构的影响也有所不同。对于人工服务网点数量不多的小机构而言,没有沉重的负担,可能更有利于采用新技术拓展业务。

Fintech对金融机构来说,并非只有威胁,它们带来的还有更大的面包。Fintech开拓了更广泛的市场,无论是客户范围还是业务范围。金融机构本身也可以利用技术降低成本,提高收益。金融机构通常有三种方案开展Fintech相关活动。一是自己研发技术并应用;二是收购相关Fintech公司,得到对方技术;三是与Fintech公司合作。考虑到技术开发的高风险和高成本,金融机构与Fintech企业的联盟、金融机构与金融机构之间的联盟、Fintech企业之间的联盟也越来越多。由于银行财大气粗,Fintech企业往往期待和银行合作,甚至被收购。银行需要睁大眼睛,甄别有价值的企业或技术,避免投资失误。

(二)新进入者:谁能笑到最后?

新进入者进入Fintech有几种模式,一种是像阿里巴巴、京东、苏宁这样的公司,由电商业务积累了大量的客户、资源、数据,同时也面对客户相关的金融需求,从与电商直接相关的支付等业务起步,不断拓展多层次金融业务，如理财、小额信贷等。一种是规模较小的创业公司，在某个细分市场中寻找商业机会，比如众多的第三方支付公司、P2P平台等。此外，还有一些创业公司从事与金融相关的底部技术研究，寻求与金融机构或大的Fintech公司的合作。

Fintech有很明显的网络效应，网络参与者从网络中可能获得的效用与网络规模存在明显的相关性。由此而来的就是"先行者优势"，互联网金融的很多模式只要能超越一定的"关键规模"，就能快速发展，从而取得竞争上的优势；反之，在竞争上就会处于劣势。这就是为什么人们说互联网时代"只有第一，没有第二"。这种"先行者优势"主要通过两种形式获得。一种是提早进入某个领域或者创新某个模式或产品，从而尽快积累达到一定规模。还有一种就是在创业初期，砸下重金，以优惠方式吸引客户。这种"烧钱占地盘"方式引起了关注，一方面有不正当竞争嫌疑，另一方面有"先垄断后收费"嫌疑，最终妨碍利用技术提高金融服务效率。这两种方式都是通过积累客户资源，培养客户消费习惯，形成一定规模，不断增大自己的网络效应，形成对后来者的门槛。

Fintech不乏成功的神话，但也有消失在历史长河里的水花。挑战并不少，首先是激烈的竞争；其次是技术开发过程中的高风险，包括研究方向是否正确、能否取得突破、技术能否转化成现实的产品得到广泛应用等。此外，随着Fintech越来越介入涉及众多消费者的金融业务、规模越来越大，出于金融和社会稳定的考虑，相关监管标准也在逐步完善中，Fintech公司也须承担必要的监管合规成本。

（三）消费者："普惠金融悖论"是否有解？

一般而言，金融服务的需求方希望以低成本获得金融产品和服务，而金融服务的提供方则希望以高收益提供金融产品和服务，这就形成了"普惠金融悖论"。小微企业和低收入人群的金融服务，其管理成本和风险都较高，收益却不一定高，因而金融机构没有动力提供相应的金融服务。

Fintech 的发展较好地解决了"普惠金融悖论"问题。一是技术进步降低了包括人力成本、网点建设费用在内的金融服务成本;二是技术进步使得数据内容更加丰富,可以更好地对小微企业和低收入人群的风险进行评估,并且区块链等技术的发展使得去信任的价值转移成为可能;三是网络的延伸扩大了金融服务边界,特有的网络效应保障了金融服务的收益,从而使得 Fintech 在发展普惠金融业务上具有商业可持续性。

无论是非洲移动数字货币,还是中国广大三四线城市和农村的第三方支付的发展,都显示出 Fintech 在解决普惠金融问题上的重要作用。即便在发达经济体,Fintech 也为收入较低的年轻人提供了更多的理财途径,而这部分人群原来被排除在传统金融业务的高门槛之外。

但消费者并非只是 Fintech 的获益者,有一些潜在的风险依然存在。一是有可能形成歧视,加大消费者之间的差距。通过设定硬性条件筛选客户、业务,有可能将一些消费者排除在外。此外,Fintech 主要对象是在高技术环境下成长起来的年轻一代,老年消费者相对处于劣势。二是安全威胁依然存在,既包括资金安全,也包括信息安全。

(四)监管机构:永远在追赶?

市场似乎永远在前行,创新无穷无尽,对监管者而言,Fintech 带来的巨大变化绝不是一件轻松的事。一是业务模式的变化,带来金融和非金融因素的融合,区分哪些需要监管,哪些不需要监管,需要智慧。例如,一些电商提供的免息赊购、免费分期,既具有一定的信用贷款特征,也可看作是商业折扣。二是一些产品模糊了金融业分业经营的界限。比如,消费者可以通过同一个平台购买银行理财、基金、保险等各种产品。而有些产品本身就具有混业特征。比如 P2P,从银行角度看,类似于存贷款。从证券角度看,可以视作直接融资,美国就将 P2P 视作撮合证券交易模式进行监管,P2P 平台以证券形式匹配撮合资金供需,美国证券交易委员会(SEC)要求其接受《1933 年证券法》监管。三是消费者保护的内容更加丰富。除了传统的消费者保护内容之外,由于

Fintech 公司掌握客户大量的信息，信息安全的保护也需纳入考虑。

从国际经验看，对于 Fintech 这种新生事物，监管思路主要有两种。一种是以英国为代表的监管与自律相结合模式；一种是以美国为代表的根据实质在已有法律框架内进行监管的模式。以对 P2P 的监管为例，2005 年，英国第一家 P2P 平台 Zopa 成立，最开始英国将 P2P 网贷界定为消费信贷，由公平交易局（OFT）和金融服务管理局（FSA）共同监管，但并未颁布明确的详细法规。2011 年，Zopa、Rate－setter 和 Funding Circle 自发成立网贷业协会（P2PFA），通过会员准则和章程等，对行业进行自律。2014 年，英国金融行为监管局（FCA）正式出台了《关于网络众筹和通过其他媒介推销不易变现证券的监管规则》，其中对 P2P 作出了明确的监管规定。英国形成了监管与行业自律相结合的模式。美国对 P2P 的监管采用现有的监管体制和法律，2008 年，美国证券交易委员会（SEC）要求 P2P 公司将其发标作为证券登记，接受《1933 年证券法》的监管，此外，联邦各州政府、消费者金融保护局、联邦存款保险公司也从不同层次和维度上对 P2P 进行监管。

从这些国际经验可以看出，尽管创新可能让人眼花缭乱，但监管者需要有能透过现象看本质的能力，可以准确适用已有法律，并善用行业自律作为补充，在适当的时候也可以推出专门的监管规则。随着中国互联网金融协会的成立，在现有分业监管的格局下，可以尝试在互联网金融领域实行综合自律与分业监管相结合模式，尝试大数据监管，更好适应互联网金融天然混业特征。

# 现代金融产业体系的全新发展机遇：
# 互联网金融的创新通道及约束因素[①]

互联网金融的本质就是金融。金融有两点不能变，一是要服务实体经济，二是要管控风险。无论什么形式，这两点是不会变的。现在所谓的互联网金融，普遍认为它对实现金融普惠有很大作用，但是我们也应该警惕它们不朝着这个方向发展，当然我们希望它是普惠金融。本文从互联网创新性和发展约束等方面跟大家分享一些观点和想法。

## 一、互联网金融三种主要业态

互联网金融的主要模式起源于国外，短期内在国内获得迅速发展，展示出极强的渗透力和生命力。在中国，电商取得巨大成功，商户及相关活动在虚拟世界的商城中被互联网记录并形成大数据，这为分析商户行为特征、信用状况、金融需求提供了可能。以微信为代表的移动社交网络无时无刻不记录现实世界人们的活动，这为记录微信使用者在现实世界的活动并形成大数据提供了可能。虽然提供的金融服务眼下还很有限，但是市场从中看出了巨大的潜力。目前互联网金融与实体经济互动、互联网金融与传统金融互动、互联网金融与民间金融互动、互联网金融与普惠金融互动还处于观察期和发展期，时间序列还不足以得出确定性结论。

---

[①] 原文发表于《人民论坛·学术前沿》2014年第12期。

## （一）互联网支付

互联网支付在整个支付业务中的作用越来越引人注目。一些机构还形成了堪比银行的庞大的支付账户体系。2010年中国人民银行发布《非金融机构支付服务管理办法》以及2011年非金融机构支付业务许可证（简称"第三方支付牌照"）的颁发，使得第三方支付行业得以进一步健康和规范发展。截至2013年末，支付机构累计发生互联网支付业务153.38亿笔，金额总计达到9.22万亿元，同比分别增长56.06%和48.57%。

## （二）互联网融资

互联网融资主要包括P2P网络借贷模式、众筹融资模式以及互联网小额贷款公司模式。2007年我国出现首家P2P网络借贷平台。截至2013年末，全国范围内活跃的P2P网络借贷平台已经超过350家，累积交易额超过600亿元。众筹融资2011年逐渐起步，目前规模较小。我国目前约有21家众筹融资平台。一些网络贷款基于云计算和大数据的风控技术，为小微企业提供贷款服务，不良资产率较低，贷款效率较高。

## （三）互联网金融销售

互联网行业通过搭建销售平台进入金融产品销售领域并展示出很强的渠道能力。有平台才有大数据，有数据才好做金融。传统金融机构也抓紧搭建互联网销售平台，比如工商银行"融e购"、建设银行"善融商务"、交通银行"交博汇"、招商银行"非常e购"等。基金公司开始创建销售平台，如汇添富基金的"现金宝"平台、华夏基金的"华夏基金管家"和"活期通"等。第一家网络保险公司"众安在线"也于2013年9月29日由保监会正式批复开业。

## 二、互联网金融创新四个方向

借用著名经济学家熊彼特的说法，创新是生产函数的改变，是"创造性毁灭"。从现有的实践和发展方向分析，互联网金融的突破有四个方面：第一个是互联网金融显著降低成本，第二个是互联网金融带来极致的客户体验，第三个是大数据计算，第四个是移动互联网。前两个从投入产出角度看，保证商业可持续性；后两个从技术浪潮角度看，保证技术可行性。下面依次从这几个方面进行分析。

（一）互联网金融要显著降低成本

因为新技术很大的一个贡献就是用来降低成本，作为新生的互联网企业，它要和传统的金融企业进行竞争，那么它的优势也在于控制成本、降低成本。降低成本主要有两个方面，一是 IT 成本。我们传统的金融企业都是使用"IOE"，就是使用 IBM 的服务器、Oracle 的数据库软件提供商、EMC 的存储设备。三者构成了一个从软件到硬件的企业数据库系统。由这三驾马车构成的数据库系统几乎占领了全球大部分商用数据库系统市场份额。据报道，阿里已经完成"去 IOE"化。阿里巴巴的"去 IOE"运动就是用成本更加低廉的软件——例如用 MYSQL 替代 Oracle，使用 PC Server 替代 EMC2、IBM 小型机等设备，以消除"IOE"对自己数据库系统的垄断。这一行动主要目的之一就是低成本化——基于"IOE"在业内的垄断，整套系统维护费用非常昂贵。除了降低成本，"去 IOE"化还是信息安全需要。二是降低渠道成本。比如说余额宝是全直销，告别了银行销售，降低了中间成本，总成本是销售额的 0.63%，相当于传统的基金销售成本的 3/4，渠道成本降低了 25%。据上海陆金所介绍，互联网获客的成本是千分之二到千分之四，可能是银行的五分之一。互联网金融真正能够为实体经济作出贡献，真正能够战胜传统的金融机构就一定要控制成本，传统金融机构也是如此，要为降低实体经济融资成本作出贡献。

（二）互联网金融给客户带来极致的客户体验

我们所谓传统的金融机构，表面上看很庞大，有规模优势，但是实际上内部分割非常严重，比如说许多银行电子银行的 U 盾都有很多种，有的多达十几种，实际上就把巨大的规模切割成很小很小的一块，那怎么实现规模优势？相比之下看一下余额宝的客户体验，新客户点四下鼠标,老客户点三下鼠标就可以完成基金的申购。当然我们也有担心,担心它对客户的保护是否足够。但是总有一种人比较侧重在安全性和便利性之间选择便利性,因此便利性是很重要的选择标准。互联网金融要在安全保障的情况下提供极致客户体验,为提高金融服务便利性作出贡献。

(三) 互联网金融大数据运用

第三个突破是使用大数据,因为大数据的概念,是一种跟传统不一样的概念,大数据一是通过容忍一定的不精确性,打开了一个从未涉足的世界的窗口;它不是随机的样本,而是一个数据;大量的不精确的数据比高精度的数据更有价值。大数据计算运用的例子有很多,比如亚马逊的个性化销售:你在亚马逊上买一本书《康熙大帝》,旁边会有相关的书给你推荐。另外是征信机构根据个人信用卡的交易情况预测收入情况。VISA 使用 Hadoop,将处理 730 亿单交易的时间从 1 个月缩短至 13 分钟。这足以变革商业了。也许 Hadoop 不适合正规记账,但在允许少量错误时非常实用。征信机构益百利(Experian)根据个人的信用卡交易记录预测个人的收入情况。传统的个人收入证明成本 10 美元,益百利的售价还不足 1 美元。互联网金融要采用大数据计算实现精准营销和风险控制。

(四) 移动互联网普及

第四个突破口就是移动互联网。在可以预见的未来,出门要带的身份证、手机、钥匙、钱包,这些手机都能代替了,因为手机就是你的身份证,就是你的钥匙,就是你的钱包。有人担心手机不安全,可是一个人随身带的物件中还有比手机更高级的东西吗?没有。以后的载体肯定是依托手机的。笔者看好移动支付,比如说农村的支付。农民未必有卡,未必有账户,但是一般都有手机,而且现在都是智能手机,也只要几百块钱。智能手机的普及意味着移动技术浪潮已经到了创新临界状态。2007 年肯尼亚移动运营商 Safaricom 推出的 M-PESA 手机银行业务就是其成功典型之一。2013 年,M-PESA 客户数量达到 1710 万,为肯尼亚总人口的35%左右，涵盖了肯尼亚绝大部分手机用户，业务范围也围绕居民日常生活逐步扩大。肯尼亚 M – PESA 手机银行在移动支付领域所取得的成功经验值得我们深入研究。

### 三、互联网金融创新三个约束

互联网金融创新存在边界，受到约束。从技术上看，存在"30 年法则"约束，从社会学看存在路径依赖约束，从金融学看需要考虑金融风险的外部性，受到监管合规约束。不能低估互联网金融创新的速度，但是也不能操之过急，甚至拔苗助长。

（一）"30 年法则"

计算机突破性发明从实验室走向商用普及，一般都要花 30 年时间。巴克斯顿说，一般来说一项技术从发明到应用大约是 30 年的时间，比如说鼠标从 1963 年就已经制作了原形，直到 1984 年苹果推出配备鼠标的电脑，到微软的操作系统，鼠标才成为了标配。另外一个就是多触点触摸显示屏，现在已经成为了我们手机的标配，这也是 1984 年诞生的，直到 23 年以后 2007 年 iPhone 推出才成为了应用。所以发明和应用是两个概念，中间差大概 30 年的时间，这个是根据历史经验的总结。这就是 "30 年法则"，即技术都要经过 30 年才能走向应用。目前 IT 系统开发要从原来长周期转向短周期迭代模式，但是技术的突破是需要时间积累这点不会变。

（二）路径依赖

大家都知道现在通用的 QWERTY 型键盘在技术上并不是最好的，手指的任务分工不合理，右手无名指的任务最重，但是，它却牢牢占据了市场。实际上，Dvorak 于 1932 年申请专利的 DSK 键盘输入速度最快。由于 QWERTY 型键盘使用人数占了优势，考虑到硬件、软件的兼容性，其他使用者会选择 QWERTY。这种状态我们称为"锁定"，是路径依赖，这是经济学比较经典的故事。旧的观念将制约新的模式产生。习惯了传统金融服务的客户在迈入大数据时代时，有的可能不具备相应的自学自适应能力，需要进行引导和需求创造。传统金融机构对客户黏性还是很高，在客户心中的信誉高，互联网金融等外来者面临建立可信度的挑战，这在重视人际关系和关系型融资的地方并不容易。现在一些企业提出的"去 IOE"要顺利实现，就要克服路径依赖，前景并不乐观。

（三）创新的第三个约束就是金融风险具有外部性、滞后性和不对称性

互联网金融是两个词，就是互联网＋金融，互联网作为技术、发明、创造，有正的外部性，且一旦被发明，社会就可以共享。但是金融风险往往存在负外部性。外部性就是干了一点坏事，别人都要替你分担。美国的金融危机，全世界都得买单；一个客户把银行拖垮了，其他的客户都得受牵连。金融风险也有滞后性，比如一笔贷款要到收回时才能肯定是否有风险。还有金融风险信息的不对称性，贷款人和借款人信息不对称。作为金融来说，必须考虑金融的特性。有人说"互联网金融的本质是服务"，这句话值得商榷。这是站在第一产业、第二产业来看互联网金融（打个比喻，如果问你是哪儿人，答曰地球人，这是站在月球看地球）。如果站在服务业内部来看互联网金融，互联网金融的本质就是风险，就是金融。此外，互联网金融和区域金融还是紧密相关的，比如说余额宝的总部在天津，托管行在北京，但是资金管理总部在杭州，买余额宝的有的在武汉买、有的在其他地区等，资金流动为本地金融业的流动性管理带来压力。

## 四、互联网金融创新要过三关

互联网金融的本质就是金融。金融有两点不能变，一是要服务实体经济，二是要管控风险。无论什么形式，这两点是不会变的。现在所谓的互联网金融，普遍认为它对实现金融普惠有很大作用，但是我们也应该警惕它不朝着这个方向发展，当然我们希望它是普惠金融。我认为互联网金融未来有三个方向必须把握清楚。

（一）服务实体经济关

阿里为我们提供了一个互联网金融的成功实践。阿里金融下一步发展的16字方针里也提到了服务实体经济，事实上阿里金融就是在服务实体经济当中产生的，比如支付宝就是为了满足商户的需求产生的。互联网金融的优势主要体现在成本端、渠道端，但是在服务实体经济上资产端是一个很大的短板，可能会制约其未来的发展空间。

正如富国银行首席经济学家所指出的，互联网金融解决了资金来源快捷性的问题，但是资金运用的问题依然没有解决。这一问题也体现在余额宝的发展上，余额宝90%以上的资金还是银行的存款，阿里小贷余额和余额宝相比还微不足道，也就是说余额宝在资金运用上还比较困难。互联网金融在提供普惠金融、包容性金融的期待中发展，也要像传统金融一样服务实体经济。在保持市场开放的同时，要特别警惕互联网企业不安心主业，一窝蜂搞互联网金融，形成新一轮的"脱实向虚"。

（二）风险管控关

需要强调的是，第一，企业发展壮大以后，内控的风险就会很大。第二，支付和清算的风险不一样。二者监管标准不同，清算的系统性风险更大。第三，风险文化的形成。为什么金融危机、银行危机会不断重演？主要是因为金融本身具有风险，但是人们对风险却很健忘。所以，互联网金融和传统银行一样需要有经验的风险管理人员把控好金融风险，需要学习和培育风险文化。在大数据和互联网时代，IT风险、客户隐私保护风险等风险还将特别重要，需要新的管理手段。表面上生机勃勃的互联网企业隐藏大量的失败案例。2014年3月的政府工作报告中，有一句话叫"促进互联网金融健康发展"，后面还有一句"守住不发生系统性和区域性金融风险的底线"，所以说我们要在促进发展中守住金融风险的底线。

（三）监管合规关

在国际上金融行为监管主要关注三个重要领域：维护公平竞争，保护消费者权益，防止金融犯罪。对互联网金融则通过主办银行制实现延伸监管；此外对金融机构自身还实施审慎监管。金融安全、监管合规的要求是互联网金融创新需要遵守的。目前银行执行的合规和监管标准较严。互联网金融确立了适度监管的原则，但是消费者权益和反洗钱等不可放松，根据国际潮流这两方面标准还可能越来越高。当前消费者对传统金融机构服务的要求较高，差错容忍度低，而对新兴的互联网企业的容忍度相比较高，这从微信因系统故障不能正常使用和银行因系统故障不能正常使用后消费者和公众的不同反应就可看出来。随着互联网企业涉足金融业务，消费者和公众对它们的要求也会越来越高，消费者权益保护的任务会越来越重。互联网金融需要敬畏监管、主动合规，也需要认认真真过监管合规关。

**五、互联网金融创新的驱动力**

关于互联网金融在中国兴起的背景，实事求是讲互联网金融主要模式还是源于欧美，不是我们的首创，为什么互联网金融在中国如火如荼？我认为有这几点原因：一是中小企业融资问题。这是世界性问题，但是在我国从中等收入迈向高收入阶段，社会创业热情高昂，相关金融需求旺盛，使得中小企业融资难问题更加突出。二是居民投资渠道较少。从中等收入迈向高收入，居民收入快速增长使得这个问题更加突出。三是利率市场化还没有完成。四是非制造成本高，其中主要包括房地产价格高、经商成本高。主要证据就是中国生产的产品在美国卖得比中国还便宜。中小企业贷款难是一个长期的问题，我们探索了很久，20多年来从直接融资到间接融资的许多金融改革都和解决中小企业融资难有关。比如说 PE、VC、创业板，让商业银行设立小企业部，对民营银行开闸，设立小贷公司是尝试用间接融资解决中小企业融资难问题。现在又希望 P2P 能帮助中小企业解决融资难的问题。互联网借贷，特别是 P2P 网贷这一块，它的本质就是民间金融，但是不希望仅仅是等于民间金融，它应该是民间金融的升级版。这也说明还是需求驱动了互联网金融，同时其风险也是不可忽视的。美国第三方支付、移动支付、另类金融方面创新层出不穷，从这个角度说美国互联网金融并不是不热，只是网贷没有我们热。美国的互联网金融创新值得我们高度关注，它们更多是技术和监管驱动的。

从金融生态展望来看，我们现在并不缺金融机构，我们缺的是小微金融机构。我们有大型银行，小一点的是股份制银行，再小一点的是城商行、农商行、农信社等，希望互联网金融能有助于解决"最后一公里"问题，有助于减少"梗阻"现象。我们的经济中金融"血管"还是很粗的，但是我们的毛细血管不是很发达，在注入实体经济时，如果有些地方梗死，也会导致血压上升，比如说去年钱荒时的利率飙升，但是整体并不缺钱。希望互联网金融和传统金融互补，未来的金融体系更加完善，结构更加合理，就像总理报告里说的：让金融成为一池"活水"，更好地浇灌实体经济。

### 六、互联网金融对商业银行的挑战

2013年来自传统金融领域之外的互联网金融异军突起，尽管其规模仍然相对较小，但其发展速度很快。作为新生事物，人们对其未来趋势见仁见智，莫衷一是。支持者认为它是金融创新的结果，有助于弥补传统金融服务的不足，为其鼓与呼；批评者认为它是中国金融特定阶段环境下监管套利的产物，是一个野蛮人和搅局者，对其鞭与挞。但不管怎样，对于商业银行而言，在互联网金融时代处理好与新兴互联网金融业态之间的竞争合作关系，更好地满足社会金融服务需求十分紧迫和必要。

（一）商业银行日益面临着来自传统金融领域之外的互联网金融的挑战

借助信息处理和组织模式方面的优势，互联网金融快速发展对商业银行存、贷、汇等基本业务均有不同程度的影响。首先，存款方面商业银行面临资金分流的压力。近期，互联网理财业务借助第三方支付平台、网络社交媒体等快速扩张。相当部分资金借助互联网金融销售平台从银行存款方流出，虽然多数仍以同业存款等形式回流，但对资金成本和流动性管理的影响已经引起社会关注。其次，在贷款方面银行面临互联网融资的挑战。互联网金融依托其掌握物流、信息流、资金流等信息优势，运用大数据技术和云计算的技术进行信用风险管理和精准营销，在小微企业贷款方面展现了一定的竞争力。最后，第三方支付及其派生业务挑战银行中间业务。2013年第三方支付处理交易笔数增长迅速。随着电子商务进一步发展、基于互联网的财富管理模式进一步创新，商业银行在网络支付方面还需要以更好的服务和更优惠的价格来赢得客户和市场。

（二）商业银行面临继续促进自身信息化的挑战

尽管在很多方面互联网金融具有不同于传统金融的诸多特征，但互联网金融本质上还是金融，而商业银行作为金融行业的先行者，在很早之前就已经尝试利用互联网和大数据改进银行业务流程、数据处理和业务服务，按理应当更早把握金融业在互联网时代的发展机会。但实际上如何在互联网大数据时代把先行者的优势体现出来，促进自身信息化发展以适应网络时代的挑战是巨大的，创新理念、领军人才、激励机制、运行模式等方面都需要作出调整。

（三）互联网金融不但需要熟悉金融业务、熟悉新技术运用的人才，更需要具有创新能力、敢为天下先的人才

在传统金融业中，稳健和循规蹈矩是行业文化，遵守习惯和流程是基本要求，长期在传统模式下工作的管理人员面临如何提高创新能力挑战。传统的内部金字塔形的组织结构和层级管理体系也和信息化时代"世界是平的"所要求的信息结构和管理要求不相适应，需要消除信息屏障，建立扁平化的层级结构和立体多维的信息交流机制。在实现技术替代的同时，传统金融企业原有的人员如何安置也是巨大挑战。

20世纪末比尔·盖茨曾预言说，如果传统的商业银行不进行变革，就会成为21世纪里灭亡的恐龙。二十多年过去了，目前银行业面临着来自互联网行业严峻的挑战，其间还多次经历了金融风暴，但是商业银

行也并未像预言的那样消失，其根本原因就在于，商业银行不断顺应时代发展积极进行自身调整。

互联网金融的冲击已经引起商业银行决策层和管理层高度重视，领军人物发表了许多深思熟虑的看法和建议，提出并采取了许多应对措施和改革思路。商业银行在风险文化、金融人才、客户积累、品牌美誉度等方面具有先发优势，其财务实力和抗风险能力也处于良好状态。以商业银行雄厚的财务实力、严谨的管理文化、卓越的执行能力，有理由期待商业银行将在互联网大数据时代重铸辉煌。

**七、把握互联网时代机遇，打造现代金融升级版**

在新技术浪潮面前，互联网金融和传统金融机会是平等的。在从中等收入迈向高收入发展阶段中，经济发展和人民生活催生的巨大金融需求足以提供互联网金融和传统金融健康发展的市场空间。在互联网金融与传统金融的碰撞中，我们有理由相信，互联网时代中国金融业将迎来新的发展机遇。

互联网金融作为新生事物在给传统金融机构带来挑战的同时，也给金融体系注入了新的理念和变量。互联网金融在负债端、成本端和销售渠道上已经展示出显著的优势，在资产端也采用一些新的理念和方法。互联网金融重视客户体验，高举普惠旗帜，积极满足"长尾"客户金融需求；注重控制IT成本、渠道成本，减低总成本，在竞争中处于有利地位。这些理念和做法都值得传统金融认真研究和借鉴。

网络改变金融，创新释放红利。新的技术浪潮是发挥后发优势的重要机遇，为追赶者弯道超车提供了可能。互联网技术被银行发展出网银、被主流媒体做成页面、被中国移动做成动感地带、被商场当作电子化铭牌，近几年又诞生了支付宝、微博、微信和京东、淘宝。民间的创新活力是经济发展和转型的希望所在。在旧的红利逐步消退，亟须挖掘新的红利情况下，中国一定会把握新技术浪潮的历史机遇，以技术变迁推动制度变迁，以制度变迁迎接技术变迁，争取获得技术和制度双重红利。金融机构要主动调整，积极变革，在稳健经营基础上不断推进创新；利用现代信息技术改造经营模式、提高风控能力和金融服务能力；切实提高客户体验，保障消费者权益。

(一) 要把握持续创新与稳健经营的平衡

互联网金融的兴起与发展体现了技术与金融融合发展的趋势。在这一背景下，金融应顺应时代潮流，通过理念、产品、服务、渠道、营运、管理等方面持续创新以应对技术进步带来的竞争，更好地满足市场需求，提升自身核心竞争力，创造新的利润增长点。

在金融创新实践中应该把握三个原则：一是坚持服务实体经济。在进行创新时必须坚持服务实体经济的本质要求，进一步完善在社会融资中的服务功能，将金融资源投放到实体经济最需要、综合效益最优的领域，促进经济升级发展和经济结构调整。二是努力提高包容性。要通过金融创新不断扩大金融覆盖面，努力提高金融服务的可获得性，满足个性化的金融需求；要承担适当的社会责任，将金融产品和金融服务覆盖欠发达地区和低收入人群，特别是满足小微企业和"三农"的金融需求，不断提高金融服务普惠性。三是必须确保稳健经营。金融创新应与自身风险管理水平相适应，要在控制金融风险的前提下进行金融服务创新，在稳健经营的基础上不断创新，获取持续增长的动力。

(二) 要利用大数据、云计算等新兴信息技术提高风险管理能力，重构服务模式

对风险的识别、定价与管理能力关系到金融业的核心竞争力。大数据和云计算技术正在影响着个人和企业需求并对金融业产生巨大冲击。面对信用数据化、数据资产化趋势，金融机构可运用大数据、云计算等信息技术，深度挖掘企业和个人的实时交易数据和信用记录信息，不断提升风险管理能力，进一步降低经营成本，提高金融服务便利性。通过服务模式的重构，促进自身的完善和发展，不断适应、满足客户金融需求，还能适当引导、创造客户金融需求。继续发挥先发优势，并利用互联网"随时随地随心"的优势为客户提供优质服务。不断拓展服务外

延，为客户提供高附加值个性化金融服务。

（三）要提高客户体验，切实保障金融消费权益

客户体验好为互联网金融赢得了良好的口碑和市场。提高客户体验是商业银行应对互联网金融竞争的重要考验。在继续满足高净值客户财富管理需求的同时，要重视中低收入阶层投资理财保值增值的需求，为他们提供安全、便捷、有吸引力的投资渠道和理财服务。在保障金融消费权益的前提下满足用户需求，提高客户体验。尽量为消费者提供简洁明了、结构清晰的金融产品。在为消费者提供金融服务时，应对相关金融产品进行充分的信息披露及风险揭示，使消费者对相关风险有充分的认识和把握，主动加强相关金融知识教育普及。

**参考文献**

［1］谢平，邹传伟．互联网金融模式研究［J］．金融研究，2012（12）．

［2］谢平，邹传伟，刘海二．互联网金融监管的必要性与核心原则［J］．国际金融研究，2014（8）．

［3］张晓朴．互联网金融监管的原则：探索新金融监管范式［J］．金融监管研究，2014（2）．

［4］温信祥，叶晓璐．法国互联网金融及启示［J］．中国金融，2014（4）．

［5］温信祥，王昌盛，张晓东．从肯尼亚移动货币看移动支付在中国农村金融服务中的应用前景［J］．国际金融，2014（11）．

# 马云的成功可以复制吗？[1]

马云为什么能够成功？我认为他把信用意识较差的中小商户组织起来，设立了惩罚措施，让他们意识到如果违背了信用会失去很多，这是他成功的关键。

借今天这个机会，跟大家分享两个案例，一个就是阿里巴巴—马云，所以我的题目叫——马云的成功可以复制吗？第二个案例是关于工商银行的，很多人做梦都想颠覆工行。20世纪90年代的时候就想通过发展直接融资颠覆银行，后来银行不但没有被颠覆，市场份额反而越来越大。

现在出现了互联网金融，它主要的颠覆对象就是传统模式。我想给大家提供一些从银行角度看这个问题的思路，也希望能够对各位校友的创业有一定启发和帮助。

回顾一下马云做了什么：他作为一个外来者，成功进入金融领域并开拓新的模式，在原本由商业银行作为重点的小微贷款、消费贷款等领域积累了客户优势、IT优势和大数据优势。他一开始是先做实业，不是直接进入金融。因为贸易的需要，所以他做支付，推行支付宝；因为企业商户的融资需要，所以他推动小额融资。现在流行的三流：物流、信息流、资金流（见图1），他一开始是做电子商务贸易平台，慢慢进入资金流，现在开始做流通，叫作物流公司，就是"菜鸟"公司，这是一

---

[1] 原文系作者2013年11月10日在北京大学国家发展研究院所作的报告。

个全产业链。

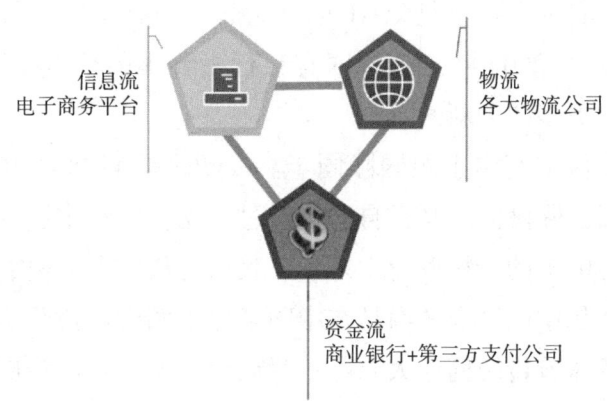

**图1　马云都做了什么**

我觉得马云很成功。我们家庭里有几个亲戚在做电商。其中一个初中没毕业的男孩,开网店,买了一套房,生活质量比我们都高,在小地方,这确实挺成功的。

图2显示支付宝的市场发展情况。最厉害的是它可以直接接入各个银行,同时各个银行也可以通过支付宝支付。

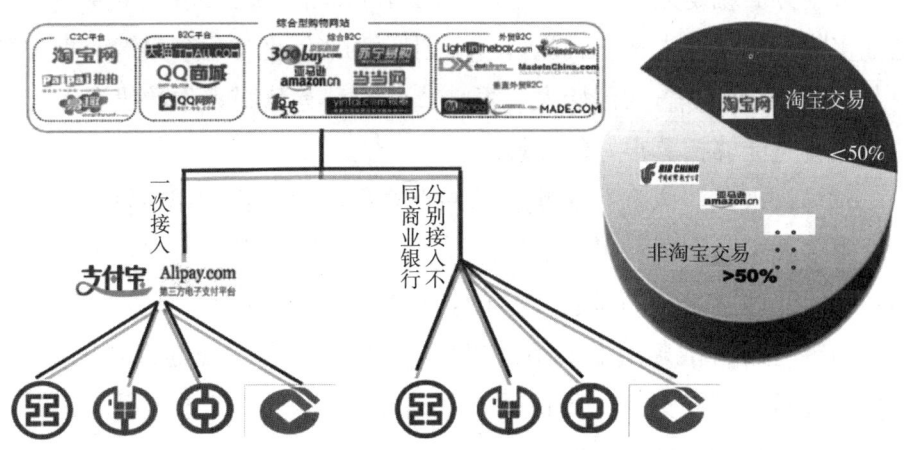

**图2　支付宝市场发展**

马云的成功源于三点：天时、地利、人和。

从天时来看，支付宝是2004年成立的，国有银行股份制改革是从2003年起步，在2003年之前，国有银行主要集中精力处置不良资产，没有精力去做更多的创新。

马云的支付宝基本上跟国际同步。PayPal是1998年开始的，支付宝基本上紧跟国际潮流。马云自己也讲过，支付宝在中国发展得比外国还好，是因为中国的传统商业太差了。我认为最需要颠覆的是中国的传统商业。证据是中国制造的商品在中国都比美国贵，说明中国的流通成本太高了，意味着传统商业太差了。我认为上海自贸区最应该解决的是这个问题，解决国内流通成本高的问题。

支付宝跟国内的互联网兴起也是同步的。过去的十年是国内网民增长的十年、互联网对各行各业渗透的十年，马云把握了这轮浪潮。

地利也比较明显。他处于市场经济意识强、民营经济发达的浙江。后来我研究发现，2000年以来，浙江各个银行的效益都非常好，就是靠中小企业贷款，中小企业贷款为什么能够赚钱，因为虽然风险高，但是利差也高。这个并不是他发现的，所有的银行都在搞。

再一方面就是人和。马云上电视的口才非常好，话语非常犀利，但是他实际上很注意人和。我觉得一个创新性的企业有几个关键节点。第一节点能够汇聚有志的创始人，第二节点就是有慧眼识你的投资者，第三节点就是能够招募很好的经理人。

对马云来说"人和"最重要的一点是在跟大银行合作中发展壮大。

很多人说马云现在跟民生银行签了合作协议，实际上支付宝从设立的第一天开始就是工商银行支持的。2004年支付宝公司成立，2005年与工商银行签订战略合作协议，2007年支付宝进入香港市场的时候，工商银行是基石投资者。工商银行在这个方面不存在"看不起、看不上"新兴互联网产业的问题。

阿里金融发展到现在慢慢开始面临商业银行的竞争。商业银行做电子商务有三个阶段，现在已经进入了平台阶段。我问了很多同行，他们

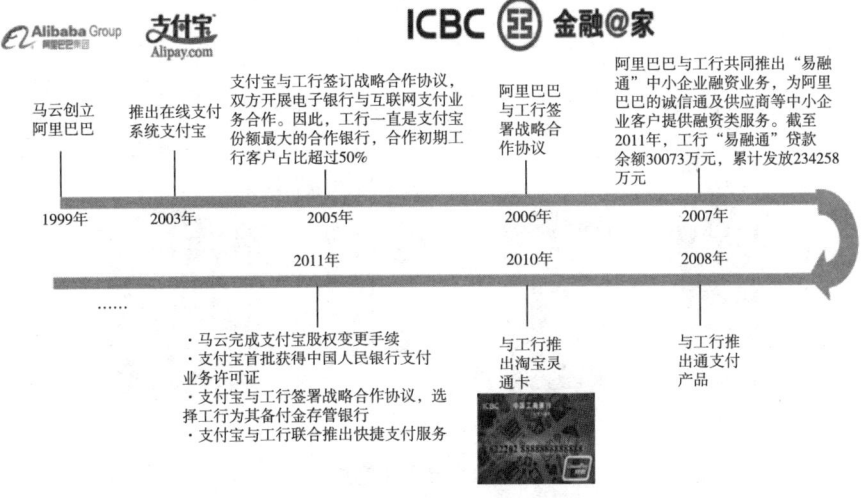

**图3 阿里巴巴与工商银行合作发展的历程**

对商业银行做电子商务平台也不是很看好。我认为现在大家都做平台,他的增长空间还是要受到影响的,尤其是商业银行介入后。

**图4 商业银行对阿里巴巴的竞争**

通过两幅图可以展望未来的金融生态。第一个认为金融是一杯冰和水,倒进水慢慢就融成一体了,我也希望有一天这样。第二个认为大的石块是大型银行,中型的石块是股份制商业银行,最小的石块是城商行、农商行,水滴是互联网金融。我觉得现在的金融生态就是这个样子,未来会怎么样,大家可以想象,如果大石头没了,还是变成一杯水了，不管怎么样，我觉得我们只要有水，水可以滋润中小企业，这个杯子会做得更大。

图5　未来金融生态展望

接着跟大家分享几点启示和建议。我觉得互联网金融将获得技术和制度的双重红利，因为中国的制度改革，有些东西不能动，能动的都已经动了好几遍了。现在突然说有一个新的技术浪潮可以动一动，制度改革可能也想搭技术浪潮的便车，我觉得政府对这块是非常宽容的。

互联网金融在哪方面会有优势呢？我觉得是小微企业和渠道。大家看到电商的发展推动贸易脱媒，现在不仅仅是金融脱媒，贸易都脱媒了。贸易都脱媒了，只能是加剧金融脱媒。我觉得小微企业是利润丰厚的蓝海。现在我们大概有80%的业务都推动网银完成以后，网点在许多城市已经出现过剩了，今后可能成为包袱。当然网点的物业随房地产价格上涨也升值了，北京目前可能体会不到，因为还要排队。

第二个启示就是传统金融企业还是有优势的，主要在大客户、特许经营、长期的声誉、国家隐性担保上。马云给大家一个启示，就是有平台才有数据，有数据才好做金融。比如说你做P2P，P2P就比小贷公司有更多的数据吗？不见得。现在有很多的大石块、小石块在那里，要先找一个地方生存下来。要跟银行合作，而非对抗。跟BAT估计也得合作了，因为正面地对抗是很困难的，大树的生长也会带来机会。对于民营企业来讲，成本是很重要的，国有的建筑业亏本，民营的建筑业挣得很多，主要是控制成本。

最后我还想谈风险与内控。因为金融就是管理风险，一旦搞金融，就受到风险的影响。中小企业业务在全世界都是高风险业务。我们聘请的一个美国的顾问，他曾经在东南亚做行长，他提醒中小企业是高风险的，要小心。另一个问题是 IT 系统稳定性。一旦做金融以后，大家对你的要求是不一样的。

在银行工作这么多年，我认为风险管理不仅仅是针对外部的，更大的精力甚至一半的精力在内部。我相信所有的大企业都是这样的。这就是内控风险（道德风险），这个成本是很高的，不可能忽略。尤其在一个缺乏信任、信用的地方，内部的管理成本非常高。为什么都搞家族企业，为什么都得用老婆管财务？阿里巴巴旗下聚划算前任总经理阎利珉受贿案日前宣判，杭州市西湖区人民法院的一审判决书显示，阎利珉接受杭州点创科技两次贿赂，共计价值53.8万元人民币，判处有期徒刑7年。其余四名聚划算员工分别被判处5年6个月到1年9个月有期徒刑不等。这就是内部控制成本的一个案例。

马云为什么能够成功？我认为他把信用意识较差的中小商户组织起来，设立了惩罚措施，让他们意识到如果违背了信用会失去很多，这是他成功的关键。

今天讲的只代表我个人的意见，仅供各位校友参考，谢谢大家！

# 互联网金融的中国道路[①]

在旧的红利逐步消退，亟须挖掘新的红利情况下，把握互联网金融的历史机遇，以技术变迁推动制度变迁，以制度变迁迎接技术变迁，争取获得技术和制度双重红利。

虽然马云和马化腾提供的金融服务眼下还很有限，但是互联网支付（不含银行互联网业务）交易笔数已经占支付总笔数的30%。市场从中看出了巨大的潜力，乐观者甚至认为其将颠覆传统金融。

未来金融企业和互联网企业谁能在数据为王的时代抢占制高点，还是个未知数。传统金融企业依然牢牢把握大客户、特许经营、长期的声誉、国家隐性担保等优势，可动用的资源还很多。如果能把握互联网大数据时代的机遇，通过创新释放改革红利，有希望同时获得技术和制度双重红利，实现转型发展，重新获得活力。

今年6月21日，《人民日报》发表马云的文章《金融行业需要搅局者》，马云喊出了要成为"金融业搅局者"的口号。建行、工行、民生银行等则陆续宣布发展电商平台，以实际行动展示应对"电商搅局者"的姿态。随后，国家七部委联合调查互联网金融，体现了国家对互联网金融的高度重视和谨慎态度。

---

① 原文发表于2013年8月14日《证券时报》理论版。

## 一、网络改变金融

互联网金融中的一些主要模式包括 P2P、众筹、移动支付、电商金融等。2005 年，第一家互联网 P2P 公司 Zopa 在英国上线。在中国，以马云为代表的电商取得巨大成功，商户及相关活动在虚拟世界的商城中被互联网记录并形成大数据，这为分析商户行为特征、信用状况、金融需求提供了可能。以微信为代表的移动社交网络无时无刻不在记录现实世界人们的活动，这为记录微信使用者在现实世界的活动并形成大数据提供了可能。虽然马云和马化腾提供的金融服务眼下还很有限，但是互联网支付（不含银行互联网业务）交易笔数已经占支付总笔数的 30%。市场从中看出了巨大的潜力，乐观者甚至认为其将颠覆传统金融。电子商务在中国取得的成功甚至超过了美国，马云将其原因归结为中国的传统商务做得太差了。

马云作为一个外来者，成功进入金融领域，并开拓新的理念、模式和领域，在商业银行的薄弱领域小微贷款、消费贷款等方面积累客户优势、IT 优势和大数据优势，必然引起关注甚至震动。马云模式的独特之处在于以下几点：

第一，建立了一个极其成功的电子商城，提高商业流通效率，促进生产，解决就业，方便老百姓。

第二，从服务电商出发，建立类似银联的支付平台。今年 8 月，阿里金融还推出支付宝透支消费服务。

第三，将贸易流和资金流结合，使用商城供应链（销售链）中获得的数据评价风险开展小微贷款，甚至能做到无抵押、无担保、快速审批。

第四，打造金融产品网上超市。6 月中旬，支付宝携手天弘基金推出余额宝。8 月，支付宝和 37 家基金公司达成协议，拓展基金销售平台。

网络巨头腾讯公司旗下的微信，诞生仅 2 年半，就已经拥有 4 亿用户。最新推出的微信5.0新版本通过全新的"扫一扫"成为互联网超级移动入口。微信支付强调一键支付,绑定一张银行卡,设定微信支付密码,之后每次支付只要输入微信支付密码即可。

马云和马化腾的互联网金融尝试引起了金融业界广泛的关注。平安保险集团的马明哲认为,大数据和移动互联网将给金融业带来颠覆。马明哲在互联网金融的布局上"大手笔"不断。马明哲的目标是5年内平安的非传统业务跑赢阿里和腾讯,成为未来平安发展的新引擎。

除了上述所谓电商金融、金融电商之外,众多的网贷公司以P2P名义大量涌现,已达300多家。

### 二、创新释放红利

乐观者预测,互联网金融将颠覆银行。比尔·盖茨多年前关于传统银行是行将灭绝的"恐龙"的预言难道即将成真?短期来看,大型银行在金融业中的主体地位不会改变。互联网技术世界领先的日本,尽管互联网金融很发达,甚至还实行零利率政策,但是日本三大银行存款依然很多,地位并未降低。

目前,马云们给金融业带来的更多是启示和舆论压力,许多人通过支持阿里金融,来表达对金融改革的期待。对庞大的传统金融体系来说,这些外来者还只能算"小微"级别。以最具代表性的阿里金融为例,马云从事的第三方支付和小微贷款业务还不能动摇银行的盈利基础。马云如果希望做大,将面临申请经营牌照以及资本充足率的约束。理论上,民间有足够的资本,但是与资产增加相伴的是风险的增加。马云的金融帝国还缺乏最为重要的商业银行、证券公司等牌照。即使获得牌照,还需要相应的人才、IT系统和经验。另外,品牌和口碑建立也非一日之功。

电商发展推动贸易脱媒,贸易脱媒推动金融脱媒。未来金融企业和互联网企业谁能在数据为王的时代抢占制高点,还是个未知数。传统金融企业依然牢牢把握大客户、特许经营、长期的声誉、国家隐性担保等优势，可动用的资源还很多。如果把握互联网大数据时代的机遇，通过创新释放改革红利，有希望同时获得技术和制度双重红利，实现转型发展，重新获得活力。

互联网技术为金融企业特别是大型金融企业克服大企业病提供了技术基础。大企业病的本质是企业的管理能力和管理幅度之间不匹配、信息不对称和信息传导不畅。在金融业信息化初始的时候，系统之间的专业分割、标准不一、流程过长，运行成本高；部门各自为政，信息传导迟缓，市场反应迟钝。这些大企业病随着信息化建设的推进，有望得以缓解。看看微信对现有大型电信运营商带来的挑战和威胁，在互联网和大数据时代继续依靠跟随战略也是危险的，传统金融应当增强紧迫感和主动性。

互联网金融为发展农村金融、社区金融、普惠金融提供了技术手段。由于居住分散、收入较低等原因，虽然国家已经采取了大量的支持措施和政策倾斜，但是针对广大的农村地区、数量众多的农民工的金融服务依然供给不足。由于手机在农村地区的广泛使用，基于手机支付的互联网金融可为解决农村和农民的普惠金融需求提供解决手段。柬埔寨和非洲一些国家已在实施推广这一模式。

互联网金融为民间金融阳光化、规范化提供了新途径。我国的民间金融一直存在，而且规模相当可观。民间金融为老百姓的生活和生产所需要，但是由于长期处于地下，加之权力介入，时常爆发危机。规范运作的网络贷款公司由于网络的特性具备更高的透明度，能够详细记录借贷行为，有助于民间金融阳光化、规范化运作，也有可能实现技术和制度双重红利。

互联网金融为改善客户服务提供了新的解决方案，特别是在小微企业贷款和消费贷款方面。金融机构可以通过数据挖掘和分析，提前发现潜在客户和潜在需求，开发满足客户需求的金融产品和服务，主动向客户提供信息和服务。保险公司、证券公司、基金公司可以通过网络销售产品，避免开设实体店的大量投入和运行成本。互联网时代自组织的特征有助于客户直接参与金融产品设计。

互联网银行和大数据技术为风险管理提供了新的工具和相关数据。互联网供应链融资由于实现信息流、物流和资金流的高度融合和在线控制,贷款效率和安全性大大提高。随着信用数据化,传统抵押贷款模式将越来越多被信用贷款模式取代。互联网技术有效突破地理距离限制,构建了一个庞大的网络"熟人社会",并通过互联网记录形成大数据,违约者将受到网络社会和现实社会的"社会制裁"。互联网银行和大数据技术为降低风险管理成本提供了可能。有人估计,互联网业务的成本只有传统业务成本的百分之一,甚至千分之一。采用互联网金融降低成本,也是传统金融机构自身发展所必需的。

### 三、应对互联网金融挑战

互联网金融的主要技术特征是使用移动支付、社交网络、搜索引擎、大数据和云计算等。有平台才有大数据,有数据才好做金融。马云们从建立平台出发,积累数据,进军金融。传统金融机构纷纷进军电子商务,就是希望通过交易平台获得数据。

作为侵入者,互联网企业气势逼人,在个人客户、小微企业、渠道、跨业等方面具备优势。马云、马化腾在渠道上优势明显,保险、基金及其他金融产品将越来越多通过网络销售。传统金融机构原有的网点、人员优势将逐渐消失,最终可能成为包袱。一些发达国家90%的金融业务通过互联网办理了。

但是,传统金融机构对客户黏性还是很高的,在客户心中的信誉高,马云们等外来者面临建立可信度的挑战,这在重视人际关系和关系型融资的地方并不容易。通过互联网办理的业务笔数虽然占30%,但是金额只占0.5%。这说明,大额支付还主要通过传统金融机构进行,其中也有客户信任度和消费习惯因素。

互联网金融带来的挑战非常严峻,其中,有一些挑战是共性的,有一些是独有的。

首先，建立大数据时代互联网金融的理念的挑战。互联网金融和传统金融具有颠覆性的区别。面对未知的未来，习惯了传统模式的金融企业和互联网企业首先遇到的是观念转变的挑战。旧的观念将制约新的模式产生。习惯了传统金融服务的客户在迈入大数据时代时，有的可能不具备相应的自学自适应能力，需要进行引导和需求创造。传统金融企业内部金字塔形的组织结构和层级管理体系也和信息化时代"世界是平的"所要求的信息结构和管理要求不相适应，需要消除信息屏障，建立扁平化的层级结构和立体多维的信息交流机制。

其次，胜任互联网金融的人才不足的挑战。互联网金融不但需要熟悉金融业务、熟悉新技术运用的人才，更需要具有创新能力、敢为天下先的人才。在传统金融业中，稳健和循规蹈矩是行业文化，遵守习惯和流程是基本要求，长期在传统模式下工作的管理人员缺乏面向未来的创新精神和能力。IT人员重要性提高，系统开发要从原来长周期转向短周期迭代模式。在实现技术替代的同时，传统金融企业原有的人员如何安置也是巨大挑战。阿里金融是在和传统金融合作过程中通过学习借鉴成长起来的，其管理层主要人员均有银行工作经历。面对未来，他们也和传统金融机构的人员一样需要探索和实验，无人能够保证比别人更有远见。

再次，建立适应互联网金融所需要的激励约束机制的挑战。互联网金融更加鼓励创新，需要因时而变；更加注重客户服务，需要及时响应；更加依靠智力，需要高级人才。这些都要求企业的激励与约束机制作出相应调整，调整的过程将会比较困难。机制不到位，新的模式难以建立；模式不到位，激励机制难以建立。开发模式从领导交办过渡到3I模式，需要更加以人为本，关怀和信任员工，提高创新差错容忍度，创建鼓励尝试以及创新的企业文化和激励机制。在这方面，新兴的互联网企业具有明显的优势。激励约束机制的调整将是衡量传统金融机构转型决心的重要指标，也是决定其转型能否成功的重要保障。

最后，风险的挑战。金融业在大数据时代，面临机构相互之间的竞争,还面临互联网企业的竞争。面对竞争和大趋势,墨守成规是最大的风险。但是急于求成,也面临翻车的风险。在创新过程中,如果人才、机制和管理跟不上,更容易出现风险。在大数据和互联网时代,还面临 IT 风险、客户隐私保护风险等,这些新的风险需要新的管理手段。表面上生机勃勃的互联网企业隐藏大量的失败案例。互联网公司若做不到最好,失败的可能性更高。新兴的网络借贷公司无门槛、无标准、无监管,许多公司名义上是网贷,实际上以线下为主,客户征信资料不全。这些问题不解决,相对传统的民间金融比较优势不明显,失败的可能性就很高。

当前消费者对传统金融机构服务的要求较高,差错容忍度低,而对新兴的互联网企业的容忍度相比较高,这从微信因系统故障不能正常使用和银行因系统故障不能正常使用后消费者和公众的不同反应就可看出来。随着互联网企业涉足金融业务,消费者和公众对它们的要求也会越来越高,消费者权益保护的任务会越来越重。因此,系统的稳定性和安全性也是互联网金融共同面临的课题。看看那么多的手机短信诈骗、信用卡盗刷等案件,就知道面临的安全问题不容低估。

### 四、推动互联网金融发展

信用数据化,数据资产化。大数据和移动互联网技术正在影响着个人和企业需求并对金融业产生巨大冲击。

互联网技术是发挥后发优势的重要机遇,为追赶者弯道超车提供了可能。互联网技术被银行发展出网银、被主流媒体做成页面、被中国移动做成动感地带、被商场当作电子化铭牌,近几年又诞生了支付宝、微博、微信和京东、淘宝。民间的创新活力是经济发展和转型的希望所在。在旧的红利逐步消退,亟须挖掘新的红利情况下,中国一定会把握互联网金融的历史机遇,以技术变迁推动制度变迁,以制度变迁迎接技术变迁,争取获得技术和制度双重红利。

目前的金融监管都是针对传统金融模式,面对互联网金融时代出现的新的风险行为,监管也面临挑战。由于互联网金融模式尚未确定,建立新的金融监管模式的难度极大。要把握好创新风险容忍度,给互联网金融创新空间,同时还要守住风险底线。在互联网金融兴起时要保护创新和创业热情,又要注意防止新的泡沫和短期行为,坚决打击网络诈骗行为。互联网金融实现底层跨业经营,分业监管的模式需要央行的顶层牵头协调。

按照国家鼓励发展民营银行的计划,可以择机给部分优秀互联网企业发放银行牌照,按照巴塞尔原则严格监管,并鼓励其大力发展,特别是向农村地区和农民工等弱势群体发展普惠金融服务,实现其服务"80%"群体和长尾的愿景。

银行"大而不能倒"的危害性,已经成为业内共识。但是,目前大型银行依然是国民经济的稳定器,在大型银行改革方面,政府选项不多,当务之急还是尽快发展民营银行,特别是能承接大型银行主要功能的民营银行,从而在增量改革方面取得进展。实际上,目前我国银行并不少,想办银行的人也不少,但是不论从投资人资格还是业务相关性来看,马云和马化腾都是排在前列的,他们在获得银行牌照后,有机会、有能力成功发展出能够承接大型银行部分功能的互联网银行。

检讨监管和管制措施,果断放松或取消限制新技术使用、妨碍互联网金融发展的管制,引导互联网金融满足普惠金融需求。根据功能监管的原则,对同样的业务采用相同的监管标准。按照"重监管、轻税费"的原则,在监管上一视同仁,但是在税费方面适当给予减免和鼓励。按照"严资产、宽服务"的原则,对涉及信用风险的网贷业务,要在落实自担风险、规范透明的前提下严格监管,控制其倒闭的外部性影响;对网络销售、支付类业务重点监管操作风险,保护客户信息安全和隐私,尽量实行客户资金第三方存管。

与现在的民间金融相比较,P2P网贷公司至少采用公司制和互联网进行经营活动,在阳光化和规范性方面有所进步。P2P网贷公司应该成立行业协会,进行自律,中央监管部门应按照全国监管一致原则,授权地方进行监管；如果跨区经营，则要确定主监管者，并受到更严监管。明确登记、IT标准、风控体系、信息披露制度等方面。为限制其外部性，可考虑在发展初期或对刚开办的公司统一制定总资产上限、总客户数上限、不允许吸收存款、向客户充分揭示风险等全国统一规定。

目前，各地争相引入互联网金融企业，要避免重引入、轻引导，重发展、轻规范，切实落实地方政府在互联网金融监管方面的责任。进一步加强全国统一的征信数据建设，打破数据孤岛和信息屏障；加快建立存款保险制度，加强金融消费者权益保护，为互联网金融提供支撑。大力发展移动支付，特别是针对农村地区的移动支付。鼓励传统金融和互联网企业合作共赢，共同开辟互联网金融的中国道路。

# 主动降维应对互联网金融攻击[1]

传统金融机构应对互联网挑战的最佳办法是"主动降维",通过小型化、智能化子公司形式与互联网金融机构在同一空间竞争,政策层面应允许传统金融机构采取子公司形式发展互联网金融业务。

在互联网大数据时代,传统金融业面临的挑战确实是巨大的。据《经济学人》杂志报道,全球最大的 P2P 企业,刚刚上市的 Lending Club 营运成本是 2.7%,而银行是 6.95%,巨大的成本差距是新模式得以确立的重要基础,也是获得资本市场追捧的重要原因。Lending Club 的贷款每年增长一倍,借款人主要用于偿还信用卡消费,从 Lending Club 借款的融资成本大约为年化 12%,而从银行借款则需要支付 16%~18%,因此帮助借款人节省了成本。2008 年金融危机后加强了对银行业的监管,不断进行压力测试,努力解决"大而不能倒"问题,限制了银行业的融资功能,催生了包括 P2P 在内的另类金融高速发展。在借贷领域,由于其高度发达的法治和信用体系,包含信息和信用成本在内的交易成本大大降低,互联网金融呈现出强烈的去中介趋势,这也是 Lending Club 等受到资本市场追捧的原因。Lending Club 四分之三的投资者是对冲基金等机构投资者,这和国内互联网金融企业把网民作为主要投资者有较大区别。此外 Lending Club 被监管要求和 WebBank 合作,债权人从 Lending Club 转变为 WebBank,而 WebBank 受到美国联邦存款保

---

[1] 原文发表于《财新周刊》2014 年第 50 期。

险公司的监管，经营规范性和安全性较高。在美国 P2P 这种去中介、"无资本要求的借贷"金融创新能走多远还有待观察，需要周期性考验。在中国，由于法治和诚信水平的差距，去中介、"无资本要求的借贷"金融创新面临更大挑战。最近最高法院有关人士表示，P2P 即使只是发挥信息中介作用也要承担一定的连带责任，这实际上要求 P2P 平台必须保持和业务量相当的资本和风险拨备。

## 一、传统金融机构在互联网时代面临的巨大挑战

传统银行业面临传统的挑战，即与信托、证券、保险公司的竞争，同时还面临非传统的互联网企业的跨界竞争。面临常规的线下竞争，还面临对线上的竞争和争夺。一般来说跨界竞争威胁比较大。互联网金融的跨界竞争主要来自几个方面：第一个挑战是电商，比如阿里和京东等互联网高科技公司，它们从事业务相关的金融活动，但是目前不受金融监管。第二个挑战是通信公司，比如电信和腾讯微信。一个典型的案例是肯尼亚电信公司，自 2007 年推出手机银行业务以来得到迅速发展，截至 2013 年，客户数量达到 1710 万，为肯尼亚总人口的 35% 左右，覆盖了肯尼亚绝大部分手机用户，业务范围也围绕居民日常生活逐步扩大。一开始它并不是银行账户，但发展至今已成为肯尼亚当地的金融基础设施之一。第三个挑战是移动终端制造商，例如苹果公司和小米公司。苹果手机的信息收集功能十分强大，其中有一个功能是其内置的"常去地点"，苹果手机的用户曾去的所有地址都在地图上记录，甚至在何时去过何地、去过几次、待了多久均被记录下来，而且苹果手机能从中确定并标记出用户的"家庭"地址和"工作"地址。第四个挑战是大数据公司，比如谷歌和百度这样的。百度经济景气预测比国家统计局同类信息早 3 个月发布，误差只有 2%。

传统投行也面临互联网金融的挑战。传统投行作为资本市场的主力军肩负发展股权融资的重任。但是不幸的是，截至 2014 年 6 月末，直接融资在社会融资规模中占比只有 14.2%，其中股权融资占比 1.9%。

股权融资占比低和目前非金融企业杠杆率高、融资成本高都有直接关系。最近股市火起来了，许多人注意到融资融券业务规模将近1万亿元，同时还注意到互联网配置这么一种做法帮助股民融资，放大杠杆。传统投行从一级市场到二级市场都受到互联网金融的挑战。阿里借道天弘基金推出余额宝，一鸣惊人，半年内客户超1亿，总额超5000亿元，成为最大货币基金，使得传统基金业见识了互联网的威力。众筹风起云涌，其直接融资的模式获得青睐，被寄予丰富多层次资本市场的厚望。沃伦软件使得投资者可以通过查询获得投资建议，通过扫描药物审批、经济报告、货币政策变更、政治事件，以及这些事件对地球上几乎所有金融资产的影响等9万余份资料，迅速为6500万个问题找到答案。投行分析师的作用可能逐步被大数据分析取代。国内资本市场如何留住优秀的互联网企业也是重大课题，我国最优秀的互联网企业腾讯和阿里在一轮轮融资后大部分股权为外资所有，这恐怕也不能说是偶然现象，如何提高PE的投资眼光也是值得深思的。众所周知，在美国高科技企业发展过程中，美国的金融体系，特别是天使投资、风险投资等起到不可或缺的作用。如何发现和培育下一个阿里和下一个腾讯是资本市场的一个重要任务。

传统保险公司也面临互联网大数据的挑战。无数据，不保险，保险业是最早运用大数据的金融行业。但是在互联网大数据时代，保险业面临"大数据、无保险"挑战。保险业从定价、营销、理赔和产品设计等方面都面临再造。比如随着人工智能和自动驾驶技术发展，交通事故发生概率和汽车配置更加相关，那么交强险是否需要差别定价呢？再比如随着基因技术和可携带设备的发展，人的生命可预测程度越来越高，寿险定价是否还应依据原来的生命表呢？三马成立的众安保险纯互联网销售，打破了柜面销售、银行代销的格局，大大节约了网点和人员成本。

## 二、主动降维抓住互联网时代机遇

在新技术浪潮面前，互联网跨界金融和传统金融机会是平等的。互联网金融异军突起，给传统金融机构极大的警醒。在看到互联网金融爆发式增长后，个别金融机构比如平安集团采取伞状结构，通过旗下陆金所和众安保险进行互联网金融尝试，相对进取一些。大部分传统机构都把发展互联网金融作为明确的发展战略，也取得了一定的进展。从银行业来看，出现大银行跨界进攻搞电商，中小银行借道超车四处开花，纷纷试水电商、P2P等。尽管目前这些尝试的效果还有待观察，但至少可以肯定的是，消费者增加了选择。

传统金融机构很早就采用互联网改进服务，为何在与互联网金融竞争中却暂时处于下风？表面上看只是产品、客户的差别，深层次上是对数据的挖掘、对客户的了解、对服务的理解存在代际区别。传统金融机构自己也在进行深刻的反思和检讨。有的认为自身缺乏互联网思维、用户思维、生态圈思维以及大数据思维，纯网络银行仅仅只是对传统银行柜面业务的模仿与线上化，没有创造出新的服务模式和金融形态，由于"看不起、看不懂、看不上"，最终导致"赶不上"。还有的认为资本市场对传统金融机构和互联网金融机构的估值不同，资本市场估值主要看未来、看趋势、看用户、看流量。有的认为互联网金融机构取得成功的原因是利用资本融资"有钱、任性"，在推广业务初期以"免费""降价"等价格战手段占有市场、消灭对手，达到后期垄断的目的。

在应对互联网金融挑战方面，有的金融机构认为互联网金融应降低自身企业经营约束维度，向处于更多经营约束的企业实施攻击，也可以视为一种降维攻击。有的银行提出应对互联网金融冲击的核心，采用内部化思路应对互联网金融的竞争，不是互联网技术的内部化，而是互联网思维的内部化。为此，有的银行提出改造自身DNA。DNA是什么？遗传基因。百度可知，基因有两个特点，一是能忠实地复制自己，以保持生物的基本特征；二是在繁衍后代上，基因能够突变和变异，当受精卵或母体受到环境或遗传的影响，后代的基因组会发生有害缺陷或突变。绝大多数产生疾病，在特定的环境下有的会发生遗传，也称遗传病！

改变DNA无异于拽着自己头发离开地球，把大象变成蚂蚁也是困难的。孙悟空七十二变化本领也不能把猴性变掉，猴尾巴无处可藏。技术模仿线下业务不成，机械模仿互联网企业也难。看看明朝历史，庞大的帝国最后被满洲人击败，据历史学家估计，明末的人口在一到两亿之间，而同时期整个女真部落在经过几十年兼并整合以后也不过几十万的人口。表面上看，有人说山海关总兵或铁岭卫都有能力把后金的军队干掉。明朝皇帝也急啊，崇祯皇帝想有所作为。但是在杀了袁崇焕后，满朝文武再无将可用。明朝的京城先被李自成占领，随后清兵入关，占领全国，从此统治几百年。四大银行分支机构将近2万个，员工在40万~50万人，理论上看任何一个分支机构都足以匹敌早期的互联网金融企业。传统金融机构不缺人才、不缺资金、不缺经验，目睹互联网金融企业做大，传统金融机构也是急在心里，期待体制变革。在大象和蚂蚁的竞争中，也许传统金融机构通过子公司实现"主动降维"，进入对方"异度空间"是个好的选择。

在经济发展和转轨过程中，传统金融机构起到稳定体系的作用，创新的任务更多依靠小型和新型机构。但是鉴于目前互联网金融格局，为了互联网金融更好发展，按照双向准入的原则，建议允许传统金融业通过子公司或者其他投资方式进行"突围"，具体而言可以考虑传统金融机构设立或参股互联网金融子公司，从事P2P、第三方支付、众筹等业务，甚至电商业务。互联网子公司依托母公司，相对独立于母公司，在业务和产品上分层服务，在技术和系统上发挥规模优势。还可以考虑在互联网子公司引入混合所有制，实行管理层持股，以符合互联网企业激励特征。

传统金融机构应对互联网金融"降维攻击"，一种思路是给对方"增加维度"，最佳办法是"主动降维"，通过小型化、智能化子公司形式与互联网金融公司在同一空间竞争。允许传统金融机构采取子公司形式发展互联网金融业务，具体有四个方面理由。

1. 从行业规范发展角度看，应积极鼓励传统金融机构发展互联网金融。互联网金融具有广阔的发展前景，值得鼓励。传统金融机构已经纷纷涉足，没有理由不鼓励传统金融机构尝试和发展。投资和并购是企业外生发展的重要方式。互联网企业利用资本市场融资进行相关领域投资和布局，主要金融机构目前都已上市并保持较好资本充足水平，也应鼓励其采取收购兼并和投资等外生发展方式。实际上全球许多制药公司都积极投资小型公司，鼓励这些小公司进行药品研发和创新，并从中获取未来收益。传统金融机构以子公司形式发展互联网金融业务，还有利于促进互联网金融行业发展，提升互联网金融行业发展层次，有利于促进传统金融服务的升级。

2. 从业务分层角度看，传统金融机构有必要向金融消费者提供便利性和安全性层次不同的金融产品，互联网金融产品相对来说便利性较高，而传统金融机构提供的产品安全性较高。由于我国金融消费者呈现"哑铃形"特征，一方面是高净值客户，另一方面是大规模的小微客户，比如农民群体、低收入阶层，因此金融消费需求是多层次的，有必要通过互联网金融丰富传统金融机构的产品链。随着未来制造业的小型化和智能化，"哑铃形"两极分化还将继续。互联网金融主要面向线上客户，这和传统线下服务有巨大区别，线下和线上客户需求也不同。由于风险要求和流程要求不同，互联网金融产品和服务有必要与传统产品和服务相对独立运行。

3. 从企业文化上看，需要相对独立。传统金融机构企业文化和管理机制不一定能适应互联网金融创新。传统金融机构从危机中走过来，一直在加强风险和合规条线，以循规蹈矩为荣，不敢试错、不容过错；不断加强相互牵制和流程控制，行动不如心动快，想得到做不到，做了没做成；大型机构内部等级森严、汇报链条冗长，信息屏障和信息孤岛林立，有的部门以邻为壑、画地为牢，内部金字塔形的组织结构和层级管理体系也和信息化时代"世界是平的"实时在线的要求不相适应。但是，如果过分强调传统金融机构风险和合规偏好转变，又担心增加系统性风险，也不符合金融稳定发展的要求。最好的办法是在不触动传统金融机构主体的前提下，鼓励通过子公司或参股方式进行突破。

4. 从风险上看需要相对隔离。互联网金融鼓励创新、容忍试错，其风险偏好和传统金融不在一个层面。互联网金融子公司和母公司实现了风险隔离，可以使得传统金融机构获得与互联网企业同台"PK"的机会，一方面实现了公平竞争，增加消费者选择的机会，减少传统金融机构的抱怨。另一方面总体风险可控，风险传染渠道通过"栅栏"实现隔离。实际上银行就是通过母子公司形式经营基金、保险、租赁、信托、证券等业务，平安集团等机构也是通过子公司形式试水互联网金融的。

### 三、互联网金融监管模式思考

在互联网金融监管方面，目前观点不尽一致。有学者认为"尽量少管"，让"无形之手"发挥作用；也有专家呼吁加强管理，寄希望于政府"有形之手"。要求对互联网金融进行监管的声音主要来自几个方面：一是传统银行业认为"不公平"，只监管传统金融机构，而对互联网金融没有监管。二是投资者的要求，投资者一旦遭受损失，就会呼吁加强监管。三是一些互联网企业做大之后也希望监管部门能够设立门槛，以规范行业竞争。

在互联网金融监管方面要处理好三个方面的关系。一要处理好政府和市场的关系。任何监管都有成本，而且并非万能，任何法规和监管都留有一定空间。二要处理好鼓励创新和适度监管的关系。在旧红利逐渐消退的情况下，我们要通过创新释放一些红利。互联网金融具备制度和技术红利特征，要鼓励传统银行和互联网企业共同打造现代金融升级版。三要处理好已有监管框架和出台新规定的关系。目前"一行三会"的监管框架非常明确，监管也比较有效。但是，由于主要依靠牌照进行监管，对"无证"经营行为监管的法律依据和监管经验不足，也存在监管不足和监管成本较高的问题。目前应考虑的是把现有的监管资源用足，执法到位，对于确实无法可依的，应抓紧出台新规定。

构建互联网金融监管模式，有两个方面经验和做法可供借鉴。一是民间金融的模式。民间金融存在千年之久，P2P在本质上也是民间借贷，符合所谓的"民不举、官不究"，法无禁止即可为。央行一直在推动民间金融阳光化和规范化发展，在温州金融改革试点中还明确把民间金融的规范化发展作为主要任务。目前民间金融一旦爆发风险事件，公安部门和其他司法部门就要介入处置。因此，金融监管部门可与公安部门和法院协调，共同防控民间金融风险。

二是国际经验。互联网金融的主要模式包括P2P、众筹等，发端于西方，在我国迅速发展。一方面是因为我国在小微金融服务方面供给不足，另一方面也和我国监管相对宽松有关。例如，美国第一大网贷平台Lending Club在2007年被监管部门叫停，2007年底开始和WebBank合作，而后者受美国联邦储备保险公司（FDIC）监管，监管标准较高。另一家支付公司贝宝（PayPal）公司，其主办银行是富国银行，所有的备付金必须存放在富国银行，而且只能根据客户的指令进行调动，无法形成资金池，也不具备吸收存款、创造货币的功能。这两个案例的共同之处在于，互联网金融和传统银行紧密合作，两者互为补充，在合作之中，传统的监管模式通过银行实现对互联网金融的延伸监管，确保金融监管覆盖了整个金融体系。延伸监管意味着互联网企业从事金融活动必须遵守金融业的监管规定。对传统金融与互联网金融的监管，在具体执行上可能有一些差别，但在原则上要保持一致性。互联网金融在中国兴起和发展，主要受到需求和技术驱动。互联网金融发展初期主要满足民间金融需求，可以适用民间金融模式，发展壮大以后应借鉴国际经验并结合本国国情适当监管。互联网金融机构取得金融业务许可后，就按照金融机构进行创新监管。

# 互联网银行的挑战和机遇[①]

本文分析了互联网给银行业带来改善客户服务、为信用风险管理提供了新的工具和相关数据技术、降低小微企业贷款和消费信贷成本等机遇，同时指出银行会面临人才、激励约束、风险管理等方面挑战。因此，银行可以沿着成本和创新两个方向利用互联网和大数据，改造现有流程、提高效率、改进风险管理。

我国银行业经过十多年的改制上市和稳健发展，实力和服务水平都大大提升，为实体经济发展作出重大贡献。短期来看，大型银行在金融业中的主体地位不会改变，但是互联网金融也对银行业提出了挑战，并提供了机遇。

## 一、银行业面临机遇

从环境变化来看，全球经济金融一体化在深入推进，新的金融改革付诸实施，利率市场化在加速演进，这些对商业银行的经营模式、发展方式，特别对资本、成本的约束在加强，新一轮科技革命正在迅速展开，以云计算、智能为代表的新兴技术风起云涌，有可能颠覆我们对银行的认识。银行现有的地域、网点等方式可能就不存在。

（一）互联网技术为大型银行克服大企业病提供了技术基础

大企业病的本质是企业者的管理能力和信息不对称所造成的，在银

---

① 原文发表于《西部金融》2013年第11期。

行信息化初始的时候，系统之间的专业分割、标准、关联非常复杂，流程过长，运行成本高；部门各自为政、信息传导迟缓、市场反应迟钝等大企业病越来越明显。

（二）互联网银行为改善客户服务提供了新的解决方案

在小微企业贷款和消费贷款方面，商业银行可以通过数据挖掘和分析，提前发现潜在客户和客户的潜在需求，开发满足客户需求的金融产品和服务，主动向客户提供信息和服务。有一种观点认为"大银行服务大企业，小银行服务小企业"，这种观点不准确，互联网银行也为大型银行向小微企业提供服务创造了技术手段。在小微企业和个人金融方面，网上融资平台有着明显的竞争优势。从风险成本来看，其解决了信息不对称的问题，居于底层的大数据平台实现了商务信息流和资金流的融合，为信用评估审核和风险管理提供了极大的便利；从交易成本来看，又实现了对小单进行批量化处理的可能。

（三）互联网银行为信用风险管理提供了新的工具和相关数据

利用互联网技术，有效突破地理距离限制，实现小微企业网络社区化，解决了地理意义上传统社区覆盖范围小、相互割裂的难题，构建了一个庞大的网络"熟人社会"，通过捕捉及整合相关人际关系信息，并进行合理分类，使得小微客户信用行为透明度大大提高，也加深了对于其经营状况的了解。互联网收集和监控的是第一手更真实信息，做的是"场景性评审"，让资金流向那些真正有需要有资质的企业；而银行传统的线下审核只能去靠客户经理搜寻各种第三方资料，做的是"转述性评审"，其真实性和参考价值大打折扣。

（四）互联网银行和大数据技术为降低小微企业贷款和消费信贷成本提供了可能

贷款和电商结合，实现了互联网供应链融资，由于实现信息流、物流和资金流的高度融合和在线控制，贷款效率和安全性大大提高。随着信用数据化，传统抵押贷款模式将越来越多地被信用贷款模式所取代。

## 二、银行面临的挑战

以大数据为代表的新兴移动互联网技术正在影响着消费者和企业需求,并通过间接和直接两种方式对金融业产生巨大冲击。纯物理经济正在加速与互联网结合转化成融合经济,同时纯虚拟经济也发展迅速,这种经济形态的变化衍生出大量新的金融需求,为金融业提供了新的市场机遇。大数据打破了信息不对称,提高了交易效率,降低了交易成本,正从金融交易形式和金融体系结构两个层面改造金融业。金融交易形式电子化和数据化,提升了运营效率。支付电子化,互联网支付和移动支付逐步成为主要支付结算手段。物理渠道衰落,电子渠道兴起,金融搜索和金融产品销售平台两种模式具有大商机。信用数据化,抵押贷款模式会被信用贷款模式逐步取代。

例如,在小微贷款领域,阿里小贷将与阿里巴巴、淘宝网、支付宝底层数据完全打通,其威胁到银行的根本原因正是由于掌握了数据通道来源,所以,未来银行也必须要建立自己的电商平台,因为有商务流才有信息流,才能形成大数据。面对互联网金融如此巨大的蛋糕,谁都无法轻言舍弃。错失先机的银行业,如不扣住互联网的脉搏奋起追击,这块市场蛋糕必将被电商全部吞食。2012年6月,曾在阿里金融中出局的建设银行,推出了银行业首个电商平台"善融商务"。继建设银行之后,其他银行纷纷跟进。目前交通银行的"交博汇"、中国银行的"云购物"等银行系电商已陆续上线。工商银行、招商银行、中信银行、光大银行等也正在筹建电商平台。

传统银行在把握互联网金融机遇时面临一些挑战,有一些挑战是共性的,阿里金融业也会遇到,有一些是大银行独有的。

(一)建立大数据时代互联网银行的理念的挑战

互联网银行和传统银行有颠覆性的区别。面对未知的未来,习惯了传统金融模式的银行和互联网企业首先遇到的是观念转变的挑战。旧的观念将制约新的模式产生。习惯了传统银行服务的客户在迈入大数据时代时有的可能不具备相应的自学自适应能力,需要银行进行引导和需求创造。

(二) 胜任互联网银行的人才不足的挑战

互联网银行不但需要熟悉银行业务、熟悉新技术运用的人才,更需要具有创新能力、敢为天下先的人才。在传统银行中,稳健和循规蹈矩是行业文化,遵守习惯和规则是基本要求,长期在传统模式下工作的管理人员缺乏适应未来的创新精神和能力。

(三) 建立适应互联网银行所需要的激励约束机制的挑战

互联网银行更加鼓励创新,需要因时而变;更加注重客户服务,需要及时响应;更加依靠智力,需要高级人才。这些都要求银行的激励与约束机制作出相应调整,调整的过程比较困难。机制不到位,新的模式难以建立;模式不到位,激励机制难以到位。

(四) 风险的挑战

银行在大数据时代,面临传统银行的竞争,面临证券公司、保险公司的竞争,还面临互联网企业的竞争。面对竞争和大趋势,墨守成规是最大的风险。但是急于求成,面临转型和翻车的风险。在创新过程中,如果人才、机制和管理跟不上也容易出现风险。在大数据和互联网时代,还面临新的风险,比如IT风险、客户隐私保护风险,这些新的风险需要新的管理手段。

(五) 监管的挑战

目前的银行和金融监管都是针对传统金融模式,面对互联网银行出现的新的风险行为,需要及时调整监管,调整不到位可能抑制创新,也可能对新的风险监管不到位。由于互联网银行模式尚未确定,建立新的金融监管模式的难度极大。互联网技术是发挥后发优势的重要机遇,为追赶者弯道超车提供了可能。监管要把握好创新风险容忍度,给互联网金融创新空间,同时还要守住风险底线。

## 三、银行业应采取的措施

面对挑战和机遇,应该说银行可调动的资源很多,所处的地位也比较有利，最大的危险在于无动于衷、无所作为。比如微信已对现有大型电信运营商带来挑战和威胁，大型银行应当增强紧迫感，顺应时代潮流的将把握未来。

银行可以沿着成本和创新两个方向利用互联网和大数据。利用信息技术改造现有流程，提高效率、减低成本；挖掘现有数据、创新服务和产品；利用大数据技术改进风险管理。

银行也可以采用世界上大型制药公司模式，投资和收购小型的中小创新型金融机构。当然这在目前的法律框架下还比较困难，需要相应的制度安排。由于药品研发失败率高、风险大，世界上大型制药公司周围有许多小公司在进行药品研发，大公司进行资助，并择优收购，从而形成一个创新型的生态系统。思科公司也采用这种模式。

上述前者是"对内改革"，后者则是"对外开放"，均需要银行在战略上重视、在资源上倾斜、在计划上落实、在人才上培养、在财务上支持，更需要监管者的支持和鼓励。

**参考文献**

[1] 丁玲，刘俊卿. 突破高墙的互联网银行 [J]. 中国经济和信息化，2013 (2)：62 - 63.

[2] 黄杨. 互联网银行畅想 [J]. 环球财经，2013 (1)：108 - 109.

[3] 田郑军. 新一代互联网银行：智慧银行的实践 [J]. 金融电子化，2013 (5)：34 - 35.

[4] 张常胜. 打造互联网银行 创造新商业模式 [J]. 新金融，2013 (7)：40 - 46.

[5] 曾硕. 做真正的互联网银行 [J]. 新财经，2013 (4)：18.

# 法国互联网金融及其启示[①]

本文通过分析互联网金融在法国的发展情况，反观中国的互联网金融，希望以此得出对中国互联网金融发展的一些启示和思考。首先介绍法国金融业和互联网金融的基本情况，随后重点介绍法国银行业信息化情况和互联网催生的新兴行业，最后总结分析法国互联网金融的发展对中国的启示。

## 一、法国金融业和互联网金融情况

### （一）法国金融业和监管情况

法国金融市场成熟度较高，实施混业监管，随着金融业的不断发展，其监管体系也处于变革之中。法国财政与经济工业部是法国政府对金融服务业的主管部门，主要负责起草、修改和完善相关法律。经过一系列的整合，法国监管机构被合并成两家：法国金融审慎监管局（ACPR）和法国金融市场监管局（AMF），分别负责对信贷机构及保险公司的审慎监管，和对金融市场的监管。法国金融审慎监管局负责对信贷机构和保险业进行监管，关注金融机构的履约能力和资格，拥有监管、处罚的职能和危机时的处置权，该机构隶属于法兰西央行，局长由央行行长兼任。法国金融市场监管局负责对金融市场进行监管，关注的是投资者整体和众多的金融产品，旨在确保市场透明度和公众信息知情权，监督市场参与者，注重金融机构同投资者的关系。对于 ACPR 和

---

[①] 原文发表于《中国金融》2014 年第 4 期，合作者：叶晓璐。

AMF 监管重叠的部分，则由两个监管部门共同监管。

法国银行市场准入门槛不高，但对银行的多元化服务能力要求较高，银行提供的业务和服务涵盖存款、贷款、保险、投资银行、资产管理等多种业务领域。经过银行业的多次重组和并购，法国银行业逐步集中。如今，按营业收入统计，法国巴黎银行（BNP PARISBAS）、法国兴业银行（SOCIETE GENERALE）、法国农业信贷银行（CREDIT AGRICOLE）、法国大众银行集团（BPCE）四大银行已经占到法国银行市场的 86%。四大银行的基本情况如下。

表1　　　　　　　　　法国四大银行基本情况一览表

| | 营业额（亿欧元） | 净利润（亿欧元） | 净资产收益率 | 一级资本充足率 | 当前股价 |
| --- | --- | --- | --- | --- | --- |
| 巴黎银行 | 444.76 | 52.19 | 8.55% | 13.8% | €54.24 |
| 兴业银行 | 256.48 | 7.74 | 1.79% | 10.7% | €41.47 |
| 农业信贷银行 | -8.35 | -39.82 | -16.69% | 11.7% | €8.86 |
| 法国外贸银行 | 104.78 | 9.01 | 4.63% | 12.3% | €3.95 |

注：法国外贸银行为法国大众银行集团的上市子银行。
数据来源：Bloomberg，其中股价为 2013 年 11 月数据，其他为 2012 年底数据。

自 2008 年金融危机以来，包括法国在内的欧洲银行经历了零售网点关闭和整合。欧洲央行（BCE）相关报告显示，从 2008 年至 2013 年，欧盟共有约 2 万家银行网点关闭，其中 2012 年关闭的银行网点数为 5500 家，占欧盟银行网点总数的 2.5%。法国的网点数从 2008 年的近 3.95 万家下降到 2012 年的 3.83 万家，5 年内下降了 3%。

（二）法国互联网金融情况

法国的互联网金融业发展很早，并呈现出第三方支付、众筹融资、在线理财、网上交易所、小额信贷等多种服务类型，正深刻地改变着法国金融服务业的内涵和版图。

在法国，信贷机构主要包括五类：银行、金融机构、市政信贷机构、互助合作银行和专业性金融机构。信贷机构的业务范围包括吸收公众资金（包括存款、发债等形式）、发放贷款和银行支付以及法律允许的其他业务。法国互联网相关的机构,比如支付机构、众筹机构、P2P机构等,如涉及吸收公众资金、发放贷款和银行支付业务,需在业务开办前向 ACPR 申请信贷机构牌照,一般属于信贷机构中的金融机构范畴,在具体的业务开展中往往还受到 AMF 的监管。

由于互联网金融涵盖范围广泛,因此本文仅就第三方支付、众筹、P2P 信贷、比特币等在法国出现和发展的几种主要的互联网金融模式作简要介绍。

1. 第三方支付。在第三方支付方面,法国最有名的电子支付商当属 PayPal,其总部位于美国。在法国,PayPal 有 700 万账户,占据法国 48% 的市场份额;Google 研发的在线支付商 Google Wallet 占约 8% 的市场份额。

今年 9 月,为与 PayPal 争夺在线支付市场,法国三大主流银行(巴黎银行、兴业银行和邮政银行)共同研发推出了新型的支付方式,即 Paylib。Paylib 的目标客户首先是三家银行的客户(共约 230 万客户),其次将在法国最大的 8 家电子商务平台网站推出。

根据相关法律规定,ACPR 于 2009 年起对支付机构进行监管,并有权对支付中介机构进行控制,从而履行维护法国支付系统稳定的职能。所有开展支付业务的机构,根据具体的支付业务性质和整体业务范围,需事先获得 ACPR 颁发的信贷机构牌照或者支付机构牌照。同时,法国法律也设定了一些豁免条款,允许满足条件的企业在不申请相关牌照的情况下开展支付相关业务。此外,根据欧洲单一护照制规定,符合条件的欧洲其他国家的支付机构或支付中介机构可在法国开展支付业务。

2. 众筹。法国众筹业务起步较晚,但发展迅速,2013 年,法国境内通过众筹平台共筹集了约 8000 万欧元针对项目或者公司的资金,是 2012 年筹资额的两倍。目前欧洲众筹行业中排名靠前的公司有三家来自法国,分别为 My major company,KissKissBankBank 和 Ulule。其中 My major company 可以称为法国乃至欧洲众筹行业的先驱,该公司的特色是通过众筹平台向粉丝或其他民众筹集资金,发现和支持有实力的音乐人,参与人可获得音乐人唱片发行的收益,2010年起该公司开始涉足图书行业,即通过同样的方式发掘和支持有潜力的作家。目前该公司已为法国、德国和英国4.2万个项目进行融资,融资规模达到1580万欧元,并挖掘了一批法国著名的歌手。

表2　　　　　　　　　法国三大众筹公司基本情况

| 图标 | 名称 | 成立日期 | 融资项目数 | 融资金额（欧元） |
|---|---|---|---|---|
| MY MAJOR COMPANY | My major company | 2007年 | 42000 | 1580万 |
| KissKiss BankBank.com | KissKissBankBank | 2009年 | 5708 | 1079万 |
| ulule | Ulule | 2010年 | 3613 | 超过1000万 |

数据来源：根据各家机构网站整理。

由于法国众筹机构的具体业务和运作形式多样,因此往往涉及ACPR和AMF两个监管部门的监管。如某家众筹机构的业务包括支付、发放贷款等业务,都需要向ACPR申请信贷机构牌照,但如果某众筹机构仅是中介机构,贷款由另一家具有资质的信贷机构发放,则该机构不需要申请信贷机构牌照,也不接受ACPR的监管。值得注意的是,法国财政与经济工业部目前正在研究针对众筹行业的法律框架,并预计在2014年年初正式颁布实施,法国也将成为第一个拥有众筹行业监管法规的国家,体现了政府支持众筹行业健康稳定发展的意愿。

3. P2P信贷。相对于在美国、英国等国的快速发展,P2P信贷在法国仍处于起步阶段,相关立法仍未建立。法国的P2P网贷平台有营利和非营利两种模式。

营利模式以PRÊT D'UNION为代表。PRÊT D'UNION成立于2011年底,由于股东的银行背景,PRÊT D'UNION是法国最早也是唯一一家获得ACPR颁发的信贷机构牌照（金融机构子牌照）和经纪牌照的P2P信贷平台。PRÊT D'UNION主要向以消费为目的的借款人提供融资,融资金额平均为9000欧元。贷款者通过该平台购买特定贷款的份额或借据，以期获得本金和利息，每个贷款人的贷款金额为3000～30000欧元不等，期限限定为2年、3年、4年或者5年。截至2013年11月底，该公司累计放贷4700万欧元，其中仅2013年新增贷款就达到3500万欧元，月均贷款增长率达10%。而另一家法国P2P信贷公司——法国P2P行业的先驱者FriendsClear，则没有那么幸运。为适应并不清晰的监管要求，FriendsClear对其业务模式进行了多次调整，但最终因监管成本过大、新业务模式难以满足现实需要等原因，最终于2013年5月宣布关闭。

非营利模式以Babyloan为代表，Babyloan是法国主要的为发展中国家的个人或小企业提供创业支持的非营利平台，借款金额从几百欧元到几千欧元不等。用户选择感兴趣的项目或个人进行公益投资，由Babyloan筹集资金后发放给发展中国家当地的小微金融合作机构，并通过这些机构将贷款发放给借款人。这些机构对借款人及借款用途的真实性进行审核，负责贷后管理，跟进借款人的资金使用情况等。此类项目都是公益性质，贷款人的资金都为无息资金，不收取利息。

在法国，P2P信贷和众筹都属于"Financement participative"（法语，直译为"参与融资"）的范畴，ACPR对行业中的机构准入、个体行为等进行监管，AMF对行业规范和涉及金融市场和产品的部分进行监管。2013年5月，ACPR和AMF联合发布了"Financement participative"业务指引，对于该行业中某类具体的业务是否属于信贷机构的范畴、是否需向ACPR申请信贷机构牌照、是否需遵守AMF的市场规定等，进行了较为详细具体的规定，但部分条款仍有待进一步明确。

4. 比特币的使用。比特币在法国也发展迅速，2013年5月，法国出现了第一家允许在线支付比特币的商家Achanet.pro。据不完全统计，截至2013年12月，法国允许在线支付比特币的商家已经达到34家，商家主要为信息设备或网络服务的公司，也包括提供比萨外卖、护肤品、旅游、酒店住宿等这些与民众生活紧密相关产品的商家，此外一些慈善机构或其他非营利组织开始逐渐接受比特币。

表 3　　　　　　　　法国支持比特币支付的行业分布

| 所属行业 | 主要商品举例 | 商家数 |
| --- | --- | --- |
| 信息设备 | 电脑及周边设备、打印机、显示屏、手机、软件等 | 5 |
| 模型 | 航模、船模、汽车模型等 | 2 |
| 食品餐饮 | 食品、饮料、动物食品等 | 1 |
| 服装及配件 | 服装、配件 | 3 |
| 美容保健 | 化妆品、护肤品 | 1 |
| 玩具游戏 | 玩具、游戏 | 1 |
| 艺术 | 油画、艺术品 | 2 |
| 其他产品 | 电子烟、古董、珠宝、奢侈品等 | 3 |
| 各类服务 | 理发、音乐课程教学等 | 2 |
| 数字产品 | 电子书、域名 | 1 |
| 购物票/卡 | 购物票/卡 | 1 |
| 旅游、住宿 | 酒店住宿、机票、邮轮等 | 4 |
| 网络服务 | 各类计算机或网络服务 | 7 |
| 慈善 | 慈善捐款 | 1 |
| 总计 | | 34 |

资料来源：根据 www.bitcoin.fr 相关资料整理。

2013 年 12 月 6 日，法国央行发表对比特币的备忘录，对比特币的风险提出警告。法国央行报告指出，比特币不受监管保护，具有高投机性，一些网上的比特币支付平台不能对比特币的价格和流动性作任何保证；比特币的匿名性为洗钱和恐怖融资活动以及非法物品买卖提供了便利，因此需要监管机构的重视，并建议对比特币与法定货币的交易兑换平台进行监管。

## 二、法国银行业信息化建设的三种模式

为满足巴塞尔协议Ⅲ的相关监管要求，满足日益增长和广泛的客户需求，并适应"信息化时代"的发展需要，法国银行尤其是其零售业务

正在经历一场变革。法国主要银行对大数据时代的到来都予以了积极的应对：法国兴业银行表示要改造该行在法国的网络布局，计划将于2013—2014年度关闭几十家网点，并推出了一系列进行数字化改造的项目；法国巴黎银行也公开提出了"数字革命"的口号，拟将自身打造成一个数字化银行，并推出了旗下专门的网上银行品牌Hello bank；法国农业银行和大众银行集团均表示要将传统网点予以"现代化"改造，银行"旗舰体验店"已经开始出现。

归纳而言，法国银行信息化建设出现了三种模式。

（一）多渠道智能模式

银行对多个渠道整合，将通过各渠道获得的银行信息和数据进行综合分析，深入了解客户、分析客户的消费习惯和消费活动、提前预测客户的需求，通过多种途径建立与客户的实时联系，根据客户需求提供个性化的服务并进行个性化的收费。

近年来，法国网上银行渠道发展迅速，法国主流银行纷纷推出网上银行业务，或者通过建立全资子公司的方式打造专门的网上银行品牌。得益于法国的混业监管模式，网上银行可以提供几乎所有的传统银行服务，包括信用卡、存款、各类贷款（汽车、住房、装修贷款等）、各类保险（住房险、汽车险、财产险、寿险等）、股票买卖、基金买卖等多种金融服务，并通过自身低成本的运作降低向客户收取的服务费用。比如网上银行普遍使用以卡办卡的模式，即借助对客户已有的另一张银行卡的真实性核实，完成对客户身份的验证，减少线下客户身份审核的人工成本。据法国相关调查显示，目前约17%的法国人每月去几次银行网点，而三年前该比例为52%，从2011年到2012年，使用网上银行产品和服务的客户增加了200%。

法国最为有名的网上银行是ING Direct，即荷兰ING集团在法国的分支机构，只通过网上银行开展业务，目前在法国已有约86万个人客户，取得了较大的成功。法国主要的网上银行基本情况如如表4所示。

表 4　　　　　　　　　　法国主要的网上银行情况表

| 银行名称 | 所属机构性质 | 客户数量 |
| --- | --- | --- |
| AXA Banque | 法国安盛保险集团全资子公司 | 75 万 |
| BforBank | 法国农业信贷银行子公司 | 10 万 |
| Boursorama | 欧交所上市公司，55.5% 为法国兴业银行集团持股，20.9% 为西班牙 La Caixa 银行持股 | 46 万 |
| Fortuneo | 法国 Credit Mutuel Arkea 银行的全资子公司 | 18 万 |
| Monabanq | 法国 Cofidis 集团全资子公司，Cofidis 为法国 Credit Mutuel 银行集团的全资子公司 | 29 万 |
| ING Direct | 荷兰 ING 金融集团全资子公司 | 86 万 |

资料来源：根据各银行网站整理。

（二）社交网络模式

一方面，传统银行网点逐步消失；另一方面，有利于提高客户体验的"旗舰体验店"逐步增加。如法国巴黎银行近期在法国西部城市开立了新网点，该网点配备有最新的技术、舒适的装饰，客户可以一边坐在沙发上喝咖啡，一边和银行顾问面对面沟通，这些银行顾问通过实时查询触摸显示屏向客户提供最新最全的信息。客户还可通过数字大屏幕了解银行的产品和服务，或者在咨询沙龙通过视频电话向各类银行专家咨询，了解存款、贷款等业务信息。法国大众松鼠银行也在法国主要城市开立了类似的旗舰体验店。

银行与客户沟通的渠道更为广泛，除了电话、网站等方式，法国银行也通过欧洲主流社交网站，如 Facebook、Twitter、Linkedin、Second Life 等，建立起银行主页，介绍银行的最新动向，与客户沟通，发布银行招聘广告等，并通过社交网站获得客户或潜在客户相关数据，通过对数据的分析，向客户提供有针对性的产品或服务。比如，法国巴黎银行推出在 Twitter 向客户提供开户服务，客户通过 Twitter 即可实现开户，这种通过社交网站直接提供银行服务的方式在法国还比较少见，但已经出现。

表5 　　　　　　　法国主要网上银行的社交网络一览表

| 银行名称 | Twitter<br>用户数 | Facebook<br>粉丝数 | Linkedin<br>关注数 | Youtube<br>浏览数 |
|---|---|---|---|---|
| La NET Agence BNP Paribas | 5014 | 214346 | 64416 | 218876 |
| ING Direct France | 1320 | 47876 | 524 | 13574 |
| AXA Banque | 1361 | 39599 | 457 | 12582 |
| Fortuneo Banque | 1219 | 7574 | 245 | 623689 |
| BforBank | 1499 | 7415 | 301 | 41718 |
| Boursorama | 7772 | 1600 | 379 | 21607 |
| Monabanq | 559 | 722 | 42 | 227016 |

数据来源：http://www.culturebanque.com。

（三）数字生态系统模式

基于数字化的生态系统，向客户提供多样化的金融或非金融的产品或服务。法国银行业实行混业经营，银行在提供银行产品和服务的同时，往往也提供保险、基金等金融产品，而提供非金融的产品或服务却并不多见。但法国银行也陆续推出了非金融的产品或服务。比如，法国主流银行之一法国工商银行（CIC）通过其集团95%控股的电信运营商NRJ Mobile的电信平台，向该银行的客户推出CIC Mobile品牌的电信业务，而法国邮政储蓄银行（Banque Postale）通过其母公司和法国主流电信运营商SFR合作成立的电信子公司，向所在银行客户提供手机和电信套餐服务，客户可通过这些银行的物理网点或者网上银行直接选购手机或购买手机套餐，其优势在于将电信服务和手机银行的各类服务结合，与电信商相比有基于银行业务而拥有的庞大客户网络，而且在手机套餐价格上也有足够的竞争力。再如，法国另一主流银行 Credit Mutuel 通过和法国最大的在线独立汽车经销商 Groupe AMTT 合作，使得该银行的客户可获得 AMTT 提供的汽车购买优惠及相关服务，而银行则可向客户营销销售汽车保险、汽车贷款等金融产品，稳固和扩大了客户资源。

**三、互联网催生的新兴行业**

随着互联网的迅速发展，法国出现一批在线金融中介、在线房产中介等新兴行业，从事这些行业的公司一般成立时间短、成长速度快，与互联网的使用和发展关系密切，部分公司也通过并购、上市等方式获得进一步发展。下面以 Monfinancier 和 Entreparticuliers 两家公司为代表，介绍互联网催生的新兴行业的发展情况。

（一）Monfinancier 及其发展历程

Monfinancier 是一家在线的金融中介和咨询机构，在法国有较高知名度，主要包括三方面业务：财富管理咨询、金融产品销售、在线经纪。Monfinancier 结合了网点优势、产品优势和互联网优势，发展迅速。截止到 2011 年 7 月，Monfinancier 的客户数量超过 2300 户，管理的客户资产超过 1 亿欧元。需注意的是，Monfiancier 作为中介公司和渠道商，本身不提供存款、保险服务，而是通过合作机构完成。

其发展历程如下：

2002 年：Monfinancier 由一群财富管理和在线经纪的专业人士合作成立，旨在通过网络向客户提供优质的金融产品，并向客户提供金融投资咨询或财务咨询的个性化服务。为消除客户对远程服务的疑虑，Monfinancier 提供免费的电话服务热线，为每位客户配备专业客户经理，客户掌握其经理的邮箱、手机等联系方式，客户经理的平均资历为 10~15 年，同时在巴黎、尼斯和雷恩这些主要的法国城市设有实体网点。

2006—2009 年：Monfinancier 公司在 2006—2008 年均为亏损状态，其中 2008 年的营业额为 2000 欧元，净利润为 -18.1 万欧元；而 2009

年，该公司业务迅速增长，实现营业额 7.3 万欧元，实现净利润 1000 欧元，扭亏为盈。

2010 年：Allofinance 在欧交所上市。Allofinance 是一家在线提供财富管理和金融资讯的资讯公司，是法国首家为法国普通民众提供免费金融信息、存款或财务管理咨询的网站，该网站在 2007 年金融危机爆发后受到关注和欢迎，但在其成立初期一直处于亏损状态。

2011 年 7 月：Monfinancier 和 Allofinance 合并，目的是将合并后的公司打造成客户进行金融投资和咨询的首选网上中介，成为法国金融和财富管理产品的最大独立渠道商，并有意和通过传统渠道销售的金融产品进行竞争。Allofinance 持有 Monfinancier 65% 的股份，同时 Monfiancier 的股东持有 Allofinance 25% 的资本。Yannick Hamon，Monfinancier 的创始人和主要合伙人，成为 Allofinance 的总经理。

2012 年：Allofinance 和 Monfinancier 完成整合，并统一使用 Monfinancier.com 的品牌进行宣传和运作，上市公司名称也改成 Monfinancier.com。Monfinancier 可向客户提供人寿保险、存款、合理避税、不动产投资、股票投资等多种金融产品，其中该公司提供的人寿保险产品收益高、收费低，具有较大的优势。

（二）Entreparticuliers 及其发展历程

Entreparticuliers 成立于 2000 年，旨在为个人提供各类房地产的买卖交易信息平台，实现个人对个人的房地产买卖交易，为个人节省地产中介费用。房产的地域范围为法国全境（其中巴黎地区占 20%），房产类型包括公寓、别墅、城堡等多种类型。目前，法国约有 50% 的个人房产交易是通过个人之间直接交易完成的，预计该行业在未来仍有较大的发展空间。

相关调查显示，该公司网站 2007 年上半年为其客户发布的房地产买卖信息超过 4.2 万条，在上半年吸引了 150 万的网络浏览量，使得该公司成为法国在线中小房地产交易的最大交易平台之一。

该公司的盈利模式是向发布信息的个人客户收取费用，该费用包括从信息发布到交易达成的打包一次性费用。此外，该公司通过与其他专业机构合作，为客户提供房产买卖相关的房屋评估、法律咨询等相关服务。受益于互联网的迅速发展、在线支付安全性的提高，以及电子化合同和文件的普及，该公司业务获得了迅速发展，表示将保持目前的盈利模式，并希望通过提高相关服务的服务质量进一步吸引客户，未来不排除进行收购的可能。

其简要发展历程如下：

2000年9月：受益于互联网的迅速发展，Entreparticuliers正式成立，成立资本约为35.4万欧元。

2007年2月：在欧洲证券交易所（Euronext Paris）的中小板（Alternext）上市。

2008年：在经历了前期的迅速发展后，该公司受到了媒体或法律机构的关于虚假信息的多次指控。

2009年：房地产危机过后，行业竞争更加激烈，leboncoin.fr等公司允许客户进行免费信息发布，对该公司的业务造成了冲击。

2012年：该公司实现营业收入747.6万欧元，比上年同期下降20%，下降的原因主要是行业竞争的加剧。

## 四、对中国的启示

从以上各方面的案例分析可以得出，法国的互联网金融已经发展了一段时间，在第三方支付、众筹、网上银行、在线理财等很多方面都发展很快，但一直没有产生像中国这样大热的局面，主要有以下几方面原因：一是法国和中国的利率水平差别较大，法国利率市场化，而且市场利率很低，最普遍的银行存款产品为Livret A，目前的存款利率也仅为1.25%，货币基金、理财产品等利率对普通投资者也没有较大的差别；二是法国投资者的投资渠道较多，成熟的金融市场为各种投资需求提供了全方位的产品，而且保险业在法国非常发达，法国约42%的家庭购买保险，分散了投资渠道；三是法国监管机构对投资者的保护严格，对投资者的教育也十分重视，使得投资者的风险意识较强，尤其是经历了金融危机和欧债危机后，民众对风险的关注度上升，投资趋于保守，对高收益高风险的投资产品普遍较为谨慎。

虽然互联网金融在法国的发展不像美国那么成熟和发达，但作为老牌欧洲大国，法国在互联网金融各个领域的发展仍可以给我们不小的启示，主要表现在以下方面。

（一）对监管机构的启示

金融监管和法制互相补充，监管需要及时、相机弥补法制的"不完备性"。以众筹为例，法国监管机构及时对众筹行业作出了专门的规范和指引，并将于 2014 年年初成为首个制定众筹行业监管法规的国家。法国监管机构及时地制定法律法规从而合理地引导新兴行业的发展，而不是让行业无序发展触到红线后，才用法律法规来严惩和治理，这个值得中国监管者学习。

（二）对银行发展的启示

互联网金融对银行提出了新的要求，迫使银行作出改变。法国银行"旗舰体验店"的出现、网上银行的崛起、社交网络的渗透、在线理财和经纪的壮大，实际上都改变了银行和客户的关系，并将改变未来零售银行业的发展形态。随着互联网的发展，银行物理零售网点的"被颠覆"看来是大势所趋。中国的银行业也应提前做好相应的准备。

（三）对未来企业和客户关系的启示

法国互联网金融的发展预示了未来大数据时代企业和客户的关系。无论是互联网公司还是金融机构，未来企业的创新和发展都将是以人为中心、以客户为中心的创新和发展，企业只有通过不断地创新优化客户体验、满足客户需求，才能在日益激烈的竞争中立于不败之地。

# 从货币角度看第三方支付创新与监管[①]

本文从数字货币的概念、典型的非现金支付形式、支付创新的挑战与监管三个角度探讨支付变革创新和互联网金融治理等热点问题。

互联网金融或者第三方支付,从消费者的角度来看,确实是受益的。我参加工作的时候往家汇款,是到邮局填汇款单,后来用银行卡汇款,现在互联网支付。从消费者角度来讲,从银行角度来讲,他们可能都有各自的看法。下面,我讲一下我作的一个研究——从货币角度看第三方支付创新与监管。作这项研究的主要理由有以下两点:第一,办什么事,只要钱能解决,就好办,只要不动别人的钱,消费者权益就能得到保护,保护客户资金安全是第一位的;第二,银行有货币创造功能,有存款功能,全世界对银行监管是最严的。

我的演讲主要分三部分:数字货币的概念,典型的非现金支付形式,支付创新的挑战与监管。

## 一、数字货币概念

回顾一下货币的历程,人类经历了实物货币、金属货币、信用货币及电子货币四个演化发展阶段,电子货币是否具有合法的地位取决于该种货币发行机构是否得到所在国家或者所在地区法律的认可。

为了讨论问题的方便,我不想在概念上作一些多余的争议。我们将

---

[①] 原文系作者在"2014中国支付清算与互联网金融论坛——支付变革与互联网金融发展"上的发言。

数字货币分为电子货币和虚拟货币。电子货币又包括法定货币的电子化或者电子化货币两种；虚拟货币，如 Q 币、比特币，电子货币、银行卡电子化表现形式，第三方支付，法定货币的电子化，发行机构都是金融机构，还有一些非金融机构发行的也是电子货币，可以归纳为电子化的货币。对于电子货币，各国都在加强监管，2012 年，欧盟巴塞尔委员会以及国际清算银行对电子货币作了一些定义，巴塞尔委员会认为电子货币是通过各种类型的销售终端、电子设备、公开网络直接支付的产品和预付机制，对虚拟货币也作了监管，欧洲银行业监管局也对虚拟货币作了定义，虚拟货币是价值的数字化表示，既非央行或公共当局发行，也不与法币挂钩，但由于被自然人或法人接受，可作为支付手段，也可以以电子形式转移、存储或者交易。

**二、典型的非现金支付形式**

我个人将非现金支付方式分为以下几类：卡类支付，互联网支付、移动支付。关于发行的环节有没有发行量控制，清算环节是否和银行账户对接，以及监管、反洗钱和真实性鉴别方面困难程度跟货币量 M0、M1、M2 有没有关系，我们作了一些分析。

我主要研究了几个非典型的现金支付——Q 币、支付宝和国外的案例，为了节省时间，中间部分我就不展开讲了。说到 Q 币，腾讯公司最赚钱的业务是游戏业务，Q 币诞生于游戏业务，可以在腾讯社区里使用，Q 币的发行有个规定——仅允许用人民币兑换 Q 币，不能将 Q 币的虚拟货币回兑为人民币，如果需要兑现 Q 币，只能通过场外交易的市场。支付宝，大家都在使用，我自己也有支付宝账户，我从监管角度提醒大家，根据我们掌握的情况，PayPal 资金只能按照客户指令进行划转，不能挪作他用，在美国需要申请牌照，欧洲支付机构也要申请电子货币牌照和支付机构牌照。

**三、支付创新的挑战与监管**

第三方支付创新的挑战与监管，对于人民银行，我们要考虑的第一是货币发行后是不是会导致我们铸币税的流失，货币发行的垄断地位是不是受到挑战。第二，最终的清算地位。清算体系的安全，对第三方商家消费者、第三方交易平台都有影响。欧央行根据真实货币的转换能力，把虚拟货币、数字货币细分为三类，真实货币可以按照一定汇率兑换为虚拟货币，比如Q币，双向兑换的虚拟货币，既用真实货币按买入卖出汇率与之双向兑换，又可用于购买虚拟和实体商品。

电子货币的监管，在欧盟、美国都有相应的规章制度，如欧盟先后颁布了《电子签名共同框架指引》《电子货币指引》《电子货币机构指引》等一系列法律法规；5月29日美国政府问责办公厅发布了联邦政府所面临的虚拟货币挑战文件，并于6月26日正式公开，其中，对各机构的监管职责进行了分工。欧洲银行业管理局于7月4日发布了虚拟货币的建议，其中提到虚拟货币70多种风险，如用户风险、其他市场参与者风险、法币支付系统风险、监管者风险等；2014年1月7日俄罗斯央行表示根据现有法律，虚拟货币是货币替代品，不是官方货币，因此，被禁止使用；根据巴西的法律，虚拟货币不是电子货币，虚拟货币不是由中央银行发行或保障的，波动性大、安全性低。印度发布了关于虚拟货币相关风险的警告，并表示目前正在研究。美国证监会发出公告，警示比特币的投资者，比特币只是一种财产，而非货币。我们整理了发达国家、金砖国家以及我们周边国家的情况，都对风险进行了提示。电子货币包括货币的电子化和电子化货币，货币电子化发行机构是金融机构，诚信最高，典型的是网上银行中的货币的电子化，比如银行卡和银行网银，受到的监管比较严，完全执行银行的监管标准，应该大大鼓励发展。电子化货币，是非金融机构发行的，存在规范发展的问题，这仅仅是我个人的看法。虚拟货币包括闭环内的虚拟货币和闭环外的虚拟货币，对闭环内的比如Q币、游戏币，有较高的容忍度，刚才讲到美国、欧盟都在密切观测中，只是进行风险的提示。

我们国家对电子货币有部分法律法规，如《人民币管理条例》《信用卡业务监督管理办法》和我们发布的一系列规章制度。根据《中国人民银行法》，人民银行履行发行人民币、管理人民币流通职责，人民银行履行维护支付清算系统的正常运行的职责，法定货币是人民币。

根据《非金融机构支付服务管理办法》，支付机构接受客户备付金的，应该在商业银行开立备付金专用存款账户存放备付金。第三方支付，前面领导提到不允许形成资金池。不许形成资金池有几个考虑：第一，规定不允许形成资金池；第二，从国际惯例来讲，也不允许形成资金池；第三，形成资金池，很有可能参与了货币创造的过程，它的账户就是资金账户，监管程度是不一样的，虽然名义上不叫银行，但是实质上可能就是银行，例如非法行医自然就该受到卫生局管。

谢谢大家！

# 互联网金融能够破解创新型小微企业融资难题吗?[①]

创新型企业融资难主要出现在其种子期、发展早期和成长期,症结在于传统金融层次结构与经济层级结构不匹配。互联网金融为创新型企业融资带来了新的渠道。为了促进创新型企业的发展,要多措并举,发展与创新企业特点相适应的多种融资方式。

当前我国兴起了大众创业、万众创新的大潮,创新型小微企业如雨后春笋般涌现。这些创新型小微企业承载着我国抓住世界技术浪潮、发挥后发优势实现弯道超车的希望。没有现代金融体系就产生不了苹果、谷歌这样的高科技公司。创新型企业成长过程中融资问题是个关键问题。

## 一、创新型企业中小微融资难题

英国麦克米伦爵士是现代金融史上第一个正视小企业融资难题的人。1931年,提交给政府的《麦克米伦报告》中称,由于融资体制存在缺陷,小企业和金融机构之间横亘着一道难以逾越的鸿沟,此后小企业融资的难题便被命名为"麦克米伦鸿沟"。

(一)创新型企业融资难、融资贵的症结

创新型企业的成长,通常要经过种子期、发展早期、成长期、扩张

---

[①] 原文发表于《中国工业评论》2015年第7期,合作者:张蓓。

期和成熟期，不同发展阶段的融资方式存在差异。在种子期，企业主要靠自有资金，有时能够获得风险投资，政府引导基金可以起到很好的帮扶作用；随着企业慢慢成长，进入发展早期，可以资产抵押等方式获得贷款；当企业进入成长期，有一定的盈利，可以获得银行授信、吸引战略投资者；进入扩张期和成熟期后，企业融资余地较大，可以通过多种工具融资，除了银行贷款，还可以发行股票，甚至资产证券化等。企业家应熟悉各种融资渠道和融资方式，在成长的各个阶段灵活运用所适合的融资方式。

创新型企业融资难主要出现在其种子期、发展早期和成长期，症结在于传统金融层次结构与经济层级结构不匹配。创新型企业具有轻资产、可能具备一些知识产权但缺乏实物资产可供银行抵押、常常外包制造等环节在批量生产后也可能不像传统企业拥有大量厂房设备库存等特征，典型的例子就是苹果公司。在传统的银行信贷模式下这类企业很难通过评审获得贷款。一方面，随着企业成长对资金需求不断增长，但另一方面，企业财务制度还未健全、缺乏抵（质）押物、缺少担保、未来发展不确定性较高。传统金融体系机构在层次、技术产品、监管体制结构上与经济创新发展的结构不相匹配。根据第三次全国经济普查，截至2013年末，全国共有第二产业和第三产业的小微企业法人单位785万个，占全部企业法人单位的95.6%。但现行金融体系以间接融资为主，间接融资中又以大中银行为主体。2014年末，社会融资规模存量为122.86万亿元，其中，对实体经济发放的人民币贷款余额为81.43万亿元，占比为66.2%，企业债券和非金融企业境内股票余额分别为11.69万亿元和3.80万亿元，占比分别为9.5%和3.1%。近年来，大中型银行资产在存款类金融机构资产中的占比有所下降，但仍然超过70%。大中型银行发放贷款需基于正规财务报表和充分质押物运作，更适于服务大中型企业，在满足创新型企业融资需求上存在诸多不适应。

（二）创新型小微企业在经济新常态中的重要作用

本轮国际金融危机之后，全球经济进入调整期，国际产业分工格局正在重塑，各经济体都在寻找各自的复兴之路，多数经济体不约而同地将目光投向了科技创新和创业。德国提出了"工业4.0"，美国提出了"再工业化"，我国也提出了"大众创业、万众创新"。2015年5月8日，国务院印发《中国制造2025》，提出实施制造强国战略，力争通过三个十年的努力，把我国建设成为引领世界制造业发展的制造强国。而创业和创新，离不开富有活力的小微企业，上述各个战略都给予了小微企业特别的关注。

工业4.0，即第四次工业革命，是德国政府《高技术战略2020》的重要组成部分。工业4.0主要分为三大主题：一是智能工厂，即智能化生产系统以及实现网络化分布式生产的相关设施；二是智能生产，即企业生产管理中的人机互动以及3D技术在工业生产过程中的应用等；三是智能物流，主要通过互联网、物联网、物流网，整合物流资源，提高物流效率。该战略注重吸引中小企业参与，力图使中小企业成为新一代智能化生产技术的使用者和受益者，同时也成为先进工业生产技术的创造者和供应者。

再工业化是奥巴马政府在危机后提出的重要战略之一，鼓励发展新兴产业和技术创新，引导美国制造业回归。2012年2月，美国国家科技委员会发布了《先进制造业国家战略计划》。该计划从投资、劳动力和创新等方面提出了促进美国先进制造业发展的目标及政策措施，主要意图在于贯彻落实"再工业化"战略、应对先进制造业发展新挑战及抢占先进制造业发展制高点。在这个战略计划中，充分肯定了中小企业在创新中的作用，提到加快中小企业投资，鼓励中小企业参与合作伙伴等。

《中国制造2025》提出了未来十年实施制造强国的战略任务和重点，包括提高国家制造业创新能力、促进信息化与工业化深度融合等。文件提出，要促进大中小企业协调发展，激发中小企业创业创新活力，发展一批主营业务突出、竞争力强、成长性好、专注于细分市场的专业化"小巨人"企业，支持中小企业"走出去"和"引进来"，引导大企业与中小企业建立协同创新、合作共赢的协作关系，推动建设一批高水平的中小企业集群,并提出完善中小微企业的政策。

(三) 小微企业融资的国际经验

鉴于小微企业在经济中的重要作用,也考虑到小微企业固有的特点,一些经济体建立了适应小微企业融资需求的制度。在这方面,美国的经验值得研究,其在直接融资和间接融资方面,都为小微企业创造了较大的空间。

从直接融资看,美国小微企业融资主要有天使投资、风险投资、私募发行证券和公开发行证券等方式。天使投资一般在企业种子期投入,投资金额一般不大,天使投资人会持有企业10%或更多的股份,在小企业管理中比较积极,并期望在5~10年后通过并购或IPO退出投资。有研究显示,美国天使投资总额与风险投资总额相差不大,但笔数要远高于风险投资。风险投资资金来源包括养老金、大学捐赠基金、保险公司和富有的投资者。风险投资持有的小企业股份比例为20%~40%。风险投资基金的投资期限较天使投资短,一般期望在3~5年后通过并购或IPO退出。根据美国风险投资协会的统计,2014年美国风险投资额达到495亿美元。私募发行不需向SEC注册,但必须以有限的方式向有限的投资者发行;同时,私募发行通常不需要承销商介入,因此一般比公开发行成本低。公开发行可以采取首次公开发行(IPO)和直接公开发行(DPO)两种形式。DPO过程不需承销商介入,为发行人提供了一种低成本的发行选择。但是,北美证券管理协会认为,如果没有客户基础,DPO很难成功。

对小企业而言,通过天使投资和风险投资引入资金一般不会受到证券法和相关法规的监管;私募发行和公开发行则不同,美国《联邦证券法》和各州的蓝天法均对其有着明确监管要求。金融危机后美国的银行和个人信贷紧缩,小型公司的间接融资渠道收窄,在资本市场上,小型公司无论是通过IPO还是非公开发行的融资规模都在下降,影响社会创新能力和就业。为促进小微企业发展,美国在2011年1月宣布开始创业美国(Startup America)计划,2012年4月5日,美国总统奥巴马签署《创业企业扶助法》(JOBS 法案),通过修改现有资本市场的规则来拓宽小型公司与资本市场对接的通道,放松管制,让小型公司能够更容易地获得成长所需的资本。一是为发展阶段的成长型公司(EGC)的 IPO 过程"减负",并减轻其公开披露负担,同时使 EGC 得到更多的关注;二是降低私人公司融资的规则限制,同时提高了私人公司成为公众公司需要强制公开披露的门槛,并提出了新的公众小额集资(Crowd-funding)方案。总体看,美国小企业直接融资监管重视融资效率与投资者保护的平衡。设计了众筹发行、私募发行、小额公开发行和非豁免公开发行等递进式的发行模式,同时将其与合格投资者制度相结合,根据投资者的风险承担能力提供了不同程度的监管保护措施。

从直接融资看,美国硅谷银行的成功运作具有参考价值。该银行创建于 1983 年,主要为高科技初创公司提供金融服务。该银行很好地解决了高科技初创公司信息不对称、风险高、抵押品少的问题。一是保持专业性,坚持服务信息技术、生命科学、清洁技术等特定领域高科技发展,与创业风险投资公司建立"投贷联盟"合作机制,利用创投公司的专业化遴选企业项目,提高风险识别能力和价值发现能力。二是开展适应高科技企业特点的知识产权质押贷款业务,并根据企业初创期、成长期和全球化阶段的不同特点,提供多样化的融资服务。三是通过以认股权证为核心的风险控制与盈利模式,有效地解决风险—收益的不匹配问题。硅谷银行为高科技企业提供贷款时,与企业达成附加认股权证和债转股的协议,硅谷银行获得与其高风险相匹配的高收益。此外,硅谷银行还建立了专门的专家服务团队,为企业提供价值评估和咨询服务。2008 年金融危机后,硅谷银行不但没有萎缩,反而于 2010 年跻身福布斯美国银行前 5 位。

## 二、互联网金融对创新型企业融资的作用

(一)互联网金融快速发展

最早出现的将互联网与金融联系起来的名词是"金融互联网",即

通过互联网提供传统金融服务，如网上银行等。以 2011 年央行发放第三方支付牌照为标志，第三方支付机构进入规范发展的轨道，越来越多的非金融企业参与互联网金融，互联网与金融的结合有了更多的形式，P2P 网络借贷平台、网络众筹等新型业态起步，互联网金融的基础设施和行业形态快速发展变化，"金融互联网"逐步被更广泛意义上的"互联网金融"所取代。

技术进步、客户的需求以及相对包容的监管环境，使得互联网金融在近年来快速发展。2014 年，支付机构累计发生网络支付业务（包括互联网支付、移动电话支付、固定电话支付和数字电视支付业务）374.22 亿笔，金额 24.72 万亿元，同比分别增长 93.43% 和 137.6%。阿里研究院数据显示，截至 2014 年末，全国范围内活跃的 P2P 网上借贷平台 1575 家，贷款余额 1036 亿元。根据零壹财经的数据，截至 2014 年底，国内已有 128 家众筹平台，其中，股权众筹平台 32 家、商品众筹平台 78 家、纯公益众筹平台 4 家，另有 14 家股权+商品性质的混合型平台。2014 年度，15 家主要商品众筹平台成功完成筹资的项目总数为 3014 个，成功筹款金额约为 2.7 亿元，活跃支持人数至少在 70 万人以上。股权众筹方面，可获取的数据显示成功项目有 261 个，筹资总额 5.8 亿元；考虑到第一梯队的天使汇、创投圈、原始会等平台未公开具体项目数据，预计筹资总额至少在 15 亿元以上。这些数据仅考虑有线上投资功能或可以在线确定投资意向的互联网众筹平台，且排除债权众筹（即 P2P 借贷）。

（二）互联网金融的优势

互联网金融为创新型企业融资带来了新的渠道。相比传统金融，网络投融资具有如下优势：

一是可以更大范围配置金融资源。资金供需信息一般直接在网上发布并匹配，供需双方直接联系和交易，不需要经过银行、证券公司和交易所等金融中介和市场。在 P2P 网络贷款中，一个投资者可以向成百个借款者发放金额小到几十美元的贷款，这是传统金融不可想象的。

二是提升了透明度。有些人把互联网金融称作"民间金融的阳光化",要阳光化首先就要公开、透明,包括规则公开、收费透明、及时披露信息、全方位展示资金来源和去向,这也有助于开展民间监督、社会监督。目前,已有民间机构监测网络借贷和众筹平台的交易数据。如果平台自身不披露,民间机构就会帮助它们披露。如果平台自身披露数据,这些机构还会对其披露的数据进行对比和核实,甚至能比它们更早地发现问题。

三是大数据降低信用风险。随着信息技术的发展,几乎所有的数据都能得到记录和保存。这些数据超越了传统的征信范畴,涵盖了社交网络痕迹、手机通信记录等全方位信息,通过数据的积累和分析可以降低金融产品的不确定性,从而可以低成本覆盖过去难以获得服务的金融客户。阿里研究院的数据显示,阿里巴巴集团为3亿实名制用户建立了互联网信用档案,并广泛应用到各条业务线,支撑起了万亿级的电商交易规模。2014年,该公司推出芝麻信用业务,2015年6月4日宣布用户用芝麻分和芝麻信用报告就可申请新加坡和卢森堡签证,不用再提交资产证明、在职证明或者户口本等复杂资料。

四是降低了操作成本。余额宝纯直销,管理费是0.3%,托管费是0.08%,销售服务费是0.25%,总共只有0.63%。陆金所的董事长计葵生也表示,通过互联网金融获客的成本是千分之二到千分之四的概念,可能是银行的1/5。2013年支付宝单笔交易系统处理成本2分钱,大幅低于国内外平均水平,技术提升效率,为消费者和小企业创造价值。

(三) 众筹与创新型企业融资

在互联网金融中,对于创新型企业而言,众筹具有非常明显的优势。一是众筹不需要实物资产的担保,降低项目融资成本。对项目本身的创新价值要求高,推动项目者提升项目创新技术水平和项目质量。二是众筹可以从多个层面为创业者提供独特的支持,而其他投资形式,无论是债权投资,还是股权投资,都不能在无须额外成本的情况下提供产品售前、市场调研、口碑宣传以及群体智慧方面的好处。三是众筹改变了我们看待金融服务和消费者参与的方式。众筹机制有助于降低种子前期至后期投资的风险，同时可提供业务需求、产品定价及业务有效性方面的信息。

最著名的众筹案例，可以追溯到2008年的奥巴马总统选举。奥巴马所属的民主党，向来不受财大气粗的大企业喜欢，筹款能力弱于共和党。但由于2008年开始以Facebook为首的社交媒体崛起，大批草根用户可以在社交媒体上表达对奥巴马的支持并参与竞选筹款活动，众多小企业主甚至个人的支持，达到了积沙成塔的效果，使得奥巴马的筹款能力迅速提升。2008年竞选，奥巴马团队筹集到7.45亿美元，筹款金额超过麦凯恩1倍，成功入主白宫。

世界上第一个股权众筹平台Angellist于2010年诞生于美国硅谷，最初的目的是为投资人提供一个类似Linkedin的社交网络，并且定时为注册平台的投资人推送一些优质项目。以2012年4月奥巴马签署通过的JOBS法案为界限，Angellist的发展呈现为两个不同阶段：在此之前，Angellist主要作为创业者和投资人的快速对接平台而承担中间人角色，核心是提供和解决最前端投融资需求的及时有效透明展示和匹配；在此之后，Angellist开始主动参与到交易环节当中，核心是为创业公司和投资人提供相关交易服务，如法律文件，包括标准投资条款、电子化交易文件以及管理交易过程所需的电子签名、汇款信息等。公开资料显示，截至2013年年底，Angellist平台宣布单月为创业企业完成1200万美元融资。截至2014年9月，Angellist已经收录创业企业30万个以上，通过平台融资项目接近6000个。

（四）互联网金融的风险

2015年5月27日下午，支付宝出现大规模故障，多个地区用户反映，支付宝账号无法登录，更无法进行转付账，打开余额宝后显示网络无法连接。随后，支付宝在新浪微博回应称：由于杭州市萧山区某地光纤被挖断，造成目前少部分用户无法使用支付宝，运营商以及工程师正在修复。5月28日，携程旅行网PC端和手机APP端同时瘫痪，数据库遭到不明程度损害。接连发生的事件唤起了大家对互联网金融风险的关注。

上述事件主要是技术风险。除了技术风险外，互联网金融还面临其他一些特有的风险。比如，谢平等认为，众筹主要存在机制风险、执行风险和维权风险。从机制风险看，缺乏足够的信息获取、风险判别和风险定价能力是众筹最大的风险。传统金融市场的风险防范和投资者保护程序被简化，所有环节均通过投融资双方的直接交流进行。投资者只能依赖自身的信息渠道和过往经验做出风险与收益判断。从执行风险看，项目延误乃至失败是众筹平台上最常出现的问题。创业投资是一种结合技术、管理与创业精神的特殊投资方式。投资人（消费者）的目标是追求特定条件（例如特定资金量、特定时间周期）下投资回报最大化，创业者追求的是自身效益最大化，两者并不完全一致，导致双方均可能存在道德风险。项目发起人可能因为个人经验、技术基础、生产工艺、生产经验等客观因素制约导致工期延误，甚至可能出现项目发起人因为懒惰、不负责任等主观原因导致的延期交货或者滥竽充数。从维权风险看，众筹模式下投资者权益保护的棘手之处还在于损失的认定、举证、计算与追偿，这些造成了维权成本高昂。其实，不仅众筹，P2P也存在类似的问题。尽管大数据分析可以在一定程度上缓解上述的机制风险，但并不能完全消除此类风险。此外，互联网金融在我国快速发展，相应的法律法规还在制定过程中，一些业务也存在一定的法律风险。

2014年3月6日，英国金融行为监管局（FCA）发布了《关于网络众筹和通过其他方式推介不易变现证券的监管规则》，并于4月1日起正式实施。该规则对借贷型与投资型两种众筹模式提出了相应监管规则，其中，针对借贷型众筹平台提出了最低资本要求、商业行为规则、客户资金保护规则与纠纷解决机制等监管措施。德国众筹条例草案于2014年7月发布初稿，并于12月向议会提交了修改后的草案，草案中对众筹进行了较为严格的限制。2014年12月18日中国证券业协会也就

《私募股权众筹融资管理办法（试行）（征求意见稿）》向社会公开征求意见，目前正在吸收各界反馈意见的基础上，对《办法》进一步修改。

### 三、多措并举，缓解创新型小微企业融资难、贵问题

大量的创新型企业是经济活力的源泉，也是国民经济竞争力的保证。促进创新型企业的发展，必须创造一个有利于其从种子期逐步成长成熟的环境。要多措并举，发展与其发展阶段和特点相适应的多种融资方式。

（一）政府政策支持

从各国经验看，创新型小微企业发展离不开相应的政策支持。国务院明确提出设立产业创业投资引导基金，破解创新型中小企业融资难题。要继续拓宽小微企业直接融资渠道。进一步健全多层次资本市场体系，继续多渠道发展股权融资市场，在降低大企业融资成本的同时，继续优化中小企业板、创业板等市场，加快科创板建设，规范发展区域股权交易中心、柜台市场，使得更多的中小微企业可以依托多层次资本市场进行融资，同时加快促进私募股权发展，探索建立并引进产业风险投资引导基金、创业投资基金、种子基金等各类风险投资机构，形成较为完备的风险投资体系，为成长型创新企业开拓融资渠道。引导和支持金融机构发行小微企业、"三农"金融债等，专项用于支持小微企业及涉农领域。

中央政府作出表率，地方政府也要继续做好有关工作。首先，继续充实国有融资担保机构资本金，提升国有担保机构服务能力；进一步完善"政银担"风险分担机制和再担保体系，强化省信用担保再担保功能，为市县融资担保机构风险增信，扩大担保覆盖面；积极鼓励民间资本进入商业性融资担保公司，并在风险可控的前提下简化担保贷款手续，放大贷款担保倍数。其次，探索建立健全专项"两金"管理机制。设立担保互助基金，为小微企业贷款的担保方提供风险补偿，切实引导担保公司服务于小微企业融资需求；探索设立企业临时应急周转资金，

对于符合条件的小微企业，在贷款到期后仍有融资需求，又临时存在资金困难的，可提供应急周转资金用于临时性过渡，从而有效缓解小微企业的"倒贷"问题。5月25日，上海发布《关于加快建设具有全球影响力的科技创新中心的意见》，提出了设立科技创新专板等多项措施，希望能尽快取得进展。

（二）发挥互联网与银行、证券、保险等传统金融融合的力量

传统金融体系相对成熟，有比较完善的业务流程和风险控制制度，辅之以互联网的技术手段，有助于提高传统金融服务实体经济的能力和金融普惠水平。可鼓励互联网与银行、证券、保险、基金的融合创新，为大众提供丰富安全的金融产品和服务，更好地满足不同层次实体经济的投融资需求。

金融机构也要继续改进信贷流程和考核机制。要优化贷款流程管理，简化贷款手续，通过引进集中化、批量化、标准化的小微信贷审批模式，减少中间环节，缩短审批时间。改进贷款权限管理方式。上级行需要赋予下级行合理的自主授信权，特别是在小微企业较为集中的地区，通过下放授信审批权限给熟悉企业情况的基层行，提高贷款审批和发放效率。不断满足小微企业多样化融资需求，根据小微企业的经营特点为其量身打造合适的金融产品和服务。加快推进续贷、循环贷、年度审核制度等措施落地，并加大相关产品的宣传力度。鼓励借鉴硅谷银行经验，开展适应高科技企业特点的知识产权质押贷款业务，并根据企业初创期、成长期和全球化阶段的不同特点，提供多样化的融资服务。目前办理专利权质押手续必须到北京办理，费时费力，建议国家专利局优化有关流程，尽量采用互联网手段。

（三）规范发展互联网金融创新业务

越来越多的非金融公司进入互联网金融行业，并创新了产品与服务，这些企业创新能力强，但是缺乏金融风险管控的经验，对此应规范发展。应尽快完善相关法律制度，培育一批具有行业影响力的互联网金融创新型企业。充分发挥第三方平台在促进金融业务融合创新方面的基

础设施作用。鼓励互联网企业或金融机构依法合规设立互联网支付机构、网络借贷平台、股权众筹融资平台、网络金融产品销售平台等，更好地满足中小微企业和个人的投融资需求。鼓励这类新型机构借鉴硅谷银行经验和 PE 做法，探索建立以认股权证为核心的风险控制与盈利模式，有效地解决风险—收益的不匹配问题，实现金融机构和企业共担风险、共享收益、共同成长。

# 互联网金融也要重视流动性风险管理[①]

如果互联网金融涉及民间融资，比如，P2P平台对在平台上进行的交易作了担保，那么平台本身就会面临流动性风险。

当前，经济面临下行压力，民间金融风险呈现新态势。企业不同发展阶段有不同的融资方式。在企业成长后期，可以通过银行贷款、上市、发行债券等方式融资，这些都属于正规金融。但是在企业成长早期，除了依靠自有资金、风险投资外，还可以通过民间金融来融资。互联网金融发展的一个前提就是企业发展早期的融资需求无法从正规金融得到满足，因此互联网金融中有一些具有民间金融的属性。

相比传统金融，互联网金融具有如下几个优势：一是可以在更大范围内配置金融资源。二是能够提升透明度，民间金融要阳光化发展就需要透明度。三是大数据降低了信用成本。四是可以降低经营成本，这一点最重要。这些是互联网金融好的一方面，但也要看到，现在经济面临下行压力，水落石出，民间金融风险也会有一定的暴露。

目前，民间金融有三大趋势：一是盈利化趋势，二是中介化趋势，三是网络化趋势。盈利化反映了民间金融传统的社会保障功能退居次要位置，谋利功能和风险属性更加明显；中介化体现了民间金融的专业化趋势，同时也延长了资金链条，增加了融资关系的复杂性。此外，随着互联网在金融领域应用的快速发展，民间金融"网络化"创新不断。据

---

① 本文系作者在2015年1月30日中国财富管理50人论坛第三届年会上的演讲。

不完全统计，截至 2014 年底，网贷运营平台已达 1575 家，网贷行业历史累计成交量超过 3829 亿元。民间金融具有显著的风险脆弱性，规范性和透明度不足，缺乏风险缓冲和吸收机制，容易受到经济波动的冲击，时常爆发案件和风险事件，甚至引发群体性事件。民间融资还可能导致融资链条拉长，中间费用和风险溢价较高，未能有效降低社会融资成本。一些民间金融资金还流向限制性行业及高风险领域，部分民间金融风险通过各种渠道向正规金融体系传递，影响了金融稳定。

数据显示，2014 年上半年，全国仅媒体集中曝光的重大企业债务风险事件就有 46 起，涉及 40 多家商业银行，风险金额近千亿元。陕西省榆林市 2014 年 1 月到 10 月，共发生非法集资案 82 件，涉案金额 42.27 亿元，牵扯群众 7500 多人。根据杭州市公安局经侦支队的统计，至 2014 年 10 月底，杭州警方已受理十余起伪"P2P"非法集资案件，金额高达数亿元，有数千名投资人受害。

下面简单回顾一下民间金融风险的温州案例。温州的金融改革在全国具有试点意义，前期发生的民间借贷风波、处置方式及后续风险对全国都有借鉴作用。2011 年温州民间金融风险集中爆发，目前风险已经逐步消退。这主要得益于三年来，温州结合国家金融改革试验区建设，加快了民间融资法治建设，搭建了规范化民间融资平台，拓宽了民间资本投资渠道，强化民间金融风险管控。温州金融改革试验的一个主要任务就是探索民间金融规范化、阳光化发展道路。温州自 2011 年 9 月发生民间借贷风波以来，经过三年多的处置演变，风险呈现新的变化：民间借贷风险正在逐步消退，正规金融风险逐渐凸显；原发性企业两链（担保链、资金链）风险下降，但继发性风险还在持续；总体风险平稳可控，但风险点多发，处置工作依然艰巨，银企关系紧张，构建诚信环境任重道远。为什么要回顾温州的案例？因为温州作为沿海地区，经济金融发展相对领先，三年前的温州事件现在有可能在内地的其他地方正在发生。

互联网环境下的民间金融风险呈现一些新态势，比如 P2P 风险和众筹风险。2014年1~7月，每月平均有9.3家问题网贷平台出现，进入8月后，问题平台数量显著增多，其中12月问题平台数量高达92家，超过上年全年问题平台数量。众筹主要存在机制风险、执行风险和维权风险。2014年上半年，国内众筹领域共发生融资事件1423起。

下面重点讲一下互联网金融的流动性风险。陆金所董事长计葵生曾说，互联网金融面临的最大风险是流动性风险。如果P2P只是作为融资平台，其自身是不会有流动性风险的。但是如果互联网金融涉及民间融资，比如，P2P平台对平台上进行的交易作了担保，那么平台本身就会面临流动性风险。防范流动性风险是维护金融企业的生命线，从事过传统金融机构工作的人都知道流动性风险，我自己就深有体会。金融机构和非金融企业的死亡最后都是因为流动性风险，就像这一口气没上来就过去了。好像足球比赛的最后点球决战，一招定胜负。如果是其他风险还有时间慢慢挽救，但是流动性出了问题，很难挽救，也来不及挽救。

因此，2008年金融危机以后，国际社会，包括中国，都高度重视对流动性风险的管理和监管。巴塞尔委员会在2008年和2010年相继出台了《稳健的流动性风险管理与监管原则》和《第三版巴塞尔协议：流动性风险计量、标准和监测的国际框架》，构建了银行流动性风险管理和监管的全面框架，在进一步完善流动性风险管理定性要求的同时，首次提出了全球统一的流动性风险定量监管标准。2013年1月，巴塞尔委员会公布《第三版巴塞尔协议：流动性覆盖率和流动性风险监测标准》，对2010年公布的流动性覆盖率标准进行了修订完善。巴塞尔协议专门出台了流动性风险监管原则。2014年中国银监会制定并发布了《商业银行流动性风险管理办法（试行）》。

流动性风险管理实际上并不是一个新课题。2008年，我曾经研究过香港银行。当时我负责某机构香港境外业务管理，发现香港机构账上流动性很足，有好几十亿港元的流动资金。那时候国内还缺外币，账上为什么摆这么多的流动性资产呢？为此，我详细了解了香港对商业银行流动性监管的要求，它有很复杂的计算公式，要求商业银行必须放足够的短期资金在账上,就是为了防范流动性风险。

与流动性风险相关的一个词是明斯基时刻,即资产价格崩溃的时刻。好日子的时候投资者敢于冒险,好日子的时间越长,投资者冒险越多,直到过度冒险。按照明斯基的理论,融资行为可以划分为三个阶段。第一个是套期融资阶段,融资者收入可以覆盖其债务本金与利息支出;第二个是投机性融资阶段,融资者收入仍可覆盖其债务利息支出;第三个就是庞氏骗局阶段,融资者必须不断提高其债务水平以兑现其债务本息承诺。我相信很多机构、企业一开始都是想做套期的,但是在经济下行的阶段,或者投机过度时,就有可能一步一步逼向庞氏融资,最后迎来明斯基时刻,那些破产跑路的企业,都是经历了这样一个过程。

下面我们回顾两个经典案例,一个是雷曼兄弟破产,另一个是麦道夫诈骗,这两个案例大家都耳熟能详。先看雷曼兄弟破产案例。2006年我正在纽约,当时是金融危机前夕,资本市场那真是烈火烹油,繁荣得不得了,哪里想得到后面断崖式的下跌。华尔街五大投行,排名前三的是高盛、摩根士丹利和美林,下面跟着就是雷曼兄弟,属于比较灵活、创新型的投行。雷曼兄弟也挺傲慢的,不太把老大放在眼里,它好像是创新型的队长,最后投机过度了,当市场情况变了,流动性就遇到问题。流动性不足怎么办?我在海外金融机构当行长的时候,流动性不足时的融资渠道有这样几条:一是向市场借;二是向同业借,兄弟拉一把,如果是分行还可以向总行借;最后向央行借,央行是最后贷款人。为什么美国当局不救雷曼?纽约联储银行执行副总裁兼总顾问 Thomas C. Baxter 在美国金融危机质询委员会就"雷曼案"所作的证词显示,纽联储无权提供"裸担保"(既没有相应的反担保,也没有数额限制的担保),这将会使美国纳税人为雷曼的全部交易债务承担风险。后来国会通过了 EESA,该方案赋予财政部提供担保的法定权力,可以救助后面的其他几家投资银行。雷曼倒闭的原因是复杂的,外因包括过时的市场规则、虚假市场谣言、监管机构反应迟钝以及华尔街的"恐慌风暴"。但内因是主要的,其中流动性状况是破产的关键。雷曼公司进入不熟悉的业务，自身资产过少，杠杆率过高，持有大量不良资产，最后表现为典型的流动性危机。2008年9月8日星期一集中爆发了市场对手方拒绝与雷曼进行交易的现象。所以在市场上人缘很重要。人缘不太好，出问题时没有人拉你一把。雷曼兄弟的首席破产管理人普华永道表示：雷曼破产不是因为偿付能力问题，而是因为流动性不足。资本不足有可能有人救你，还可以缓过一口气，但流动性危机则是致命一击。在市场上你要考虑到什么叫风险，能估计到的不叫风险，认为没有风险时发生的事件才叫风险，这是要命的风险，作为企业的"一把手"，主要要考虑这个风险。

  第二个案例是麦道夫诈骗。麦道夫曾任纳斯达克交易所总裁，是金融精英。他的诈骗行为是典型的庞氏骗局，这么高地位的人做庞氏骗局大家都没想到。他利用奢华场所建立人脉网，树立"投资必赚"口碑，发展"金字塔形下线"，以高额资金回报为诱饵，吸引大量投资者不断注资，以新收入偿还之前的利息。这个骗局维持二十多年，直到他面临资金赎回压力，拆东墙补西墙补不下去了，才向两个儿子坦白。经儿子告发，一场美国历史上金额最大的诈骗案暴露在世人眼前。涉及的金额约600亿美元，是世界金融历史上最大的庞氏骗局。

  互联网金融在这方面也需要注意。一是要关注资产长期化和负债短期化之间的矛盾及其带来的流动性风险。非标资产流动性问题是一个世界性金融难题，可以通过资产证券化让互联网来解决。但是通过互联网金融解决时要注意流动性风险问题。二是做支付和清算是不一样的，清算有流动性风险，必须要有一定的流动性准备。世界上大部分国家的清算都是由央行来提供的，可以随时主动提供流动性，保证血液的流通，做支付点对点。三是P2P拆标错配。即P2P平台将项目拆分为更短期限或更小金额的标的，一旦平台无力及时偿还或出现突发事件时，就可能出现"一根稻草压死骆驼"的情况。当前，经济下行压力显现，一些地方债务链断裂，互联网金融也要高度重视流动性风险，规范发展，提高风险应对能力。

# 谁的互联网金融?[①]

投资者对未来充满憧憬,看到了互联网金融的发展机遇;但是现实往往是骨感的,互联网金融的成本和风险不容忽视。

**互联网金融热并没有随着秋天的到来而变凉一些**

自苏宁8月23日发布公告确认公司发起设立银行起,苏宁总市值从公告前的556亿元飙升至9月24日收盘时的975亿元。网上还流传一幅股价对比图,图中准备开银行的上市公司股价一片红(上涨),银行股则一片绿(下跌)。股市对银行股冷落的同时对银行概念股表现出极大热情。在许多银行股价接近净值的同时许多企业递交了设立银行申请。

**一冷一热值得深思**

目前互联网金融还不能动摇银行的盈利基础,但是银行已经纷纷拥抱互联网金融,加快了金融网络化步伐,甚至推出或计划推出电商平台。今年上半年上市银行业绩堪称亮丽,但是银行股的市场表现则不尽如人意,银行股价接近净值,个别还跌破净值。

从股价表现来看,投资者更加倾向于金融"搅局者"。

作为"搅局者",互联网金融提出要服务"80%长尾市场"。从小贷公司的实践来看,这个主要由小微企业构成的长尾市场实际上是利润

---

[①] 原文发表于2013年9月27日《人民日报·海外版》。

丰厚的"蓝海"。过去几年浙江省各金融机构利润居于全国前列实际上也是得益于当地的小微企业。在基金、保险等金融产品销售方面,互联网金融企业利用"随时随地随心"的特点发挥渠道优势和成本优势,蚕食银行的中间业务收入。银行的网点众多的优势将逐步成为沉重的成本负担[①]。互联网金融在渠道、小微企业、零售业务、成本、激励机制等方面具备优势,这些优势也可能体现在互联网金融概念股股价上。

投资者对未来充满憧憬,看到了互联网金融的发展机遇;但是现实往往是骨感的,互联网金融的成本和风险不容忽视。

互联网金融是个"烧钱"的行业。互联网金融能节约成本,但是本身需要硬件、软件、人才、场所等投资。互联网金融企业一轮一轮地融资主要是追加投资的成本所迫。据公开的信息,阿里和腾讯一半以上股权在引资后为外资所有,马云在上市前为如何保持控制权殚精竭虑。如果不是缺钱,这怎么解释?互联网金融高科技属性决定需要高端设备、技术和人才,与之相对应的是高成本。互联网金融从小到大需要一个积累过程,不能期待一投入就产出,时间成本也是需要考虑的。投资者要冷静测算投资成本和盈亏平衡点,做好现金流安排,避免投资过度和过剩。

互联网金融也是风险管理的行业。金融的重点和难点就在于风险管理,互联网金融也不能例外。一旦涉足金融,也将受到宏观经济走势、企业景气、利率市场化等因素的影响。涉足资产类业务,将要重点管理信用风险,支付类业务则要重点管理操作风险。对于产生于英美的P2P、众筹等互联网金融模式如何在中国实现落地也没有现成经验,毕竟法制和信用体系差距很大。这些直接融资模式需要更高的法制和信用水平。随着互联网企业从事金融业务,消费者和公众对它们的要求也会越来越高的,消费者权益保护的任务会越来越重。因此系统的稳定性和安全性也是互联网金融面临的课题。看看那么多的手机短信诈骗、信用

---

[①] 房地产价格上涨使得拥有网点所有权的资产升值,处置时可获得业务收入。

卡盗刷等案件，就知道面临的安全问题不容低估。由于缺乏经验和人才，作为外来者的互联网金融将面临更大的风险管理挑战。

发展互联网金融可能取得制度和技术双重红利，还被寄予了发展包容性金融的厚望，将得到政府的鼓励和支持，但是投资者须自担风险，不能指望政府兜底，也不能期待降低监管标准。

如果投资者充分考虑互联网金融的成本和风险，互联网金融概念股走势会变化吗？

# 迎接互联网金融的春天[①]

各种业态的互联网金融能满足某些群体的金融需求，降低服务成本、提高服务效率，因而被寄予发展包容性金融和普惠金融的厚望。

2008年初，当银率网这家美国知名的个人金融产品信息服务公司悄悄进入中国的时候，并没有引起大家的特别关注。那时大洋彼岸的P2P网贷企业PROSPER和Lending Club还在为是否向美国证交会注册而纠结，它们在中国的模仿者拍拍贷也还默默无闻。支付宝尽管已为大家所熟知，但是在大多数人眼里它只是方便大家网购的支付工具，媒体上互联网金融这个词还不常见。

五年之后，2013年余额宝的爆发给我们展示了互联网金融的威力：面向草根的、通过互联网销售的单只货币市场基金轻松超过了很多基金公司管理资产的总和。震惊之余，传统金融机构纷纷试水互联网金融。阿里巴巴、腾讯、百度等互联网企业门庭若市，寻求合作和取经者络绎不绝。互联网金融创业企业风生水起，融资金额屡创新高。2013年也顺理成章地被认为是中国互联网金融的元年，各大媒体竞相报道互联网金融。

互联网金融产生和发展有其深刻的技术和制度背景。美国于1986年完成了利率市场化，利率市场化和互联网发展使得不设物理网点的互联网银行成为可能。互联网银行由于甩掉了网点成本包袱从而能够提供

---

[①] 原文发表于《清华金融评论》2014年第2期，合作者：廖理。

更有竞争力的存款利率。在证券行业，以美国 1975 年的佣金自由化为契机，互联网技术的发展直接催生了一批互联网券商。互联网券商通过较低的佣金吸引客户。目前互联网券商已经成为美国证券行业不可或缺的组成部分。进入 2000 年之后，互联网金融开始加速发展，金融机构利用互联网推进金融业务，互联网金融的创业企业开始大规模出现。2005 年之后，P2P 和众筹模式陆续诞生并取得成功，美国通过 JOBS 法案（Jumpstart Our Business Startups Act）则标志着互联网金融进入了一个新的发展时期。从美国经验来看，网络技术发展、金融监管放松、信用体系完善、法律法规完备都是互联网金融发展的重要因素。

回顾历史，与互联网相关的金融产品和业务类型包括如下几类：一是传统的金融机构利用互联网改进金融业务或者提高运营效率，比如网银、互联网银行和互联网券商；二是互联网企业利用自身或者第三方的平台和客户资源提供支付和其他金融服务，比如支付宝、阿里小贷和 Kabbage 等；第三也是最重要的是独立的基于互联网和移动互联网的全新的金融服务模式，比如 P2P 网络贷款和众筹模式。此外还有一种是基于网络的与金融有关的搜索、社区、咨询与教育、账户管理和金融产品营销等。前三种类型都属于金融业务，需要遵守有关监管规定和法规。

互联网金融在中国获得了广泛的关注。乐观者预测将带来革命性的变化，甚至颠覆传统金融，但是也有人认为互联网金融是个伪命题。从实践来看，各种业态的互联网金融能满足某些群体的金融需求，降低服务成本、提高服务效率，因而被寄予发展包容性金融和普惠金融的厚望。同时由于一些网络借贷存在经营不规范、投资者利益受损等不良现象，加强监管的呼声也此起彼伏。在实行分业监管和功能监管的框架下，有的机构还难以根据牌照确定监管部门，遵守法律底线和行业自律尤其重要。

网络改变金融，创新释放红利。互联网在许多行业已经展示出颠覆性的力量，在金融业也小露锋芒。也许这是一次弯道超车的机会。让我们以更加包容的心态、更加扎实的准备迎接互联网金融的春天。

# 第三部分：货币政策

# 奠定新时期金融稳定发展的基石

## ——全国金融工作会议精神解读[①]

针对面临的金融风险形势,全国金融工作会议高瞻远瞩地提出设立国务院金融稳定发展委员会,强化人民银行宏观审慎管理和系统性风险防范职责。加强金融监管协调,推进功能监管和行为监管。强化金融监管的专业性、统一性、穿透性,所有金融业务都要纳入监管,加强金融监管问责。

2017年7月,五年一次的全国金融工作会议召开,习近平总书记、李克强总理作了重要讲话,马凯副总理作了总结。这次会议充分肯定了党的十八大以来金融改革发展取得的新成就,科学分析了当前金融形势,明确了做好金融工作的指导思想、重要原则、重点任务和具体要求。这次会议明确提出金融是国家重要的核心竞争力,金融安全是国家安全的重要组成部分,金融制度是经济社会发展中重要的基础性制度。这是从战略高度、全局角度对金融作出的新的明确定位,具有深远的历史意义。

这次会议有以下几个方面特点。一是突出防范系统性金融风险的紧迫性;二是突出统筹金融监管和政策协调的必要性;三是突出回归本原服务实体经济的根本性;四是突出继续推进金融改革开放的坚定性。不仅透彻阐述了金融业自身存在的风险,还论述了金融业服务对象和环境

---

[①] 原文发表于《紫光阁》2017年第7期。

相关风险；提出的措施不仅针对金融业，还包括财政、国有企业、房地产业等重要部门。认真贯彻落实会议精神，将奠定我国未来金融稳定发展的基石。

**一、当前面临的金融风险总体可控**

从内生和外生角度看，金融风险不仅来自金融领域，而且来自非金融领域。会议指出当前我国金融业面临八大主要风险。房地产风险、地方债务和国企债务高这三个方面的金融风险，可以视为金融"客户"带来的风险，影子银行资金运用也大量投向地方债务、房地产等领域，当然即使是这些"外生"的风险也有深刻的内部根源。

地方政府债务风险与金融风险交织。地方政府通过"平台"融资、通过债券市场发债、通过"政府引导基金"等方式成为金融系统重要"客户"。有些地方政府"基金"通过政府承担"劣后"风险方式引入银行资管资金用于基建和投资。最近财政部已经加强规范通过"政府采购"为银行资金"托底"的行为，地方政府融资和再融资模式再次面临调整，与此相关的金融资产质量也面临不确定性。这次会议上习近平总书记指出各级地方党委和政府要树立正确政绩观，严控地方政府债务增量，终身问责，倒查责任。对地方政府违法违规举债，首次明确要"终身问责"，彰显出中央严控地方政府债务风险的坚定决心。地方政府举债模式改变一方面将迫使金融机构寻求新的资产扩张渠道，另一方面将有利于厘清金融和财政的关系，有利于发展规范透明的金融市场。

房地产价格波动将影响金融资产质量。金融资产有相当比例投入房地产及相关领域。房地产开发贷款、个人住房按揭贷款和其他以房地产为抵（质）押物的贷款是三类和房地产直接相关的金融资产。房地产业的健康平稳发展也是有利于降低金融风险的。过去一段时间，我国住房市场的主要矛盾集中在总量上，随着住房市场供求总量趋于平衡，结构性问题逐步凸显。面对冷热失调结构失衡的复杂局面，还要防止过多的资金进入房地产市场，对房地产价格产生推波助澜的不好作用。金融业要避免同质化竞争、避免金融地产化和地产金融化的不好倾向。

国有企业去杠杆有利于优化金融资源配置。国有企业积累了较高的杠杆率，有的还直接或间接从事金融业务，这一方面加剧了"脱实向虚"，另一方面挤占有限的金融资源，使得"三农"、小微等薄弱环节和重点领域"融资难、融资贵"情形加剧。这次会议明确提出要推动经济去杠杆，把国有企业降杠杆作为重中之重，抓好处置"僵尸企业"工作，抓住了"牛鼻子"。经济学家莫顿·米勒称，日本"失去的十年"，就是救助"僵尸企业"的结果。目前"僵尸企业"成了搞活我国实体经济、产业升级和优化经济结构的障碍。会议提出的抓紧处置"僵尸企业"将使得市场经济优胜劣汰机制发挥正常作用，尽快出清市场，有利于优化金融资源配置。

资管业务迅速膨胀危及金融稳定。近年来，金融机构资产管理业务发展迅速，规模已经不小。我国资产管理业务始于1998年的公募基金，发展于2009年的银信合作，盛于2012年以后的银行理财。2012年以来，在经济稳增长宏观目标、银行表内资产扩张能力受到资本约束、利率市场化和"放松管制"的制度背景下银行业大举发展资管业务，使我国规模庞大的存款逐步流向理财市场，催生了资管业务的爆发式增长。从资产负债表角度看，资管和理财是一个问题的两面，前者强调资产端资金运用，涉及股权、债券、贷款、非标等各类金融产品的投资，后者侧重负债端资金来源，受到利率市场化和同业竞争加剧推动，是利率市场化背景下对储户存款的分流。资管业务风险主要在资产端，"刚性兑付"是最重要的风险来源，尤以银行业资管为最，不仅使得风险难以有效隔离，而且还会造成金融资源配置的扭曲。随着我国居民财富的迅速增长，居民对资产管理的需求不断增加。资产管理业务满足了居民的投资需求，其发展有积极意义，但一定程度上也存在规避监管、助推杠杆率、利益输送等问题，干扰了宏观调控，潜藏金融风险。对于资产管理业务目前存在的问题，人民银行和金融监管部门已经给予高度关注，并陆续出台监管办法。比如人民银行已经明确从2016年开始将商业银行表外业务纳入 MPA（宏观审慎评估），银监会、证监会、保监会也加强各自监管机构的资管业务监管。但是，由于资管业务链条长、名堂多，规避监管创新大行其道，穿透监管难以实现，实质重于形式难以落实，表面合规面纱之下暗流涌动，风险有增无减。在当前中央明确要求加大防范金融风险力度的情况下，应该抓住资产管理，特别是银行资产管理这个主要矛盾，加强资本穿透监管和宏观审慎管理。银监会在传达会议精神的新闻稿中提出着力防范影子银行业务风险，可以理解为在贯彻落实金融工作会议这方面的要求。

## 二、加强金融监管，防范化解系统性金融风险

针对面临的金融风险形势，这次会议高瞻远瞩地提出设立国务院金融稳定发展委员会，强化人民银行宏观审慎管理和系统性风险防范职责。加强金融监管协调，推进功能监管和行为监管。强化金融监管的专业性、统一性、穿透性，所有金融业务都要纳入监管，加强金融监管问责。这些内容立足国情，吸取了国际金融危机以来世界各国监管改革的经验和教训，提出了适应未来金融稳定发展的监管理念和模式，是应对金融危机的重大措施。

金融监管要有专业性。金融监管是一个专业性和技术性的领域，需要长期学习和经验积累。在我国这样的新兴加转轨经济体，情况则更为复杂。在金融机构综合化、金融交易电子化、金融产品复杂化的背景下，必须具备很强的专业水平，才能较好地平衡金融创新和加强监管。

金融监管还要有统一性、穿透性。随着各种新型金融业态在体制内外、线上线下迅速发展，现行分业金融监管体制下存在的监管空白、监管交叉、监管套利及目标冲突等问题日趋凸显。以 2015 年资本市场波动为例，由于信息共享不充分、协调机制不健全，不仅贻误了对股市风险的判断，而且造成救助行为的慌乱无序，暴露出现行监管模式缺乏达成一致行动的组织、决策和执行机制，无法及时有效地应对可能出现的系统性金融风险。分业金融监管以机构监管为主，而且只监管有牌照的

机构，结果导致大量的无牌照但实际从事该类业务的机构监管"无人认领"。这就相当于交通警察不管无照驾驶行为。比如 P2P（网络借贷）其实质是民间借贷网络化，但是迟迟缺乏主动监管，直到央行牵头出台互联网金融有关意见并报国务院批准后才明确监管部门。此时 P2P 已经险象环生了。

要强化人民银行宏观审慎管理和系统性风险防范职责。在服务实体经济和防范系统性金融危机方面货币政策和金融监管政策都不可或缺。传统上单个金融机构、产品的风险可以明显界定为微观风险，主要依靠微观审慎监管和行为监管。但是随着金融创新和影子银行的爆发式发展，许多产品及机构跨越银、证、保和实业，需要引入功能监管。由于单个机构和产品的风险可能经过发酵和反馈演变成为系统性的宏观风险，因此需要加强宏观审慎管理，压实监管责任。从防范系统性金融风险角度看，中央银行作为最后贷款人，负有提供市场最后流动性、防范系统性金融风险的责任。宏观审慎管理连接宏观金融调控和微观经营行为，协调货币政策和金融监管政策，是实现"宏观政策要稳、微观政策要活"的重要工具，在货币政策从数量型向价格型调控转换过程中也是货币政策有效传导的重要保障。如果不能及时获得监管数据和信息，可能制约中央银行对整体风险的识别和判断。从信息掌握和传递来看，问题主要在于央行向金融机构"最后一公里"。设立国务院金融稳定发展委员会并将办公室设在央行将较好地解决这个瓶颈问题。

要加强金融监管和政策协调。关于货币政策和金融监管组合选择，从美国的经验来看，2008 年国际金融危机前是"宽松的货币政策＋放松金融监管"，应对危机时是"超级宽松的货币政策＋强化金融监管"，而目前则逐步进入"货币政策正常化（紧）＋放松金融监管"。美国的强监管是危机倒逼的。正如前面所说当前我国金融稳定面临较大挑战，宜选择"稳货币＋强监管"。这个组合可能在控制金融风险的同时，为实体经济提供更大支持。强监管不但有利于国内去杠杆，还有利于缓解跨境资本流动压力。微观金融监管重在合规，重在执行资本标准（强监管)。对合规来说,犹如执行"八项规定",要发现一起处理一起。资本标准要"实质重于形式",要穿透,要压力测试,未雨绸缪,防患于未然。继续执行稳健中性的货币政策,保持流动性基本稳定,从服务实体经济来看,货币政策从金融体系传到实体经济,需要经过货币政策到金融监管政策,再到金融机构内部风险管理政策多道关卡,也是需要金融监管配合的。

要避免把微观金融监管职责推卸给货币政策。从宏观和微观角度看风险,本次会议提出要防范系统性金融风险,就是指宏观风险。会议指出要加强金融机构风险管理的责任,压实监管责任,就是要避免把任何微观金融风险都夸大成为宏观金融风险。在打破刚性兑付的情况下金融监管并非消除微观风险,并不能保证所有微观机构或产品都是安全的,而是要求"买者自负"。特别是由于机构和产品的风险最终都将体现为流动性不足的风险,要避免因个别机构和产品缺乏流动性倒逼央行流动性供给。保持流动性的基本稳定是针对银行体系而言,并非针对微观主体。金融监管部门要督促金融机构加强流动性风险管理,定期进行压力测试,提前做好风险应对预案,坚持稳健经营,避免"规模偏好"和"速度情结"。

## 三、继续推进金融改革开放,提高为实体经济服务的效率和水平

全国金融工作会议指出金融是实体经济的血脉,为实体经济服务是金融的天职,是金融的宗旨,也是防范金融风险的根本举措。在具体措施上提出要把发展直接融资放在重要位置,要改善间接融资结构,要促进金融机构降低经营成本。这些措施都是切中要害的。

直接融资方面要补齐短板继续大力发展股权融资。要通过发展股权融资补充实体经济资本金,解决企业融资难融资贵问题。从资产负债表角度看,银行贷款只能提供负债,不能作为资本金使用。近几年政府已经采取了一系列有效措施补充实体经济资本金。尽管经历许多波折,依

然要坚持大力发展资本市场，拓展实体经济融资渠道，降低企业杠杆率。

间接融资方面要优化结构推动大型银行战略转型，降低经营成本。大型银行都是国有银行改制而来的，不可避免带有国有企业的一些缺点。由于多级管理链条长，道德风险和内控成本很高，其分支机构经常处于"一放就乱，一乱就收"的循环中。在管理上"架床叠屋"的结果就是机构大、效率低、成本高。在网络银行越来越便利的情况下，原来的物理网点优势渐渐消失，甚至成为负担。大型银行要充分利用金融科技改善经营管理，降低运营成本，提高集约化程度。

# 降社会融资成本重在结构性改革[①]

社会融资成本高一直是我国政府和企业高度关注的经济难点。本文从企业总体财务费和资金成本率两方面剖析了融资成本高的成因,并且深入分析了利率市场化、民间借贷、互联网金融发展对于社会融资成本的影响,同时进一步阐述了"僵尸企业"挤占融资资源、我国流通贸易体系不畅、企业综合税负高等影响因素。本文提出降低社会融资成本重在结构性改革,同时要培育小微金融机构、推进民营银行发展、构建多层次金融市场、加强民间借贷相关立法等政策建议。

今年以来社会融资成本高骤然成为重大关切问题。随着国务院文件的发布,"一行三会"联袂召开记者招待会介绍各自的举措,陆续发布文件指导工作。从微观看,融资成本是企业成本的重要构成部分,对企业盈利和持续经营起到关键作用,因此企业经营遇到困难时必然给予关注。从宏观看,社会融资成本作为经济体一项重要指标可衡量金融与实体经济之间的利益分配关系,平衡点的移动事关全局,在经济爬坡过坎上行乏力时受到更大关注。

## 一、何为融资成本高?

企业觉得融资成本高,一种可能是总体财务费用上升,另一种可能是资金成本率上升。前者是总量,后者是比率。这两者的成因和解决之

---

[①] 原文发表于 2014 年 9 月 19 日《第一财经日报》。

道不同。从工商银行持续监测的3.4万户贷款样本企业来看，其财务费用由2009年的862亿元上升至2013年的3273亿元，年均增长40%，比主营业务收入年均增幅高20个百分点。其中1.9万户的小微企业其财务费用比主营业务收入年均增幅高出31个百分点。2009年以来，企业特别是小微企业总体财务费用上升过快。

总体财务费用上升主要是由于贷款总额过大，负债率过高。初步测算，2013年我国债务率为216%，其中企业债务率约为160%，居全球高位，而且有较快上升的趋势。解决之道在于提高投资收益，降低负债率。降低负债率一靠补充资本，二靠减少贷款。按照现行规定，项目建设的资本金最低20%，最高也只有35%，剩余资金依靠银行贷款解决。这使得负债率和企业财务费用居高不下。企业经营效益下降又使得自我积累和补充资本金能力下降。证券市场低迷、上市融资成本较高、辅导审批流程过长等原因使得企业通过资本市场补充资本金比较困难。从2009年至2013年，社会融资总规模中，非金融企业境内股权融资占比下降至1.3%，其余都是债务融资。股权融资不足是企业财务费用高的一个重要原因，提高股权融资比例则是解决社会融资成本高的重要途径。当然目前通过IPO融资不但条件比较严，而且成本也不低。粗略估算2011年以来IPO费用与实际融资额之比在5.5%~11.6%，个别的融资成本高达13.9%。高昂的费用、复杂的流程、审批的不确定性，使得许多企业被阻挡在资本市场外。

衡量社会融资成本更加合理的指标可能是资金成本率。从融资成本构成来看，包括利息成本和非利息成本。2004年以来中国人民银行公布的人民币贷款加权平均利率基本在6%~7%，虽然中间有些波动，但是幅度并不大。因此，分析和解决社会融资成本高不仅要看利息成本更要分析非利息成本。非利息成本主要包括担保费、抵押物评估费、抵押物登记费、财务顾问费、咨询费、资产评估费、审计费、公证费、工商查询费、保险费、通道费以及招待费等。此外，还可能存在其他隐含的费用成本，如银行要求融资企业存款、购买银行理财产品、工资开户等。有的调查显示，这些第三方收费达到利息30%的比例。其中担保费可能影响较大，实际上，对一些中小企业或者风险较大项目，如果通过资产管理公司或其他公司担保，这部分增信费用可能高达7%~8%，合计成本高达15%~16%，再加上其他第三方费用，总体成本接近20%。2012年，重庆市中小企业局副局长王任林曾指出银行发放贷款要在基准利率基础上上浮30%，大约是8.7%的水平，加上3%的财务费用，1%~2%的评估费，3%的担保费用，算下来企业实际的融资成本高达15%左右。目前由于风险暴露担保费上升，综合融资成本可能达到20%左右。由于小微企业高融资成本中利率所占比重仅为三分之一左右，通过降息来降低其融资成本收效甚微，还可能进一步拉大小微企业和大型企业的融资成本差距。

从利率水平的国际比较来看，美日欧等经济体在全球金融危机后实行了超低利率或零利率，因此保持较低利率水平。而且考虑到发达国家信用体系更加健全、法制和执法水平较高、通胀率较低等因素，新兴市场国家利率水平高于发达国家是常态。在金砖国家中，我国的名义利率水平最低。考虑CPI，我国的存款利率水平接近零利率，处于较低水平；一年期贷款利率低于巴西，接近俄罗斯水平，略高于印度，主要是2013年印度受新兴市场国家危机影响CPI高企。由于巴西、印度、俄罗斯都是实行利率市场化的国家，由此也可以看出利率管制和货币政策还是可能压低了贷款利率水平（贷款利率管制2013年7月20日放开；这是指一年期贷款利率水平，能够享受到的只是正规金融体系内的客户，不含民间利率）。金融机构贷款利率可以浮动。2009年以来金融机构执行利率上浮贷款占比明显增加，从30%上升到2013年的70%左右。而执行基准利率和基准利率下浮的贷款比重有所下降。2014年以来金融机构人民币贷款执行上浮利率的贷款占比为69.11%，比3月下降1.14个百分点。近年来，一些企业和地方反映资金紧张、融资成本上升较多，可能与相对基准利率上浮的贷款比重增加存在一定关联。

## 二、谁的融资成本高？

从社会融资供给双方看，在资金需求方，接受高融资成本的主要是房地产、政府融资平台和小微企业。资金供给方提供高融资成本资金的主体主要是信托、民间借贷。从银行提供的资金看，银行表外提供的资金融资成本要比表内高，特别是银行理财经过信托通道等银信合作项目成本远高于表内融资。从监管角度来看，2010年以来为了配合房地产调控，监管部门收紧了银行对房地产融资，但是房地产业融资和再融资需求依然旺盛，特别是为了防止资金链断裂，地产项目烂尾，再融资需求对地产企业来说是刚性需求，利率弹性低，只要能融到资金，不计资金成本。银行在表内受到严格控制的情况下，通过表外提供了大量的资金。这些资金构成影子银行重要来源之一。2013年银行贷款在社会融资总额中占比仅为55%，比2002年下降41个百分点，银行体系表外融资在社会融资总额中占比为30%。由于链条较长，经过信托公司等"通道"，最终到达企业时综合成本较高。房地产和政府融资平台是国家政策调控对象，其融资成本高可能加大其风险，但是也可能迫使它们停止继续扩大规模。当然也有一部分小微企业通过信托通道获得银行融资，由于小微企业是实体经济发展和就业民生的重要基础，它们融资成本高将影响就业和民生，需要认真对待和解决。房地产和政府融资平台不计成本融资减少了小微企业资金供给，间接推高了小微企业融资成本，而且由于"黑洞"效应使得增加资金供给的政策难以达到"浇灌小微企业、'三农'等实体经济之树"的目的。

从融资成本看，民间金融融资成本高于正规金融体系的融资成本。民间金融借贷利率大部分在20%以上，有的甚至高达30%以上。例如，"温州民间融资综合利率指数"和"全国地区性民间融资综合利率指数"自2013年9月推出以来，监测的民间借贷利率处于19%~20%区间内。西南财大家庭金融调查的民间借贷利率则高达36%。2004年以来中国人民银行公布的人民币贷款加权平均利率基本在6%~7%。民间融资成本是银行融资成本的 3 倍左右。2013 年以来，P2P 网络借贷发展迅速，成为民间借贷新的交易形式。平安陆金所介绍其提供给投资人的收益率为 8.61%，而借款人需要付出的成本是 15.81%～29.61%，附加的主要是担保费 7.2%～21%。"深圳·中国 P2P 网贷利率指数"利率也处于 18%～28%。看来，红火的互联网金融也未能降低民间借贷成本，倒是庞大的民间借贷需求催生了互联网 P2P 借贷，高企的民间借贷利率吸引了各路投资者。

民间借贷融资成本高有各种解释。比较典型的是高风险导致的高溢价。融资成本主要包括资金成本、营运成本、风险溢价等部分。信息不对称、不透明、项目风险大、缺乏规范合约、缺乏抵押物等特点导致民间借贷融资风险较大，出资人要求较高的利率水平。当前正处于"三期叠加"，经济上行乏力，过去积累的风险陆续爆发的阶段中，一些企业和担保公司资金链断裂，企业主跑路躲账的事件频发，资金的风险溢价上升是必然的。商业银行不良资产和不良资产率从双降转为双升，2014 年末企业贷款不良率较 2013 年初上升 0.11 个百分点，此外商业银行展期贷款占比持续上升。这些数据意味着贷款利率中的风险溢价将上升。但是对企业来说，此时融资成本上升确实有雪上加霜的感觉。由于风险定价具有顺周期性，在经济上行阶段，不良率低，前景看好，风险溢价低，贷款利率可能走低；反之，在经济减速期，不良率高，前景不明，风险溢价高，贷款利率可能走高。目前企业融资成本呈现上升趋势，引起了普遍关注。有人担心此时实施利率市场化改革是否加剧企业负担，但是有人开出的药方是尽快推进利率市场化改革。

民间借贷融资成本高还有另外一种从金融抑制和信贷配给角度出发的解释。对于民间借贷存在的原因，国外很多文献指出，民间借贷存在的根源是"金融抑制"。Edward S. Shaw（1973）针对发展中国家实际提出了著名的"金融抑制"理论，指出金融抑制"割裂"了储蓄与投资之间的关系，导致了资源配置的扭曲，资金在特权阶层得到低效率的使用，大量非公有制主体得不到足够的资金。Anders Isaksson（2002）

认为民间借贷是对政策扭曲和金融抑制的理性回应，金融抑制下的政府信贷配给以及体制内金融机构的所有制偏见和制度歧视，导致了民营企业对民间借贷的强烈的制度需求。这种理论解释了民间借贷存在的部分原因，也部分解释了由于管制存在，民间借贷市场类似"黑市"或"灰市"价格较高，而且远高于正规市场。针对金融抑制，放松小微金融机构准入手续，培育数量众多、扎根小微企业和"三农"服务的小微金融机构对打通资金循环"最后一公里"十分关键。

有种看法认为利率市场化的逐步推进也是社会融资成本升高的一个原因。主要理由是银行发行理财产品、余额宝等互联网金融争夺存款推高了银行资金成本，推高了银行间借贷利率，由于成本上升，银行出于转嫁成本的目的提高了贷款利率水平，或者通过其他收费增加收入。银行资金成本由于竞争加剧而上升确实是一个显著的趋势，但是在前面我们已经看到在贷款利率方面变动不大，不是社会融资成本高的主要成因。银行能够通过贷款定价或收费保持利差基本不变、盈利水平逐步提高只能说明银行转嫁成本能力较强，信贷配给情况较为严重。如果是这样，即使资金成本没有上升，银行依然可以通过贷款定价提高效益。为缓解信贷配给，未来应迅速推进民营银行的设立和发展。

从贷款利率来看，由于贷款利率已经放开，虽然从2013年7月至今时间不长，但名义上已经是市场供求决定贷款利率水平了。目前大企业可享受6%~7%的利率，而中小企业融资成本则在10%以上。理论上这些贷款利率水平就是均衡利率水平了。需要探讨的是，如果存款利率进一步放开，银行是否能够把成本通过贷款再定价转移给企业或其他客户。对大企业来说，由于可以通过发债和股市融资，议价能力强，银行转嫁存款成本上升的难度较大。中小企业由于实际融资成本已经处于很高的水平了，不大可能继续大幅上升，将出现原来的隐性成本显性化，商业银行则被迫加强内控避免收入流失，通过避免"跑冒滴漏"增加收入以弥补成本。因此总体判断，在大企业方面银行可能难以把上升的成本全部转嫁，但是可以从中小企业方面获得一定补偿。由于中小企业融资成本已经很高了,再显著增加其成本显然不合理。因此,在推进利率市场化的同时必须建立多层次的金融市场,多渠道增加中小企业融资供给。理想的状态是迫使商业银行改变粗放经营模式、加强成本控制、调整经营结构,为降低社会融资成本作出贡献。

利率市场化后如果中小企业实际融资成本不会显著上升,那么利率市场化对经济增长的影响也许没有想象的大。实际上政府可以通过立法,保护中小企业免于高利贷之苦。这方面可以借鉴日本经验。在日本,《利息限制法》规定本金不超过10万日元时,年利率应在20%以下(含),本金在10万~100万日元,年利率应在18%以下(含),本金为100万日元,年利率应在15%以下(含)。如果超过上述利率,超过部分的利息自动无效。利率市场化后逐步放开对利率的直接管制,但是存贷款利率将受到货币政策调控。中央银行通过宣布和调节政策利率和利率走廊,并运用公开市场操作等使市场利率围绕政策利率波动,来稳定预期,向其他品种和期限的利率传导,进而影响社会投资、消费行为,达到稳定经济和物价的目的。实施利率市场化改革的过程可以配套适当的货币政策调控以及其他配套政策或改革措施。比如,如果担心利率风险定价的顺周期性,那么可以采用调低政策利率加利率市场化的改革组合;如果希望对冲利率市场化后利率走势的预期也可以事先采用货币政策预期管理加以对冲。

### 三、融资成本高之惑

目前,企业融资成本高诡异之处在于它是在总体资金宽裕、市场化配置资金程度提高的情况下发生的。2013年,银行贷款余额与我国GDP比值为135%,从总量上看社会融资规模总体是充足的。2014年6月末,广义货币M2同比增速上升至14.7%,比上月和上年末分别高1.3个百分点和1.1个百分点,货币环境总体较为宽松。1~6月人民币贷款新增5.74万亿元,同比多增6590亿元。人民银行根据形势变化两度调整完善宏观审慎管理指标,加大对棚改等民生领域的信贷支持。从宏观稳定的角度看，已经尽可能提供了宽松的货币信贷环境。

在货币信贷总量宽松的情况下，社会融资成本居高不下，一个重要原因是前期项目再融资挤占了当期融资资源。2008年以来金融机构中长期贷款占比逐年上升，从50%上升至2011年的61%，2011年以来虽然有所下降但是依然保持在55%以上。中长期贷款期限均在1年以上，有的在10年以上。再考虑一些短期贷款由于各种原因被迫展期，银行贷款被前期项目占压情况相当严重。其中比较典型的就是房地产项目和政府融资平台，由于这些项目期限很长，需要不断追加投入，不但不能收回本金，即使是偿还利息负担也十分沉重。再看其他融资渠道情况，2013年银行理财到期4.7万亿元，信托到期5.16万亿元，企业债券到期2.03万亿元，到期偿还占发行比重分别为103.65%、82.84%和55.16%，借新还旧压力很大。相当一部分融入资金被用于接续偿付无法产生现金流的低效存量融资，也不能对实体经济产生拉动作用。2011—2013年单位社会融资增量推动的GDP增量连续三年下滑，产出GDP分别为0.56元、0.29元、0.28元，与2007年的0.83元相差甚远。前期的高投入不能带来现金流，就像河流的水一样，如果渗漏积淀过多，即使保持同样的下雨量，也将越流越少，露出干涸的河床。治理之道，优先解决渗漏积淀问题，需要系统的"水利工程"，而非大水漫灌能够奏效。

"僵尸企业"是彼得·科伊提出的一个经济学概念，指那些无望恢复生气，但由于获得放贷者或政府的支持而免于倒闭的负债企业。"僵尸企业"的特点是"吸血"的长期性、依赖性。保护"僵尸企业"就会阻碍熊彼特所谓的"创造性破坏"，从而影响到长期增长。创造性破坏是指资源从衰落的企业和部门再分配到增长的企业和部门。这个过程是痛苦的，但也是必要的。在美国的制造业和零售业，生产力的提高在很大程度上要归功于这种再分配。破产法是对付"僵尸企业"的有力武器。破产法庭清算最弱的企业，同时让具有潜在生存能力的企业清偿一部分债务，以便重新开始盈利。在增长缓慢的20世纪90年代，日本借款者借新债还旧债，这种手法使银行免于承认亏损。据有关数据推算，日本政府自1993年至2002年的公共投资近90%投入自20世纪90年代初期毫无发展空间的领域。诺奖得主经济学家莫顿·米勒称，日本"失去的十年"，就是救助"僵尸企业"的结果。他认为，"允许破产就是鼓励发展"，日本当初就不应该救那些企业。虽然我国目前还没有"僵尸企业"的确切数据，但可以肯定，这类企业占比不会太低。由于"僵尸企业"承载着大量就业人员，政府出于确保就业和社会稳定的考虑，一直不敢让"僵尸企业"按破产程序实施破产。然而，目前"僵尸企业"成了我国实体经济发展、产业升级和优化经济结构的障碍。实体经济融资难、融资贵局面始终难以改变的原因，除了大量资金流入房地产、政府融资平台外，还有一个重要原因就是一些过剩产能、低效率企业还占用着大量的金融资源。未来让该破产的企业破产，该违约的债务违约，减少干预使得市场经济优胜劣汰机制发挥正常作用。

当前社会关注融资成本高和实体经济增长乏力、企业经营效益持续下降有关。特别是在企业经营困难情况下，金融业特别是银行业继续保持较高的利润增长率，银行业利润总额在上市公司中占比达到一半以上，金融从业人员相对较高的薪酬福利水平，这些差距使得有人质疑金融业的好业绩是否和企业负担有关。虽然金融业确实需要继续做好服务实体经济文章，压缩成本、提高效率，不过指责金融业好业绩榨干实体经济显然也是没有依据的。金融业和实体经济比例失衡是由于上文提到的实体经济中存在大批的"僵尸企业"，存在房地产和政府融资平台等吸收流动性"黑洞"，打压金融业并不能给实体经济带来活力。银行业利差并未扩大，贷款利率也没有显著提高，这几年的好业绩和前期银行业改革红利逐步释放有关，当前实体经济不景气已经并将继续在银行不良资产上体现出来。实体经济和金融业是唇齿相依、一荣俱荣、一损俱损。构筑金融业和实体经济良性互动，使得金融业成为经济波动的滤波器而非放大器的机制依然是宏观调控体系建设的重大课题。

企业经营不但面临社会融资成本高问题，实际上还面临非制造成本高的困难。非制造成本高主要包括流通成本高、房地产价格高等。在中国工厂生产的产品，在美国纽约售价比中国国内还低。全球趋于产能过剩的汽车，有的车型中国的售价高达国外价格的 2.5~3 倍。这些产品制造成本是一样的，但是在国内价格远高于国际价格，考虑到我国人均收入水平只及发达国家的十分之一左右，这两个极端例子充分说明了流通贸易系统的低效率和不合理。正如马云所言，过去十年电商的超常规发展正是由于传统商业做得太差了！贸易流通系统的落后给企业经营带来高成本和不确定性，大大提高企业经营失败风险。从汽车业的例子可以看出，打破垄断利益十分困难，需要国家顶层推动。上海自由贸易试验区如果能促进国内外价格合理均衡，并将其作为改革成功与否的一个定量考核目标，那么试验区改革目标将更加具体明确，对提高中国经济运行效率，改善企业运行和消费者福利都有重大意义。

企业经营还面临综合税负高的困难。2013 年 7 月下旬，财政部经济建设司发布的一份报告显示，当前我国企业税费负担较重，综合考虑税收、政府性基金、各项收费和社保金等项目后的税负达 40% 左右①，超过经济合作与发展组织（OECD）国家的平均水平。相关数据显示，过去 30 年，OECD 国家的平均宏观税负水平为 24%~27%，日本、韩国和美国的宏观税负相对较低，过去 20 年约占 20%。一项统计还显示，2012 年，所有上市公司当期税费净支出 21256.27 亿元，高于净利润总额 8.76%。其中，税费净支出 10 倍以上于净利润的上市公司超过 50 家。辽通化工则是 2012 年最大的"高负税"，其全年归属股东净利润为 0.1963 亿元，各项税费支出 21.28 亿元，税费净支出为净利润的 108.4 倍。国家会计学院财税政策与应用研究所所长李旭红表示，税负负担、

---

① 世界银行曾对不同国家收入水平的类型提出过一个划分标准：人均 GDP 低于 785 美元的国家为低收入国家，宏观税负的平均值一般为 13.07%；人均 GDP 786~3125 美元的国家为中下等收入国家，宏观税负平均值一般为 18.59%；人均 GDP 3126~9655 美元的国家为中上等收入国家，宏观税负平均值一般为 21.59%；人均 GDP 大于 9656 美元的国家为高收入国家，宏观税负平均值一般为 28.90%。

融资难已经成为国内小微企业发展的两大核心挑战。美国《福布斯》杂志推出的榜单显示，2011年中国内地的"税负痛苦指数"居全球第二，这也是继2009年中国内地首次排名第二位后，再次位列该名次。有研究显示，1994—2009年，中国宏观税负水平从16%提高至30%，该数据尽管未能得到官方的证实，但税收收入连年超过GDP增长，使得政府收入占GDP的比重大幅增加。

我国税制与国外税制还有一个重要区别，就是政府的财政收入除税收之外，还有一个几乎可以与之并驾齐驱的收入主体，包括预算内收费、预算外收入、制度外收入等。只有把这些统统加起来与GDP相比较，才是真正的"宏观税负"。小微企业不但税负高，还需要付出所谓"遵从成本"，即纳税人为遵从既定税法和税务机关要求，在办理纳税事宜时发生的除税款和税收的经济成本以外的费用支出，例如，人工、沟通等成本。国家会计学院对国内小微企业遵从成本进行了调研和测算，其中，37.91%的小微企业遵从成本在5万元以下；36.38%的企业在5万~10万元；13.07%的企业在10万~20万元；12.64%的企业在20万元以上。以上仅为税收的货币成本，由于小微企业规模小，对税收法规和纳税事宜相对不熟悉，还要承担一定的遵从成本，小微企业普遍反映税务部门在征管模式上存在问题，主要为纳税程序复杂，主观随意性强。

## 四、结语

综上，融资成本高不是企业面临的全部问题，是企业经营困难的来源之一。对企业来说，不仅要呼吁改善外部环境，更要发力苦练内功。在解决企业面临困难政策使用上，财政税收政策和货币信贷政策相互配合，要做到到位不错位、补位不缺位，避免货币信贷政策在经济景气和疲软时都承担主要作用，得不到喘息调整化解的机会。在经济不景气时期要更多发挥积极财政政策的作用，把过去欠账补上，为将来培育活力。

社会融资成本高主要是经济结构性失衡造成的。当前主要的结构性失衡包括实体经济和金融比例失衡、直接融资和间接融资比例失衡、股权融资和债权融资比例失衡、银行业表内和表外业务失衡、大中型金融机构和小微金融机构发育程度失衡等。融资成本高，特别是在正常利率之外需要附加高额担保费、通道费等，也是社会诚信体系建设滞后造成的。

正如血压高、血脂高是人体健康状况的综合症状一样，社会融资成本高也是社会经济体健康情况的综合体现。需要治标和治本兼顾，治标为治本赢得时间，治本才能最终解决问题。目前国家有关部门采取的措施将为缓解社会融资成本高赢得时间，但是继续推进结构性改革和诚信体系建设，打通影响资金循环政策传导中的"梗阻"才是治本之策。

**参考文献**

［1］温信祥. 日本农村金融及其启示［M］. 北京：经济科学出版社，2014.

［2］乔加伟. 首份小企业税负报告出炉［N］. 21世纪经济报道，2014－04－07.

［3］Shaw, E. S. Financial deepening in economic development［M］. Oxford：Oxford University Press, 1973.

［4］Isaksson. The importance of informal finance in Kenyan manufacturing［D］. UNIDO SIN Working Paper No. 5, 2002.

# 稳健的货币政策的认识[①]

要综合运用多种货币政策工具,合理调节银行体系流动性水平,引导货币信贷和社会融资规模平稳适度增长,为经济发展和结构性改革营造适宜的货币金融环境。

2016年是全面建设小康社会决胜阶段的开局之年,也是推进结构性改革的攻坚之年。李克强总理在十二届全国人大四次会议上所作的《政府工作报告》(以下简称《报告》)中提出,稳健的货币政策要灵活适度,要统筹运用财政、货币政策和产业、投资、价格等政策工具,采取结构性改革尤其是供给侧结构性改革举措,为经济发展营造良好环境。

## 一、准确把握促进经济发展和供给侧结构性改革对金融调控的要求,继续实施稳健的货币政策

近年来,全球经济进入深度调整与再平衡时期,其实质是危机前"大稳定"时期以及应对国际金融危机所采取的极度宽松货币政策掩盖下的各种矛盾产生、积累、深化和爆发的过程。目前看,全球经济再平衡仍将经历较长的过程,形势可能比想象的更为严峻,对此须有充分的准备。

一是经过几年的深度调整,主要经济体走势分化,多数国家经济总

---

[①] 本文来自《十二届全国人大四次会议〈政府工作报告〉辅导读本》(2016,人民出版社、言实出版社),部分内容发表于《中国金融》2016年第11期。

体低迷，新兴市场国家震荡加剧，美国等少数国家经济虽有走强趋势，但也面临 PPI 下行、金融资产价格膨胀、前期刺激政策平稳退出的问题。地缘政治可能更趋复杂，国际环境依然充满不确定性和不稳定性。近期，IMF 也将 2016 年全球经济增速预测由 3.8% 下调至 3.6%。

二是从贸易环境看，危机后全球经济增长总体疲弱并呈现内生化特征，贸易保护抬头，全球贸易增速较低。美国的"再工业化"战略开始初见成效，美国主导的 TPP 和 TTIP 将逐步影响全球贸易投资格局，东南亚、拉美等发展中经济体对我国传统出口产业的替代性不断增强，外部经济改善对我国拉动作用减弱，对我国"走出去"形成挑战。

三是从金融投资环境看，金融危机以来美欧日等发达经济体陆续实施了量化宽松政策，推动了股市和房地产指数高涨，量化宽松政策退出将导致金融市场波动。目前美联储加息已经导致全球金融资产开始重新配置，一些新兴市场经济体出现金融市场动荡，个别国家可能发生货币危机，金融市场稳定面临新挑战。

从国内形势看，我国经济发展的潜力和空间仍然巨大，人均收入水平尚低，新型城镇化、服务业及转型升级等均有较大空间，通过创新宏观调控方式，深化改革开放，推进简政放权，经济活力逐步增强，创业、创新浪潮不断兴起，一些新业态、新模式、新领域发展很快，就业形势总体稳定。但我国面临的挑战和形势仍很严峻。长期积累的矛盾和风险进一步显现，经济增速换挡、结构调整阵痛、新旧动能转换相互交织，经济下行压力加大。一是前期加杠杆、扩产能，积累的风险逐步显现。初步估算，2009 年至 2015 年的七年里，我国整体债务率（非金融部门债务总额与当年名义 GDP 的比值）大幅上升约 78 个百分点，2015 年末达到 230% 左右，其中企业债务尤其高。二是供求的结构性矛盾突出，产能过剩与有效供给不足并存，去产能、补短板任务重。一方面是中国游客在国外"爆买"，海外消费和代购数量可观；另一方面是国内产品滞销、库存积压。三是经济运行成本上升较快，企业盈利能力下降、资本不足，影响了经济竞争力。近年来，对房价高、租金高、流通成本高、人工成本上升快、税费高、隐性的交易费用高等问题各方面都十分关注。四是金融业经过几年的高速发展，不良资产和风险上升，继续向实体经济大规模输血的能力受到限制。截至 2015 年末，商业银行不良贷款余额 1.27 万亿元，不良贷款率为 1.67%。这些因素相互叠加，集中表现为经济的内生增长动力不足，下行压力较大，政策边际效果下降、潜在风险上升。

正是基于这样的判断，《报告》要求在适度扩大总需求的同时，着力加强供给侧结构性改革，抓好去产能、去库存、去杠杆、降成本、补短板五大任务。今年经济社会发展尤其是结构性改革的任务会十分繁重，做好金融调控和货币政策必须围绕和服务于这个中心工作。由于供给侧结构性改革在短期内可能产生紧缩效应，加大经济下行的压力，需要适度的总需求管理。基于上述考虑，《报告》提出 2016 年继续实施稳健的货币政策，这也是 2011 年以来继续保持货币政策的稳健基调的第六个年度。

## 二、把握稳健的货币政策要灵活适度的要求，为促进经济发展和供给侧结构性改革营造适宜的货币金融环境

《报告》提出宏观政策要稳、产业政策要准、微观政策要活、改革政策要实、社会政策要托底。落实好上述"稳、准、活、实、托底"的要求，《报告》强调稳健的货币政策要灵活适度。"稳"，就是要求货币政策要保持连续性、稳定性，按照区间调控的要求，保持总量适度，为结构性改革营造适宜的货币金融环境。"准"，就是要求货币政策在把握好总量的同时，适度发挥定向调控和结构调整功能，引导金融机构加大对重点领域和薄弱环节的支持力度，同时规范资金流向，避免"大水漫灌"加剧结构扭曲。"活"，就是要求货币政策在操作中保持灵活，密切跟踪分析经济基本面变化，统筹组合使用各类货币政策工具，通过相机调控加强预调微调。"实"，就是要求深化利率汇率等改革，提高市场机制配置金融资源效率，切实发挥金融支持实体经济发展的作用。"托

底"，就是要继续对民生领域提供政策支持，保住基本、兜住底线。按照《报告》的要求，货币政策要创新手段和政策储备，既要立足当前、有针对性地出招，顶住经济下行压力，又要着眼长远、留有后手、谋势蓄势。要注重宏观政策之间的配合协调，加强区间调控、定向调控、相机调控，统筹运用财政、货币政策和产业、投资、价格等政策工具，采取结构性改革尤其是供给侧结构性改革举措，为经济发展营造良好环境。

要综合运用多种货币政策工具，合理调节银行体系流动性水平，引导货币信贷和社会融资规模平稳适度增长，为经济发展和结构性改革营造适宜的货币金融环境。2015年稳健货币政策取得了较好效果，保持了流动性合理充裕，促进了实际利率基本稳定，从量价两方面保持了货币环境的稳健和中性适度。2016年要继续按照区间调控和相机调控要求统筹运用各类货币政策工具，继续保持流动性合理充裕。当前国内外经济金融形势较为复杂，国际资本流动对银行体系流动性的影响不可低估。同时，随着金融市场化改革不断推进，各种金融创新不断涌现，地方政府债务发行、资本市场波动等影响银行体系流动性供求的不确定因素较多，这些都对流动性管理提出了更大挑战。2015年4次普降金融机构存款准备金率，综合运用公开市场操作、中期借贷便利等多种货币政策工具，保持流动性合理充裕。2015年广义货币供应量M2余额同比增长13.3%，比上年末高1.1个百分点，比名义GDP高约6.4个百分点，全年新增贷款12万亿元左右。《报告》提出，2016年广义M2预期增长目标13%左右，社会融资规模余额增长13%左右。要统筹运用公开市场操作、利率、准备金率、再贷款等各类货币政策工具，保持流动性合理充裕。要根据内外部经济金融形势变化，灵活运用各种货币政策工具，完善中央银行抵押品管理框架，调节好流动性和市场利率水平，促进货币市场稳定，从量价两个方面保持货币环境的稳健和中性适度。继续引导商业银行加强流动性和资产负债管理，合理安排资产负债总量和期限结构，提高流动性风险管理水平。

今年新增了社会融资规模余额增速作为预期目标之一。社会融资规模统计了非金融企业和住户从金融体系获得的资金，可更全面地衡量金融对实体经济的资金支持力度。随着金融创新和金融深化，货币创造渠道更为多元和多变，M2与宏观调控最终目标之间相关性已经明显减弱。统计分析结果显示，社会融资规模的增量及存量与主要经济变量间均存在因果关系。考虑到社会融资增量的月度波动较大，而余额增长相对平稳，有利于稳定预期，将其余额增速作为参考指标。13%的社会融资增速将明显高于名义GDP增速，金融对实体经济支持力度加大。

继续深化利率市场化改革，降低融资成本，疏通货币政策传导机制。2015年人民银行5次下调存贷款基准利率共计1.25个百分点，并相应下调相关货币政策工具利率，引导社会融资成本下行。12月非金融企业及其他部门贷款加权平均利率为5.27%，比上年12月下降1.51个百分点。在取消对利率的行政管制后，我国的利率市场化改革开启了新的阶段，2016年工作重心将转向建立健全市场化利率形成和调控机制，提高央行调控市场利率的有效性。一方面，要进一步推动金融机构提高自主合理定价能力，根据市场供求关系决定各自的利率，不断健全市场化的利率形成机制；另一方面，也要加快完善中央银行利率调控机制，疏通利率传导渠道，提高引导和调控市场利率的有效性。继续培育市场基准利率和收益率曲线，不断健全市场化的利率形成机制。探索利率走廊机制，增强利率调控能力，理顺央行政策利率向金融市场乃至实体经济传导的机制。同时，针对金融机构可能出现的非理性定价行为也需进行必要的管理，要督促金融机构健全内控制度，增强自主合理定价能力和风险管理水平。发挥金融机构自律机制和中央银行"三道防线"作用。督促金融机构贯彻落实利率政策，促进降低社会融资成本。深化金融机构改革，通过增加供给和竞争改善金融服务。完善金融市场体系，推动市场创新，丰富债券市场产品和层次，更好地满足投资者需求。完善市场基础性制度建设和金融市场基础设施建设。

在开放宏观格局下，我国货币政策还面临着汇率"硬约束"、资产价格国际"强对比"等约束,要进一步推进人民币汇率形成机制改革。2016年美联储将继续推进货币政策正常化进程,欧日经济复苏存在较大不确定性,国际主要货币汇率和跨境资本流动波动可能进一步加大。同时,我国经济依然保持中高速增长,劳动生产率增长持续高于其他主要经济体,贸易顺差可能仍将保持在高位,经济基本面会继续对人民币汇率构成支撑,人民币汇率有条件对一篮子货币保持基本稳定。前期的汇率改革已经有效引导了市场预期,市场主体主动加强了汇率风险管理,下一步要继续完善人民币汇率市场化形成机制,加大市场决定汇率的力度,保持人民币汇率在合理、均衡水平上的基本稳定。加快发展外汇市场,坚持金融服务实体经济的原则,为基于实需原则的进出口企业提供汇率风险管理服务。支持人民币在跨境贸易和投资中的使用,稳步拓宽人民币流出和回流渠道。推进人民币对其他货币直接交易市场发展,更好地为跨境贸易人民币结算业务发展服务。密切关注国际形势变化对资本流动的影响,完善对跨境资本流动的宏观审慎管理。

按照定向调控要求盘活存量、优化增量,支持经济结构调整和转型升级。2015年货币政策努力支持经济结构调整。2015年5次实施定向降准,并通过抵押补充贷款(PSL)、再贷款、再贴现等工具,引导金融机构加大对国民经济重点领域和薄弱环节的信贷投放。2015年,中国人民银行向三家开发性、政策性金融机构提供抵押补充贷款共6981亿元,期末抵押补充贷款余额为10812亿元。2016年货币政策要继续对一些市场力量不愿参与但是从国家战略上急切需要的领域发挥边际和激励作用。继续优化流动性的投向和结构,落实好"定向降准"的相关措施,发挥好信贷政策支持再贷款、再贴现和抵押补充贷款政策的作用,引导金融机构优化信贷结构,加大金融支持国民经济重点领域和薄弱环节的力度。

### 三、继续完善宏观审慎政策框架,提高金融支持实体经济效率

《报告》提出要提高金融支持实体经济效率,这是金融工作的一

个主要任务，也是落实好稳健货币政策的重要体现。金融业发展也构成 GDP 中服务业增长，但是金融业更大的作用在于支持实体经济发展。"实业兴、金融兴"，只有实体经济健康发展，金融业才能得到更好的发展。另外，对实体经济来说，金融的支持是不可缺少的。但是实体经济健康发展还需要良好的激励约束机制、敬业的经营管理人才、畅销的产品和服务、先进的技术和工艺等许多条件，在资本结构方面企业还要保持一个合理的杠杆率，杠杆率过高将使得财务费用增加、利润下降。当前经济下行压力较大，各领域都寄希望于货币政策来推动经济增长。在此背景下，货币政策面临既要加大对实体经济支持力度，又要防止杠杆率过快上升的两难境地。因此，一方面，货币政策要保持连续性稳定性，重点要为促进经济发展和供给侧结构性改革营造适宜的货币金融环境。这就要求继续引导信贷和社会融资的合理增长，但要防止形成总量失控并加剧结构扭曲。另一方面，要集中精力进行供给侧结构性改革，通过提升效率、激发活力来推动经济增长，也为金融支持实体经济拓展空间。

从金融业的角度看，自身需要维持充足的资本充足率，才能保持融资可持续能力。金融机构的健康程度关系到货币政策的有效传导。经过 2008 年以来的持续信贷扩张，金融机构资本充足率下降，且经济下行周期中银行的资产质量和利润均趋于下降，虽银行前些年补充了资本，但是几年过后，今年的压力会比较大。银行整体不良率连续十多个季度上升，银行放贷更加谨慎小心。这些问题都可能影响金融支持实体经济的可持续性。今年对系统性和区域性金融风险仍需高度关注。部分产能严重过剩行业和严重依赖自然资源的地区信用风险事件时有发生，整体债务率水平仍在高位攀升，资金使用效率有待提高。

要继续大力发展股权融资。要通过发展股权融资补充实体经济资本金，解决企业融资难融资贵问题。从资产负债表角度看，银行贷款只能提供负债，不能作为资本金使用。2015 年政府已经采取了一系列有效措施补充实体经济资本金。2016年要大力发展资本市场，拓展实体经济融资渠道，降低企业杠杆率。切实发挥好金融市场在稳定经济增长、推动经济结构调整和转型升级、深化改革开放和防范金融风险方面的作用。

要按照提高金融支持实体经济效率和防范系统性金融风险要求，继续完善宏观审慎政策框架。按照中央有关部署并结合FSB、G20对国际金融危机教训的总结，人民银行从2011年正式实施差别准备金动态调整机制。从2016年起，将差别准备金动态调整机制"升级"为宏观审慎评估体系（MPA），从资本和杠杆情况、资产负债情况、流动性情况、定价行为、资产质量情况、外债风险情况、信贷政策执行情况七大方面对金融机构的行为进行多维度的引导。MPA并不是一个全新的工具，而是对原有差别准备金动态调整机制的进一步完善，是其"升级版"。MPA继承了对宏观审慎资本充足率的核心关注，保持了逆周期调控的宏观审慎政策理念，在此基础上适应经济金融形势变化，借鉴国际经验，将单一指标拓展为七个方面的十多项指标，将对狭义贷款的关注拓展为对广义信贷的关注，兼顾量和价、兼顾间接融资和直接融资，由事前引导转为事中监测和事后评估，建立了更为全面、更有弹性的宏观审慎政策框架，引导金融机构加强自我约束和自律管理，更好地服务实体经济。宏观审慎评估管理连接宏观金融调控和微观经营行为，是实现"宏观政策要稳、微观政策要活"的重要工具，在货币政策从数量型向价格型调控转换过程中，宏观审慎评估管理也是货币政策有效传导的重要保障。

要认真落实《报告》提出去产能、去杠杆、去库存、降成本、补短板的各项决策部署，更好地服务实体经济发展。紧紧围绕市场在金融资源配置中起决定性作用和更好发挥政府作用，鼓励和引导银行业金融机构加大对制造强国建设的支持力度，继续做好产业结构战略性调整、基础设施建设和船舶、铁路、流通、能源等重点领域改革发展的金融服务，加大对养老、健康等服务业发展的金融支持。督促银行业金融机构将金融支持化解产能过剩矛盾的各项政策落到实处，积极支持钢铁、煤炭等行业化解过剩产能和脱困升级，加快建立完善绿色金融政策体系。做好京津冀协同发展、长江经济带建设金融支持工作。进一步推动信贷资产证券化市场健康持续发展。改进和完善对新型农业经营主体的金融服务，慎重稳妥推进农村"两权"抵押贷款试点，引导银行业金融机构进一步加大对水利、农业基础设施、一二三产业融合、农业对外合作、现代种业、新型城镇化等重点领域的支持力度。建立健全金融扶贫工作机制，大力发展普惠金融，引导金融机构加大对贫困地区的信贷投放。完善涉农和小微企业信贷政策导向效果评估，探索扶贫信贷金融服务专项评估机制，引导金融机构加大对薄弱环节的信贷支持。进一步发挥金融职能作用，加大对创业创新、科技、文化、信息消费、战略性新兴产业等国民经济重点领域的支持力度。以妇女、残疾人、农民工、大学生村官等群体就业创业为工作重点，努力开创就业、助学等民生金融工作新局面。

# 非常规货币政策的国际实践及其启示[1]

对比国际上流行的非常规货币政策和我国长期执行的货币政策，可以看出都是因时而变，问题导向，不拘泥于教科书，不执着于理论，非常规货币政策的实施还深刻改变了传统理论。

2014年和2015年美联储分别宣布退出量化宽松并开始加息，标志着发达经济体央行正式启动退出非常规货币政策进程。2008年国际金融危机以来，美联储宣布推出量化宽松和接近零利率的非常规货币政策，欧洲和日本也紧随其后。非常规货币政策的大规模、长时间使用，成为本轮国际金融危机爆发以来主要经济体央行政策实践的鲜明特征之一。可以说，这是全球金融发展史上史无前例的重大实验（陈雨露，2017[2]）。非常规货币政策的出台，具有其特殊的历史背景，并对应对危机、恢复信心、促进复苏起到了重要作用，但也存在一些问题和弊端。如何认识非常规货币政策的出台背景及其效果，并预判其可能的退出路径及影响，对判断下一阶段国际经济金融走势具有重要意义。

## 一、非常规货币政策的含义及主要形式

非常规货币政策（Unconventional Monetary Policy）是相对常规货币

---

[1] 原文发表于《清华金融评论》2017年第7期，合作者：张双长。
[2] 陈雨露，《未来需关注非常规货币政策退出路径》，在"2017年中国金融学会学术年会暨中国金融论坛年会"的演讲，2017年。

政策而言的（张翠微，2011①）。20世纪80年代以来，发达经济体普遍经历了一段高增长低通胀且波动较低的"大缓和"时期，并在此过程中形成了货币政策理论的"共识"，即常规货币政策（刘元春、李舟，2016②）。在此框架下，中央银行通常以短期政策利率为操作目标，通过宣布政策利率释放信号，并开展流动性管理操作来促使货币市场利率围绕目标运行，从而影响短期利率进而对中长期利率乃至实体经济产生影响，达到稳定物价、促进增长等货币政策目标。

但常规货币政策面临诸多约束，其中最重要的是"零利率下限"，即传统经济学理论认为的名义利率不可能为负，否则人们将选择持有现金而不是存款或投资，从而使货币政策失效。同时，常规货币政策的有效性也受到市场利率传导机制的影响。当金融市场或实体经济受到严重冲击，中央银行即使采取零利率政策都不足以应对时，或者由于金融危机导致市场传导机制受损，中央银行仅靠调控短端利率难以有效传导至中长期利率乃至实体经济时，中央银行就不得不采取非常规的货币政策。因此，非常规货币政策的核心目标是要解决传统货币政策面临的零利率下限及市场传导机制受损等问题，以恢复金融市场中介功能，并在零利率下限约束下为经济活动提供更多支持（IMF，2013③）。

根据这一基本含义，非常规货币政策大体上可以分为利率政策、资产负债表政策和政策沟通等三种（曾繁荣，2016④）。利率政策方面，即将商业银行在央行的存款利率设定为负值。负利率政策虽然本质上仍属于传统的利率工具，但由于突破了"零利率下限"，通常被视作非常规货币政策的一种。资产负债表政策方面，是指通过增加流动性供给、放松抵押品要求和直接购买资产等调整央行资产负债表的方式，压低债

---

① 张翠微. 非常规货币政策研究进展 [J]. 发展研究，2011（8）.
② 刘元春，李舟. 后危机时代非常规货币政策理论的兴起、发展及应用 [J]. 教学与研究，2016（4）.
③ IMF. Unconventional Monetary Policy – Recent Experience and Prospects, 2013.
④ 曾繁荣. 美欧英日四大央行非常规货币政策述评 [J]. 金融发展评论，2016（12）.

券等市场的收益率水平，达到调节中长期利率的效果。其中，通过扩大央行资产负债表规模的量化宽松政策（Quantitative Easing）和调整资产负债表结构的扭曲操作（Operation Twist）、质化宽松（Qualitative Easing）等都属于这一类政策。具体而言，资产负债表工具又可进一步分为三类（卢孔标、邢增艺，2014[①]）：一是直接购买（Outright Purchases）工具，例如美联储购买抵押贷款支持债券（MBS）等。二是流动性注入（Liquidity Injections）工具，例如欧央行的长期再融资操作（LTROs）。三是抵押置换操作（Collateral Swaps），例如英格兰银行的证券借贷便利（LSF）。政策沟通方面，主要是前瞻性指引（Forward Guidance）。央行通过与公众沟通未来货币政策走势，向市场传递调控信号，引导预期，进而影响中长期利率。例如，美联储经常在会议公告中明确表明未来特定时期内或条件下将维持货币政策不变。

## 二、非常规货币政策出台的背景及实践情况

### （一）非常规货币政策的理论演进

各国央行之所以在应对危机时能够目标明确、措施得力地推出一系列非常规货币政策，得益于此前西方经济学界的深入研究和反复研讨。自1929年至1933年大萧条以来，围绕非常规货币政策，曾发生三轮理论上的讨论和争鸣（李新新，2010[②]）。

第一轮发生在凯恩斯主义和货币主义之间，主要是关于对大萧条和流动性陷阱的理论之争。凯恩斯在《就业、利息和货币通论》中首先提出了"流动性陷阱"假说，认为名义利率水平达到或接近零时，债券和货币完全可替代，公众不再投资而选择持有货币，货币当局无论发行多少货币，都会被人们储存起来，导致货币政策完全失效。但以弗里德曼为代表的货币主义学派认为，凯恩斯的"流动性陷阱"论述不成立，货

---

[①] 卢孔标，邢增艺. 非常规货币政策退出：文献综述与研究展望[J]. 上海金融学院学报，2014(6).

[②] 李新新. 关于非常规货币政策的三次理论讨论[J]. 金融发展评论，2010(1).

币当局在极低利率下仍可通过继续货币扩张,改变公众预期,甚至可以直接向企业和消费者放贷(即直升机撒钱)来创造货币,从而帮助实体经济走出"流动性陷阱"。

第二轮主要针对日本的非常规货币政策,重点讨论通货紧缩条件下最优货币政策的选择问题。伯南克是这一轮学术讨论的主要参与者。他认为在信用货币体系中,一个果断的央行总能制造出高的产出和正的通货膨胀,并系统地论证了在通货紧缩条件下,当货币政策达到零利率边界时,央行可以采取的非常规政策手段。Bernanke 和 Reinhart(2004)[1]提出了三项具体的政策工具:一是管理公众对未来利率水平的预期;二是改变央行负债表的结构;三是扩大央行资产负债表的规模。在某种意义上,这一轮学术讨论特别是伯南克的一系列文章,为后来应对危机期间美联储非常规货币政策提供了重要的理论准备。

第三轮则是对危机期间非常规货币政策的评估和反思,以及对非常规货币政策退出策略的研究。辜朝明(2003)[2]提出"资产负债表衰退"理论,认为经济预期低迷和资产价格暴跌,使得银行、企业和居民的资产负债表受损,无论通过超宽松的货币政策注入多少流动性,微观经济体都会只求安全自保,不会通过借贷扩大再生产,即经济活动不会好转。Gertler 和 Karadi(2009)[3]则认为,央行直接干预市场,稳定资产价格,可以修复企业和金融机构的资产负债表,对于金融市场复苏和刺激总需求具有重要意义。目前这一轮讨论仍在进行之中,尚未有最终结论。

(二)非常规货币政策实践及效果

虽然一些文献认为非常规货币政策早在大萧条时期的美国就已被实

---

[1] Ben S. Bernanke, Vincent R. Reinhart. Conducting Monetary Policy at Very Low Short-term Interest Rates [J]. American Economic Review, 2004.

[2] Richard Koo. Balance Sheet Recession: Japan's Struggle with Uncharted Economics and its Global Implications [M]. John Wiley & Sons (Asia) Pte Ltd, 2003.

[3] Mark Gertler & Peter Karadi. A Model of Unconventinal Monetary Policy, 2009.

践过，甚至认为 1933 年至 1942 年间的货币扩张是终结大萧条的最重要原因（Romer，1992①；C. Reinhart 和 V. Reinhart，2009②）。当时为刺激经济增长，罗斯福政府将名义利率降至零利率水平，并大量购买黄金来抬升黄金价格、促使美元贬值，这种做法既触及了"零利率下限"，又扩大了美联储的资产负债表，完全符合非常规货币政策的基本含义。

但在信用货币体系下，形成常规货币政策"共识"之后，非常规货币政策真正被大范围使用，还是 21 世纪的事情。研究学者们通常将日本 2001 年开始通过购买长期国债向市场注入流动性并维持极低利率水平的行为视为现代非常规货币政策的起点。

从 20 世纪 90 年代初期起，日本经济进入持续衰退，日本政府采取了大规模的财政和货币政策刺激方案，但收效甚微。在连续受到 1997 年亚洲金融危机和 21 世纪初美国网络泡沫破灭的冲击后，日本经济更加一蹶不振，且当时日本政府陷入财政赤字恶化和零利率陷阱之中，再无有效的常规工具救助经济。为此，2001 年 3 月，日本开始实施数量宽松等非常规货币政策。日本央行开始大量购买商业银行持有的长期国债，每月购买国债的数量从 4000 亿日元逐步提高到 1.2 万亿日元，截至 2005 年末持有的长期国债达到 63 万亿日元。同时，将货币政策操作目标从无担保拆借利率改为商业银行准备金账户余额，并承诺在通货紧缩改善之前，保持银行间隔夜拆借利率在零利率水平。经过 5 年多的实施，非常规货币政策取得了一定的成效（裴桂芬，2008③），短期和长期市场利率均有所下行，融资成本降低，金融体系也恢复稳定。

2008 年国际金融危机爆发后，非常规货币政策第一次在全球范围内登上历史舞台（王亮亮、李明星、苗永旺，2010④）。美国、欧洲和

---

① Christina D. Romer. What Ended the Great Depression [J]. Journal of Economics History，1992.
② Carmen Reinhart and Vincent Reinhart. When the North Last Headed South: Revisiting the 1930s [D]. Brookings Papers on Economic Activity，2009（2）：251 - 272.
③ 裴桂芬. 日本数量宽松型货币政策及其效果分析 [J]. 日本研究，2008（2）.
④ 王亮亮，李明星，苗永旺. 非常规货币政策：理论、实践、效果与退出机制 [J]. 上海经济研究，2010（5）.

日本等世界主要经济体在常规货币政策失效的困境下，纷纷祭出非常规货币政策这一拯救本国经济的"杀手锏"。

1. 美联储的非常规货币政策及其效果。美联储是非常规货币政策的坚定支持者和实施者（田曙光，2015）①。2007年7月次贷危机爆发后，美联储在降低联邦基金利率的同时，出台了一系列紧急融资支持，以稳定金融体系。这一阶段，美联储的资产负债表规模保持基本不变，但结构发生变化，资产质量有所下沉。其使用的工具包括定向拍卖工具（TAF）、短期证券借贷工具（TSLF）等。收窄了国债收益率与高风险资产之间的息差，一定程度缓解了金融市场的紧张状况。

2008年9月雷曼兄弟破产引发全面金融危机，美联储自当年11月25日起，先后实施了三轮量化宽松（QE）政策。2008年11月至2010年4月，美联储以危机救助为主要目标，实施了第一轮量化宽松，共计购买了1.725万亿美元的国债、抵押贷款支持债券和其他债券；2010年11月至2011年6月，美联储以刺激中长期经济增长为主要目标，实施了第二轮量化宽松，累计购买8000亿美元国债；2012年9月开始的第三轮量化宽松，目标直指按揭市场，开始时每月购买400亿美元的抵押贷款支持债券，自2013年1月起将每月购债量增加至850亿美元，直至2014年10月结束。其间，美联储还于2011年9月至2012年12月实施了4000亿美元的扭曲操作，即购买长期国债替换短期国债。经过量化宽松操作，美联储的资产负债表从危机前的9000亿美元急剧膨胀至4.48万亿美元。

同时，美联储加强与公众的政策沟通，引导公众对未来利率和通胀的预期。2008年底，美联储开始实施前瞻性指引，在会议纪要和声明中宣称未来将维持超低利率，并从2012年12月起开始写入其维持低利率不变的条件。

美联储的非常规货币政策规模巨大、行动迅速且直接参与金融市

---

① 田曙光. 西方非常规货币政策的比较及启示［D］. 对外经济贸易大学学位论文，2015.

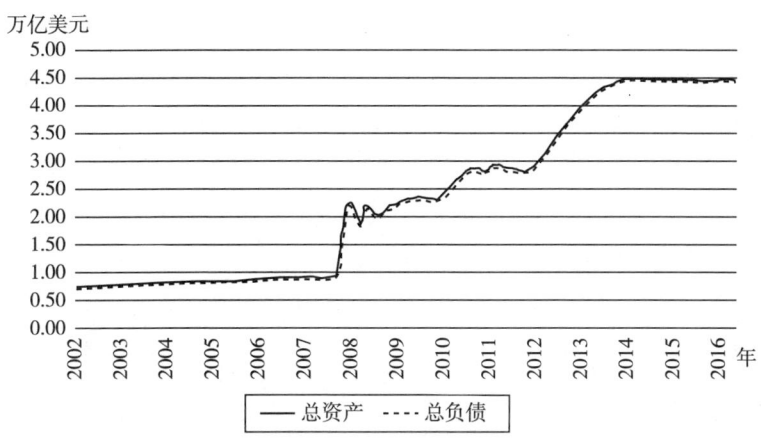

数据来源:Wind 数据库。

**图1 美联储资产负债规模变化情况**

场,并与政府的产业政策、贸易政策相呼应,对于稳定美国金融体系、推动美国经济企稳复苏起到了重要作用。一是国债利率明显下行,大大降低了企业和消费者的投资和消费成本,有效刺激了需求。二是股市市值上涨,房地产市场也显著回升。三是促进美国经济在主要发达经济休中率先复苏。四是失业率显著下降,基本恢复到充分就业状态。五是物价指数也在逐步向美联储2%的目标值靠近。

数据来源:Wind 数据库。

**图2 10年期美国国债收益率变化情况**

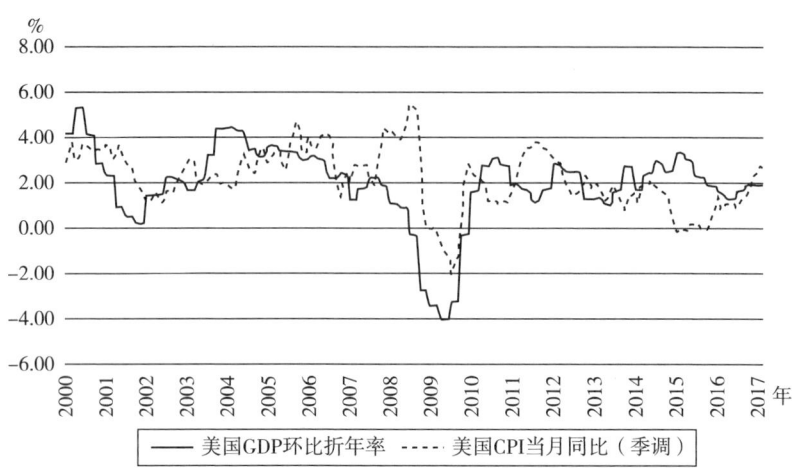

数据来源：Wind 数据库。

图3　美国经济增长及物价情况

2. 欧央行的非常规货币政策及其效果。国际金融危机爆发后，欧央行的货币政策操作大体可分为两个阶段。第一阶段，2008年10月至2014年6月，由于常规货币政策操作仍有一定空间，欧央行只是在常规货币政策框架内实施宽松政策。一方面，连续下调基准利率，主要再融资利率（欧央行的政策利率）由4.25%下调至0.25%，存款便利和贷款便利利率也分别由3.25%、5.25%下调至0%和0.75%，达到了"零利率下限"。另一方面，通过扩大主要再融资和长期再融资操作的规模和频率、资产担保债券购买计划（CBPP）、证券市场计划（SMP）、直接货币交易（OMT）和货币互换操作等方式，支持银行体系流动性，但总体上没有大规模实施量化宽松政策。

第二阶段，自2014年6月起至今，受严峻经济形势影响，欧央行启动更加激进的宽松货币政策。2014年6月，欧央行将主要再融资利率降至0.15%，并对存款便利实施-0.1%的负利率，成为首个实施负利率政策的主要经济体央行。同时，结束SMP冲销、准备实施欧洲版的量化宽松，引入4000亿欧元的长期再融资操作等。2014年9月，再次下调基准利率及存贷款便利利率，负利率政策进一步深化，并于当年11月启动资产支持证券（ABS）计划。2015年1月，正式推出量化宽松政策措施，自当年3月起每月购买600亿欧元的政府债券。2016年6月，推出购买企业债券计划，央行购债量达到每月800亿欧元。

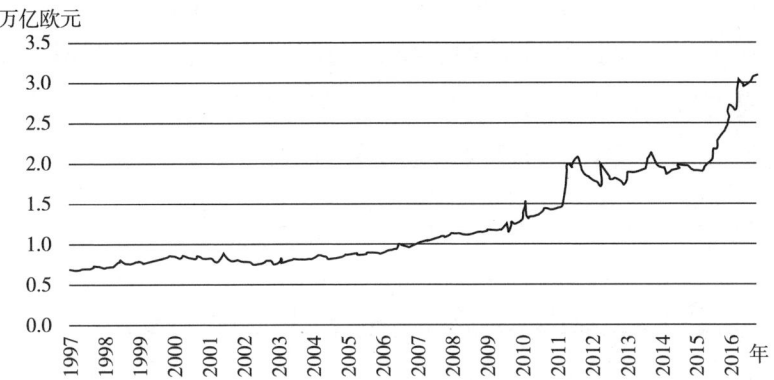

数据来源：Wind数据库。

图4 欧央行资产负债规模变化情况

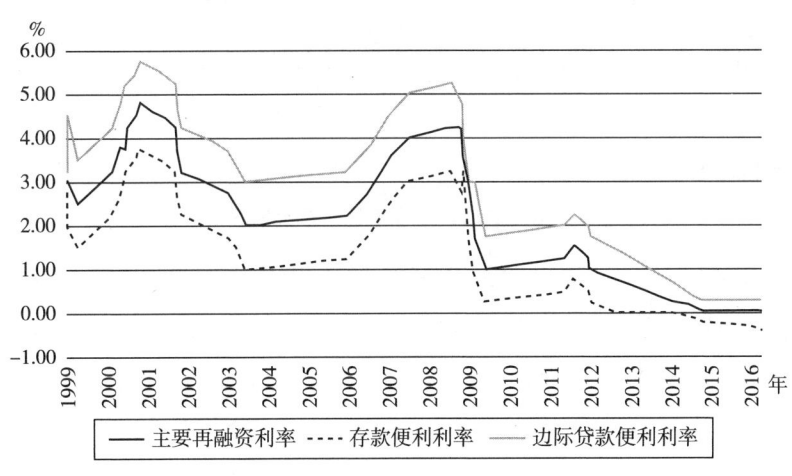

数据来源：Wind数据库。

图5 欧央行政策利率调整情况

欧央行的非常规货币政策主要通过市场机制进行操作,重点仍在银行体系本身,且反应速度和宽松规模明显不及美联储,特别是欧洲主权债务危机后未能及时为金融体系和实体经济补充足够流动性。这使得欧央行的非常规货币政策虽对欧元区经济起到一定的提振作用,但效果相对较弱。一是欧元区经济缓慢回升,但内生增长动能仍不足。二是银行信贷有所扩张,但银行业普遍面临盈利能力不足、不良贷款攀升等问题。三是通胀逐步止跌回升,但仍未达到2%的通胀目标。四是资产价格稳定回升,但对家庭消费的刺激效果仍不显著。

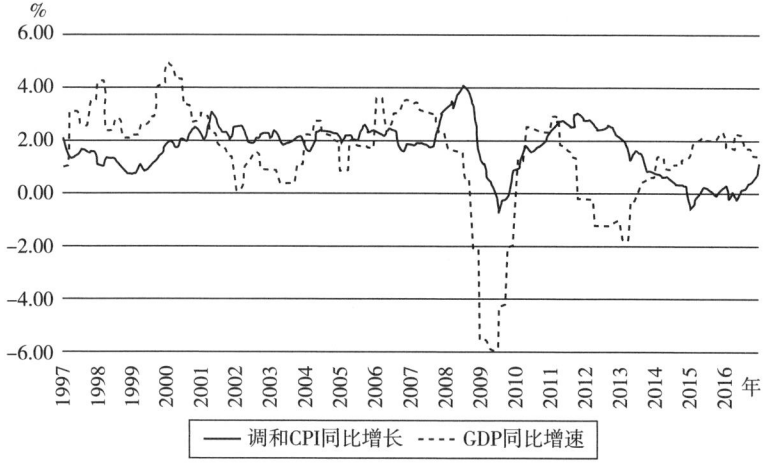

数据来源:Wind 数据库。

图6 欧元区经济增长和物价情况

3. 日本银行的非常规货币政策及其效果。日本银行是21世纪最早实施非常规货币政策的主要经济体央行。国际金融危机以来,日本又实施了两轮非常规货币政策。第一轮是2010年10月至2012年12月,日本启动新一轮资产购买计划,共向市场注入101万亿日元的流动性。第二轮是2013年4月至今,日本银行为配合安倍晋三的经济政策先后数次推出非常规货币政策。此轮货币政策刺激的规模明显大于第一轮,主要内容包括:一是引入新的通胀目标,将目标值由1%调升为2%。二是实施"量化和质化宽松"政策,引入基础货币控制目标,增加政府债券购买量并放宽期限,扩大交易所基金和房地产信托基金购买量。三是承诺在实现通胀目标前"无限期"执行量化宽松操作。四是实施负利率政策,2016年2月日本银行宣布对部分超额准备金实行-0.1%的负利率。

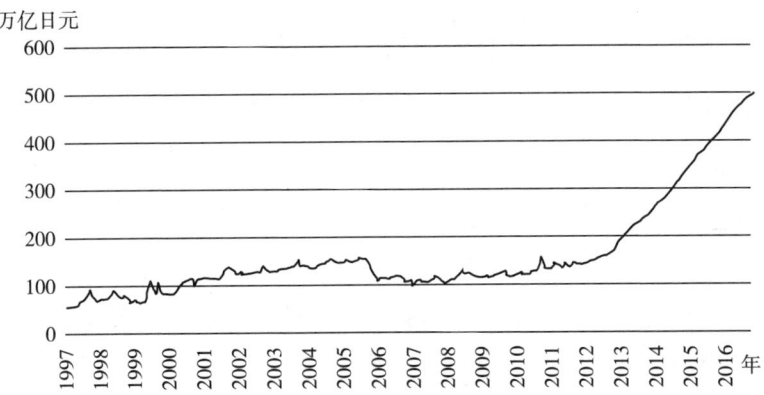

数据来源:Wind 数据库。

图7　日本银行资产负债规模变化情况

日本非常规货币政策持续时间长,前期政策力度相对较小,且主要偏重于基础货币供给数量扩张。这些政策对利率、股价、贸易产生了一

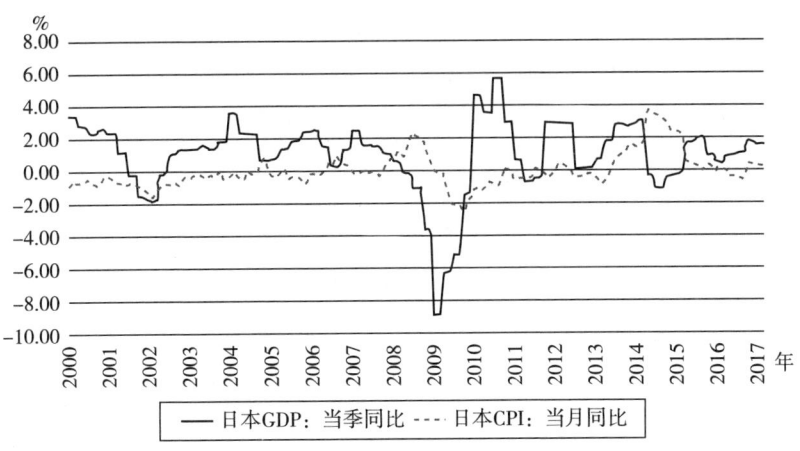

数据来源:Wind 数据库。

图8　日本经济增长和物价情况

定积极影响,但由于受人口老龄化等固有因素影响,对投资、消费和通胀等并未起到实质性的刺激效果。目前,日本的经济增长和投资增速均保持低位,通胀水平也与日本银行的目标值有相当大的差距,新增贷款利率虽明显下降,但贷款需求仍有所不足。

### 三、非常规货币政策的效果及潜在风险

对非常规货币政策的效果,经济学者和中央银行家一直有激烈的争论(向松祚,2017[①])。从总体看,人们大都同意非常规货币政策对于挽救金融危机、稳定金融市场、避免金融机构大面积破产倒闭具有重要的积极意义。但对其是否真正起到刺激实体经济复苏、有利于中长期经济发展等方面,仍有不同看法。特别是对非常规货币政策可能导致金融市场过度投机、国际资金无序流动、资产价格屡创新高、债务率和杠杆率持续攀升等问题的担忧较重。

(一)非常规货币政策是对传统经济金融理论的重大突破

经济金融理论既来源于实践,又致力于指导实践。从历史上看,每一次重大危机事件事实上都推动了经济金融理论的发展,而经济金融理论的发展又反过来指导了应对危机和恢复经济的实践。1929年至1933年大萧条后产生了凯恩斯主义,20世纪70年代的"滞胀"又催生了货币主义。2008年国际金融危机,不仅对经济金融发展产生了重要影响,也推动了对传统经济金融理论的深刻反思。非常规货币政策就是对传统理论进行反思后,实事求是,应对和解决国际金融危机这一现实问题的。非常规货币政策是对传统经济金融理论的重大突破,摆脱了长久以来传统理论关于"零利率陷阱"的桎梏,为货币政策应对金融危机提供了重要的实践经验,同时也极大地拓宽了货币政策空间和作用,使之目标从价格稳定,拓展到了经济稳定、金融稳定等诸多方面。

---

[①] 向松祚,《2017年各国货币政策将告别"非常规"》,中国智库网,2017年5月。

**（二）非常规货币政策有效地平滑了危机对经济金融的短期冲击**

宏观调控的本质是逆周期调节经济金融发展，即在微观主体"市场失灵"时进行对冲操作，平滑市场波动，降低经济金融危机带来的冲击。从主要经济体经济金融发展情况看，非常规货币政策在应对本轮金融危机冲击中具有明显的积极意义，不仅通过充足供给流动性，有效地稳定了金融市场、避免了金融机构的大面积破产倒闭，也由于降低了市场利率水平和融资成本，一定程度上有利于经济逐步企稳回升。特别是在应对及时、措施得当的美国，美联储的非常规货币政策取得的效果相对更好，对于促进美国经济在主要经济体中率先企稳回升发挥了重要作用。

**（三）非常规货币政策的中长期效果仍待观察**

对非常规货币政策的评价不能局限于当下，必须放在历史长河中，考察其可能产生的中长期效果。从这个角度看，非常规货币政策的效果仍待观察，但其中至少存在以下两方面风险：

一是刺激金融投机。长时间实施非常规货币政策，过度压低市场利率，很可能产生道德风险，刺激金融市场投机，导致虚拟经济恶性膨胀、资产价格屡创新高、债务率和杠杆率持续攀升、金融风险与日俱增等问题（向松祚，2017）。为此，国际清算银行（BIS）等国际监管组织出台了巴塞尔协议Ⅲ等措施，各经济体也普遍加强了宏观审慎管理。例如，美国在积极实施宽松货币政策的同时，通过《多德—弗兰克法案》等强化监管，对危机中出现风险的机构搞秋后算账，坚决防止再出现"大而不倒"问题，"宽货币+强监管"的总体效果不错。但对正常金融活动加强监管，又一定程度导致了绕开监管、催生"影子银行"的问题。换言之，近年来我国资管产品、互联网金融等快速发展等问题，并非我国独有，而是货币政策宽松和监管趋严（针对正规金融机构的监管强度明显高于危机前）的必然产物。特朗普政府上台后，希望废止《多德—弗兰克法案》，其中理由之一就在于其导致了"影子银行"的快速扩张。要解决这一问题，有必要将"影子银行"纳入宏观审慎监管框架之中,实施与正规金融机构基本一致的监管政策,确保其发展受到必要的监管约束。

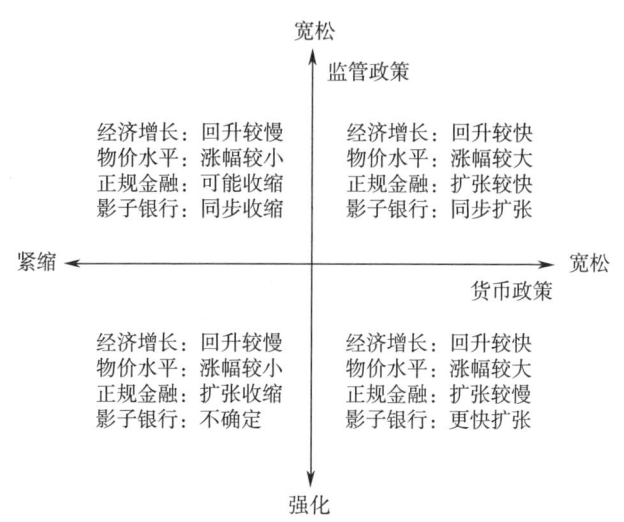

注：监管政策专指针对正规金融机构的监管政策。

**图9　不同货币政策和监管政策组合的效果**

二是影响财富分配。货币政策会通过经济、金融等渠道带来分配效应（德拉吉,2015[①]）。经济渠道方面,宽松的货币政策对分配产生积极影响,体现在：一方面,有利于减少失业,支持贫困家庭；另一方面,有利于在中期内保持适度的通胀率,避免因通胀低于预期而导致实际利率偏高,进而使财富由作为净债务人的年轻一代,向作为净债权人的年长一代转移。金融渠道方面,宽松的货币政策会带来不良的分配效应,主要是因为宽松的货币环境会推升资产价格,导致持有资产较多的年长一代财富增加更快,年轻一代则需为获得财富付出更多成本。因此,非常规货币政策是否有利于优化财富分配,取决于上述两个渠道发挥作用的大小对比。对于人口老龄化、产能过剩的经济体而言,由于劳动力人口相对不足,就业率本身就较高,加上实体经济供给充足,货币

---

① 马里奥·德拉吉. 货币政策再分配效应［J］. 中国金融,2016（24）.

政策对需求的刺激也难以带动物价明显上行，宽松货币政策通过经济渠道产生的作用有限。而由于实体经济回报有限，宽松的资金更容易流向股市、房地产等领域，导致宽松货币政策的金融渠道效应相对更大。对于财富持有程度较为平均，且危机期间经历过资产价格暴跌的经济体，即使宽松货币政策对资产价格有所提振，也可使社会普遍受益，且只是对此前暴跌的修复，对财富分配的扭曲有限，负面分配效应相对较小。

此外，非常规货币政策可能还会带来经济结构调整速度放缓、国际资本无序流动、汇率竞争性贬值等风险，也值得高度关注。一些观点甚至认为，正是由于非常规货币政策导致财富分配不均问题日益恶化，使得美国和欧洲等一些发达经济体出现逆全球化、民粹主义等现象，给贸易发展、经济增长甚至社会稳定都带来冲击和威胁。

### 四、非常规货币政策的退出策略及其影响

退出非常规货币政策实质上是向以短期政策利率为核心的常规货币政策回归。按照本文的分类，非常规货币政策包括利率政策、资产负债表政策和政策沟通三方面。相应地，退出非常规货币政策也应包括加息、"缩表"和释放退出信号三方面。其中，第三个方面是为前两个方面服务的。本文重点讨论前两个方面。其中，加息是提高短期政策利率，将利率目标提高至明显高于零的水平，脱离"零利率陷阱"；"缩表"则是减少央行持有的中长期资产，将央行资产负债表压缩至仅调控短期政策利率时所需的规模，货币政策不再直接调节中长期市场利率。

由于非常规货币政策主要是为了应对国际金融危机的冲击，属于临时性应急举措，且长期实施非常规货币政策还可能产生新的风险，因此在非常规货币政策出台之初，就已有人对其退出路径和时机等问题进行了研究。2009年4月伯南克在里士满联储研讨会上发表了题为《美联储的资产负债表》的演讲，就美联储当前非常规货币政策的影响进行了介绍，并简述了经济复苏时退出的可能选择。2009年7月，伯南克发表署名文章《美联储的退出策略》，并在国会听证会上对这一问题进行了

正式阐述（伍戈，2010①）。

随着经济逐步企稳复苏，主要经济体央行已经或正在考虑退出非常规货币政策。2014年美联储宣布退出量化宽松，标志着发达经济体央行正式启动退出非常规货币政策进程。结束量化宽松后，美联储并未直接开始"缩表"，而是在所持债券和抵押证券到期后，通过补充购买等额新债券和抵押证券的方式，保持资产负债表规模不变。同时，将政策重点转向加息。2015年12月、2016年12月、2017年3月和6月，美联储已经四次加息，其联邦基金目标利率升至1%~1.25%，并预计2017年内仍将加息一次。近期，美联储多次表示将考虑从2017年晚些时候开始启动"缩表"，渐进且可预期地推进，并将会提前公布具体计划以达到充分沟通、减少负面影响的效果。6月，美联储最新发布的"缩表"计划表明，将可能最早于9月开始"缩表"，并主要通过停止将到期证券回笼资金再投资的形式来实施。美联储预计，最初将每个月缩减到期公债规模60亿美元，在12个月内每三个月增加60亿美元，直至达到每月300亿美元；缩减到期机构债和MBS 40亿美元，并在一年内达到每个月200亿美元。由于欧洲、日本等其他发达经济体复苏进程相对较慢，目前欧央行、日本银行、英格兰银行等均继续执行宽松货币政策，但也都已进入观察期，不再扩大甚至开始逐步缩减宽松力度，并开始探讨退出宽松政策的路径与时机。

对于退出非常规货币政策的策略选择，核心在于退出的时机、次序和节奏。时机方面，最重要的是要根据经济金融发展形势，动态评估和权衡继续实施非常规货币政策的宏观收益与成本。但由于人们往往只能观测到非常规货币政策的短期效果，而很难准确评估其中长期影响，因此实践中通常将是否实现短期目标作为确定退出非常规货币政策时机的关键指标。例如，IMF（2013）②认为，中央银行需通过判断通胀、产

---

① 伍戈. 金融危机期间非常规货币政策"退出"问题简析——美联储的案例及其启示 [J]. 金融理论与实践，2010（4）.

② IMF. 2013 Spillover Report, IMF multilateral policy issues report, 2013.

出缺口和金融稳定形势,来确定退出非常规货币政策的时机。美联储也曾多次明确提出其判断加息时机的重要标准是美国失业率是否达到自然失业率。实际上,这种做法很可能低估甚至忽视非常规货币政策的中长期负面效应,存在退出时机过晚、积累中长期风险的问题。

次序方面,关键是如何摆布加息和"缩表"的顺序关系。由于二者都为紧缩性政策,且分别针对短期和中长期市场,具有互补性,既可以相互联动、一起推进,也能够相互独立、分头行动。相对而言,"缩表"是更为严厉的紧缩政策,能够直接对相应资产价格产生影响,并影响中长期利率。因此,可能需要在经济复苏进程更加平稳、市场环境更为理想的情况下进行,否则可能对市场带来较大冲击。但也应该注意到,"缩表"是卖出资产或停止资产到期再投资,央行具有主动性;而加息实际上是要提高市场利率水平,需要在市场功能恢复、货币供给适当收缩的前提下才能发挥作用。当然,对于美联储而言,由于市场公信力强,且金融市场发达,实施加息的难度相对较小。2015年12月以来,美联储多次强调要在加息"进入正轨"(well under way)时考虑"缩表",但截至目前美联储加了3次息,还未启动"缩表"。

节奏方面,可选择一步到位或循序渐进地退出非常规货币政策。无论是理论研究还是实践经验都表明,循序渐进的策略更加适合。主要原因是,正如尚难准确评估实施非常规货币政策的效果一样,退出非常规货币政策的影响也存在不确定性,需要在循序渐进退出过程中动态评估和把握,并为灵活调整退出策略留出空间。而且,由于主要经济体央行已经购买大量资产,短期内压缩不仅难以实现,还会对市场产生巨大冲击,不利于经济金融稳定。此外,正如在实施非常规货币政策时一样,美国等主要经济体在退出非常规货币政策时,也需要做大量的国际沟通工作,难以一蹴而就。

退出非常规货币政策必然会对国内外经济金融产生重要影响。银行体系流动性趋紧,市场利率上行,都会导致股票、债券等金融资产估值中枢下降,对金融市场产生扰动和冲击。特别是央行通过出售资产"缩表",更会直接对相关金融产品的价格产生影响。如果退出的时机、次序和节奏安排不当,负面影响还可能会进一步扩大。当然,由于美联储采取渐进且可预期的方式"缩表",其对短期资金面的影响可能有限,对MBS市场的影响也很小。此外,随着经济全球化的不断深化,主要经济体央行的货币政策具有较强的外溢性,可能对其他经济体产生全球流动性紧缩、信贷快速收紧、资产价格泡沫破裂及金融不稳定性上升等溢出效应。特别是由于各经济体的复苏速度不同,导致退出非常规货币政策的时机和节奏不同步,会使国际流动性环境更趋复杂。对于复苏速度较慢的发达经济体,以及受外部影响较大的新兴经济体而言,在全球流动性趋紧时,往往会面临经济下行和汇率贬值的"两难"问题,可能引发新的风险和危机。此前出现的拉美债务危机、亚洲金融危机等,一定程度上就都与美联储收紧货币政策所导致的溢出效应有关。

与金融监管政策的配合。在退出非常规货币政策的同时,特朗普政府提议放松金融监管。从美国货币政策和金融监管的关系来看,危机前是"宽松的货币政策+放松金融监管",应对危机时是"超宽松的货币

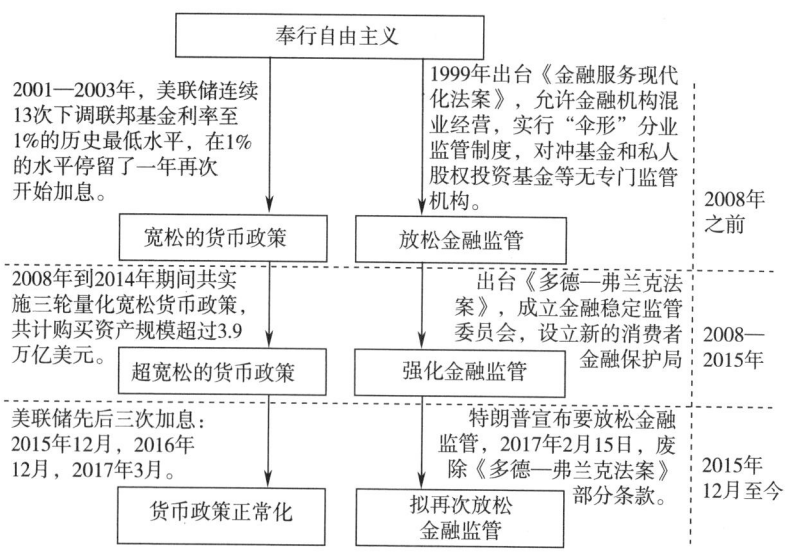

图10 美国货币政策与金融监管组合演变

政策+强化金融监管",而目前则逐步进入"货币政策正常化+放松金融监管"。

## 五、启示

2008年以来国际上流行非常规货币政策在某种程度上使得全球货币政策趋同,其后果及面临的问题也趋同。由于中国仍处于改革转型期,并没有达到实施传统货币政策所必须具备的经济条件,所以中国的货币政策一直是非常规的(周小川,2014[①])。对比国际上流行的非常规货币政策和我国长期执行的货币政策,可以看出都是因时而变,问题导向,不拘泥于教科书,不执着于理论,非常规货币政策的实施还深刻改变了传统理论。正是立足于宏观调控需要,立足于防范风险的需要,立足于引导预期的需要,我国的货币政策也进行了大量的工具和政策创新,在构建现代化的货币政策框架过程中,丰富和发展了传统的货币政策理论。

正如上文分析,非常规货币政策虽然有其积极作用,但是其效果和风险也要全面评估。最重要的有三条。一是非常规货币政策往往意味着宽松,往往伴随着资产泡沫或高杠杆等现象,长期实施必将扭曲资源配置,积累金融风险。二是非常规货币政策实施以来,经济稳定不仅要盯住CPI,而且要关注金融资产价格。金融稳定不仅要关注微观审慎经营,还要关注宏观审慎。三是非常规货币政策往往存在"易出难退"。从2008年金融危机以来全球流行非常规货币政策来看,即使是货币政策从法律和人事上得以保障的美联储,也采用了超级宽松的货币政策对付金融危机冲击。宽松的非常规货币政策只有在恶性通货膨胀威胁下才会有所收敛。而退出非常规货币政策往往意味着紧缩政策,将受到各个利益主体的普遍抵制,同时由于面临资产泡沫破裂、经济衰退等风险,往往要权衡再三,慎之又慎。

---

① 周小川,在博鳌亚洲论坛2014年年会"央行的未来"分论坛上的讲话,2014年4月11日。

对中国而言，需要构建并转向常规的价格型货币政策调控框架。目前，中国仍实行以数量型为主的货币政策调控框架。实际上，如前所述，国际上主要经济体央行也是在20世纪80年代以后才形成所谓的常规货币政策的。随着近年来我国金融市场发展，数量型调控工具的有效性有所下降，市场利率调控和传导机制不断健全，转向以价格型为主的常规货币政策调控框架已日趋必要，条件也正在逐步成熟。近年来，中国已在货币政策调控框架转型方面作了积极尝试。通过加快推进利率市场化改革，不断健全市场化利率形成和传导机制，为调控框架转型创造条件。在继续发挥数量型工具重要作用的同时，加强宏观审慎管理，形成了"货币政策＋宏观审慎政策"的双支柱调控框架。货币政策侧重于逆周期调控，宏观审慎政策侧重于防范系统性风险。同时在当前"一行三会一局"监管格局下，货币政策和监管政策加强配合和协调。

为应对国际上主要经济体退出非常规货币政策可能带来的影响，中国既需要立足国内，通过坚定不移地推进利率市场化和汇率形成机制等改革，"练好内功、强身健体"，增强国内经济金融可持续发展能力；也需要加强对国际形势的监测和研判，把握好有关政策出台的时机和节奏，适时适度预调微调，避免与全球流动性收紧等国际形势形成共振和叠加，对金融市场和实体经济造成过大冲击。

# 未来五年全球经济金融展望

未来五年是全球经济金融的调整期，发达经济体经济增长动能缺乏，新兴市场经济体进入停滞。全球贸易低增速的状况不会改观，通货紧缩的幽灵仍将在发达经济体徘徊，而实际利息率维持较低水平。杠杆率的上升及金融机构的坏账、国际资本的无序流动、金融市场的过度波动、资产泡沫的破裂等都是金融危机的火种，未知的是金融危机之火在哪个经济体燃烧。

2008年国际金融危机爆发至今已经8年，全球经济金融依然未能走入良性循环轨道。在接下来的五年，甚至更长的时期，全球经济金融走势值得关注。在中长期，全球经济走势主要取决于资本的累积、劳动力参与量、技术进步及社会经济结构决定的资源配置效率等，其中受到关注的量化指标主要包括经济增长率、物价水平、国际贸易和资本流动等。本文在总结当前国际经济金融状况的基础上，对未来五年全球经济金融的走势给出一个大胆的判断。

## 一、全球经济在深度调整中逐步复苏

国际金融危机爆发至今已经8年，全球市场需求疲软、投资信心不振的局面没有根本性改观，全球经济复苏步伐的缓慢程度超过多数人预期。2015年全球经济增速为3.1%，为2011年以来最低水平，而国际

---

① 原文发表于《开放导报》2016年第10期，合作者：张怀清。

货币基金组织2016年7月对2016年和2017年全球经济增速的预测值分别为3.1%和3.4%。针对全球经济状况，美国经济学家Lawrence Summers在2013年IMF年会上重提"长期停滞"假说，认为金融危机可能对经济造成了永久性伤害，美国等发达国家在传统货币政策下很难实现充分就业和潜在产出，经济将长期停滞。可能导致全球长期停滞的因素集中在以下六个方面。一是人口增长率下降，老龄化加剧。人口增长率在中高收入国家正逐年递减。二是技术发展缓慢，TFP增长减速（Gordon，2012、2014）。OECD（2014）预测，在2030年以前TFP增长率保持在1.7%，之后30年将会降到1.1%。三是利率走低，产出缺口扩大（Ball，2014）。四是储蓄过度，消费不足。五是资本品价格相对下降，投资不足。六是债务负担重，资产负债表衰退（Koo，2014）。总体看，主要经济体已陷入低需求、低增长、低就业之间的循环，多数经济体仍将保增长、保就业、防通缩作为首要任务，积极的财政政策及极度宽松的货币政策等总需求政策仍是多数经济体的主要选择，有利于中长期经济增长的结构性改革雷声大、雨点小，进展缓慢；人口老龄化、劳动生产率增长缓慢等结构性因素导致经济潜在增速下降。在全球经济金融领域，新的经济增长动能正在形成，新市场需求及新投资领域还在孕育之中，未来五年仍旧是全球社会经济结构的调整期，特别是金融机构、企业和居民资产负债表的修复期。

（一）发达经济体经济逐步复苏，但增长动能缺乏

发达经济体的投资和消费基本饱和，2012年至2015年的经济增长率分别为1.2%、1.2%、1.8%和1.9%。美国保持较强的创新能力，但是目前看，发达经济体制度和技术创新能力在未来一段时期内，还很难开启一个全新的投资领域和消费市场，以激活全球经济活力，未来五年经济增长率可能保持低位。

作为全球经济金融最具实力的经济体，美国仍将是未来全球经济增长动能的主要中心之一，其商品市场和金融市场的深度、广度在全球的优势地位仍将保持，其创新和引领全球经济增长的程度决定了未来全球

经济增长的大趋势。由于特有的灵活的社会经济结构调整能力,美国社会经济结构调整已初显成效,劳动力就业状况不断改善,投资和消费逐步回升,企业、家庭和金融机构资产负债表业已基本修复完成。在危机四伏的全球经济中,全球资本在未来几年将流入美国。社会经济的快速调整能力和创新能力将是未来美国经济增长的动力之源,美国家庭、企业和金融机构资产负债表的修复将推动消费和投资的快速复苏,随着消费、投资额逐步恢复和全球资本回流,美国经济增长将逐步回归常态。但美国经济依然受到全球经济,特别是其他发达经济体经济增长态势的影响,考虑到目前新技术、新市场和新行业还处于蓄势待发之势,美国经济未来五年处于逐步回归到长期经济增长轨道的过程,2020年经济增长率可能为3%至4%之间。

欧元区经济处在经济弱增长时期。尽管欧元区结构性改革逐步取得进展,欧洲经济存在重返增长轨道的机会,但社会结构性改革的力度不足,进一步结构性改革的难度较大。极度宽松的货币政策和负利率政策及财政政策,尽管在短期可能维持了总需求的稳定和通货紧缩的出现,但极度宽松的货币政策和步调不一的财政政策都对经济金融产生了负面影响。考虑到欧元区内部各经济体的主权独立及衍生的财政独立和货币金融的一体化,是一个长期无法克服的制度性困境,受到结构性问题困扰的欧元区经济,未来五年将呈现弱增长态势,经济增长率在2%以下。

日本经济将依旧维持在既有轨道。近年来日本实现了宽松货币政策和积极财政政策,特别是激进的安倍经济学,而且也试图进行推进结构性改革计划,但日本经济增长并没有取得预期的效果,通货紧缩问题仍旧困扰日本。对日本经济增长及应对措施的分歧依然广泛存在,但可以从另外角度来看日本经济增长的状况。从经济增长有条件收敛的角度看,由于日本人均水平已经处于高收入国家,在既有的社会经济结构条件下,过去20年日本经济增长已经处于自身潜在经济增长率水平,无论日本采取何种政治上正确的决策,作为一个高收入国家和处于创新前沿的经济体而言,日本经济已经不存在高增长的条件。从这个逻辑出发，日本多年来采取的极度宽松的货币政策和积极的财政政策等政治上正确的措施，都不会改变低的潜在增长率，并可能在很大程度上对经济产生了负面的影响，例如高政府负债、低利息率产生的扭曲等。因此，尽管在过去几年日本社会经济展现了强大的创新能力，但考虑到老龄化、高政府债务等多种社会经济结构性因素的影响，未来五年日本经济增长率仍将延续已有的低位波动态势。

(二) 新兴经济体面临经济增长停滞风险

近年来，经历大宗商品价格下降、出口滑坡、资本流动逆转、汇率波动增加、债务上升等外部性冲击，新兴市场经济体经济在过去八年处于被迫调整阶段。可以说，大多数新兴经济体已经度过最为艰难的阶段，一些经济体经过结构性调整，经济增长表现不错，少数新兴经济体社会经济的经济金融问题被掩盖，其后果是可能潜伏更大的货币金融危机，经济金融未来存在很大不确定性。未来五年，甚至更长时期，新兴经济体的经济复苏主要依赖两个方面，一是国内的社会结构性改革及其他提升潜在增长率的措施；二是外部需求，特别是主要发达经济体的经济走势。受制于社会经济结构性变革的困难和改革效果显现的滞后性，新兴市场经济体未来五年经济金融将维持在既有的历史轨迹上，多数依赖于外部环境的变化，少数幸运者通过社会经济结构性调整而进入社会经济的良性循环。

中国、印度及东南亚和拉美的一些新兴市场经济体的增长潜力依然比较大，这些经济体发展的前景，仍然主要依赖于结构性改革的深度和广度及短期政策的灵活性。中国维持中高速增长仍然是大概率事件，但经济增长更多依赖结构性的进展，从以投资为主，转为投资和消费并重；以外需为主，逐步过渡到外需和内需并重，中国经济增长的规模效应对全球经济增长的带动效应逐步减弱。印度和印尼，国内存在巨大的内需基础，未来可能有一个相对稳定的快速经济增长，给地区经济增长提供强有力的动力，但在未来五年，甚至十年成为带动全球需求回升的新兴市场可能性不大。除中国、印度等少数例外者，大部分新兴经济体将继续依赖发达经济体经济金融的恢复状况。此外，少数新兴经济体和发展中国家产业结构单一、财政金融状况脆弱、抗风险能力差，金融风险累积较大，在发达经济体货币政策分化严重、国际资本无序流动和汇率波动较大的货币金融环境下，政府、企业和居民资产负债表的修复可能以强制的方式完成，未来五年这些经济体发生货币金融危机的可能性比较高，并扰动全球经济增长，这是未来五年全球经济增长中的最大不确定性。

### 二、全球贸易增长进入低速期

2008年金融危机以来，世界贸易增速大幅放缓，除2010年反弹外，2011年至2015年间的年均增速处于低位，分别为6.8%、2.8%、3.5%、3.7%和2.6%（World Economic Outlook，2016）。这远远低于1987—2007年全球贸易7.1%的年平均增速，也连续数年低于全球经济增速。

全球贸易增长放缓既有周期性因素，也有结构性短期因素在起作用。第二次世界大战后，全球经济在1971年、1976年、1982年、1991年、2009年等经历了较为严重的衰退，而每次经济衰退都带来全球出口增速的急剧下降。未来五年，全球经济处于恢复过程中，必然导致全球贸易经济增长的低速。同时，全球贸易增长相对于经济增长的放缓等结构性因素发生变化。多项研究表明，收入的贸易弹性在近期发生变化，1970年至2013年收入的贸易弹性为1.7，其中1986年至2000年为2.2，2001年至2013年为1.3（WEO，2015）。国际分工与贸易规模的扩张是经济发展的大趋势，社会经济金融的全球化也是大势所趋，1960年至今全球贸易总额与GDP之比呈现上升态势。但在经济放缓的背景下，贸易保护主义等政治因素必然影响国际间的分工与合作的程度，延缓国际贸易的增长。

未来全球贸易增长还会受到政治等因素的影响。社会分工与贸易必然提高社会的总福利，但这种社会福利的提高并不会在分工与贸易者之间合理分配,甚至可能损坏一部分贸易者的利益。社会经济金融的全球化和市场力量提高了人类的总福利,但同时扩大了全球收入不平等,这种不平等不仅体现在发达经济体和不发达经济体之间,也体现在各经济体内部的不同行业、领域和不同阶层。例如,无论是美国、英国,还是法国,民粹主义的兴起很大程度上是因为社会底层并没有从全球贸易中获得很大的收益,而是受到冲击。作为对经济放缓、全球需求不足的直接反应,2008年后贸易保护主义已经出现,包括直接限制贸易措施,也包括货币竞争性贬值和区域贸易集团对非成员的隐性歧视,各经济体采取的贸易保护措施在一定程度上影响了全球贸易的增长。更重要的是,近年来社会经济金融全球化带来的负面冲击,将逐渐蔓延到主要发达经济体政治及经济政策的各个方面,并将对全球贸易的开放度及政策产生影响,甚至体现在国际关系、全球治理、经济发展的理念与模式等方面。逆全球化和逆区域化的趋势已经有较多表现,例如,英国脱欧,美国国内对《跨太平洋伙伴关系协定》这种区域化的贸易协定也出现了反对的声音。因此,在未来五年全球社会经济的调整期,无论是经济金融因素,还是社会政治因素,对全球贸易的影响都将逐步显现,尽管社会经济金融全球化的大趋势不会改变,但未来五年社会经济金融全球化的步伐可能放慢,国际贸易增长进入平台期。

### 三、大宗商品价格将回归正常水平

影响大宗商品价格走势的因素,主要包括大宗商品的供给与需求等中长期因素及金融因素等短期因素。大宗商品2005年开始大幅上涨,2008年经历大幅下跌,2015年开始又逐渐下滑。从供给和需求的角度看,未来大宗商品价格可能在目前水平的一定区间波动,而不是回到过去的高位区间。这里以石油为例讨论未来大宗商品价格的走势。

从中长期看,决定油价走势的根本因素是供需关系,未来原油价格大幅回归到以前较高水平的可能性较低。从需求方面看,发达国家消费萎缩、人口老龄化趋势不会改变,对资源能源的需求量和人均消耗量将呈现趋势性下降。除美国经济强劲复苏以外，欧洲、日本经济濒临萎缩，中国等新兴经济体和发展中国家经济处于下行调整中，实体经济的需求仍较疲弱，未来原油需求增速可能下滑。美国由于原油自给率显著提高，进口需求大幅下降。欧洲和日本原油消费需求有下降趋势。尽管中国、印度等新兴经济体对原油的需求继续上升，但经济放缓也导致需求增速回落，全球经济放缓，特别是新兴经济体增长放缓对原油需求的影响十分明显。在过去 15 年，中国原油需求增量在世界石油需求增量中占据很大比重，未来中国经济转型也将导致对原油需求的增速放缓。此外，全球产业结构趋向低碳化，以新能源、环保、高附加值制造业、生产服务性制造业，以及能够提高能源效率的高技术产业为代表的低碳经济，将成为新一轮产业结构调整的主要推动力，初级矿产资源、基础大宗商品以及化石能源需求会趋于减少。从供给角度看，能源效率的提高、页岩油技术、新能源等替代能源的开发以及环境标准的提升，将大大改变全球资源能源的供给结构。未来五年，在未出现新的石油需求市场和领域之前，原油价格不可能回归到原来的高位。

在经济增长放缓、需求下滑和大宗商品价格下降的背景下，全球一般物价水平呈现下行的态势。由于各经济体在全球经济金融格局中的位置及国内经济金融情况存在很大的差异，尽管相对于自身国内一般物价水平走势而言，多数经济体 CPI 呈现下行趋势，但一般物价水平在各经济体之间也存在很大差异，主要发达经济体一直存在通货紧缩的压力。少数不发达经济体货币贬值、债务高企等国内因素推动通货膨胀率上升。在全球经济增长和需求都处于恢复的过程中，主要发达经济体面临的通货紧缩困境在未来五年可能会逐步缓解，但通胀率仍将维持在较低水平，而新兴市场经济体的通货膨胀率可能抬头。

**四、全球实际利息率继续维持低水平**

从 1980 年至今，主要发达经济体的长期实际利息率一直处于下行通道。Zhu（2016）采用简单统计方法，分析了印度、印度尼西亚、韩国、日本、中国、马来西亚、菲律宾、泰国、新加坡等亚洲国家自然利率，发现除中国和泰国外，亚洲主要经济体在20世纪90年代中期之后自然利率呈现下降趋势，平均下降4%，这一趋势在2000年尤其是金融危机之后更加明显。关于实际利率长期下降的原因，主要有四个方面的解释，一是全球总需求的持续疲弱；二是生产率增长缓慢；三是人口老龄化趋势；四是全球储蓄过剩假说。针对全球长期实际利率下降的问题，特别是美国过去30多年长期实际利率下降的问题，Hall（2016）认为主要是经济中风险厌恶者与风险偏好者的占比发生了变化，风险厌恶者占比上升，导致长期均衡利率下降。Carvalho等（2016）认为，1990年至2014年期间，人口变化至少可以解释1.5个百分点的实际利率下降。

短期看，除美国外，其他发达经济体经济增长仍然乏力，并争相实施了极度宽松的货币政策和负利率政策，这种极度宽松的货币政策在短期可能进一步压低实际利息率。从中长期看，在决定实际利息率的因素中，最重要的是资本投资回报率，在宏观上则表现为经济增长率。因此，综合考量未来经济增长率和主要经济体极度宽松的货币政策及负利率政策，未来五年长期实际利率仍将维持较低水平。

**五、部分脆弱经济体可能爆发金融危机**

全球债务问题凸显。国际金融危机期间，主要经济体都实施了扩张性的财政政策，为应对危机发挥了积极作用，但也积累了大量债务。同时，经济持续萎靡不振的时间超出了多数人的预期，一些经济体政府债务率不断攀升，在经济放缓的背景下，政府负债率一直呈现上行态势。据国际货币基金组织统计，2015年，发达经济体政府负债率（政府债务总额占GDP的比重）高达104.8%，较2007年提高33.4个百分点；新兴经济体和发展中国家政府负债率为45.1%，较2007年提高7.8个百分点。此外，受到大宗商品价格的暴跌冲击和经济增长放缓带来的财政收入减少，一些新兴市场经济体财政负担加大，可能会遇到麻烦。

资产泡沫问题需要关注。考察第二次世界大战后的70年，2008年金融危机后的货币政策大宽松是力度最大的，在全球经济金融占主导地位的经济体全部实施了宽松的货币政策。首先是采用传统货币政策，降低利率，利率到达零下限之后开始量化宽松（QE）；多轮量化宽松之后，发现效果不明显，规模也遇到了限制；然后又开始尝试负利率。目前，除美国外，主要发达经济体货币政策仍保持极度宽松，欧洲中央银行和日本中央银行都在实行负利率政策，且量化宽松规模还在不断加大。在极度宽松的货币政策下，资本大量涌入股市、房地产市场、商品市场，推高了金融资产价格，埋下金融风险的隐患。

负利率政策影响深远。目前已有瑞典央行、丹麦央行、欧央行、瑞士央行和日本银行五个中央银行实施负利率政策，以应对经济放缓、通货紧缩、货币升值。从其短期影响看，负利率政策和正利率政策的传导机制是一样的，传导到短期货币市场利率和其他货币市场利率，其对货币市场交易量的影响相对较小，未对货币市场的正常运转产生影响（Jackson，2015；Bech & Malkhozov，2016）。负利率政策也传导到长期和高风险利率。目前还未看到负利率政策对零售存款利率的影响，对现金需求也没有明显的异常冲击。但负利率政策在全球范围内大规模实施是首次，其影响是深远的、复杂的。

全球金融市场风险加大。宽松货币政策导致除美元外的其他主要国际货币竞相贬值，加剧了国际资本的无序流动和汇率的过度波动。这次金融危机首先发源于美国，然后冲击了欧元区，在当前的货币金融环境下，第三波可能扩散到新兴市场经济体和不发达经济体。在美国经济率先复苏及美联储加息的背景下，由于美元在全球经济金融中的核心地位，美元、美债将成为全球资本的避风港和安全资产，美元在未来相当长时期内还是全球追逐的安全资产。而在全球货币金融市场中占重要地位的几大经济体的货币政策存在巨大分歧，进一步加剧金融市场波动率以及多重经济金融风险，小的事件可能引发全球范围内的资本异常流动，引发金融动荡，特别是债务过高的新兴市场经济体和其他不发达经济体，很可能发生债务危机和货币危机。

## 六、结论

未来五年全球经济金融发展突出特征是：从经济增长趋势看，全球经济将进入恢复和调整期，经济增长可能呈现不稳定与不平衡的特征。源于特有的社会经济结构的灵活调整能力，美国经济金融可能很快进入正常轨道，而欧元区及日本仍然在目前的状态下前行，并且可能是旧病未除，新病又增。新兴市场经济体中，依据已有经济增长动能，中国经济将维持中高速增长，在全球经济金融格局中地位上升，当然，这种远景依赖于结构性改革的推进深度和金融体系的稳定状况。印度及其他少数经济体的经济增长也可能有突出表现。但多数经济体经济增长轨迹的方向仍旧依据大国经济的状况。在经济增长放缓及经济金融全球化受到阻力的背景下，全球贸易增速低于经济增速的状况很难有改观。

全球经济放缓未有明显改观、缺乏新需求市场和新投资领域的背景下，物价水平将保持低位，而以原油为代表的大宗商品价格不会回到前期高位。全球实际利息率下行的趋势在全球经济放缓及主要发达经济体极度宽松货币政策的背景下大幅回升的可能性较低。国际金融危机后，政府采取的各种刺激政策的负面影响也将逐步显现，政府债务率上升及金融机构被掩盖的坏账、国际资本的无序流动和汇率的极大不稳定、全球吹起的资产泡沫及金融市场过度波动、新兴市场经济体经济金融的脆弱性等都可能引起金融风险的爆发。在结构性改革进展缓慢，极度宽松的货币政策效果递减，而其累积的金融风险越来越大的时候，也可能以金融风险的方式强制修复全球各国政府、居民和企业的资产负债表。

当然，正是在这艰难的社会经济调整期，社会结构性改革可能得以实施，新技术及组织方式可能会出现，新市场和新领域得到开拓，经济增长的新动能可能得以孕育，为未来全球经济的新一轮增长创造基础。

## 参考文献

[1] Ball, L. Long – term Damage from the Great Recession in OECD Countries [J]. *European Journal of Economics and Economic Policies: Intervention*, 2014, 11 (2): 149 – 160.

[2] Borio Claudio, Leonardo Gambacorta and Boris Hofmann. The influence of monetary policy on bank profitability [DB]. BIS Working Papers No. 514, October 2015.

[3] Bech M and Malkhozov A. How have central banks implemented negative policy rates [DB]. BIS Quarterly Review, March 2016.

[4] Carvalho, C., et al.. Demographics and real interest rates: Inspecting the mechanism [DB]. Federal Reserve Bank of San Francisco Working Paper, 2016 – 05.

[5] Escaith, H and S Miroudot. World trade and income remain exposed to gravity [A]. in B Hoekman (ed), The Global Trade Slowdown: A New Normal? A Vox EU e Book, London: CEPR Press and EUI, 2015.

[6] Fischer, Stanley. Monetary Policy, "Financial Stability, and the Zero Lower Bound" [J]. *American Economic Review: Papers & Proceedings* 2016, 106 (5): 39 – 42.

[7] Gordon, R.. Is U. S. Economic Growth Over? Faltering Innovation Confronts the Six Headwinds [DB]. NBER Working Paper, No. 18315, 2012.

[8] Gordon, R.. The Demise of U. S. Economic Growth: Restatement, Rebuttal, and Reections. [DB]. NBER Working Paper, No. 19895, 2014.

[9] Jackson Harriet. The International Experience with Negative Policy Rates [DB]. Staff Discussion Paper/Document d'analyse du personnel, 2015 – 13.

[10] Hall, R.. Quantifying the Lasting Harm to the U. S. Economy from the Financial Crisis [DB]. NBER Working Paper, No. 20183, 2014.

[11] Heider, Florian and Saidi, Farzad and Schepens, Glenn. Life Below Zero: Negative Policy Rates and Bank Risk Taking [DB]. June 23, 2016.

[12] IMF. Uncertainty in the Aftermath of the U. K. Referendum [DB]. WEO Update, July 2016.

[13] Koo, R.. Balance Sheet Recession Is the Reason for Secular Stagnation [A]. In "Secular Stagnation: Facts, Causes and Cures", edited by Coen Teulings and Richard Baldwin, 2014: 131 – 142.

[14] Zhu Feng. Understanding the changing equilibrium real interest rates in Asia – Pacific [DB]. BIS Working Papers No. 567, 2016.

# 利率市场化临门一脚[①]

推进利率市场化是建设市场经济题中应有之义，但在实际推进过程中，决策者和参与者将面临较大的决策难度和风险承担。

1993年中共十四届三中全会提出利率市场化的基本设想，至今已经21年。但是面对临门一脚：存款利率上限的取消，还没有一锤定音，关于利率市场化的争论还在继续。

一

利率市场化难在何处？综合分析主要存在以下担心。一是担心利率水平上升企业负担加重、影响经济增长。二是商业银行担心利差收窄影响利润。三是在存款保险制度缺位下难以保障储户利益。四是担心缺乏有效的价格型货币政策调控和传导机制。

利率市场化后利率水平如何变动呢？许多专家根据国际经验作出预测，认为短期内上升，长期处于均衡。

从利率水平的国际比较来看，美日欧等经济体在全球金融危机后实行了超低利率或零利率，因此保持较低利率水平。而且考虑到发达国家信用体系更加健全、法制和执法水平较高、通胀率较低等因素，新兴市场国家利率水平高于发达国家是常态。在金砖国家中，我国的名义利率水平最低。考虑CPI，我国的存款利率水平接近零利率，处于较低水平；

---

[①] 原文发表于《财经》杂志2014年第20期。

一年期贷款利率低于巴西,接近俄罗斯水平,略高于印度,主要是2013年印度受新兴市场国家危机影响CPI高企。由于巴西、印度、俄罗斯都是实行利率市场化的国家,由此也可以看出利率管制还是可能压低了贷款利率水平。

既然利率管制有效果,可否由此判断利率市场化后利率将上升呢?

以下换一个角度分析:利率双轨制的角度。对存款来说,在利率管制下实际上存在利率双轨制,名义利率和实际利率差距较大。利率市场化之后,由于金融业对存款的争夺,利率水平向均衡利率移动,而这个均衡利率大概处于双轨制利率水平之间的某个位置。而对贷款来说,由于贷款利率已经放开,名义上已经是市场供求决定贷款利率水平了;如果考虑信贷配给和金融压抑程度减轻、贷款风险管理能力提高,贷款利率还有可能下降。

从存款利率来看,银行活期存款利率为0.35%,而余额宝等"宝宝"理财产品则提供5%~7%的收益率,一些民间金融活动所提供的利率则更高。余额宝等货币市场基金利用银行对存款的争夺获得较高协议存款价格,从而可以提供投资者较高回报。银行资金成本上升,因此颇有怨言。但是从美国利率市场化的经验来看,活期存款转为货币市场基金趋势很明显。银行自身也在出售各种理财和基金产品。从普惠金融的角度看,也没有理由要求老百姓把几十万亿元的活期存款继续保留在活期账户中,获取0.35%的利率。存款利率目前是受到管制的,还没有达到竞争均衡水平。利率市场化之后,利率水平向均衡利率移动,而这个均衡利率大概处于双轨制利率水平之间的某个位置。因此可以判断,存款利率将上升。

从贷款利率来看,由于贷款利率已经放开,虽然从2013年7月至今时间不长,名义上是市场供求决定利率水平。目前大企业可享受6%~7%的利率,而中小企业融资成本则在10%以上,西南财经大学家庭金融调查数据显示,民间借贷成本高达36%。

理论上这些贷款利率水平就是均衡利率水平了。需要探讨的是,如果存款利率进一步放开,银行是否能够把成本通过贷款再定价转移给企业或其他客户。对大企业来说,由于可以通过发债和股市融资,议价能力强,银行转嫁存款成本上升难度较大。中小企业由于实际融资成本已经处于很高的水平,不大可能继续大幅上升,将出现原来的隐性成本显性化,商业银行则被迫加强内控避免收入流失,通过避免"跑冒滴漏"增加收入以弥补成本。

因此,在大企业方面银行可能难以把上升的成本全部转嫁,但是可以从中小企业方面获得一定补偿。由于中小企业融资成本已经很高,再显著增加其成本显然不合理。因此,在推进利率市场化的同时必须建立多层次的金融市场,多渠道增加中小企业融资供给。理想的状态是迫使商业银行改变粗放经营模式、加强成本控制、调整经营结构,为降低社会融资成本作出贡献。

利率市场化后如果中小企业实际融资成本不会显著上升,那么利率市场化对经济增长的影响也许没有想象的大。这里的关键在于实际融资成本的估计。如果目前实际融资成本已经达到有些人调查的15%~25%之间,在房地产价格增幅放缓的情况下,中小企业不太可能承担更高的成本了。实际上政府可以通过立法,保护中小企业免于高利贷之苦。这方面可以借鉴日本经验。在日本,《利息限制法》规定本金不超过10万日元时,年利率应在20%以下(含),本金在10万~100万日元之间,年利率应在18%以下(含),本金为100万日元,年利率应在15%以下(含)。如果超过上述利率,超过部分的利息自动无效。

## 二

利率市场化的时机也很重要。由于利率的风险定价具有顺周期性,在经济上行阶段,不良率低,前景看好,风险溢价低,贷款利率可能走低;反之,在经济减速期,不良率高,前景不明,风险溢价高,贷款利率可能走高。目前企业融资成本呈现上升趋势,引起了普遍关注,似乎证实了银行向企业转嫁成本的能力。有人担心此时实施利率市场化改革是否加剧企业负担,但是有人开出的药方却是尽快推进利率市场化改革。

利率市场化后逐步放开对利率的直接管制,但存贷款利率将受到货币政策调控。央行将推动货币政策框架转型,逐步建立价格型调控和传导机制。通过宣布和调节政策利率和利率走廊,并运用公开市场操作等使市场利率围绕政策利率波动,来稳定预期,向其他品种和期限的利率传导,进而影响社会投资、消费行为,达到稳定经济和物价的目的。

从金融市场来看,中央银行过去一直着力培养的上海银行间同业拆放利率(Shibor)正在逐渐发挥作用,成为越来越多金融产品的定价基准。2013年10月25日,中央银行发起建立的贷款基础利率集中报价和发布机制正式运行,这是Shibor机制在信贷市场的进一步拓展和扩充,有利于强化金融市场基准利率体系建设,促进定价基准由中央银行向市场决定的平稳过渡。今后可以考虑建立利率走廊,使利率在走廊范围内变化。

此外更加注重稳定预期在政策调控中的作用,建立起对货币政策的信心和公信力。当时有学者指出由于在现阶段,我国的房地产、政府融资平台等微观资金需求主体对资金需求价格弹性小,可能导致价格型调控效果降低。但是对这些结构性问题目前通过国家综合措施治理,已经得以控制,现在情况好许多了。治理这些激励结构问题,不能指望主要依靠货币政策手段,但是原来有效的数量型控制依然可以小范围内保持并择机调整。

利率市场化后利差水平到底如何变化呢?从上述分析看出利差可能收窄。从国际经验看,银行为了应对利差收窄主动调整收入结构,手续费收入占比大幅上升,一旦结构调整到位,利差水平将上升,如美国的银行。以中国台湾地区为例,20世纪80年代前期,台湾本地银行平均利差在3.11%左右。利率市场化以后,2011年名义利差仅为1.41%左右。日本银行业利差水平甚至更低。

但是与中国台湾地区和日本等国家和地区不同,利率市场化的美国银行业净息差依然保持较高水平。2013年美国花旗银行和富国银行净息差分别为2.88%和3.39%，高于大部分中资大型银行。摩根大通和美国银行也保持在2.23%和2.46%的水平，略低于工行2.57%的水平。美国的银行NIM较高，和其特殊的客户结构有关。美国前四大银行个人贷款占比在60%～70%之间，而中国前四大银行个人贷款在25%左右。银行对个人客户议价能力强，而对公司客户议价能力相对较弱，因此获得利差不同。虽然美国利率完全实现市场化，但是由于其银行业客户和业务结构已经完成调整，依然可以保持较高的净息差。从美国经验看，利率市场化对银行利差的影响将主要集中在彻底实行利率市场化到金融机构完成客户、业务和行为调整之间。

从2013年启动大型银行股改上市改革以来，一直强调收入结构转型，就是希望为下一步实施利率市场化改革奠定基础。经过十多年努力，银行收入结构调整取得进步，中间业务收入占比有所上升，但和国际同业差距很大。国际上汇丰、摩根大通、富国银行等非利息收入占比超过一半，而国内大型银行在四分之一左右，而其中还有相当大比例是和信贷业务相关联的或者是信贷业务衍生收入。今后可进一步加入客户结构、收入结构、资产结构调整的力度。

利率市场化后银行之间竞争不仅体现在市场份额上，还体现在价格上。银行之间竞争手段更加多样化了，什么样的银行能够最终胜出呢？在存款和渠道方面，由于互联网金融的大发展，银行的物理网点优势和规模优势被打破。在贷款方面，银行面临股票市场、债券市场、理财市场的分流，同时银行之间竞争加剧。银行越来越多采取银团贷款的模式满足大企业的融资需求，而现金流充足的大企业一般都会开设或收购商业银行，许多金融业务内部化。

银行的竞争力将更多体现在综合化和国际化服务提供方面。因为大企业在资本市场或国际化经营时需要大型银行的支持和服务。中小银行将在社区金融和中小企业服务方面和大型银行展开争夺，在服务便利性、审批快捷性方面突出优势。对大型企业来说，由于银行间竞争，特别是较容易通过发行股票或债券进行直接融资，具有较强议价能力。

利率市场化将有利于资本市场发展，也有利于引导企业更好利用融资渠道，避免过度扩张和乱投资。从上述过程还可以看出，为防止利率市场化以后企业成本加重，还要加快发展多层次资本市场，满足企业直接融资需求。市场竞争的结果是只有那些不断创新的技术领先型企业，只有那些能不断降低成本的集约经营型企业，只有那些建立现代企业制度的市场导向型企业才能立于不败之地。营运成本居高不下，产品创新落后于对手，内部没有建立有效激励和约束机制的企业将不可避免遭到淘汰。

## 三

利率市场化和银行危机之间是否存在联系呢？市场竞争优胜劣汰是一个自然的过程，也是自我选择的过程。虽然利率市场化并不必然导致银行危机，但是确实可能导致银行利差收窄竞争加剧，从而使得银行拨备覆盖能力下降。

从国际经验来看，美国于1980年取消了一些对存款机构存款利率的限制后，银行倒闭家数开始突破两位数，并与日俱增，从1985年开始，又出现三位数。从1987年至1991年四年中，美国银行倒闭家数每年平均是200家，最高的一年达到250家，差不多一天要倒闭一家。目前银行退出已经是美国金融市场的常态。由于存款保险制度和金融机构退出机制，这些银行倒闭并未蔓延成为区域性或系统性风险。

由于银行具有很强的外部性，储户的利益需要给予适度保护，因此一般认为需要优先建立存款保险制度。存款保险制度建立后，在保险赔付限额内储户选择进入存款保险体系的银行可以获得保险，从而使得中小银行可以和其他银行处于平等竞争地位。但是存款保险制度实施时，从"国家隐性担保""刚性兑付"到"有限赔偿"，公众可能优先选择"大而不能倒"的大型银行，也可能进一步加剧中小银行劣势。

在"太大或太复杂以致不能倒"的大型银行面前，中小银行处于不利的市场地位。取消隐性国家担保、建立存款保险制度之前可否先解决

"太大或太复杂以致不能倒"问题呢？目前看短期内较难。经过上一轮的股改上市，大型银行经过十年的黄金岁月目前可能进入比较复杂的时期，积累了一些不良资产需要处置，转型有待继续。在大型银行改革上国家选项不多，最重要的依然是继续推进改革、真正提高效率。

上十年国家主要集中精力进行大型银行改革，希望建立合格的金融市场主体。因为决策者清醒意识到市场竞争优胜劣汰机制还有赖于财务硬约束的市场主体。如果把"财务软约束""病号型"或"重病型"金融机构和财务硬约束的机构放在一起竞争，前者可能用不正常的利率，通过过度承担风险，扰乱正常竞争秩序，带来系统性风险。

当前出现的另一个问题是改革后的银行似乎还没做好面对利率市场化后竞争的准备，许多业界大员以公开发表文章或内部报告的形式表达对利率市场化的担忧。不过最近由于表外业务和互联网金融的竞争，越来越多的商业银行直接或通过旗下基金公司发行理财产品、货币市场基金或类似"余额宝"产品，有些也表达了希望加快利率市场化改革要求。商业银行最近几年已经在逐步市场化的环境中竞争，对其适应能力也不必过于低估。毕竟我国商业银行经过十年的改革与发展，目前财务实力和抗风险能力处于历史最高水平。

## 四

既然有这么多担心，为什么要搞利率市场化呢？首先，上述利率市场化担心都有办法解决或创造条件解决。改革的过程可以配套适当的货币政策调控、财政政策以及其他配套政策或改革措施。比如，如果担心利率风险定价的顺周期性，那么可以采用调低政策利率加利率市场化的改革组合；如果希望对冲利率市场化后利率走势的预期，也可以事先采用货币政策预期管理加以对冲。

加快发展多层次的资本市场，以满足企业直接融资需求。借鉴国际经验，通过立法，保护中小企业免于高利贷之苦。通过改革缓解信息不对称和信贷配给，提高企业信贷可获得性。可以放松管制鼓励商业银行多元化经营,通过增加财富管理、资产管理业务的收入来对冲利差收窄的影响。由于目前我国商业银行在所得税之外还需要缴纳巨额的营业税,还可以结合金融企业"营改增"的改革采用优惠的税收政策降低商业银行经营成本。建立存款保险制度保护存款人,防止金融风险传染。

利率市场化有利于优化资源配置和经济持续健康发展,将使得双轨利率并轨,有利于统一金融市场的形成,减少监管套利,更好地管理和防范影子银行风险。有利于为其他改革如资本项目开放创造条件,也有利于进一步推进金融业改革,使金融机构真正成为市场竞争主体,使货币政策更加有效,特别是有利于价格型货币政策传导体系的形成。

当前我国经济正处于增长速度换挡期、结构调整阵痛期和前期刺激政策消化期"三期叠加"阶段,利率市场化有利于结构调整、经济换挡和消化前期刺激政策。利率管制与所有价格管制一样,必然会造成交易费用上升和资源配置扭曲。利率管制管不住、管不好,人们总会通过创新或其他渠道来规避利率管制。从数据看,目前银行信贷在社会融资总规模中占比仅为52%。我国银行表外融资以及所谓影子银行规模巨大,实际形成一个拟市场化利率。余额宝等互联网金融星火燎原也是对利率管制的一种倒逼。实际上在继续管制存款利率的情况下,利率水平波动已经体现在不受管制的金融活动中了。

推进利率市场化是建设市场经济题中应有之义,在党的十八届三中全会和"十二五"规划中都写得很清楚。亿万储户和中小企业可能从利率市场化中受益,皆翘首以盼。利率双轨制也要逐步并轨。但是在实际推进过程中,利率市场化决策者和参与者将面临较大的决策难度和风险承担,需要在效率和稳定之间取得微妙平衡。利率市场化不能取代金融结构改革,也不能指望毕其功于一役,还需要许多配套改革。相关利益群体的支持和顶层配套协调也是必不可少的。

均衡利率不仅是市场供需均衡点,也是相关利益调整均衡点。"三期叠加"、融资成本趋高以及错综复杂的经济金融形势无疑增加了改革时机把握难度。

# 存款准备金制度研究[①]

当前,完善存款准备金制度既要有利于中央银行加强流动性管理,也要有利于未来货币政策操作框架转型。一是继续完善存款准备金交存范围。二是继续完善存款准备金制度分类标准。三是探索存款准备金制度的精细化管理。

我国存款准备金制度自1984年建立至今已有33个年头。作为最古老的货币政策工具之一,存款准备金制度的作用不是一成不变的,存款准备金制度本身也在不断发展和完善。这些年来,我国的货币政策调控框架大体经历了从信贷规模管理,到以货币信贷为中介目标的间接调控,再到货币政策+宏观审慎政策双支柱的金融调控政策框架。相应地,存款准备金制度所发挥的作用从为中央银行"集中资金、配置资金",到根据宏观调控需要对冲银行体系偏多流动性,再到配合货币政策调控框架从数量型向价格型转型以及配合宏观审慎政策框架的建立。

**存款准备金制度的功能和内容**

存款准备金制度是在中央银行体制下建立起来的,其初始意义在于保证金融机构的支付和清算,之后才逐渐演变成为货币政策工具。19世纪60年代,美国最早在《国民银行法》中规定商业银行应将其存款的一定比例存入中央银行。法定存款准备金通过货币乘数对国内信贷和

---

① 合作者:陈婷婷。

货币供应量发生作用。理论上，提高存款准备金率可以降低货币乘数，影响金融机构信贷资金能力；降低存款准备金率则会产生相反的效果。回首数量化调控的时代，许多国家都曾或多或少地实行存款准备金制度，特别是像我国从信贷规模管理过渡到市场化间接调控但缺乏相应调控体系和金融市场支撑的时期，存款准备金制度成为中央银行的现实选择。

存款准备金是中央银行管理流动性的常规数量工具。传统的货币政策理论认为，在货币政策工具中，存款准备金是作用最强、影响范围最广、使用频率相对较低的一剂"猛药"。这种说法主要是针对流动性偏紧的状态而言的。但我国在2003年以后的十年中，面临的是国际收支持续顺差、基础货币供应过剩、银行体系流动性偏多、货币信贷过度膨胀的特殊环境，存款准备金工具不再是紧缩的"利器"，而是能够主动、深度冻结流动性的"中性"工具，存款准备金工具成为金融机构可接受的、常规的、与公开市场操作相互搭配的流动性管理的有效工具。

存款准备金制度首先需要解决的问题就是基数如何衡量，包括负债范围和机构范围两个维度。理论上，存款准备金的基数与一个国家的中期货币政策目标（如M2）应有一定的联系。技术上，对所有符合存款准备金基数定义的负债和金融机构，存款准备金制度都应适用。如果存款准备金制度只适用于某些负债或某些机构，金融机构创新业务规避准备金交存的动力会不断增强，使得传统存款借助各种渠道转换为表内同业存款甚至转出表外，导致法定存款准备金漏损过多。这一方面会降低金融机构对存款准备金要求的反应弹性，削弱中央银行对货币乘数的控制力，影响货币政策目标的实现；另一方面也会滋生监管套利空间，不利于公平竞争，出现"劣币驱逐良币"的情况。

其次是确定存款准备金率。存款准备金率是存款准备金制度的核心内容。比率的高低可以考虑几个因素：一是货币政策调控的需要。二是负债流动性的差别。一般负债流动性越强（期限越短），存款准备金率越高。按流动性差别确定存款准备金率，会计、统计、技术、内部管理等方面都必须配套支持。三是负债规模的差别。一般负债规模越大，存款准备金率越高。还有一些因素，比如金融机构的体系结构和资金调度能力，是否对存款准备金付息及付息水平的高低，等等。

再者是存款准备金付息制度。对存款准备金付息，可以节省金融机构为规避存款准备金而投入金融创新的大量资源，适度缓解"脱媒"问题。但对存款准备金支付较高的利息，无疑会增加中央银行财务成本，而且会弱化存款准备金制度的效果。对存款准备金付息有三种方式：只对法定存款准备金付息，对法定和超额准备金都支付利息，对两者都不付息。

总的来看，存款准备金交存范围过窄或存款准备金率过高都可能导致金融机构逃避存款准备金制度，使得政策效果"不稳定"。而对存款准备金付息可以缓解这种"不稳定"，并在一定程度上扩大存款准备金工具的使用空间。

**主要国家存款准备金制度的特点**

由于存款准备金制度这种"不稳定"的效果，许多国家认为不应频繁使用存款准备金工具，一般在建立起完善的价格型调控框架后大幅放松甚至彻底放弃存款准备金制度。存款准备金相应演变成为公开市场操作的基础和货币市场利率的稳定器。但是在2008年国际金融危机之后，在利率水平已经降低至零利率甚至负利率后，美国和日本等国家通过给存款准备金付息的方式发挥其货币政策工具作用。在各国从数量型向价格型调控转型的时期，为了使金融机构具备对利率杠杆的反应能力，存款准备金工具在货币政策调控中也曾扮演重要角色，其内容有以下几个特点：

适用存款准备金制度的负债范围非常广，除传统意义的存款外还包括了很多其他负债。欧元区的交存基数包括金融机构发行的债券。日本存款准备金的负债范围包括存款类金融机构向非金融企业及公众发行的未偿付金融债券和信托本金、从特定国际交易账户到其他账户下的负债余额。俄罗斯除三年以上的存款、债券和对特定机构的负债不需交存准备金外，其他负债均应纳入交存范围。巴西规定的交存范围还包括金融机构发行的债券、债券抵押票据、汇票、或有负债等。从本质上看，这些负债虽不是一般意义上的存款，但与存款可以相互替代，特别是一些期限较短的负债货币属性较强，是货币创造的重要来源。

从机构来看，一般将开办存贷款业务的所有金融机构都纳入交存范围。欧元区存款准备金制度规定的机构范围为所有的信用机构（credit institutions）。日本囊括了几乎所有的金融机构，包括都市银行、长期信用银行、特定外汇专业银行、存款超过一定限额的信用金库合作社、互助银行、中央农林金库、信托银行、外资银行等。俄罗斯规定任何一家取得银行业务运营许可证的信贷机构都应交存准备金。巴西除传统银行外，还包括房地产抵押公司、储蓄和贷款协会以及信贷、融资和投资公司等非银行机构。

存款准备金制度适用的交存范围不断发展完善，统一性增强。以美国为例，存款准备金制度设计之初只针对存款收取存款准备金。19世纪60年代，金融创新大量兴起，美联储遂将存款准备金要求扩展至各类创新的存款及存款等价物。20世纪80年代，进一步要求所有的交易账户和部分非交易账户都要计提存款准备金，极大地拓展了交存基数。由于1913年《联邦储备法案》规定的联邦储备体系成员银行和非成员银行在存款准备金要求上的差异，大量成员银行退出联邦储备体系，动摇了货币政策有效传导的根基。其后，美联储对存款准备金制度作了许多改革，但联邦储备体系的成员银行数量仍然不断减少。直到1980年《货币控制法案》建立起统一的存款准备金制度，要求无论是否属于联邦储备体系，所有的存款性金融机构都要履行存款准备金交存义务。

确定存款准备金率的原则兼顾流动性和规模两个因素。美国规定非交易账户的存款准备金率为0%，交易账户的存款准备金率按规模分为三级：限额超过10360万美元为10%，限额在1450万美元到10360万美元之间为3%，限额在1450万美元以下为0%。日本对商业性存款类金融机构实施"累进准备金率",按负债规模分为四级:2.5 万亿日元以上、1.2 万亿日元到 2.5 万亿日元、0.5 万亿日元到 1.2 万亿日元、500 亿日元到 0.5 万亿日元,相应规模的定期存款准备金率为 1.2%、0.9%、0.05% 和 0.05%,其他存款准备金率为 1.3%、1.3%、0.8% 和 0.1%。

发达国家存款准备金率呈逐渐降低趋势,发展中国家维持较高水平。20 世纪 90 年代以来,发达国家存款准备金率总体上呈降低趋势甚至取消。美日欧仍保留存款准备金制度,但存款准备金率较低,主要作为公开市场操作的基础和支付清算的保证。英国、瑞士、丹麦、加拿大、澳大利亚、新西兰等实行通胀目标制的国家放弃了存款准备金制度。一些发展中国家存款准备金率维持较高水平。巴西为控制通胀和货币信贷过快增长,2012 年以后多次上调存款准备金率,目前活期、定期、住房储蓄存款和农村储蓄存款的准备金率分别为 45%、20%、20% 和 13%。土耳其为应对资本流入带来的升值压力,2011 年将短期存款准备金率提高至 16%,同时创造性地推出准备金选择机制(ROM),在资本流动和汇率之间发挥自动稳定器的作用。

传统上多数国家不对存款准备金付息,但近年来全球货币政策操作框架出现了一些新变化,对存款准备金付息成为各国央行的新实践。1999 年,欧央行成立并建立存款准备金制度后,就对金融机构存款准备金付息。其中,法定存款准备金利率与主要再融资操作利率挂钩,目前为 0.05%;超额准备金利率与存款便利利率挂钩,2011 年欧央行实施负利率政策后,逐步调降至 -0.2%。2006 年,美国出台《金融服务管制放松法案》,授权美联储自 2011 年 10 月起向银行在美联储的存款余额支付利息。为应对次贷危机,美联储提前于 2008 年 10 月开始向法定和超额准备金付息,目前利率水平均为 0.25%。日本央行一般不对存款准备金付息,但在 2010 年曾暂时对存款准备金付息。

**我国存款准备金制度的发展**

我国交存准备金的负债和机构范围均以存款为核心。负债范围方面，1998年以前主要包括个人储蓄存款、单位存款、特种存款和委托代理业务轧差余额。改革存款准备金制度后，陆续将机关团体存款、保险公司存款、邮政储汇局存款、表内理财产品、国库现金管理定期存款、金融控股公司存款、保证金存款、存款类金融机构吸收的非存款类金融机构存款等逐步纳入交存范围。近两年，我国存款准备金制度对存款以外的其他负债也有所探索，比如对代客远期售汇业务收取外汇风险准备金。机构范围方面，以存款类金融机构为主。除传统银行外，近年来陆续将村镇银行、民营银行等新型金融机构及进出口银行纳入交存范围。此外，交存准备金的非存款类金融机构有金融租赁公司和汽车金融公司两类，信托投资公司自上一轮清理整顿后基本终止存款准备金考核。

我国存款准备金率的确定基于机构类型，一般规模越大，存款准备金率越高，且档次繁多。存款准备金制度成立之初，我国曾按存款类型确定存款准备金率，即企业存款20%、储蓄存款40%、农村存款25%。但随后很快统一为对所有金融机构实行相同的存款准备金率。2003年以后，随着大规模对冲银行体系偏多流动性，考虑到支持结构调整及金融机构资产调整能力不同等因素，商业银行和农村金融机构的存款准备金率逐渐分化。2008年下半年国际金融危机爆发后，国有、股份制和其他中小型商业银行、农村金融机构的存款准备金率分化扩大。2014年以来，为支持"三农"和小微企业等重点领域，人民银行开始实施定向降准，存款准备金率档次进一步分化。

我国存款准备金率也曾适用其他的分类标准，比如从2004年起实行的差别存款准备金率制度。金融机构适用的存款准备金率与其资本充足率、资产质量状况等指标挂钩。金融机构资本充足率越低、不良贷款比率越高，存款准备金率就越高；反之，资本充足率越高、不良贷款比率越低，存款准备金率就越低。

总的来看，我国存款准备金制度内容的设计与不同时期的货币政策调控目标和水平、金融机构组织体系、资金管理方式和能力以及会计、统计制度效率等密切相关。过去，存款准备金工具在对冲银行体系偏多流动性、抑制货币信贷过快增长、防止经济过热方面发挥了重要作用。但随着金融创新快速发展，金融机构及其负债类型更为多样，现行存款准备金制度在有效实现货币政策和宏观审慎管理目标上越来越难。

### 我国存款准备金制度的覆盖率降低

金融机构规避存款准备金制度的动机和行为日趋增强。近年来，我国金融市场发展较快，各类跨市场、跨行业的金融产品和业务层出不穷。但实际上，有一些创新在刚性兑付下仍具有存款和货币的众多属性，但却规避了存款准备金制度。比如银行事实上承担的法律责任和刚性兑付的表外理财和存款都极为类似。从资产端看，表外理财底层资产的投向与表内广义信贷也无太大差异，同样发挥着信用扩张作用。又如货币市场基金。货币市场基金投资者范围广、门槛低并被视作几乎无风险，具有很强的货币属性，不需要缴纳存款准备金，但实际上存在挤兑和流动性风险，而且具有传染性。此外，一些已纳入货币供应量统计和交存范围的存款，适用的存款准备金率也一直为零，比如存款类金融机构吸收的非存款类金融机构存放。

按机构类型划分存款准备金率档次的合理性有待加强，容易扭曲货币政策工具。我国金融机构分类具有鲜明的时代特征和体制因素。从监管角度，我国金融机构一直按国有、股份制、城商行、农村金融机构、非银行金融机构等进行分类监管。然而，目前几乎所有的商业银行都已完成股份制改革，一些非银行机构也可以从事吸收存款等传统银行业务，还有诸如民营银行等新兴机构类型不断涌现，这种简单划分的基础已不复存在。按机构类型确定存款准备金率档次还在一定程度上破坏了存款准备金工具的统一性。近年来，大型企业集团财务公司一直希望享受更低的存款准备金率。但这可能导致大量企业存款从商业银行流向财务公司这个"洼地"，不仅对适用较高存款准备金率的商业银行不公平，而且使得很大一部分存款派生活动脱离存款准备金的约束，影响中央银行调控能力。

我国名义存款准备金率较高,按照宽口径计算可比水平降低。在我国货币政策框架价格型和数量型调控模式并存的情况下,为配合向更加突出价格型调控的方向逐步转型,实施存款准备金制度的效果应使货币乘数较为稳定并可预见。在决定货币乘数的各项因子中,除法定存款准备金率以外,超储率和现金比率均由金融机构和社会公众等市场主体共同决定,中央银行控制力较弱。法定存款准备金率方面,目前我国名义存款准备金率平均在15%左右,在国际上属中高水平。但若考虑金融机构资产负债表快速扩张,并通过公开市场操作、常备借贷便利和中期借贷便利等货币政策操作从中央银行获得大量流动性,实际存款准备金率应远低于名义水平。值得注意的是,好的货币政策只能采取"试错法",固定规则远不能覆盖经济环境中存在的根本性的不确定性。因此,应避免把货币政策调控简单机械地与存款准备金率的某一特定水平对应起来。

**改进和完善存款准备金制度的方向**

我国存款准备金制度由来已久。随着近年来金融市场发展较快,金融产品和业务不断创新,金融机构也更加多元化,相关制度已难以适应形势变化。金融机构越来越容易规避存款准备金要求,一方面存在公平性的问题,容易引发道德风险和逆向选择,增加系统性风险隐患;另一方面也使得货币乘数和货币需求函数变得不稳定,削弱了货币政策数量调控的有效性。从国际上看,多数国家的货币政策框架以价格稳定为单一或主要目标,以调整政策利率为常规调控方式,这种框架是适应市场经济体制一般规律的,也是我国的远期目标。但在我国目前的发展阶段和市场化程度下,仍需综合运用价、量工具和宏观审慎政策,调节好货币闸门,维护流动性基本稳定。

当前,完善存款准备金制度既要有利于中央银行加强流动性管理,也要有利于未来货币政策操作框架转型。一是继续完善存款准备金交存范围。适应货币供应方式变化和金融创新发展，进一步完善货币供应量统计和存款准备金交存范围，有效应对"金融脱媒"对货币政策调控的影响。二是继续完善存款准备金制度分类标准。近年来，我国金融机构分类监管有一些新的尝试，更为符合实际和市场经济原则。比如，银监会按照资本充足率水平对金融机构实施分类监管，人民银行按照宏观审慎评估结果对金融机构适用不同的激励约束机制。三是探索存款准备金制度的精细化管理。比如，根据资本流动的变化，对流动性强弱不同的存款规定不同的存款准备金率，探索边际存款准备金制度等。

# "融资难与贵"的三个视角：
# 融资结构、资本约束和信任重建[①]

实际上，实体经济和金融就像一对夫妻，不能相互指责。解决上述问题要实体经济和金融机构、供给侧和需求侧、宏观与微观、股权融资与债权融资同时发力。

今天很荣幸参加厉以宁老师从教60周年纪念活动。20年前我从光华管理学院研究生毕业，后来又在厉老师指导下从事博士后研究，在经济学学习道路上受到厉以宁老师启蒙和启迪。今天作为一位金融研究员谈谈对"融资难与贵"问题的一些个人思考。

## 一、关于融资难、融资贵的三个典型质疑

金融服务实体经济主要一项就是提供融资服务。说得最多的就是"融资难""融资贵"问题，有三个质疑比较典型：

第一，从量看，融资成本高体现为企业的财务费用较高。有一定比例的新增贷款要用于偿还利息。

第二，从价看，贷款名义利率经过PPI调整以后实际利率更高。

第三，从国际比较看，中国的融资成本比美国、日本、欧洲都高。为什么人家那么便宜，我们相对高一些？

---

[①] 本文系作者在2015年11月22日北京大学"中国经济的热点问题"学术研讨会暨厉以宁教授从教60周年纪念学术活动上的发言，部分内容发表于《中国金融》2015年第24期。

## 二、分析"融资难""融资贵"的三个视角

对这三个质疑我们要慎重对待。这些观点言下之意就是融资成本还可以降低。这不仅对企业减少成本有意义，对政府减轻债务负担有意义，还对金融市场有影响。

针对第一个质疑，主要还是因为杠杆率高，负债额大，长期超负荷经营，其出路主要在债务重组、企业重整和破产清算。我国改革开放以来，先有企业后有资本约束，后来又经过几轮加杠杆，形成部分企业资本不足、财务费用高的局面（具体参见后文）。

针对第二个质疑，目前国内使用的PPI指标下行主要受到国际大宗商品价格下行影响，是输入性的，其构成及方法均有待进一步改善，难以准确反映企业产成品价格变化，使用PPI调整利率并不准确。

针对第三个质疑，和新兴市场国家比，我国在金砖国家中利率最低，也比大部分发展中国家低。2008年以来，欧、美、日长期实行量化宽松，美国、日本采取零利率政策，欧元区甚至是负利率政策，比较基础就不太一样。实际上许多地产公司在国内发债的成本低于在境外发债成本。发达国家虽然跨国公司融资成本较低，但是低收入群体的发薪日贷款（Payday Loan）等利率并不低。国内部分优势跨国企业综合融资成本在1%~2%，接近国际跨国公司水平。当前的外汇制度下，国内利率政策受制于汇率和国际资本流动，"不可能三角"[①] 约束趋严。

除了上述短期因素外，我国的融资难与贵还有深层次的原因。以下从三个视角看融资难与贵问题。

### （一）二元融资体系下信贷配给恶化

我们看以下三个问题，一是企业贷款难与银行难贷款；二是就业难

---

① "不可能三角"即一个国家不可能同时实现资本流动自由、货币政策的独立性和汇率的稳定性。也就是说，一个国家只能拥有其中两项，而不能同时拥有三项。如果一个国家想允许资本流动，又要求拥有独立的货币政策，那么就难以保持汇率稳定。如果要求汇率稳定和资本流动，就必须放弃独立的货币政策。

与招工难;三是男人找对象难与女人难出嫁。这些问题可以类比。融资难问题在二元体制下更难了。什么叫二元体制?厉以宁老师讲过城乡二元体制,我讲的二元体制,是指融资结构的二元体制。大部分大企业的融资不难也不贵,真正觉得难和贵的是"三农"和小微企业,是国民经济中的一些薄弱环节,这就是二元体制,有人欢喜有人愁。融资容易的这一块是大企业,其本外币境内外融资成本相对较低。一些困难行业和企业融资难。比如在经济下行压力较大、产能过剩的背景下,煤炭、钢铁都是比较困难的行业。但是"一刀切"也比较困难,要考虑就业和社会稳定的问题。而资源是有限的,有限的资源如何有效分配,这涉及传统的信贷配给[①],在贷款比较紧张、信息不对称情况下,银行一般都会设置一些非利息条件[②],挑选比较好的企业贷款。二元体制下,这种情况会得到强化。大企业更加关注融资贵问题,因为贷款量已经很大了,希望降低财务费用。小微企业更加关注融资难问题,由于成长性好,往往愿意付出更高成本获得融资。根据标准普尔数据,从2008年到2014年,国有企业"债务/EBITA比例"(EBITA是息税折旧摊销前利润,指未计利息、税收、折旧、摊销前的利润)从低于3上升到5以上,其中风险最高的是钢铁等企业,相对较低的是电信和能源企业。私营企业相对较好,该"债务/EBITA比例"在2014年低于4。

(二)资本不足背景下风险溢价攀升

首先,融资难与贵主要是缺资本而非缺贷款,也不缺流动性。当前流动性总体充足,截至2015年10月末,M2增长13.5%,储蓄存款余额53.6万亿元。10月同业拆借加权平均利率和质押式回购加权平均利率分别为1.99%和1.94%,均比上年同期低0.7个百分点。1~10月新

---

① 信贷配给,是指在固定利率条件下,面对超额的资金需求,银行因无法或不愿提高利率,而采取一些非利率的贷款条件,使部分资金需求者退出银行借款市场,以消除超额需求而达到平衡。

② 非利率的贷款条件主要包括三类:第一类是借款者的特性,如经营规模、财务结构、过去的信用记录等;第二类是银行对借款者就借款活动所做的特别要求,如回存要求、担保或抵押条件、贷款期限长短等;第三类属于其他因素,如企业与银行和银行个别职员的关系、借款者的身份、借贷员的个人好恶、回扣的有无和多少等。

增贷款 10.4 万亿元。与此同时，企业杠杆率较高。根据中国社会科学院的估算，截至 2014 年，非金融企业部门债务占 GDP 的比重为 149.1%，扣除地方政府融资平台债务规模，非金融企业部门债务占 GDP 的比重为 123.1%。在杠杆率高企的背景下，如果不补充资本金，再加杠杆的风险很大，风险溢价更高。

其次，我国先有企业后有资本约束，存在资本不足和观念不强问题。改革开放前，政府、企业、银行三位一体，国家对基本生产单位实行统收统支和统负盈亏，企业收入上缴财政，企业生产经营所需的资金由财政拨付，银行相当于出纳，没有资本约束概念。随着公司法、商业银行法、巴塞尔协议实施，企业和金融机构改革逐步推进，企业成为自负盈亏的市场主体，银行与企业的债务关系由债务契约来约束，逐渐确立了资本约束观念和做法。目前来看，银行业与国际接轨比较充分，约束最严；上市公司和公开发债企业也要求有良好的融资结构。但必须看到，预算软约束的现象依然存在。企业的融资相当部分还是在围绕借债做文章，没有跳出"举债扩张—危机—重组—再举债扩张"的循环。由于资本市场发展不充分，被推向市场的企业至今依然没能打破这个负循环。这主要是由于企业资本金先天不足，贷款余额过大造成的，也和长期以来破产清算难以执行、产业政策失效导致的产能过剩以及"僵尸企业"不能及时退出实现市场出清有关。企业债务长期过高势必危及银行体系的健康，长期看是不可持续的。

最后，资本约束是现代企业和银行制度基本原则，也是市场经济基本观点，金融市场发达的基石。金融学基本理论告诉我们，融资的一个基本前提是资本金。资本是什么？资本是吸收剩余损失的最终来源。因为金融市场中存在信息不对称，贷款人无法掌握借款人的所有信息，借款人会有拿他人资金过度冒险以博取更高收益的倾向，从而导致道德风险和逆向选择。解决该问题的一个办法就是在债务合约中增加对借款者的资本金要求。当借款者自己的资本很高并也会因其冒险行为遭受巨大损失时，会降低借款人过分冒险的倾向。正是因为这个原因，贷款人对借款人的资本会有一定的要求。从企业的角度而言，保持适度的资本金水平、维持合理的资本结构有助于企业价值最大化。资本结构理论表明，负债融资由于存在税收上的收益有助于降低融资成本，且不会稀释股权；但随着负债率上升，企业破产概率上升，融资难度和融资利率也会上升。企业需要权衡这些成本和收益，选取一个最优资本结构，而不可能无限地提升负债率。不同类型企业的资本金约束存在差异。小微企业是最市场化的经济主体，银行对其融资遵循相对严格的商业标准，如果资本金达不到要求，一般难以获得贷款。

（三）信任不足情景下的交易成本居高不下

银行贷款利率受到成本约束，主要包括资金成本、拨备成本（风险溢价）、营运成本、资本成本以及资本回报要求。这些成本构成利率定价下限。如果利率低于这个总成本，该笔贷款亏损，融资不可持续。资金成本是负债成本，主要受存款利率、理财产品利率、货币市场利率影响。这个是宏观政策可以影响的。拨备成本、营运成本、资本成本则基本独立，难以调节。运行成本主要包括银行内部运行费用和与客户管理相关费用。

跟商品流通相比，借贷是不一样的。货物交易一手交钱一手交货，等价，当期。资金借贷一方给钱一方给借据，跨期，无对价，信用是基础。股权投资一方给钱一方获得股权，风险介于两者之间。借贷把钱给债务人以后，即期没有拿到对价，本来风险就挺大，因此有一个信任的问题。

在借贷的链条上，既有银行与企业的关系，也有银行内部上级对下级、中台对前台的关系，这些关系都涉及信任，以及由信任所带来的交易成本问题。根据"科斯定理"，若交易费用为零，无论权利如何界定，都可通过市场交易达到资源的最佳配置。但在实际中，不存在交易费用为零的情况。银行和企业之间，有信任关系，但也有不信任的关系。由于信息不对称以及履约约束不强，交易成本较高，试图通过自愿交易来解决欺诈、拖欠、欠债不还等问题根本无法实现，只能求助于司法程序。如果法律制度和商业文化不完善，则高昂的交易成本可能会使得银行放弃交易，即出现银行的惜贷、拒贷。这种现象在财务制度不健全、倒闭风险相对较高、欠款追缴和判决执行难度相对较大的小微企业上尤其突出。如果不允许银行通过提高利率等方式获得风险补偿，则这些小企业将被拒之门外。从这个角度看，利率市场化并提高银行自主定价能力将有助于缓解融资难。

不信任不仅仅体现在银行和企业的不信任，还体现在银行内部。科斯通过《企业的性质》这篇论文说明，企业的存在是为了节约市场交易费用，即用费用较低的企业内部交易替代费用较高的市场交易；企业的规模被决定在企业内部交易的边际费用等于市场交易的边际费用或等于其他企业的内部交易的边际费用的那一点上。如果企业内部建立在信任的基础上，各个环节之间的配合非常协调，则内部交易成本较低。我们现在观察到的一个现象是，在一个庞大的企业内部，如果制度和文化不够完善，上级对下级，中台对前台，很难以信任为基础，这就造成内部交易成本的迅速上升。近年来，上市银行的管理费用/营业总收入虽然有所下降，但总体仍然保持在30%左右。高企的运营费用必然会向贷款利率传导，这也导致企业的融资成本下降空间有限。对基层授权不足还有可能加剧基层银行的惜贷行为。

## 三、解决融资难与贵的三条对策

实际上，实体经济和金融就像一对夫妻，不能相互指责。解决上述问题要实体经济和金融机构、供给侧和需求侧、宏观与微观、股权融资与债权融资同时发力。实体经济要加大供给侧改革，补充资本，加大创新，提高吸收流动性的能力。金融要提高服务效率，实施逆周期调节，加快发展多层次股权融资，增加小微和"三农"金融服务供给。

当前短期扰动因素主要有互联网理财和财政库款招标推高银行负债成本、股市打新和刚性兑付推高无风险收益。要标本兼治，短期内治标，为长期治本赢得时间、创造条件。但是不能长期用治标办法以免贻误时机。从宏观政策角度看，当前流动性总量合理充裕，货币市场利率稳定在低水平，宜加大结构性改革力度，抓紧解决长期性、体制性问题。

值得指出，部分学者看到美欧日采取"QE"措施，也呼吁中国政府尽早实行"QE"，这实际上混淆了资本和负债的区别。我国企业的问题是缺乏资本金而非负债。从国家资产负债表的宏观角度看，银行贷款只能提供负债，不能作为资本金使用，量化宽松的结果是进一步恶化资产负债表。此外，不同于受到金融危机严重打击的美欧银行，我国银行业相对健康，信贷扩张能力主要受到信贷需求约束，而非自身资产负债表约束。

一是通过多种方式补充企业资本金。对于债务率高、发展前景不佳的企业，可按照《破产法》依法破产，完善市场退出机制，但同时要通过社保体系对失业者提供基本生活保障，维护社会安定；对于有一定发展前景但债务负担较重的企业，可以采取债务重组、债转股等方式补充资本金，恢复其自身的造血功能。利用地方政府债务置换机会做实地方政府融资平台，使其成为资本达标、财务合格、法律合规的融资主体。从供给侧要大力发展股权融资、发展多层次的资本市场体系，打通股权融资"最后一公里"。

二是金融机构保持适当管理半径，增强可持续融资能力。正如科斯提出的，企业的规模被决定在企业内部交易的边际费用等于市场交易的边际费用或等于其他企业的内部交易的边际费用的那一点上。内部信任程度影响内部管理成本，制约银行的最优规模。提供信用服务的银行如果内部缺乏信任，内部的交易成本有可能随规模递增。我国的银行业上市以后，学习西方的内控理念（诸如"四眼原则"等），打造"流程银行"，但是忽略了企业存在的价值就是用内部指令和信任代替外部市场交易以节省成本，如果银行内部业务单元觉得和其他内部单元打交道比和外部打交道还难、流程还长、不确定性还高，那就说明其管理边界超过临界点了，需要适当缩小规模。信任不足问题在国有银行或由国有改制而来的银行中更加突出。由于"总行—分行—二级分行—县支行—储蓄所"这样的长管理链条,大银行处于两难境地,其基层机构和人员经常与属地的企业和客户"打成一片",导致总行对其严密防范,但是如果授权过小,又导致活力和动力不足,经常处于"一放就乱,一乱就收"的循环中。在管理上"架床叠屋"的结果就是机构臃肿、效率低下。近年来,技术进步提高了信息的透明度,互联网金融的边际成本递减和网络效应,使得银行物理网点的优势降低。这些都要求银行进一步优化经营管理,保持适度管理半径。

从供给侧大力发展小微银行,增加对小微企业的金融供给,着力缓解融资结构二元体系问题。推进不良资产的商业化处置、市场化处置。逐步放开不良资产转让市场,允许更多民间资本进入,利用地方金融资产交易所和电商平台,采取竞标制度,加快处置,盘活存量。金融本身也是 GDP 的重要贡献者,在服务业里面占第二大位。银行也是企业,要允许银行的合理中间业务收费。增强银行资金实力,启动银行资本补充。

三是重建社会信任,强化第三种调节,即道德调节。超常规效率来自效率的道德基础(厉老师)。降低金融运行成本和信贷经营成本必须重建社会信任、发挥道德调节作用。当部分私人企业老板只敢用老婆管财务;当银行上级寄托于计算机"硬控制"来防范道德风险(认为机器比人可靠)时;当部分企业对税务一套账,对银行另外一套账时;内部管理的成本和对外经营成本都急剧攀升。加强道德力量首先依靠自律。没有自律,谈不上道德力量调节。其次依靠他律,依靠法律和道德规范的约束。最后依靠文化建设。企业文化建设、社区文化建设、校园文化建设等,都有助于加强道德力量调节作用的发挥。2014 年国务院发布了《社会信用体系建设规划纲要(2014—2020 年》,这里面很重要的一点,是道德调节和加强信用建设,降低不信任带来的交易成本。

# 影子银行融资成本探析[①]

影子银行对实体经济中融资难的问题起到了重要的缓解作用,这一点已经基本达成一致的看法。但是关于影子银行的融资成本是否偏高的问题尚无定论。有的观点认为从统计数据上看,影子银行的融资成本远高于银行贷款利率,影子银行的融资成本太高;也有观点认为,在考虑到中小企业等融资主体信贷可得性极低的情况下,影子银行以灵活多样、快速便捷的方式提供了新的融资渠道,影子银行的贷款利率是市场中真实利率水平的反映。本文从对影子银行融资成本结构剖析的角度入手,综合考虑融资过程中存在的显性成本和隐性成本,对影子银行融资成本和银行贷款渠道的综合成本进行对比分析。

关于融资成本高的原因,目前普遍认可的观点主要包括高风险高溢价的风险定价机制、金融抑制和信贷配给、利率市场化的间接影响、信用评价体系的缺乏,以及经济的结构性失衡[②]。从影子银行融资模式的角度看,融资成本偏高的一个重要原因是,由于不同市场分割和分业监管体制下的监管割裂,各市场机构在融资过程中为了满足合规性要求,拉长了融资链条,一定程度上推高了融资成本。

---

① 本文发表于2015年《金融稳定报告》(第一财经),合作者:陈小苓。
② 温信祥《降低社会融资成本重在结构性改革》:经济的结构性失衡包括实体经济和金融比例失衡、直接融资和间接融资比例失衡、股权和债权融资失衡、银行表内信贷和表外理财业务的失衡、大中型金融机构和小微金融机构发育程度的失衡等。经济的结构性失衡解释了为什么在当前货币信贷环境整体宽松、市场资金较为宽裕、市场化配置资金程度不断提高的背景下,融资成本却仍然高企不下。

## 一、影子银行概况

中国经济处于"新兴加转轨"阶段,相应的金融体系存在二元结构和利率双轨制。社会融资规模主要由正规金融体系融资和非正规金融体系融资构成。正规金融体系主要包括银行间接融资和资本市场直接融资。非正规金融体系主要指影子银行体系融资。从利率双轨制角度看,利率大致可分为两类:一类是受到较为严格监管的正规融资渠道的利率,如银行贷款、发行债券,其利率水平和资金投向常带有较强政策引导的色彩;另一类是受监管较少或尚未受监管的非正规融资渠道的利率,主要体现为影子银行提供的融资利率,市场化程度较高,带有较强的创新特征。历史数据表明正规渠道的贷款利率远低于非正规渠道的利率水平。融资成本从构成上看,包括利息成本和非利息成本;从成本特性来看,包括显性成本和隐性成本。除了不同渠道贷款利率的差异,借贷市场中还存在诸多其他方面的问题,比如融资企业为了获得融资而付出高昂的其他方面的隐性化代价。中小企业从正规金融体系融资显性成本较低,但是往往还要付出各种高昂的隐性成本。从影子银行体系融资虽然显性成本高,但是隐性成本相对较低。考察影子银行体系成本需要同时考虑显性成本和隐性成本。

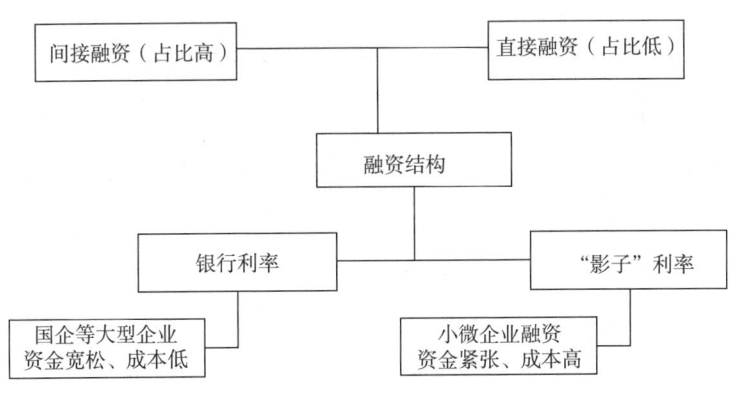

**图 1　融资结构的二元体系**

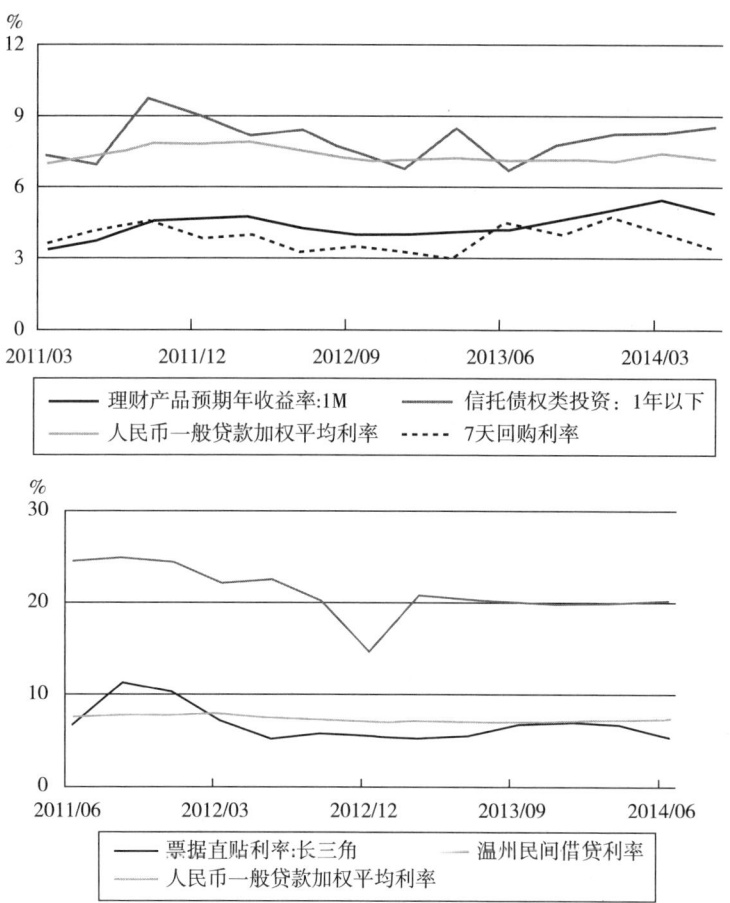

图 2 正规金融机构贷款利率与其他渠道融资利率比较

按照金融稳定理事会（FSB）的定义，影子银行是指在传统的、受监管的银行系统之外提供金融中介服务的各种市场和机构，包括具有信用中介、期限转换、流动性供应以及风险分担功能的各种实体。影子银行受到较少的监管或者不受监管。

按照和银行的关系以及受监管程度的不同，影子银行可以划分为两类：第一类是正规金融机构的影子，主要体现为商业银行为了规避监管而开展的表外融资业务，即"银行的影子"，第二类是独立于正规金融机构之外的影子银行，它们承担了类似银行的贷款融资功能，但是独立于银行体系之外,且受到与银行不同标准的监管。我国的影子银行主要是"银行的影子",如银行的理财产品,将银行的表内业务转表外的且由信托作为"通道"的"银信合作"类信托产品,或由券商和基金子公司作为"通道"的资产管理计划产品,它们背后依托于银行的信用;其次是独立于银行之外的部分,包括信托、券商等金融机构主动管理、自主发行或由第三方机构代销的产品,互联网金融,民间借贷等。

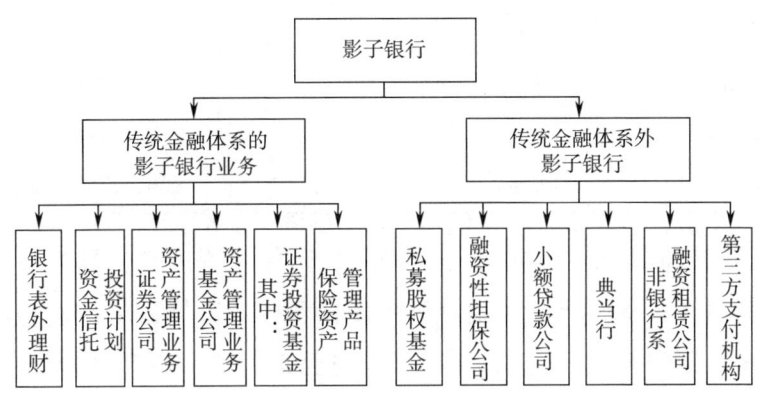

**图3　影子银行的主要形式**

作为中国金融体系中最重要的金融机构,商业银行受到了最为严厉的监管。虽然影子银行也会受到一定程度的监管,主要是相应监管部门给予的业务规范和指导,但是这些监管要求和商业银行受到的监管要求相比,在本质上是完全不同的。商业银行适用的巴塞尔协议Ⅲ的监管框架,在资本要求、杠杆率、拨备率和流动性等方面都更为严格。由于影子银行受到较少的监管,利率不受限制,市场化程度较高,在开展业务过程中较灵活,资金投资范围也十分广泛,成为市场创新的主要载体,能够满足金融市场机构的多种多样的需求。信托公司的业务范围可以横跨货币市场、资本市场和实业领域,涉及的形式包括股权、债权、物权,产品形式可以是贷款、股权、财产权、收益权、应收账款受让权等多种多样的形式。而证券公司和基金子公司除了不能发放贷款以外，在其他任何领域开展业务都是允许的。此外，通过信托公司融资可以满足时效性的要求，单个项目通常 1~2 个月就可以完成审批并放款，对于信托公司已具备较为成熟模式的业务，甚至可以在一两周内迅速完成。

表1　　　　　　　银行与影子银行机构的资金投向范围比较

| 资金投向 | 银行 | 信托 | 资管计划（券商、基金） |
| --- | --- | --- | --- |
| 货币市场 | 可以 | 可以 | 可以 |
| 股票市场 | 不可以 | 可以 | 可以 |
| 信贷市场 | 可以 | 可以 | 不可以 |
| 债券市场 | 可以 | 可以 | 可以 |
| 投资实业 | 不可以 | 可以 | 通过定向/专项计划可以 |

影子银行监管较少或几乎不受监管，市场化程度高，具有极好的创新性和灵活性，从而能够满足经济中多种多样的市场需求，这是影子银行兴起并迅速发展的根本原因。未来商业银行受到的监管将会更加严格、逐渐与国际标准接轨，银行贷款规模仍然难以满足实体经济全部融资规模的要求和融资需求的多样性，同时，银行存款的低利率也难以满足居民对高收益理财的需求。因此，影子银行未来仍然有极大的市场空间，仍将长期存在并扮演重要角色，只不过是体现形式不同而已。

## 二、影子银行缓解融资难

影子银行机构在发展扩张的过程中为实体经济提供了大量融资，弥补了银行信贷市场和资本市场等主流的融资市场由于金融压抑而无法满足的融资需求，起到了服务实体经济的作用。因此，影子银行对于缓解融资难的问题是作出了重要贡献的。

根据人民银行公布的社会融资规模的相关统计，自 2008 年至 2013 年期间，银行贷款在社会融资中所占的比例下降，以委托贷款和信托贷款为代表的多样化的融资方式迅速增长，成为社会融资的重要供给主体。2014 年,信托业在经济下行、竞争加剧以及监管层治理影子银行的背景下开始出现了增速下滑的现象。但是如果考虑到证券公司、基金公司及基金子公司对信托公司的同类型业务替代,"类信托"业务仍然有较大增长。

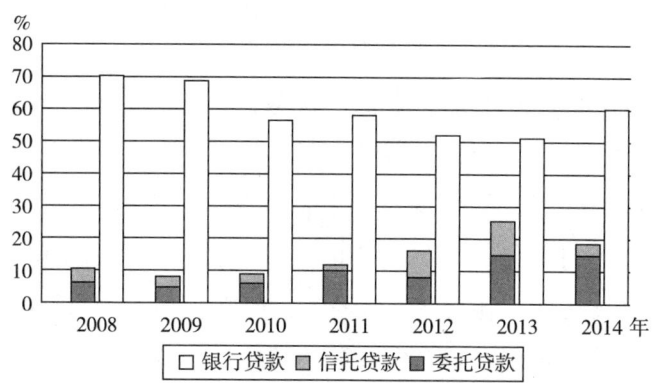

注:考虑到数据的完整性、代表性强,粗略地将影子银行规模等同于信托贷款余额、委托贷款余额之和。需要指出的是,证监会 2012 年起允许证券公司、基金子公司开展的资产管理业务在本质上和信托业务是相同的,该部分未计入上图(2013 年末证券公司资管业务规模 5.19 万亿元,基金子公司资管业务规模 1.38 万亿元,2014 年末对应数据分别为 7.95 万亿元、3.74 万亿元)。

数据来源:根据中国人民银行网站整理。

**图 4　影子银行增长趋势与银行贷款的对比**

当银行信贷收紧时,信用等级较低的民营中小企业首当其冲。由于中小企业在资质上天生的劣势,以盈利为目的的商业化机构对其支持本身就很有限,根据有关调研,商业银行为中小企业提供的融资占比不到 10%。中小企业融资只得寻求其他借款方式。其中,委托贷款作为影子银行的重要部分,将资金从国有企业等资金富余部门,提供给资金短缺的企业,成为企业之间相互融资的重要方式。2014 年第一季度,企业通过委托贷款的融资规模为 7183 亿元,而同期债券发行量仅仅 3856 亿元。

当银行信贷收紧时,建设周期较长、短期内难以产生盈利的项目如果被提前收回贷款,或者不能获得持续融资,则会面临资金链断裂、前期投入无法收回、项目失败的风险。在很多情况下，融资企业面临的是阶段性的因资金周转产生的流动性风险，而不是因本身资质和实力变差而产生的违约风险，在这个阶段，如果能够获得融资应对短期流动性，那么就不会出现企业整体的融资环境的恶化或倒闭的风险，甚至影响所在行业或所在地区的整体信用评级。信托贷款等资产管理机构对企业的持续经营和后续发展起到了重要作用。

根据全国银行业理财信息登记系统数据，银行理财资金投向涉及国民经济的80多个行业。而银行的表外理财主要投向了信托产品等"非标"产品。以信托行业的数据为例来看，根据信托业协会公布的统计数据，按照资金投向可划分为：基础产业、房地产、证券市场、金融机构、工商企业和其他。截至2014年末，信托业管理的资产总规模达到了13.98万亿元，同比增长28.14%。其中，资金信托规模为13.04万亿元。资金信托的资金投向情况如下：投资到工商企业的部分为3.13万亿元，占比24.03%，投资到基础产业的规模为2.77万亿元，占比21.24%，可见信托融资服务于实体经济仍是有较显著的成效的，对民间投资也有一定的引导作用，在传统银行信贷渠道受到挤压和阻塞的情况下，信托相当于"雪中送炭"，对于中国经济的平稳增长起到了助力作用。其次是房地产行业余额1.31万亿元，占比10.04%。从行业投向上看，主要投向金融业4.05万亿元，租赁和商务服务业1.30万亿元，水利、环境和公共设施管理业1.17万亿元，建筑业1.03万亿元。可见，从信托资金的投向来看，占比最大的三个领域为：一般工商企业、房地产和基础设施建设类的地方政府融资平台。

可见，影子银行提高了中小企业的贷款可得性，帮助融资企业应对了因面临银行贷款收紧而发生的流动性风险，对实体经济发展提供了重要的支撑作用。

### 三、影子银行融资成本的构成

目前普遍的观点认为，影子银行的融资成本较高。从统计数据来

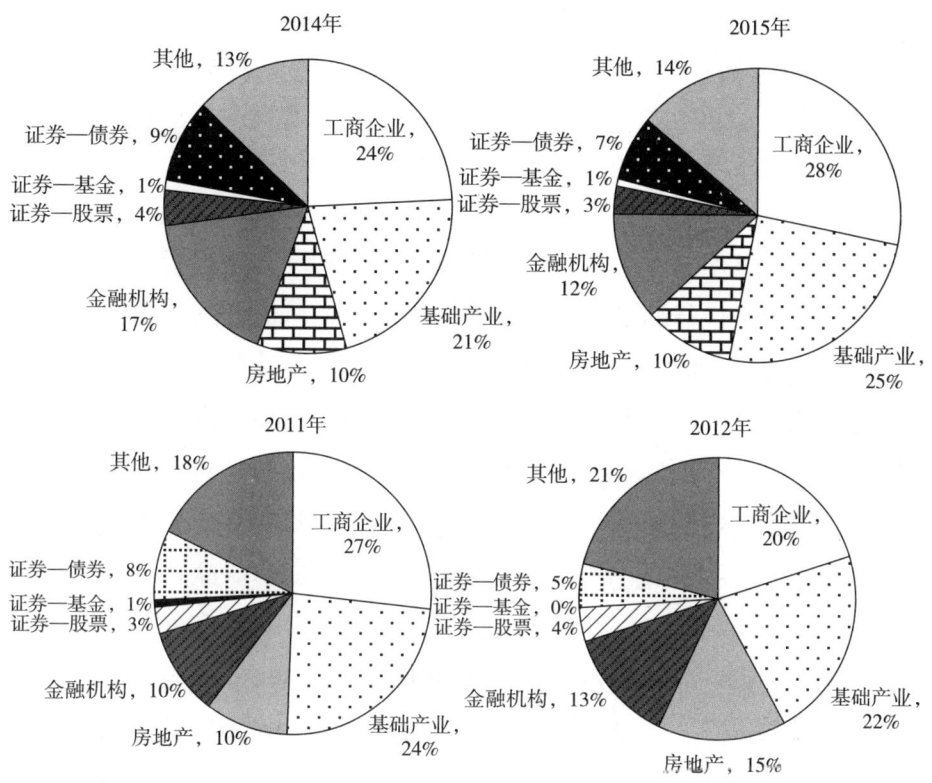

数据来源：中国信托业协会。

**图5　信托产品的投资领域**

看，2008—2014年，银行的贷款加权平均利率在6%~8%附近上下波动，民间融资成本长期在20%以上，而信托、券商、基金子公司等非金融机构在银行贷款利率以上、民间融资利率以下，为实体经济提供了大量的融资。

但是，统计数据体现的仅仅是显性化的成本，银行贷款过程中存在名目繁多的非利息成本，而且银行贷款审批流程耗时太长，时间成本高，最终是否能审批下来有很大不确定性，从而还存在较高的隐性成本。根据相关企业负责人的大致估算，银行贷款的综合成本达到年化15%。而影子银行的市场化程度较高，融资的成本显性化，而隐性成本较少。因此，考虑到隐性成本，从综合融资成本的角度来看，信托公司融资综合成本可能略高于银行信贷融资综合成本，但是更加快捷及时，时间成本较低。这进一步支持了一个论断：商业银行的贷款利率是受到压制的非市场化的利率水平，而影子银行的贷款利率是经济中真实的融资成本的体现。

其次，从显性成本来看，影子银行的贷款利率高于银行利率。其主要原因在于影子银行的资金成本较高[①]。资金成本是指银行或影子银行为获取资金所付出的成本，以银行和信托公司的对比分析为例，对于银行而言，资金成本是支付给储户的存款利息，活期存款利率只有0.35%，银行天然地具有获得大量低成本资金的优势；对于信托公司而言，资金成本是支付给合格投资者的收益，1~2年期的信托产品年化收益率高达8%~11%，远高于普通的银行存款成本。此外，当银行通过发行理财产品并设立信托等形式将表内信贷业务转到表外时，其资金成本体现为理财产品的收益率，大致为年化4%~6%，这要高于普通的银行存款利率水平，但是仍然低于信托产品的收益率，究其原因，一方面是理财产品隐含了商业银行的信用，另一方面，银行利用自身强大的发行能力能够不断地滚动发行短期限的理财产品，期限一般在3个月以内。

将银行贷款和信托融资的融资成本分别进行分解和对比，如图8所示，某信托融资项目的显性成本为14%，该成本在信托计划的层面分解为：除了10%的资金成本外，包括信托公司收取的信托报酬2%，产品发行代销费用1.5%，银行托管费、账户监管费0.5%。

---

① 中国扶贫基金会会长段应碧谈到其农户贷款利率高的原因主要是资金成本和营运成本高。其贷款本金主要来源于商业银行的批发贷款，主要是从商业银行批发过来再去贷，因此，融资成本也不低，给的是基准利率，除此以外还有担保，加起来基本是8%以上。营运成本超过10个点。给农户的贷款名义上利率是13.4%，实际上是20%左右，第三个月开始还款，名义实际利率算下来是20%左右，相当高，农民仍然很愿意接受。首先解决了"拿得着"的问题。而基金会的服务也比较好，都是送到家里。20%左右的利率，实际是20%多。2013年整个利润率不到1.4%。中国扶贫基金会不营利，但是需要负担成本，否则无法运行。

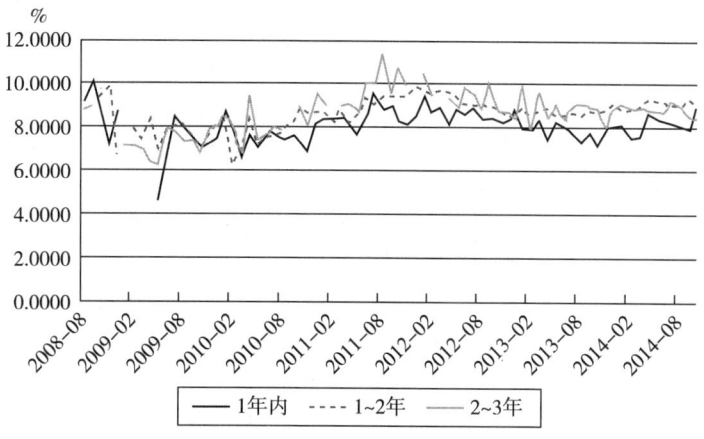

数据来源：万得资讯。

**图6　信托融资产品的预期收益率**

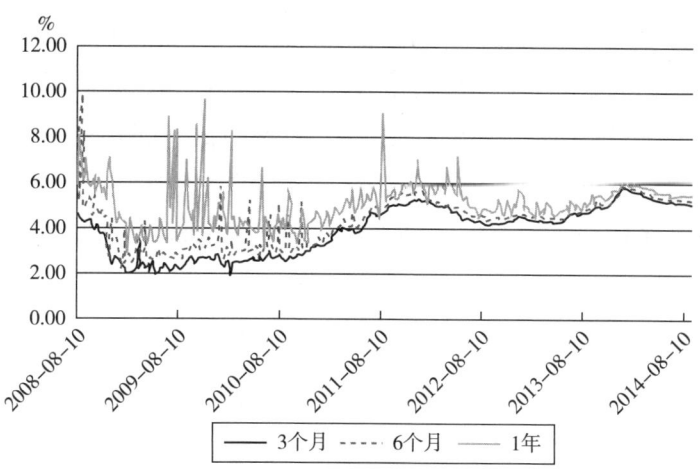

数据来源：万得资讯。

**图7　银行理财产品预期年收益率**

从非利息成本来看，信托融资的非利息成本可能涵盖的费用有金额较低的公证费、律师费、抵押物评估费，以及某些情况下撮合项目的介绍人向企业收取的"财务顾问费"。但在很多情况下，该部分费用也可能体现在显性收入中，由信托财产承担。除上述成本外，银行贷款还可

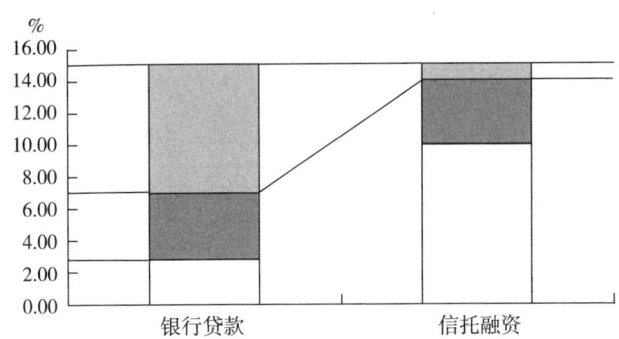

注：(1) 以一年定期存款利率代表银行的资金成本，取 10% 每年代表信托产品的平均收益率。
(2) 显性成本大致体现为贷款合同利率。
(3) 隐性成本部分难以精确地量化，估计的数字仅作示意。

**图 8　银行贷款和信托融资的成本构成比较**

能存在其他隐含的间接费用成本，如银行从融资成本中扣除 20% 作为保证金，要求融资企业以存抵贷、购买银行理财产品、保险及办理信用卡等减少了企业实际获得的资金量。此外，银行的审批流程长，最终是否能获得审批额度存在很大的不确定性，如果贷款已到期或即将到期，但是尚未获得新贷款，过渡期间的"过桥贷款"的过桥费用可能高达日息千分之三。

需要指出的一点是，对于购买信托产品的投资者来说，信托产品的资金成本基本上就是投资者获得的投资回报。但是由于刚性兑付的存在，信托产品提供的投资收益率几乎成为无风险收益率。从这个角度讲，影子银行在一定程度上提高了实体经济的融资成本。刚性兑付使得实质为次级债的信托产品转变成了无风险、高收益的投资品，推高了整个金融体系的无风险利率。打破刚性兑付将有利于降低社会融资成本。

最后，在很多情况下，影子银行的显性成本也并不算太高。影子银行可以为部分融资客户提供略高于债券利率的融资成本水平，具体来说保持在 10% 以下。综合实力强的融资企业，项目资质好、抵（质）押担保充足的融资项目，在市场上是十分抢手的，融资利率相对较低。对于整体实力较弱的融资企业，资质较差或存在较明显的瑕疵、风险较大的融资项目，融资方则需要付出较高的成本，甚至即使当融资方能够给出20%以上的融资成本的情况下，也很难获得信托等机构的融资，例如部分实力较差、资信水平较差或不清晰的民营企业。

### 四、影子银行拉长了融资链条

部分影子银行业务链条较长、流程复杂，可能增加融资成本。拉长链条的主要目的是满足监管合规要求，根源在于各类金融机构、业务、产品以及表内表外监管标准差异带来的监管套利空间。例如，银行在表内受到严格控制的情况下，通过理财和同业业务，借道信托公司等非银行金融机构提供了大量融资。这些资金构成影子银行的重要来源之一。

以下以简化的流程图，展示了影子银行在规避监管要求、开展表外业务的过程中，将融资链条拉长的方式之一。

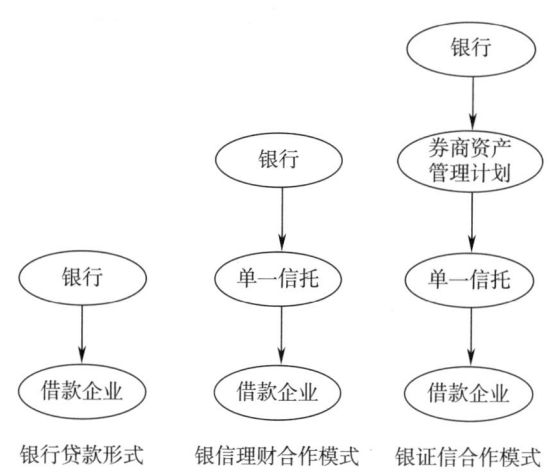

**图9 影子银行拉长融资链条的业务模式**

在银行信贷情形下，银行作为资金供给方，直接向借款企业发放贷款。在银行信贷规模限制、贷存比、资本充足率等外部监管要求和银行内部信贷计划、利润考核等管理制度下，银行总行以及分支机构有动机将信贷资产转到表外,于是催生了"银信理财合作"①类业务,即银行将理财资金交付给信托公司,通过设立信托,由信托公司向借款企业发放贷款。可见,信托资产中有相当一部分是信贷资产,主要是银行理财资金通过单一信托②的模式使得信托成为了商业银行信贷投放的"通道"。

银监会对于银信合作类业务的监管态度逐渐从严。2008年中国银监会印发的《银行与信托公司业务合作指引》(银监发〔2008〕83号)等文件并非是限制银信合作业务,而是为其规范发展,划定了基本原则和风险控制的基本要求。因此银信合作迅速发展。2010年7月,银信合作规模超过了2万亿元,达到峰值2.08万亿元,占整个信托业管理资产的比例超过了70%。2010年中国银监会印发了《关于规范银信理财合作业务有关事项的通知》(银监发〔2010〕72号),要求银行将银信合作的信贷资产入表,对该类业务计提150%的拨备,而且大银行需要满足11.5%、小银行满足10%的资本充足率③。2011年中国银监会下发的《关于印发信托公司净资本计算标准有关事项的通知》(银监发〔2011〕11号),对信托公司净资本、风险资本计算标准和监管指标作出明确规定,对银信合作类业务的风险资本要求大大提高④。在监管越来越严格的背景下,银行开展银信合作类业务的动机下降,银信合作模式的业务受到一定的限制。由图10可见,自2010年以来,在信托总规模保持迅速增长的同时,银信合作业务的规模却基本维持在既定水平上

---

① 《中国银监会关于规范银信理财合作业务有关事项的通知》(银监发〔2010〕72号)第一条:银信理财合作业务,是指商业银行将客户理财资金委托给信托公司,由信托公司担任受托人并按照信托文件的约定进行管理、运用和处分的行为。

② 单一信托基于单一资金委托人的委托,按照委托人的意愿,将信托资金投放到指定用途。单一信托在产品设立和审批报备流程中简单快捷,成为银行表内资产表外化的极佳通道。

③ 《关于规范银信理财合作业务有关事项的通知》第七条规定:对本通知发布以前约定和发生的银信理财合作业务,商业银行应严格按照要求将表外资产在今、明两年转入表内,并按照150%的拨备覆盖率要求计提拨备,同时大型银行应按照11.5%、中小银行按照10%的资本充足率要求计提资本。

④ 《关于印发信托公司净资本计算标准有关事项的通知》第四条规定:银信合作业务以及受益权发生转让导致受益人超过两人(含两人)的信托业务,按照集合资金信托业务计算风险资本。银行理财资金成为受益人的信托业务视为银信合作业务,按照集合资金信托业务计算风险资本。

下,银信合作业务占比迅速下降。

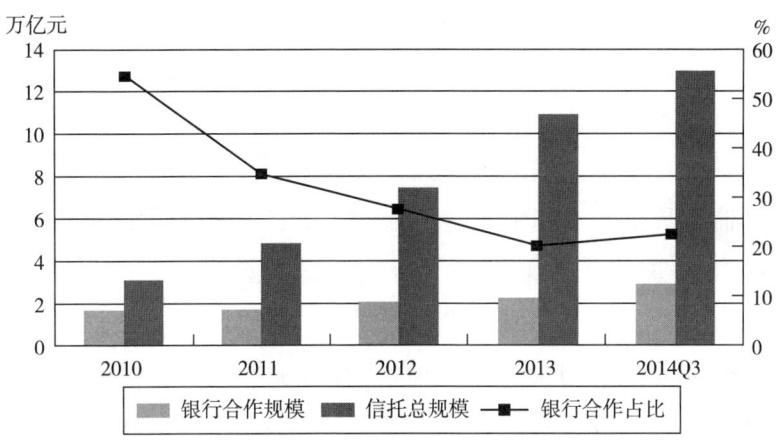

注:2010年第三季度末,银信合作规模达到了1.89万亿元,占比64.02%。
数据来源:根据中国信托业协会网站公布的数据整理。

**图10 银信合作规模及占比变化**

2012年,证监会改革允许券商、基金子公司开展"类信托"的资产管理业务后,与"银信合作"性质相同的"银证合作""银基合作""银证信合作"等模式获得快速发展。如"银证信合作"模式中,银行理财资金首先通过券商设立定向资产管理计划,该资产管理计划的资金用于认购信托产品,而信托资金用于向借款企业发放贷款。这样,通过券商多绕了一道,银行的该笔业务不再被认定为"银信合作"类业务,可以不受上述银监会关于银信合作监管限制。该类模式及类似创新的"通道类"业务大大促进了券商和基金子公司的发展。证券公司管理的资产管理计划规模从几千万元迅速达到2013年底的5.19万亿元,而基金子公司从无到有,在一年内设立的资产管理计划规模迅速达到1.38万亿元。根据中国证券投资基金业协会公布的数据,截至2014年底,证券公司资管业务、基金公司及其子公司专户业务管理资产总规模12.91万亿元(其中,证券公司资管业务管理资产规模7.95万亿元,基金公司专户业务管理资产规模1.22万亿元,基金子公司专户业务管理资产规模3.74万亿元),较 2013 年底增加 6.26 万亿元,增长 94%。券商和基金子公司设立的该类资管计划与信托公司开展的业务在本质上是类似的。

由此可见,从银行贷款形式的两方,到"银信合作"模式下的三方,再到"银证信合作"模式下的四方,背后的业务实质并没有变化,都是银行信贷资产表外化,但是在"形式上"变得合法合规,从而规避、绕开监管政策要求和限制。诸如此类的产品创新设计拉长了融资链条。2014 年有关部门发现了这些问题,提出要按照"实质重于形式"原则,进行"真实穿透原则"监管。

自 2013 年以来,中国政府和监管者为了降低社会融资成本、规范融资市场,先后出台一系列的法规政策(见表2)。这些法规与以往出台的文件具有很大的不同,因为以往的文件主要是从规范和引导的方式,或是对信托公司等中间机构,或是对资金投向和借款企业的角度进行限制,而最近的政策直接从加强对银行监管的角度出发,对银行的理财业务、同业业务等在开展过程中的问题进行了具体的要求和规定,从而遏制住了链条的源头。影子银行业务的主要来源也受到了遏制,这也迫使信托公司加快业务转型、回归信托本源。从效果来看,信托受托资产规模已经出现了增速下降的明显趋势,如图 11 所示。

表 2　　　　　　　关于规范影子银行的主要监管法规

| 时间 | 法规名称 | 简介 |
| --- | --- | --- |
| 2013 年 3 月 | 《关于规范商业银行理财业务投资运作有关问题的通知》(银监发〔2013〕8 号) | 对银行理财资金的投向、风险拨备提出明确要求。 |
| 2014 年 4 月 | 《关于信托公司风险监管的指导意见》(银监办发〔2014〕99 号) | 作为"首份"操作指引性文件,本次覆盖的监管重点主要有三项:严禁第三方推介信托;项目报备流程操作规范;非标资金池业务清理。银监会首次提出调整信托公司净资本计算标准,并对信托公司"通道类"业务的定义及各方所需承担责任予以说明。明确提出了信托业转型发展的总体要求,并指明了转型发展的具体方向。 |

续表

| 时间 | 法规名称 | 简介 |
| --- | --- | --- |
| 2014年5月 | 人民银行、银监会、证监会、保监会、外汇局《关于规范金融机构同业业务的通知》（银发〔2014〕127号） | 从规范同业业务经营行为、加强和改善同业业务内外部管理、推动开展规范的资产负债业务创新等方面提出了十八条规范性意见。 |
| 2014年5月 | 《关于规范商业银行同业业务治理的通知》（银监办发〔2014〕140号） | 人民银行牵头发布的《关于规范金融机构同业业务的通知》的配套文件。 |
| 2014年7月 | 《关于加强银行业金融机构人民币同业银行结算账户管理的通知》（银发〔2014〕178号） | 对商业银行同业银行结算账户的开立、落实日常管理做出严格要求，并要求各银行建立同业银行结算账户专项管理制度，同时对存量同业银行结算账户进行清理核实。 |
| 2014年7月 | 《关于完善银行理财业务组织管理体系有关事项的通知》（银监发〔2014〕35号） | 旨在要求银行业金融机构完善理财业务的内部组织管理体系，设立理财业务经营部门，负责集中统一经营管理全行理财业务，并按照"单独核算、风险隔离、行为规范、归口管理"四项基本要求规范开展理财业务，防范理财业务的风险积累。 |
| 2014年12月 | 《关于全面开展银行业金融机构加强内部管控遏制违规经营和违法犯罪专项检查工作的通知》（银监发〔2014〕48号） | 对商业银行的违规经营和违法犯罪进行全面排查和整顿。 |

资料来源：根据公开资料整理。

值得注意的是，这些法规主要限制了银行与信托合作的影子银行业务、银行与券商等开展的"类信托"业务，但是，对于银行通过表外业务参与委托贷款的情况在之前尚未有严格规定，因此委托贷款的规模仍保持了较快的增长。2015年1月，银监会关于《商业银行委托贷款管理办法（征求意见稿）》向社会公开征求意见，要求委托贷款与自营业务分账核算，加强委托贷款业务的管理。该办法的效果还将有待后续验证。

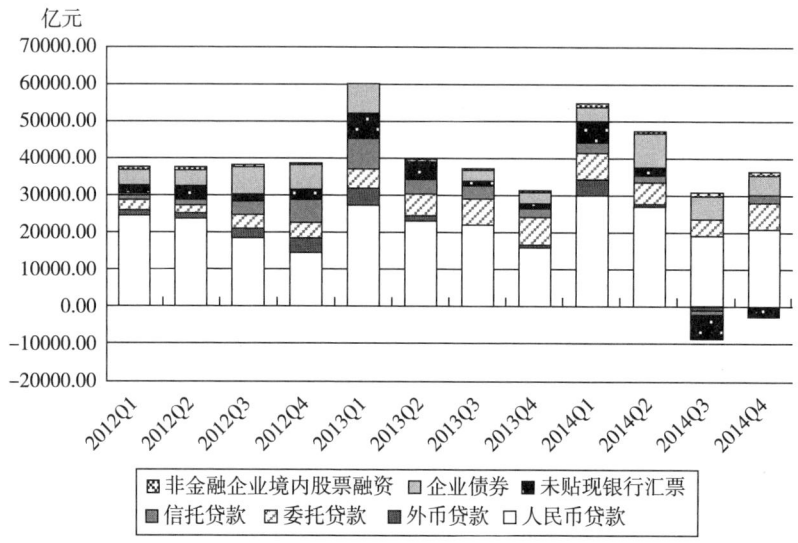

数据来源：中国人民银行网站。

**图11　社会融资规模增长及构成情况（2012—2014年）**

## 五、结语

综上所述，影子银行的存在和发展缓解了实体经济中的融资难问题。在融资贵的问题上，并不能一概而论，建议将融资成本进行拆解，从显性成本、隐性成本、资金成本等不同角度分别进行分析，以便于从更根本上确定是哪些因素导致了融资成本高，同时在判断不同融资渠道的融资成本是否偏高时也能够更加客观、全面。

部分影子银行业务链条较长、流程复杂，可能增加融资成本。但是，通过本文对影子银行几个经典业务模式的发展演变和融资链条进行对比和分析后，可以认为，如果把"拉长融资链条"这一现象全部归咎于影子银行不仅不够合理，而且会掩盖这一现象背后的深刻原因。毕竟影子银行机构是拉长融资链条的执行者，是这一现象本身，而不是这一现象的全部原因。从更根本的层次上看，不同市场分割和分业监管体制下的监管割裂是导致融资链条变长的重要原因。拉长链条的主要目的正是为了满足监管合规要求，根源在于各类金融机构、业务、产品以及表内表外监管标准差异带来的监管套利空间。影子银行在业务开展过程中，为了使资金能够成功到达融资企业，必须根据不同监管部门的不同监管政策及变化，寻求最具有可行性的、能够在形式上合规地达到监管要求的融资方式（如银行表内信贷借道信托形成的"银信合作"类特色业务，再如"银信合作"到"银证信合作"的模式转变），或是寻求更低成本、更便捷的融资方式（如"银证合作""银基合作"对"银信合作"的替代：一方面，由于证监会改革之初对该类业务基本要求事后报备即可，审批流程简单快捷；另一方面，证券公司和基金子公司在开展该类业务之初，为了做大规模，通道费率仅收取万分之几，同时证监会对基金子公司的资本金并无明确的监管要求。这对于通常收取最低千分之三的通道费率、实行净资本管理的信托公司造成较大冲击）。因此，如果各个监管部门能够加强沟通协调，形成统一的监管和合作框架，增强对于资产管理行业及"类信托"业务的业务规则、运行机制、风险防范等方面的合作并达成共识，那么，影子银行拉长融资链条的现象或将会有很大改善。

# 多渠道解决地方政府债务和融资[①]

中央经济工作会议提出，2014年经济工作的主要任务之一是着力防控债务风险。2013年底审计署公布了对政府性债务的审计报告，为下一步债务考核奠定了基础。地方政府债务问题得到前所未有的重视。地方政府在化解存量债务的同时，还面临着发展融资的问题。如何解决？本文提出了多个解决方案。

中央经济工作会议提出，2014年经济工作的主要任务之一是着力防控债务风险，要把控制和化解地方政府性债务风险作为经济工作的重要任务，把短期应对措施和长期制度建设结合起来，做好化解地方政府性债务风险各项工作。2013年底审计署公布了对政府性债务的审计报告，锁定了各地方政府债务存量，为下一步债务考核奠定了基础。地方政府债务问题得到前所未有的重视。

地方政府在化解存量债务的同时，还面临着发展融资的问题。中央组织部印发的《关于改进地方党政领导班子和领导干部政绩考核工作的通知》（以下简称《通知》）提出不能以国内生产总值（GDP）论英雄，加强对政府债务状况的考核，把政府负债作为政绩考核的重要指标。但是中组部负责人同时强调，地方政府考核不是不要GDP了，不是不要发展了，也不是不考核发展了，而是要准确考核科学发展、全面发展的成效。

---

① 原文发表于《清华金融评论》2014年第2期。

地方政府发展的任务没有减少，保持环境、改善民生的任务也得以加强。只有保持一定的发展速度，才能缓解就业压力，地方经济才有活力，也才能在发展中解决民生和环境问题。城镇化过程中还需要继续加强城市基础设施建设，提升城市的品质。地方政府需要大力改善空气、水和环境，为人民提供宜居安居条件。在教育、医疗、养老等方面地方政府也是责无旁贷的。

国际金融危机爆发以来地方政府债务快速上涨，引起担忧。从公布的数据看，我国地方政府债务占 GDP 比重在国际上处于较低水平，而且前几年投资形成的资产具有一定自偿能力。审计署公布 2013 年中期政府实有负债 20.7 万亿元，或有负债 9.58 万亿元，实有负债率 36.7%，债务风险总体可控。总体来看，在公有制和社会主义优越性下，我国政府有能力也有资源解决发展问题以及相关融资债务问题。

各地方政府面临的债务压力呈现分化态势。按照明斯基理论，债务分为三种类型：套期、投机和庞氏融资，其中前者现金流可以覆盖本息，中者只能覆盖利息，后者只能借新还旧。根据审计署公布的审计报告，我国政府性债务资金来源以银行贷款为主，处理不当可能出现不良资产。

地方债久期仅 5 年，远低于美国的 15 年，近三年每年到期 20%；对土地出让金的依赖高达 37%，一旦土地市场回落，将产生流动性风险。由于借短用长，今后几年内债务集中到期，需要偿付的金额较大，面临较大的流动性风险。此外，地方政府债务还存在不规范、不透明等问题。政府债务问题即是财政问题。党的十八届三中全会通过的《中共中央关于全面深化改革若干重大问题的决定》（以下简称《决定》）对财政体制给予空前的重视，提出编制地方政府资产负债表和财务报告，进一步确立地方政府作为金融市场参与者的主体地位和边界。同时，政府还是监管者。正如政府既是商品和服务市场参与者，也是监管者。如果不建立预算硬约束机制，没有可持续的融资再融资机制，债务风险难以缓释，发展融资难以持续，地方发展也难以保障。解决之道，除了遵循常规的增收节支、厉行节约之外,还应着眼于划分中央和地方的财权和事权,引入民营资本和外资等。

解决地方政府债务和融资问题,首先需要按照《决定》要求,建立事权和支出责任相适应的制度,适当集中中央事权。进一步明确中央和地方事权划分。财政部长楼继伟在接受新华社记者采访时表示,目前中国中央地方政府事权和支出责任划分不清晰、不合理、不规范,一些应由中央负责的事务交给了地方,一些适宜地方负责的事务,中央承担了较多支出责任,中央和地方职责交叉重叠、共同管理事项较多。这种格局造成目前中央财政本级支出只占全国总支出的15%,地方实际支出占到85%。楼继伟表示,改革的方向就是在合理划分中央地方事权和支出责任基础上,适度加强中央事权和支出责任,减少委托事务,中央和地方按规定分担支出责任。同时,通过转移支付等手段调节上下级政府、不同地区之间的财力分配,补足地方政府履行事权存在的财力缺口,实现事权和支出责任相适应。

其次,在建立地方政府债务硬约束机制的前提下,允许地方政府发行债务工具融资。城镇化投资金额大、周期长,建设成本需要代际分担,可以充分发挥金融市场长期融资功能,发行市政债等债务工具融资。市政债偿还来源主要包括税收和使用者付费。在传统观念和做法上,城镇基础设施被视为公共品,由政府使用税收建设,向纳税人免费提供。传统做法存在财政压力大、成本控制困难等缺陷,授权、外包、补贴等各种公私合作逐渐兴起,使用者付费成为重要的城镇基础设施建设方式。市政债是在金融市场公开融资行为,需要披露信息和发债评级,这使得地方政府债务情况置于市场监督下,有利于预算硬约束。此外,还可以尝试资产证券化方式融资。

再次,吸收民间资本和外资通过特许经营等方式参与城市基础设施建设和运营,鼓励设立城市基础设施投资基金。《决定》明确提出确立企业投资主体地位。除了国家安全和生态安全、涉及全国重大生产力布局、战略性资源开发和重大公共利益等项目外,一律由企业依法依规自主决策。在城市基础设施引入社会资本方面，政府应负责制定规划、标准并进行监管，引资应采用公开招标等方式做到公开公正，加强消费权益保护、生态环境和社会治理。在特许经营过程中应明确双方权利义务、明确规定政府监督方式、明确社会资本退出条款。

又次，建立城市基础设施、住宅政策性金融机构。根据《决定》要求，银监会在工作任务中也提到成立城市基础设施政策性金融机构。目前，在地方政府融资中担负重要角色的政策性银行是国家开发银行，其开创的和地方政府签署整体协议风行一时，甚至为商业银行争相效仿。经过上一轮的扩张，目前商业银行面临资本约束、资金约束、不良资产约束、理财约束、资产收益率约束，贷款和资产规模难以像以前那样增长，银监会还明确提出不得增加对地方政府贷款。在美国，房利美和房地美两大政策性公司在住房建设和改善方面发挥很大作用。我国地方政府面临保障房、廉租房的建设任务重，需要政策性金融介入，实现财政资金金融市场化运作。新设立的城镇建设政策性银行业务将可能服务个人，为购买保障房、租住廉租房的人员提供服务，这也将填补国家开发银行主要为政府和公司服务所留下的空白。各地方多年积累的住房公积金等资金也应在设立城镇建设政策性银行过程中加以规范。

最后，清产核资、处置变现部分资产。由于历史积累，政府掌握许多优质资产、土地、股权和无形资产等资源。这些资源可藏之于民、用之于民。在保持国家控制力的前提下，适时高位减持一部分，用于补充发展和保障方面的资金缺口。运作得当，在缓解财政压力的同时还可实现国有资产的有效利用和保值增值。许多政府性资产处于产权不清晰、核算不准确的状态，通过清产核资还可能进一步界定产权，实现资产的保值增值。

# 经济泡沫判断的日本教训[①]

近期不少研究将我国与1990年前后的日本经济作比较，担心我国重蹈日本泡沫经济的覆辙。本文尝试从央行政策操作视角反思日本经济泡沫的教训，认为日本央行在经济泡沫判断中被总量指标所迷惑，忽视了结构性矛盾的积聚和公众一致性预期的破坏性影响，放任银行信贷快速增长，造成了经济泡沫的快速膨胀和破灭，其教训应引以为鉴。

## 一、引言

日本在20世纪90年代前后经历了一轮经济泡沫后，陷入了持久的"经济停滞"状态。一些研究指责日本央行对经济泡沫的错误判断，但若考虑当时的时代背景，日本货币政策与统计指标所反映出来的通胀水平还是基本匹配的。近期有不少研究将我国与1990年前后的日本经济作比较，担心我国重蹈日本泡沫经济的覆辙。本文旨在从日本央行的视角，再次反思经济泡沫判断的日本教训，为货币政策提供借鉴。

## 二、日本经济泡沫判断的时代背景

日本央行的货币政策在20世纪80年代更加重视短期通胀的变化，这与以下时代背景有关：一是滞胀教训，日本在20世纪70年代发生了严重的滞胀，引发货币政策目标权重调整。二是学术思潮，弗里德曼的货币主义观点逐渐成为当时国际央行的主流思潮，强调货币和通

---

[①] 原文发表于《中国金融》2017年第6期，合作者：张翔。

胀之间的关系。三是金融改革，日本金融自由化改革使得央行过去在金融市场配置的政策资源转移到短期通胀目标和经济增长。四是日元升值。受1985年"广场协议"影响，日元大幅升值，这严重冲击了日本制造业，造成其国内经济增速和物价水平同时下行。

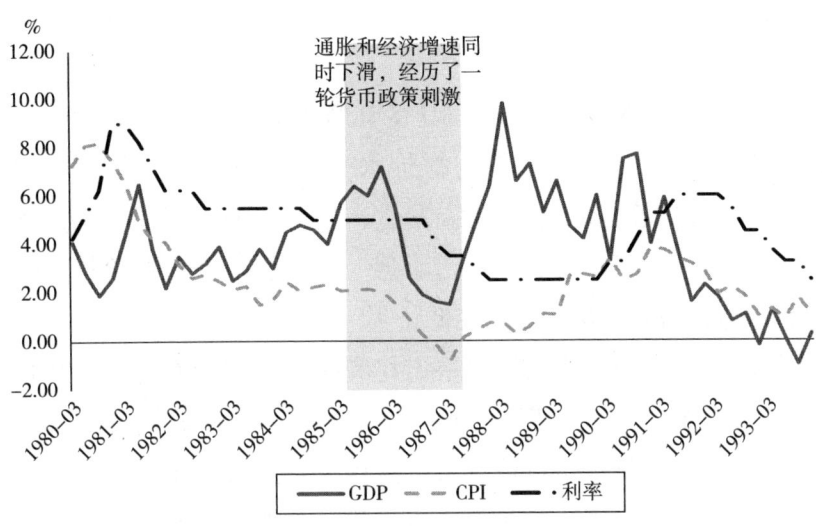

图1　日本利率、GDP 和 CPI

值得注意的是，日本当时的货币政策与统计指标反映出来的通胀变化基本匹配，如图1所示：（1）1986—1987年间经济增速和物价水平同时下行，货币政策刺激力度相应加大。受日元本币升值影响，GDP 增速与物价涨幅同时大幅下行，日本央行持续下调利率水平。（2）1987—1988年间经济增速回升，而物价涨幅在低位运行，货币政策维持宽松。日本央行的长期低利率政策进一步刺激信贷繁荣，其间私人部门信贷占GDP 比重快速增加了约25个百分点，使得资产泡沫持续膨胀。（3）1989—1990年间，经济波动加剧，物价上行，资产价格处在高位，货币政策转向紧缩。日本央行多次连续加息，引发了日本庞大债务链条去杠杆的连锁反应，最终刺破了泡沫。

### 三、日本经济泡沫的结构性矛盾

经济结构性矛盾的积累是日本央行对经济泡沫判断失误的重要原因之一，表现为资产泡沫膨胀、经济增长"量增质降"和流动性供给过度依赖财政。

（一）放任资产泡沫膨胀

日本央行在1987—1988年间具备让货币政策回归稳健中性的时间窗口，其间日本经济有所回升，物价水平也低位回稳，此时若"早刹车"，即使不能完全避免经济泡沫发生，也可以有足够的"制动空间"以降低泡沫破灭对经济社会的冲击。但一方面日本对资产价格泡沫的危害认知不足且物价涨幅仍相对较低，另一方面考虑到美国1987年股灾影响的外部压力，日本央行还是决定将利率继续保持在低位，放任资产泡沫膨胀，直至"病入膏肓"。值得注意的是，这一时期日本银行信贷虽然快速扩张，但日本银行业既可以直接投资股市，也可以为股票和房地产市场投机提供融资，从而大量银行资金"脱实向虚"进入了股票和房地产市场，没有转为通胀上行压力，不仅多了一个恶性循环的传染链条，也使得日本货币政策被低通胀水平迷惑，错失了治理资产泡沫的良机。

（二）经济增长"量增质降"

在泡沫破灭前，日本的经济增速不低，但经济内生增长动力不足，增长质量存在明显的隐忧：一方面，需求依赖资产价格泡沫的财富幻觉支撑，虚假的消费需求掩盖了原有传统企业的产能过剩；另一方面，资产价格上涨和信贷扩张相互强化，使得传统企业获得了更多的信贷继续扩张产能，导致供给结构调整滞后，实际产能过剩问题更趋严重。

当资产价格发生逆转，由财富幻觉产生的消费需求大幅减弱，产能过剩问题以更激烈的形式暴露出来，导致企业受到了严重冲击，而企业困境又通过家庭收入进一步冲击消费，形成了经济萧条的正反馈循环。此时，日本央行没有及时切断危机向实体经济的传染链条，进一步损害了经济内生增长动力。这是因为,一个健康的经济体,实体企业的新增创立和破产退出应该处在一个动态均衡水平,对应的就业水平也能保持动态稳定。考虑到新建企业的技术积累、设备购置、人员招募、销售渠道和制度健全都需要较长的过程,因此若短期内企业由于资金断裂集中倒闭,那么新创立企业要填补这一空白需要很长的一段时间,这将打破实体经济"新陈代谢"的健康稳态。

(三) 流动性供给过度依赖财政

20世纪80年代后期,日本央行流动性供给的总体格局是:日本央行主要通过购买国债投放流动性,同时通过发行央票回收流动性。日本央行资产端的国债占总资产比例为60%左右,而负债端的央票占比约为80%(见表1)。在这样的背景下,资源配置实际上更多地依赖财政,使得强势政府部门过多干预经济发展,一定程度上反而阻碍了经济内生增长动力的培育,加剧经济结构性矛盾。

表1　　　　　　　　　日本央行资产负债表　　　　　　单位:亿日元

| | 日本央行资产 | | | 日本央行负债 | |
|---|---|---|---|---|---|
| | 1986年 | 1990年 | | 1986年 | 1990年 |
| 持有国债 | 172397 | 315421 | 央行票据 | 268849 | 397978 |
| 总资产 | 325672 | 491566 | | | |
| 国债占比 | 53% | 64% | 票据占比 | 83% | 81% |

资料来源:《日本统计年鉴》。

## 四、公众预期和泡沫管理

泡沫经济作为从狂热到恐慌的过程,很大程度会受公众预期的影响。公众预期具有很强的顺周期效应,如追涨杀跌、"羊群效应"等非理性行为,都是由公众非理性的预期所引起的。由于央行在调整货币政策过程中,通过向市场传递货币政策意图,能够起到引导公众预期的作用,如果货币政策传递的信号方向和公众预期是一致的,那么公众预期中的顺周期因素可能会进一步增大。因此,抑制资产泡沫需要注重引导公众预期稳定，警惕公众一致性预期放大资产价格波动。

在预期管理方面，日本货币政策对泡沫经济起到了助长助跌的作用。一是在泡沫积累期"火上浇油"。在1987年前后，日本的股市和房地产价格已积累了不小的涨幅，公众对日本资产价格乐观预期高涨，而日本央行的持续宽松预期更起到了"火上浇油"的作用，进一步激发公众对资产价格的乐观预期，甚至出现狂热情绪推升资产泡沫。二是在泡沫破灭期"雪上加霜"。在1989年前后，资产价格处在高位，公众预期已进入敏感期，此时日本央行自1989年6月开始连续加息，引发了公众对资产价格的一致性悲观预期，触发资产价格雪崩。由此可见，货币政策在关注资产价格的过程中，应注重公众预期的变化，加强与市场和金融机构的沟通，释放好政策信号，化解公众一致性预期，避免形成资产价格的单边大起大落。

## 五、对我国的启示

日本泡沫经济的沉痛教训值得我们汲取，但也要看到我国经济也具有一些当时日本所不具备的积极因素。一是稳健的货币政策环境。我国坚持实施稳健的货币政策已有六个多年头，货币政策在保持流动性合理适度的同时，也注重抑制资产泡沫和防范金融风险。二是重视结构调整和改革。货币政策为结构调整和改革营造了适宜的货币金融环境，注重培育经济内生增长动力。三是更高的金融监管要求。较之日本泡沫经济时期，我国对银行业有着更高的微观审慎和宏观审慎监管要求，对金融风险也有丰富的处置和应对经验。

日本教训对我国有以下几点启示：一是要坚持实施稳健中性的货币政策。从日本的教训看，片面追求短期CPI指标的稳定，不仅限制了中央银行及时化解经济泡沫的政策空间，而且进一步刺激信贷繁荣、加速资产泡沫积累，导致金融不稳定。就货币政策而言，应坚持实施稳健中性的货币政策，避免被短期较低的通胀水平所迷惑，为滋生资产泡沫提供土壤。二是要注重提高经济增长质量，培育经济内生增长动力。在泡沫经济时期，日本经济增长主要受资产泡沫所驱动，财富幻觉形成的消费需求掩盖了产能过剩等结构性矛盾，当资产泡沫破灭后，消费需求快速疲软，传统制造业的产能过剩问题以更加激烈的形式暴露出来，而此时日本却错估了泡沫破灭对实体经济的冲击，没有及时缓和危机冲击，使得经济陷入恶性循环。三是要强化宏观审慎政策框架，根据公众预期变化把握好政策信号。从日本教训看，对银行信贷投向缺乏宏观审慎管理和对公众一致性预期缺乏引导，是资产价格波动的重要"放大器"。针对这一教训，需要发挥好"货币政策＋宏观审慎政策"双支柱政策框架的作用，畅通货币政策传导渠道和机制，防止资金"脱实向虚"，提高预期管理能力，根据公众预期变化把握好政策信号，抑制资产泡沫。

# 货币政策不宜长期持续宽松：
# 特朗普当选的一个启示

以美国为鉴，从促进收入分配公平、维护社会稳定的角度看，我国货币政策不宜长期持续宽松。具体而言：一要坚持稳健，二要保持定力，三要减轻依赖。

## 一、从特朗普当选反思货币政策

特朗普当选美国总统，看似一场"黑天鹅"事件，但背后实质是美国现有政策导致的利益分配不均和贫富差距的扩大。一些观点把特朗普当选认为是底层大众对精英阶层的胜利，但这并不完全准确，社会中间阶层不满的释放才是特朗普胜选的根本原因。从选票结构看，白人中产阶级是支持特朗普的中坚力量，特朗普获得了58%的白人选票；而社会底层和顶层精英却大多支持希拉里，希拉里获得了88%的黑人选票和58%的研究生学历群体的选票。特朗普之所以当选，很大程度上与美国现行政策导致的富人更富、穷人托底、中产阶级利益受损有关。由于货币政策对社会不同阶层的影响存在差异，具有财富再分配的作用，因此有必要对本轮危机后的美国超宽松货币政策进行反思。

## 二、货币"大放水"持续损害美国中产阶级利益

2008年国际金融危机爆发后，美联储从零利率到量化宽松，推行了史无前例的超宽松货币政策，这种极度宽松的货币刺激措施虽有助于短期应急、恢复金融秩序，但由于货币政策迟迟难以实现正常化，加剧

了贫富差距。

一是穷人和富人收入分化。在大衰退前，低收入家庭借入了大量住房杠杆，受杠杆乘数放大作用，低收入家庭在房价下跌期间遭受了巨大净值损失，几乎全部的家庭财富被侵蚀。尽管后期宽松货币政策重新推升了房价，但由于低收入家庭房产已被止赎，因此财富增长缓慢。相反，高收入家庭不仅持有大量资产，甚至还加杠杆增持，获得了更多的资产增值收益。

二是农村和城市收入分化。美国依靠劳动报酬收入的工薪阶层大多住在近郊或乡村，他们的工资收入与资本市场的联系不紧密，享受不到资产升值的增益，却容易遭受通货膨胀、资产泡沫导致的购买力缩水。从2008年底到2016年9月，美国私人非农部门的平均时薪从22.0美元增至25.8美元，涨幅为17.3%，而同期物价、20大中城市房价、道琼斯工业指数分别上涨了14.8%、27.3%和111.2%，收入的综合购买力有所下降。与城市居民收入相比，美国乡村居民缺少房价上涨的财富增值，导致美国城乡之间收入差距扩大。

三是低学历和高学历收入分化。低学历群体投资渠道匮乏，只懂得储蓄，由于在低利率环境下，储蓄的名义增值速度远跟不上物价和房价涨速，导致低学历群体"手中的钱变毛了"；相较而言，高学历群体的投资渠道较为广泛，能够灵活运用基金、股市等各类金融产品管理财富，可以保证实际财富不缩水。

值得注意的是，在贫富差距扩大、富人更富的过程中，美国财政增强了对极低收入群体的保障力度，加剧了中产阶级的利益分配不均。2008年以后，美国财政社会保障支出占GDP比例出现了跃升，从2000—2008年的4.0%~4.2%上升到了2009—2015年的4.7%~5.0%，对极低收入群体的保障力度明显增强，加之危机后富人利益权重的上升，一个必然的结果就是中产阶级在利益分享中的权重萎缩，从而导致中产阶级的不满在持续累积。与此同时，自媒体、互联网的快速发展和去中心化，增强了中产阶级参与政治活动的意愿和政治凝聚力，使得其不满在本轮大选的时间窗口中得以释放。

### 三、以美国为鉴，货币政策不宜长期持续宽松

与美国相比，我国货币政策对收入分配的影响更大。一方面，宽松货币政策可能会妨碍市场出清。在融资成本下降过程中，国企享受到了更多的好处，大幅降低了企业财务成本，使得本该被市场出清的"僵尸企业"难以出清，低效挤占了大量金融资源，导致债务风险积聚、结构扭曲固化；另一方面，"无风险利差"的存在导致贫富"数字鸿沟"。银行储蓄利率和存在刚兑的理财产品利率之间存在较大的"无风险利差"，对于不熟悉互联网的老年人或低学历人群，其储蓄渠道只有银行网点储蓄，由于储蓄利率较低，即便上浮30%，1年期定期存款的利率也只有1.95%，远低于1年期理财4%左右的收益率，另外熟悉互联网的群体还可以通过互联网金融拓宽投资渠道、增厚投资收益，从而进一步扩大了熟悉互联网群体和不熟悉互联网群体之间的财富"鸿沟"。

以美国为鉴，从促进收入分配公平、维护社会稳定的角度看，我国货币政策不宜长期持续宽松。具体而言：一要坚持稳健。货币政策总体应继续坚持稳健，保持审慎和中性适度。只有稳货币、抑泡沫，才能稳住财富分配格局不再恶化，保证社会利益分配格局的公平。二要保持定力。货币政策易松难紧，在退出宽松政策的过程中，难免会出现金融市场震荡加剧的"阵痛"，此时要有政策定力，不能房价、股价一波动就惊慌失措，导致货币政策被迫保持长期宽松，从而扩大贫富差距、激化社会矛盾。三要减轻依赖。由于在政策工具箱中，货币政策不仅实施速度更快，而且政策成本更加隐蔽，政策制定者和市场参与者容易被宽松货币政策所创造的短期繁荣所迷惑，而忽视其长期危害。货币政策短期应急不是没有代价的，是药三分毒，货币"放水"容易引发资产泡沫、债务积累和贫富差距扩大，而这些问题在长期都很难治理，总会有算总账的时刻，因此必须要减少对货币政策的过度依赖，将更多的政策资源投入到解决根本性问题里面，促进国民经济平衡可持续增长。

# 未来经济增长的积极因素[①]

当前我国经济进入新常态，普遍的看法是经济增长速度将放缓，经济换挡。在经济增长引擎切换的时期，传统的旧红利，如人口红利、资源红利正逐渐消失，与此同时也要看到一些新的积极因素正在产生。

从国际经验看，美国经济增长引擎的切换发生在20世纪90年代。90年代初期，美国失业率上升、通胀高达6%，经济陷入"滞胀"。巨额财政赤字导致实际利率高企；企业和居民负债率过高；储贷危机的坏账问题也使得美国金融体系受到了重创；当时几乎没有人能够提前预料到美国20世纪90年代的经济增长能够如此令人惊艳。现任美联储主席耶伦和布林德（《当音乐停止后》的作者）合著的《令人惊艳的十年》对美国90年代经济结构转型和经济政策有很翔实的分析。其中有不少经验，值得借鉴。

一是紧缩财政政策有利于压低长期利率。克林顿总统意识到：如果赤字不能得到控制，很可能会引发金融危机。1993年克林顿提出的预算案通过后，30年期债券收益率从1992年大选日到1993年10月一路下跌超过160个基点。从国内情况看，政府债务的限制减少了对长期资金的需求，有利于长期利率降低，使得货币政策效果得到了更好的发挥。当前，我国地方债务的规模已十分庞大，并呈现不断扩张的趋势，大量地方债务不仅使得社会融资成本居高不下，而且资金的使用效率也

---

[①] 原文系作者在2014年11月28日中央财经大学"第六届亚太经济与金融论坛"上的演讲。

不高。因此，化解地方债风险，建立严谨的地方政府债务制度，有利于将货币政策动力更好地转化为实体经济增长的动力。

二是"信息技术"将提高劳动生产率。"新经济"理论认为计算机和信息技术改变了美国企业，使其生产率加速提高。1996—1999年，生产率平均每年提高2.5%，几乎比1991—1995年平均增长率高出1个百分点；更重要的是生产率加速提高，在1999年年增长率达到4.1%。计算机产业的生产率显著提高对整体经济生产率的提高有直接和主要的贡献。此外计算机和软件价格的下降导致整个经济对于计算机的投资和使用增加，即所谓的"资本深化"。信息技术的进步和计算机使用的普及显著提高了美国整体经济的全要素生产率。

从我国看，2000年以来信息化加速，互联网在改变各行各业。新经济产业正迅速崛起，在经济总量中的份额不断上升，互联网金融、云计算、大数据、物联网等新兴领域将不断提高我国的全要素生产率，成为中国经济增长的重要驱动因素。从2008年到2013年，我国电子信息产业500万元以上投资项目累计完成投资额从3527.8亿元上升到10828亿元，增长了207%，同期固定资产投资额仅增长了145%，占GDP比重从1.12%上升到1.90%，增加了0.78个百分点（数据来源：电子信息产业统计公报），涌现出华为、腾讯、阿里巴巴、小米等优秀的互联网公司。2013年我国电子信息产业实现销售收入12.4万亿元，占同期全球IT支出比重达50%以上，我国在全球价值链发挥的作用不断升化。

三是资本深化也是经济快速增长的重要驱动。在经济增长过程中，人均使用资本的上升所形成的资本深化效应，也能够带来劳动生产率的上升。紧缩的财政预算和宽松货币政策组合，使得美国在20世纪90年代高科技设备和软件投资蓬勃发展。就我国而言，在过去几年间，我国经济主要受投资驱动，随着大量的基建投资落成并投入使用，其提高劳动生产率的效果也将逐渐显现出来。比如，前十年修建的高铁、高速公路、通信线路以及城市基础设施等将为未来增长奠定更高基础。事实上，在人均资本存量方面，中国仅只有美国的13%（数据来自网络报道），根据世界银行的报告，我国劳动生产率不到 OECD 国家的一半，也不如拉美国家水平，结合资本深化效应，提升劳动生产率的空间还十分广阔。

另外，我国当前经济增长还存在着美国所不具备的积极特征。

从供给角度看，一是新制度红利，通过改革让制度得以调整，使得经济制度、社会制度能够更好地适应经济、社会发展的新形态，从而推动经济的前进。未来随着国有企业改革的推进，通过建立混合所有制、优化公司治理结构等方式，为管理层和职工安排合理的激励机制，能够提高国有企业的生产效率，释放大量的制度红利。

二是新人口红利。应对人口老龄化、人口拐点，日本有"半边天"，我们有"体制内"。在国企、事业单位改革下，一些体制内优秀的人才会释放到市场，优化了劳动人口的配置结构，人尽其才，形成新的人口红利。15 岁以上人口平均受教育年限从 1990 年的 6.4 年增加到目前的 9 年以上（2013 年政府工作报告数据），大专及以上学历占 6 岁以上人口的比重从 2002 年的 3.8% 上升到 2012 年的 10.6%，增加了 6.8 个百分点，完成了从人口大国向人力资源大国的历史性跨越。例如，360 的董事长周鸿祎是从方正集团下海创业的，巨人集团的史玉柱最早在安徽省统计局，马云在创业前是杭州电子工学院的英语教师。

三是投资有空间有需求。一个例子就能够说明产能过剩不像第一眼看上去那么坏。产能问题大家都很担心，因为重复投资和产生不良资产，但是更长一个时期来看，或者说从全球的角度来看，也许问题会变得轻一些。大家现在常用苹果手机，1997 年乔布斯回归苹果以后着手制造漂亮的产品，用电镀铝作为苹果电脑的外壳。这种产品的产量严重不足，之后乔布斯在中国新建工厂进行生产，产能得以解决。另外，大家知道现在的苹果手机以及很多的电脑都采用了一种叫金刚玻璃的材料。其实金刚玻璃在 20 世纪 60 年代就已经发明出来，是美国的康宁公司，后来已经不生产了，因为没有需求。乔布斯找到康宁公司，将原来已经闲置的产能重新利用起来。现在我们有高速公路、高铁，城市大楼也盖起来了，但是，路修好了地下还有空间，楼盖起来了屋里有很多的空间。东京和纽约的地下街都是非常发达的，日本 26 个城市中建造了 146 处地下街。北京的金融街、王府井，地下的互联互通还是没有做得很好，这个方面投资空间也很大，也有很重要的需求。除此之外，公众对生活质量的需求日益提高，会释放出大量的改善居住环境、中高端消费品和服务业的需求，这些都有巨大的机会，对企业来讲是一个生产的机会，对消费者来讲是一个改善的机会。

# 第四部分：金融改革

# 经济企稳向好为深化供给侧
# 结构性改革创造适宜的环境[①]

在供给侧结构性改革方面我们已经占得先机。一张蓝图绘到底，我们应该继续扎实推进已经明确的各项改革。

李克强总理在十二届全国人大五次会议上所作的《政府工作报告》（以下简称《报告》）要求贯彻稳中求进工作总基调，强调在稳的前提下要勇于进取，敢于啃"硬骨头"。近期经济企"稳"为下一步供给侧结构性改革的"进"创造了空间和适宜环境。展望未来一段时间，要按照《报告》精神，把改善供给侧结构作为主攻方向，为百年目标打下良好基础。

## 一、2016 年经济企稳向好来之不易

过去一年，世界经济和贸易增速创 7 年来最低，经济政治社会领域"黑天鹅"事件频现，国内去年开局经济下行压力依然较大，通缩风险担忧仍在，房地产库存高企，经济结构性问题突出。在这样的大环境下，随着供给侧结构性改革、简政放权和创新驱动战略不断深化实施，我国经济顶住了下行压力，出现了稳中向好的积极变化，成绩来之不易。

一是指标稳。2016 年，我国四个季度 GDP 增速分别为 6.7%、

---

[①] 原文发表于《紫光阁》2017 年第 3 期。

6.7%、6.7%和6.8%，呈企稳回升态势；工业企业利润增速由上年下降2.3%转为增长8.5%，企业效益明显改善；CPI同比涨幅从2015年的1.4%上升至2016年的2%，远离了对通缩风险的担忧。

二是预期稳。中国人民银行2016年第四季度问卷调查显示，宏观经济信心指数、经营景气指数、居民未来收入信心指数等均呈回升迹象，表明经济增长的信心正在增强，预期由"L"形增长的"一竖"转为相对平稳的"一横"。

三是政策稳。2016年货币政策调控坚持审慎和稳健，注重根据形势变化把握好调控的节奏、力度和工具组合，加强预调微调，由稳健略偏宽松转为稳健中性，为供给侧结构性改革营造了适宜的货币金融环境。

## 二、深化供给侧结构性改革为百年目标打下基础

当前我国经济周期性和结构性问题相互叠加，但主要还是结构性矛盾和发展方式上的问题，必须从供给侧结构性改革上想办法。近期经济企稳回升为深化供给侧结构性改革创造了适宜的环境，提供了难得的时间窗口。一是为去产能增强底气，减轻去产能短期可能会加大经济下行压力的顾虑，扎实推进去产能。二是为去库存提供支持，有助于提高居民基本住房消费能力，并因城施策合理抑制投资投机需求。三是为去杠杆夯实基础，提高宏观杠杆率的分母（名义GDP），从根本上稳妥化解高杠杆债务风险。四是为降成本创造条件，企业效益改善能够有效降低企业债务负担，为企业轻装上阵、转型升级创造条件。五是为补短板强化支撑，腾挪出更多的资源投向扶贫支农、公共服务、基础设施、环境保护等重点领域和薄弱环节，着力补短板、惠民生。

正是基于这样的判断，《报告》要求坚持以推进供给侧结构性改革为主线，适度扩大总需求，用改革的办法深入推进"三去一降一补"。2017年将把改善供给侧结构作为主攻方向，可以从供给侧生产函数中的制度、技术、土地、资本和劳动力这五大要素，把握今年政府工作。

在制度方面，要完善产权保护，降低制度成本，营造良好营商环境，持续激发微观主体尤其是民间资本活力，增加有效供给，《报告》提出要通过简政减税、放宽准入、鼓励创新，持续激发微观主体活力；降低企业制度性交易成本；加强产权保护制度建设，激发和保护企业家精神。在技术方面，主要是依靠创新驱动新旧动能转换和结构优化升级，有效提升全要素生产率，《报告》指出要以创新引领实体经济转型升级，提升科技创新能力，减轻企业税费和成本负担，降低电信资费，加快培育壮大新兴产业，大力改造提升传统产业，持续推进大众创业、万众创新，全面提升质量水平。在土地方面，关键是从供给端解决土地供需错配问题，《报告》强调房价上涨压力大的城市要合理增加住宅用地，推进农村土地制度改革试点。在资本方面，核心是提高资源配置效率，让市场在各生产要素资源配置中起决定性作用。《报告》要求要积极发展多层次资本市场，加强金融监管，遏制"脱实向虚"，防范系统性金融风险；更多运用市场化法治化手段，有效处置"僵尸企业"，推动企业兼并重组、破产清算，坚决淘汰不达标的落后产能；加快推进国企、国资改革，持续推进国有企业瘦身健体、提质增效。在劳动力方面，建设更加高效灵活开放的劳动力市场，增加和优化教育投入，提高劳动者竞争力，《报告》指出要深化户籍制度改革，加大就业培训力度，办好公平优质教育，以教育现代化支撑国家现代化。

　　当前世界各国包括美国都在推进结构性改革，国际竞争也是国内改革竞争，国内改革成效决定国际竞争实力。在供给侧结构性改革方面我们已经占得先机。一张蓝图绘到底，我们应该继续扎实推进已经明确的各项改革。

# 也谈金融监管体制改革的四种观点[①]

现行金融监管体制不适应现代金融业、制约金融资源配置效率的矛盾日渐显现。在当前我国金融业改革发展和对外开放程度不断提高的背景下，应加快推进金融监管体制改革，防范化解金融风险和维护国家金融安全。

近年来，我国金融业发展明显加快。金融机构多样化、金融产品复杂化、交易体系信息化、金融市场开放化等特点日趋明显，这对现行金融监管体制带来挑战。一些领域频繁显露的风险也说明现行监管框架存在着不适应我国金融业发展的体制性矛盾。"十三五"规划提出，要"改革并完善适应现代金融市场发展的金融监管框架，明确监管职责和风险防范处置责任，构建货币政策与审慎管理相协调的金融管理体制"。

## 一、关于金融监管体制改革的四类观点

目前，业界对改革现有金融监管体制已有共识。但对于改革的原则、时机、方案等，各方讨论比较热烈，主要有以下四类典型观点：

一是金融监管体制改革的根本在于转变监管理念。无论选择何种监管框架，形式终究为理念、制度服务。应在现有框架下着力提高金融监管有效性，尽早推进关键领域的根本性改革。特别是应当全面客观了解国际经验，借鉴国际金融监管改革的内涵，而非表面形式。

---

① 本文仅代表个人学术观点。

二是短期内不宜对金融监管架构进行大幅调整。当前我国经济下行压力依然很大，金融风险逐步显现。在经济增速下台阶和经济结构调整、产业升级的过程中，如果贸然推进金融监管体制改革，前期积累并被高增速所掩盖的问题和矛盾将快速暴露。

三是在改革方案的设计上，需要将货币政策与金融监管分离。未来较理想的监管框架是"一委、一行、一会、一局"模式，即在金融稳定委员会领导下的中央银行、金融监管委员会、中小投资者和金融消费者保护局。应在硬化预算约束和打破刚性兑付的基础上，划清政府与市场的边界，让投资者承担必要的损失，而不能让央行为金融机构埋单，把金融风险救助货币化。

四是改革金融监管体制应强调财政部门的作用。在许多发达经济体的宏观审慎管理框架中，财政部门都占据重要甚至主导地位。金融监管之所以需要财政部门参与，一方面是因为财政部门在使用公共资金进行危机救助、维护金融稳定过程中担当重要角色，另一方面货币政策需要财政政策配合才能更加有效。

## 二、对四类观点的看法

四类观点主要围绕金融监管体制改革的必要性和着眼点、改革时机、监管框架、参与部门等进行了讨论，对此谈几点看法。

（一）观点一：金融监管体制改革关键是改革监管理念，组织形式上的机构调整无助于解决实质问题

这种观点强调监管的本质和专业性要求，从某种意义上讲是有道理的。金融监管是一个集专业性和技术性、注重细节的领域，需要长期学习和经验积累。发达国家经济金融领域改革较为成熟，监管主体和监管机构各司其职，对监管专业性的要求相对不高。对于我国这样的经济转轨阶段，情况则较为复杂，如果囿于专业知识不足，金融监管就可能失之毫厘、差之千里。

在金融业务综合化、金融交易电子化、金融产品多样化的背景下，

必须具备很强的监管理念和专业水平，才能加强对金融创新的监管。近年来，我国金融市场发展较快，各类跨市场、跨行业的金融产品和业务创新层出不穷。大量创新可分为两类：一类是在产品、机构、业务流程方面引进国际经验，属于真正的创新；另外一类则是伪创新，表现在创新产品的实质和形式不一致。比如大量刚性兑付的存在，实际上是风险承担者和收益主体不匹配。银行在产品合同中声明只负代销责任的同时，收取3%甚至更高的利差；信托公司只收取千分之三或者更低的通道费，却需要保证到期兑付。更重要的是，银信合作一般由银行主导，风险却由信托承担，存在严重的实质和形式不一致。截至2015年末，我国信托产品余额4.1万亿元，是2010年末的2.5倍，在金融产品普遍存在隐性担保和刚性兑付潜规则的情况下，风险不容忽视。

又如银行的同业业务，实际上是违反会计准则和会计科目使用，可谓"会计科目创新"，突破了银行业"三铁"原则。大量的同业业务通过买入返售、卖出回购科目来核算，与这两个科目只能核算短期的资金融通相违背。银行通过把相关科目打穿，进而用于各种各样的资产配置，以达到穿透同业市场、理财市场的目的。可以说，一个科目就是一个黑洞，一旦某一环节出现问题，风险就有可能在不同市场交叉蔓延。截至2015年末，16家上市银行买入返售资产余额4.1万亿元，虽较2014年7.7万亿元的高点有所回落，但仍比2010年末增长34%。相应地，截至2015年末，16家上市银行理财产品余额高达17.7万亿元（占全部银行理财产品的75%）。

然而，并不能仅以理念、制度为由推诿或推迟金融监管体制改革。随着各种新型金融业态在体制内外、线上线下迅速发展，现行金融监管体制必然导致的监管空白、监管交叉、监管套利及目标冲突等问题日趋凸显。各类金融机构因其监管部门监管要求不同，容易产生监管成本的"比较优势"和套利动机。套利行为将银行和企业之间的融资行为掩盖为银行与金融同业之间的金融资产投资关系，拉长了金融链条，使得资金流通环节增多，复杂性提高，透明度降低，强化了金融风险的传导效应，容易形成系统性金融风险隐患。

鉴于现行监管体制不能适应防范系统性金融风险的需要，改革监管框架的组织形式是十分必要的。以本轮资本市场波动为例，银行、信托资金多渠道对接资本市场直接助推了"杠杆牛市"和后期资本市场短期剧烈调整。在此过程中，尽管银监部门对银行、信托实施监管，但由于信息共享不充分、协调机制不健全，证监部门无法了解场外配资全过程，对资金规模、杠杆率等核心指标的掌握不清晰，不仅贻误了对股市风险的判断，而且造成救助行为的启动过晚和慌乱无序。而在证监部门救市时，一些规定又不能及时传导至信托公司，导致场外配资盘剧烈去杠杆。这些都充分暴露出现行监管模式缺乏达成一致行动的组织、决策和执行机制，无法及时有效地应对可能出现的系统性金融风险。

（二）观点二：在经济金融风险高发期，不宜贸然推进金融监管体制改革，否则可能拖长调整期

笔者的观点恰恰相反。在当前经济下行压力加大、各类风险暴露显著上升的特殊时期，应切实增强危机意识，加快推进金融监管体制改革。这是因为在经济金融领域矛盾快速暴露的时期，监管部门普遍会从原来的争地盘变为责任推诿，这就会产生监管空白，此时若不切实推进改革，可能进一步放大风险隐患。一个比较典型的案例是P2P。P2P虽冠以互联网金融的名义，但本质是民间借贷，其由谁监管非常明确。但在法律、信用、流动性等风险放大后，相关监管部门和地方金融办则相互推诿，监管措施只"闭门发声"，迟迟不出台，以致积成大患。近年来P2P发展非常迅速，截至2016年5月末，P2P网络借贷平台已接近2400家，贷款余额5800亿元，1~5月累计交易额1500亿元。当前，P2P平台倒闭个案时有发生，未来如果监管不落到实处，融资链条中的风险漏洞将会快速暴露。

（三）观点三：未来较为理想的金融监管框架是"一委、一行、一会、一局"模式，核心是分离货币政策与金融监管

这种观点最大的问题是没有看到货币和银行是不可分割的。如果硬

性分割货币政策和金融监管，情况远比"铁路警察各管一段"严重得多。从货币政策传导来看，当前贷款占社会融资规模的比重超过70%，银行业仍是货币政策传导的主要渠道。货币政策从金融体系传到实体经济，需要经过货币政策到金融监管政策，再到银行内部风险管理政策多道关卡，任何一道关卡不通畅都会影响货币政策传导。在中央银行和监管机构分设的情况下，货币政策信号在传导过程中将不断衰减，降低传导的有效性。从金融稳定来看，人民银行作为最后贷款人，负有提供市场最后流动性、防范系统性金融风险的责任。如果不能及时获得监管数据和信息，可能制约中央银行对整体风险的识别和判断，不利于做好预案，及时反应。从信息掌握和传递来看，党中央、国务院到央行总部的渠道是畅通的，凡是涉及金融稳定的相关文件都会批到央行。问题在于央行向金融机构这一渠道受阻。主要是央行不具备向金融机构获取信息的地位和职能，检查权和处罚权也很小。特别是央行分支机构向金融机构获取信息没有明确的授权，权责分离和监管信息不对称更为严重。

总而言之，货币通过银行创造，银行经营货币，货币和银行不可分离，中央银行和监管机构是不可分离的，世界潮流也是如此。

（四）观点四：效仿英美金融监管框架，让财政部门在金融监管中发挥重要作用

这涉及政治体制差异问题。其一，美国财政部是内阁成员，美联储则具有最高独立性；而中国财政部和央行作为国务院组成部门，统一在国务院领导下工作。其二，美国财政部和中国财政部地位不同。美国财政部代表政府进行理财，但没有预算权（预算权在国会）；中国财政部有预算权，但并不为政府理财（理财是央行）。其三，英美财政部的地位形成有其历史原因。西方政府是小政府，职能分工较少，财政部代表政府实施金融监管有其合理性。作为大国政府，我国的中央银行和财政部不可与英美模式简单比较。看到欧美国家强势财政部，就想照猫画虎打造"大国财政"是不符合我国政体实际的。

现代我国中央银行体系历经三十年改革而成，应该继续强化而不是

弱化。回顾历史，大清王朝时代确立中央银行体系的想法强烈，但由于财政亏空、地方财权分割，中央银行体系没有成功建立。英国李滋罗斯（Frederick leith-Ross）1935年来华访问，南京国民政府向英求助贷款用于币制改革，终于在风雨飘摇中确立了中央银行体系。但由于财权集中在地方，彼时的中央银行非常弱小。只有在中国共产党领导下，我国中央银行体制才得以确立并发挥重要作用。回顾历史，我们党历来都是重视银行工作的。1931年苏维埃政权定都瑞金时，就成立了中华苏维埃国家银行，后来红军长征到陕西，依然保留了在苏维埃国家银行的账户。1948年我国设立华北银行，统一各解放区货币，正式筹建中央银行。纵观历史长河，现代中央银行体系是中华民族一百多年来奋斗的成果，是我们党的重大成绩，也是党领导经济工作的重要工具。任何试图削弱中央银行、倒退回大一统财政的做法都是历史的倒退。

### 三、推进金融监管体制改革的政策建议

综上所述，现行金融监管体制不适应现代金融业、制约金融资源配置效率的矛盾日渐显现。在当前我国金融业改革发展和对外开放程度不断提高的背景下，应加快推进金融监管体制改革，防范化解金融风险和维护国家金融安全。在推进改革的过程中，尤其要把握以下几点：一是货币和银行是不可分离的。中央银行和监管机构的分离将导致货币政策传导不畅。二是应抓紧推出改革方案，但应稳步实施，稳定预期。当前需要尽快明确系统重要性金融机构和金融集团的主监管部门，需要明确"穿透式"监管"谁"来穿透。三是未来监管要逐步向专业化过渡，官员体制向专业人员过渡。四是择机改进货币政策治理机制，增强货币政策独立性，避免为短期目标牺牲金融稳健，埋下金融危机隐患。五是约束财政，平衡财政与金融，避免财政过度依靠金融资源。

# 建议对金融机构资产管理业务实施宏观审慎管理

"刚性兑付"是资管业务风险最重要的来源,尤以银行业资管为最,不仅使得风险难以有效隔离,而且还会造成金融资源配置的扭曲。

近年来,金融机构资产管理业务发展迅速,规模已经不小。这些创新业务在丰富投融资渠道、提高中间业务收入等方面发挥了作用,但一定程度上也存在规避监管、助推杠杆率、利益输送等问题,干扰了宏观调控,潜藏金融风险。下一步,建议规范发展资产管理业务,限制商业银行开展新的表外资产管理业务,鼓励真正的金融创新,强化宏观审慎政策框架,从宏观层面防范资产管理业务无序发展可能引致的系统性金融风险。

## 一、资产管理业务的主要特点

我国资产管理业务始于1998年的公募基金,发展于2009年的银信合作,盛于2012年以后的银行理财。2012年以来,受利率市场化和"放松管制"的影响,我国规模庞大的存款逐步流向理财市场,催生了资管业务的爆发式增长。从资产负债表角度看,资管和理财是一个问题的两面,前者强调资产端资金运用,涉及股权、债券、贷款、非标等各类金融产品的投资,后者侧重负债端资金来源,是利率市场化背景下对储户存款的分流。近年来,资产管理业务呈现出以下几个特点:

一是发展十分迅速。据波士顿咨询公司测算，金融机构资管业务规模近三年复合增长率达到51%。2016年9月末，银行业、证券业[①]、保险业、信托业的资产管理业务规模分别约为27万亿元、49万亿元、13万亿元和18万亿元，总计超过100万亿元，已与金融机构信贷余额体量相当。

二是"谁都可以做"。银行业、证券业、保险业金融机构都开展资产管理业务。各行业金融机构设立的资产管理计划往往可以相互投资，呈现你中有我、我中有你的复杂格局，拉长了融资链条，隐藏了业务本质，推高了融资成本。

三是管理尺度并不统一。分业监管格局下，银、监、保的资管业务分别受到银监部门、证监部门和保监部门的规章制约，这些规章在内控制度、资本约束、准备金提取等多个侧面都存在差异，为金融机构提供了监管套利空间。同时由于监管割裂，难以实现穿透，形成监管真空，存在聚集风险的空间，严重冲击目前分业监管的格局。

四是"什么都可以投"。各类股权或债权产品、标准化产品或非标产品、新三板上市公司或非上市公司、房地产或产能过剩企业都是资管业务的潜在投资标的。尽管银行表内资金运用受到严格的监管约束，但通过同业业务可以达到穿透同业市场、理财市场的目的，进而用于各种各样的资产配置。

## 二、资产管理业务存在的几个主要问题

"刚性兑付"是资管业务风险最重要的来源，尤以银行业资管为最，不仅使得风险难以有效隔离，而且还会造成金融资源配置的扭曲。相较而言，公募基金等证券业资管基本做到了"买者自负"，风险要小一些。从实践来看，银行资管业务既是规避监管、资产表内转表外的重要通

---

[①] 银行业理财规模数据来源于普益标准；证券业资管规模数据来源于万得数据库，为公募基金、基金子公司及专户、证券公司、期货公司、私募基金资管规模的加总。

道,也是证券、保险等资管业务的重要资金来源。目前,我国资产管理业务高速发展所积累的问题正在逐渐显现。

一是使得货币信贷总量存在低估,干扰了宏观调控。从资金来源端来看,"刚性兑付"的资管份额应视同存款,全额计入 M2,而目前仅是将资管在商业银行的存款计入了 M2,不及剔除交叉持有后资管产品规模的十分之一。从资金运用端来看,只有标准化的股票、债券、信托贷款和委托贷款计入了社会融资规模,而资管业务的其他投资形式并没有计入。2015 年末,各类资管计划投资的非标准化债权以及一些明股实债的收益权等其他债务性融资就达到 4.5 万亿元。此外,商业银行也存在将表内贷款借由资管业务出表以规避货币信贷总量调控的动机,干扰了宏观调控效果。

二是帮助金融机构规避了资本监管。对于商业银行而言,"刚性兑付"的理财产品实际上就是存款,若要保证这部分表外负债的兑付,需根据资金运用的风险状况,计提足够的资本以吸收损失。截至 2016 年 6 月末,商业银行表外理财资产余额为 22.3 万亿元,若将这些资产全部入表,即使按 50% 的风险权重,商业银行也需要补充约 1.1 万亿元的资本。

三是助推加杠杆,也助长了资产泡沫。"什么都可以投"的资管业务顺周期性较强,"大起大落"的特征明显,只注重高收益,并不受到产业政策、信贷政策的约束。前几年,资管业务大量投向地方融资平台、房地产、产能过剩等融资受限行业,一定程度上放开了金融机构的手脚,帮助这些行业进一步加杠杆,吹大了资产泡沫。资管计划还大量投资债券市场,又为债市加杠杆起到推波助澜的作用。其中,银行是债市加杠杆的主力。在整个过程中,中小银行先发行同业理财,然后进行委外投资,再由受托机构资管计划利用大银行回购资金加杠杆投资债券,扩大收益。

四是金融机构把资管业务当作主要业务,可能削弱金融支持实体经济的力度,加剧资金"脱实向虚"。如某国有银行就提出要将大零售、大资管、大投行业务作为盈利增长的新引擎,"资产管理业务作为重点创新发展的战略领域";某股份制银行理财业务收入已占全行中间业务收入的20%。在存贷款业务增长乏力的背景下,部分商业银行高调发展资产管理业务,已设立或将要设立理财业务子公司。

五是击穿了金融分业监管的格局。资管业务现有的做法打破了银、证、保之间的防火墙,潜藏系统性金融风险。各类资管业务相互投资,实现了事实上的混业经营。在2015年"股灾"事件中,银行资管大量借助伞形信托,通过认购结构化配资的优先级收益权模式进入股票市场,打破了我国一直以来实行的银行资金与股市之间的防火墙。最终受监管部门清查场外违规配资、股市持续下跌的影响,引发了配资大规模踩踏式强行平仓,对股市带来了灾难性的冲击。前期险资频繁在资本市场举牌背后,也有银行资金的影子。

六是商业银行的资管业务还绕开了其内控体系,击穿了公司治理体系。商业银行的信贷审批和风险控制主要针对表内资产,上一轮银行改革的主要成果是显著加强了信用风险管控,特别是表内业务,但银行对于名目繁多、新颖的资管业务难以做到同样的管理标准。商业银行目前盈利能力还比较强,在资管业务"捅娄子"时还可以将其回购入表,但随着业务进一步扩张,有限的资本金将越来越难以应对问题资产入表的压力,可能引发较大的金融风险。

七是可能存在利益输送。比如商业银行在销售理财产品的过程中,往往面向高净值客户、特定客户甚至管理人员或亲属提供高收益产品,这些产品背后往往是收益高、风险小的优质资产。这种腐败行为隐蔽性高,危害性大。

八是难以打破刚性兑付,推高了无风险收益率。尽管各类资管产品的销售合同中都注明投资者自担风险,名义上不保证"刚性兑付",但从实际执行情况来看,绝大部分资管产品在到期时都实现了刚性兑付。地方政府从维持地方稳定的角度出发,也有协助金融机构兑付到期产品的动力。在可预见的未来,刚性兑付可能都难以打破。

九是在现行的法律和会计制度下，资管并不是真正的创新业务。从法律和会计两个角度而言，我国的资管业务并没有真正"出表"。英美法系主要强调风险隔离，而我国的金融法律体系则强调"并表监管"和股东责任，"谁的孩子谁抱"。即使是表外资管业务出了风险，仍被迫刚性兑付，以避免风险传染。在这些情况下，资管业务成为了商业银行规避表内风险监管的工具。

## 三、政策建议

随着我国居民财富的迅速增长，居民对资产管理的需求不断增加。资产管理业务满足了居民的投资需求，其发展有积极意义。对于资产管理业务目前存在的一定问题，应通过"正本清源"、理顺监管、加强宏观审慎等方式加以解决。

一是规范资产管理业务，鼓励真正的金融创新。明确要求资产管理业务与金融机构资产负债表做到真正的风险隔离。资产管理业务属于高风险业务，具有高度专业化、高激励机制等特点，和传统的商业银行经营模式不兼容，加之商业银行的资产管理和理财业务难以做到风险隔离和非"刚性兑付"，建议限制商业银行开展新的表外资产管理业务；对于存量的资产管理业务，若做不到风险隔离，则全部纳入表内，并相应计提资产，若可以做到风险隔离，则可考虑通过银行设立资产管理子公司的形式，逐步以市场化方式向证券业金融机构转移。建议明确资产管理业务由证券公司、公募基金、私募基金等证券业金融机构开展，并接受证监部门监管，商业银行主要从事产品托管等业务。

二是强化宏观审慎政策框架，从宏观层面防范系统性金融风险。目前我国"一行三会"的分业监管体制下，每个监管机构只负责监管所辖行业的金融机构，监管受到的约束较多，监管资源分割严重，没有形成合力，并可能导致监管空白和监管割据。实际上，资产管理业务的迅速发展就依托于分业监管的格局，商业银行的表外理财提供资金，证券、信托和保险资管提供投资通道，资产管理业务贯穿了银、证、保三个行业，现有的监管格局难以应对。针对资产管理业务，建议在赋予央行充足的微观审慎监管权基础上，建立并完善"穿透式"监管，探索运用多种宏观审慎政策工具防范系统性金融风险。

# 区域互保联保风险化解探讨[①]

区域互保联保风险已经从急性发作转入慢性治疗，风险总体可控，尚不构成全国性、系统性的问题。在情况严重的地方，已经对当地造成一定影响的，要及时切断传染链，改善区域经济景气预期。立足契约和法制，坚持党的十八届三中全会确立的市场和政府关系，在改革和发展中化解风险。

**互保联保的现状与问题**

互保联保比较严重的是长三角地区，现在有向一些煤炭大省（如山西）及其他地区蔓延的趋势。因为数据原因，主要以浙江为例。

根据浙江省的有关数据，互保、联保模式约占浙江企业融资比例的40%，也有人统计这一比例为60%左右，我们估计在50%~60%之间。根据浙江泰隆银行2013年年报，报告期末贷款最多的前十大客户中有六位是保证形式的贷款，这可以印证互保、联保模式占比60%的说法。

根据人民银行杭州中心支行的调查，参与联保、互保的企业有一些共同特征，如参与面广、杠杆率高。调查的样本中，保证贷款的比例均在60%以上，且涉及的户数也比较多。

企业有七大担保类型，其中主要的担保类型为企业出于融资需要形

---

[①] 本文系作者在中国金融四十人青年论坛第56期双周内部研讨会的主题演讲，发表于《清华金融评论》2014年第8期。

成的互保、联保，这种占比32%。

另外还有两种担保模式。一是集团企业内的担保，这种模式在北京以及央企里面很多，因为很多商业银行都要求央企的母公司必须对子公司或者分公司进行担保。但在长三角的民营企业中，这种模式被滥用，名声很不好。因为一位民营老板可能控制几十家公司，公司之间的关系非常隐秘，这种案例屡见不鲜。二是产业链上下游、有货款往来关系企业的担保。这种模式本身很好，因为是某个核心企业对供应链的外围企业进行担保。做中小企业业务最好是有一个核心，围绕着核心企业，周围有几百家中小企业，形成一个集群。对商业银行而言，为这些小企业提供贷款的风险易于控制，应该鼓励。

图1展现的是一个案例，希望让大家了解担保的复杂性，当然这不是最复杂的一个案例。

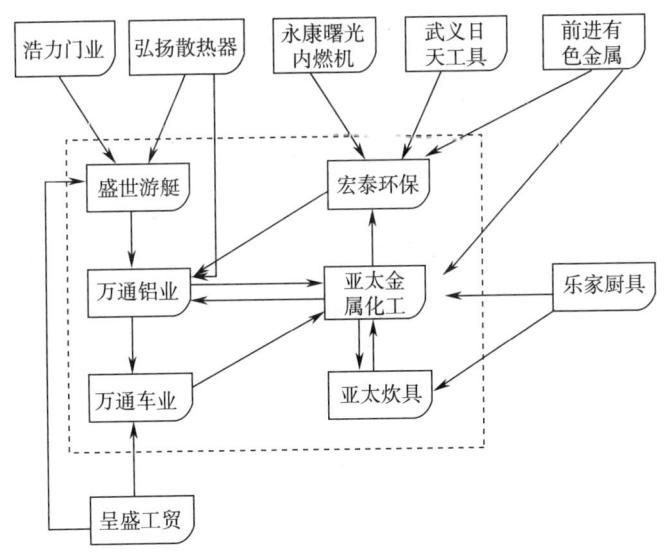

资料来源：中国人民银行杭州中心支行。

图1　2012年万通系与亚太系的担保情况图

### 联保互保的形成与发展

联保、互保最早用于农户间,据说是从格莱珉银行要求农户贷款要五户联保开始的,当时贷款额度比较小,风险可控。而从农村到城市,互保联保贷款的风险就不一样了。《商业银行法》第七条、第三十六条规定,"商业银行开展信贷业务,应当严格审查借款人的资信,实行担保","商业银行开展信贷业务,应当实行担保"。所以,很多人说,担保是法律要求的。

随着担保互保的发展,担保互保模式发生了一些异化,表现之一为授信额度过高、过滥,每个联保成员都获得授信额度;表现之二为互保联保多数在同行业或上下游、同圈子内进行,面临的风险相似,资产组合风险分散效用有限。此外,银行对资金去向监管缺失,一些企业将资金投向房地产、矿山、股市等。

通过异化的担保互保方式,原本的链状担保演变成了跨行业、跨区域的网状式担保链,例如2008年绍兴"华联三鑫石化"的担保案件,涉及贷款81亿元;2011年温州发生的金融风波中,信泰和庄吉集团分别涉及资金几十亿元到几百亿元。

此时是地方政府及金融管理部门发挥"守夜人"作用的时候。浙江省政府下发文件对企业作了分类:对于主业经营良好、暂时出现资金链紧张的企业,要协调银行机构统一行动,尽量不抽贷、不压贷、不缓贷,灵活办理企业转贷,不搞"一刀切、急刹车";对于产能过剩、救助无价值的企业,要大力推行破产清算,发挥市场优胜劣汰作用。政府的意见还是比较中肯的。具体而言,政府所做的是建立监测预警体系,适度参与对出险企业的救助协调,建立应急周转资金,采取措施减轻企业负担,建立会商帮扶机制等。

银行的反应则各不相同。比较常见的是收紧,甚至停止联保互保信贷模式的业务,对之前这类贷款加强风险监控。一些教授评论银行的这种行为时表示,虽然从银行角度而言,抽贷是理性行为,但是如果一起抽贷就会造成整体不理性。

表1　　　　　　浙江泰隆银行2013年度贷款前十大客户

| 客户名称 | 余额（万元） | 占贷款比例（%） | 担保方式 |
| --- | --- | --- | --- |
| A公司 | 7000 | 0.17 | 保证 |
| B公司 | 5200 | 0.13 | 保证 |
| C公司 | 5000 | 0.12 | 质押 |
| D公司 | 5000 | 0.12 | 保证 |
| E公司 | 4700 | 0.11 | 质押 |
| F公司 | 4000 | 0.10 | 保证 |
| G公司 | 4000 | 0.10 | 质押 |
| H公司 | 4000 | 0.10 | 保证 |
| I公司 | 4000 | 0.10 | 保证 |
| J公司 | 4000 | 0.10 | 质押 |
| 合计 | 46900 | 1.15 | |

数据来源：浙江泰隆银行2013年年报。

**责任的分担和风险的化解**

担保中同样存在责任推诿现象，首先担保公司的风险评价能力或风险承担能力未必比银行更强，但银行为什么都需要担保公司呢？因为有担保的情况下，如果被上级追查，责任比较明晰。责任推诿这一现象从2004年提出至今已经10年了，大家看看是否还存在类似现象。

那么，此次联保互保风险的责任应如何分担？可以从周期性、区域性、地方政府、企业和银行这五个方面来考虑。

第一是周期性因素，一是目前正是结构调整阵痛期、前期刺激政策消化期和经济增长速度换挡期的"三期叠加"时期；二是这些担保企业涉及的行业大部分是周期性行业，如地产、钢材、煤炭行业，温州的二手房房价、上海的钢材、山西的煤炭价格都发生大幅下跌。

第二，区域性问题包括总量过剩、杠杆过高、产业转型没有及时升级以及热钱涌入。例如，2012年农业银行全系统23%的贷款投向长三角地区，其他银行也是如此，都认为长三角地区回报高、效益好，每年都把总信贷规模中超过20%的份额分给长三角。经过10年、20年的投放，形成类似热钱进入东南亚的效果。如果投资回报跟不上，有可能会"泡沫破灭"。

第三，地方政府长期以来有国内生产总值（GDP）情结，并且对企业有父爱主义。与此同时，本来应该由政府出资或补助的担保公司供给不足，另外银行贷款又有担保需求，最后就把使用农户贷款的互保联保推广至城市，促使企业联保互保。另外，最近10年地方政府开始公司化管理、经营城市，追求增长。浙江省2004—2013年主要的经济数据显示，本外币贷款余额从14995亿元增加到65339亿元，净增5万亿元；地税和国税收入增长也很快，2013年国税、地税收入都达到5000多亿元，政府财力增长很可观。

银监会的数据显示，全国性担保行业实收资本共计8282亿元，平均每家融资性担保机构实收资本为9642万元，不到1亿元，每家提供的担保都有限。然而银行的信贷投放都有担保需求，但对担保主要提供者的资本金等约束不足，这是企业联保互保大规模增长的重要背景。

表2　　　　　　　　企业涉及保证贷款情况

|  | 户数占比（%） | 户均保证余额（万元） | 保证贷款占比（%） |
| --- | --- | --- | --- |
| ①不涉及担保 | 32.2 | — | — |
| ②有涉及担保 | 67.8 | 1027 | 64.1 |
| 1家企业担保 | 34.1 | 959 | 61.7 |
| 2家企业担保 | 20.3 | 971 | 67.3 |
| 3家企业担保 | 7.9 | 1141 | 68.9 |
| 超过3家企业担保 | 5.6 | 1487 | 61.7 |
| 全部企业 | 100.0 | 696 | 44.7 |

注：根据2013年12月末开展的企业担保情况专项调查，并涉及温州辖内14家较大型的商业银行，200名对公客户经理，3117个企业贷款户，企业贷款余额486亿元。

数据来源：中国人民银行杭州中心支行。

表3　　　　　　　　　　　企业担保关系类型

| 担保关系 | 金额占比（%） |
|---|---|
| ①担保公司之类融资中介提供的担保 | 1.3 |
| ②企业之间有共同投资而形成的担保 | 9.3 |
| ③产业链上下游、有贷款往来关系企业的担保 | 10.2 |
| ④企业出于融资需要而形成互保、联保合作的担保 | 32.6 |
| ⑤企业实际控制人系直系亲属的担保 | 15.0 |
| ⑥企业集团内部之间的担保 | 15.5 |
| ⑦仅出于熟人关系，不存在任何经济往来，没有联保、互保合作的担保 | 16.1 |
| 合计 | 100.0 |

第四，企业的责任问题。整体而言，出现问题说明企业的抗周期能力还比较弱。此前温州部分企业过度融资，将资金投向房地产、矿产及部分产能过剩行业（如造船、光伏），"投资热钱化"和"产业空心化"问题严重。这种投资冲动全国都存在。最近，工商银行对1.9万户小企业样本的分析显示，财务费用比主营业务收入年均增幅高出30%，这说明小企业的融资能力大大超过盈利能力。

A股浙江上市公司2012年上半年负债率前20名中，负债率最高的达到93%，最低60%，此外浙江非上市企业负债率也普遍偏高，有一半负债率都在70%以上。这在全国（60%左右）乃至国际上都处于较高水平，难以持续。银行信贷与民间借贷息息相关。银行信贷成本虽然略高，但还可以接受，出问题的企业主要是因为民间借贷成本过高。为什么在有银行信贷的情况下还进行民间借贷呢？因为这些企业认为其所投资的项目的收益足以偿还民间借贷的利息，这是它们对前景的误判。现在温州地区民间借贷的年化利率那么高，在房地产价格不能继续上扬的情况下很难有项目能实现这样的高收益。产业转型升级步伐跟不上，企业预期回报难以实现，陷入困境就难以避免了。

第五，关于银行的角色。银行的内部信贷审批环节存在把担保异化为一个责任推诿工具的现象。对此银行也在反思，工行首席风险官魏国雄表示："风险防控主要靠担保，甚至把担保当成判断风险和融资决策的主要依据，不仅接受担保公司担保，还接受企业互保联保等无实际意义的担保。""存在实际风险管理被形式上合规操作替代的问题。"这两段话指出问题具有一定的普遍性。

同时，也存在"羊群效应"，对个体银行来说，这是符合商业原则的理性行为，但是"羊群效应"的结果是使得长三角区域杠杆过高，遭遇"三期叠加"周期性后，问题比其他区域更加严重，导致了"集体非理性"。这样的成因国内其他区域不具备，因此这次危机不具备全国性。也有人抱怨银行基层的道德风险问题，这也是比较严重的问题。从整体上看，银行的行业和区域风险管理还比较薄弱。尽管每个银行都有所谓的行业限额、区域限额，但在"羊群效应"的作用下，个体理性的结果是集体的非理性。

**有待探讨的问题**

联保互保风险是急性病还是慢性病？从总体上看，笔者认为是长期积累的问题以急性病形式发作，经过治疗目前有向慢性病转移的迹象。为什么是慢性病呢？因为去杠杆和经济结构调整是一个较长的市场出清和调整过程，产业升级、结构转型、债务重整的过程是比较漫长的，急不得。

联保互保风险是区域性还是全国性问题，是行业性还是系统性问题？笔者认为目前是区域性、行业性的问题，还不是全国性和系统性的，但要防止它向系统性和全国性转变。从目前掌握的各个银行披露的互保联保风险数据来看，笔者认为风险不足以成为重大的全国性或者系统性风险。虽然现在的风险已经不局限于长三角地区，在山东、山西等省份都存在，但总体上风险还是可控的。

对区域互保联保风险的化解还是要立足契约与法制，处理好市场和政府的关系，在继续改革和发展中化解。但是，这并不排斥政府，特别是地方政府在出现危机时承担"守夜人"的责任，进行危机救助。目前看，出资或资助组建担保公司或信用保证保险公司，承接互保联保业

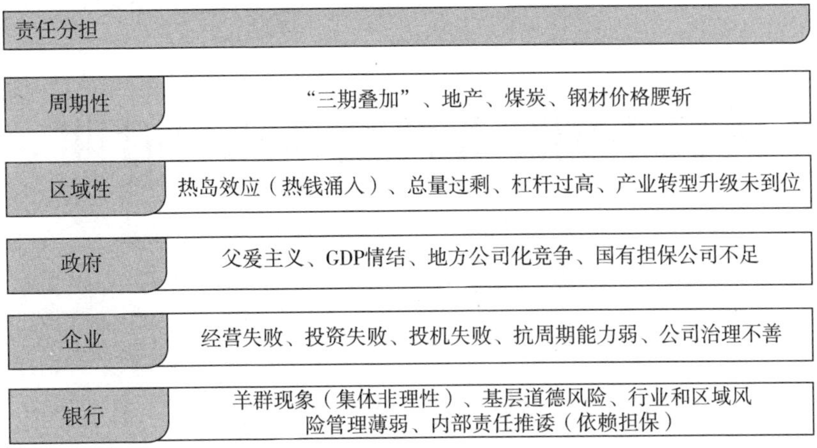

| 责任分担 | |
|---|---|
| 周期性 | "三期叠加"、地产、煤炭、钢材价格腰斩 |
| 区域性 | 热岛效应（热钱涌入）、总量过剩、杠杆过高、产业转型升级未到位 |
| 政府 | 父爱主义、GDP情结、地方公司化竞争、国有担保公司不足 |
| 企业 | 经营失败、投资失败、投机失败、抗周期能力弱、公司治理不善 |
| 银行 | 羊群现象（集体非理性）、基层道德风险、行业和区域风险管理薄弱、内部责任推诿（依赖担保） |

**图 2　联保互保风险责任分担情况**

务，稳定区域内系统性重要企业，是可行的方案之一。这样可及时切断传导链，防止蔓延。此外，抓紧调整产业结构，用新的增长点改善区域景气预期。地方政府该出手时还得出手，该减免税负的时候，还得平衡一下。中央已经通过至少两个渠道对长三角地区进行了援助。一是全国性银行动用全国积累的风险拨备核销长三角地区的不良资产；二是中央和地方税收分成和转移支付也可能受到区域风险状况影响。

总体来看，互保联保风险已经从急性发作转入慢性治疗，风险总体可控，尚不构成全国性、系统性的问题，但已经出现严重问题的地区应采取有力措施化解风险。

# 人民币国际化的全新历史时期

## ——"一带一路"与未来国际金融体系[①]

在"一带一路"开放新格局下,人民币"走出去"面临新的历史机遇,也必将发挥重要的推动作用。美元、德国马克等国际储备货币崛起的经验为人民币国际化提供了参考借鉴,国际货币体系改革和国内金融改革为人民币国际化提供了机遇,但同时,人民币国际化也可能对境内货币政策和金融稳定构成一定的挑战。伴随着企业"走出去"和银行"走出去",人民币"走出去"也汇聚成潮流,将共同推动我国经济的国际化。

2009年以来,随着我国逐步解除跨境交易中人民币使用的限制,人民币跨境使用快速发展,主要体现在跨境贸易和投资、外汇交易、国际支付和国际债券等方面。

从跨境贸易和投资看,2009年以来,人民币作为跨境贸易投资的结算货币,其地位快速上升。2014年,跨境贸易人民币结算量6.55万亿元人民币,同比增长41.5%。其中,货物贸易人民币结算量5.9亿元人民币,同比增长95%,货物贸易人民币结算占比提升至22.3%。2014年,商业银行累计办理人民币跨境直接投资结算业务1.05万亿元,其中对外直接投资1866亿元,同比增长1.2倍,外商直接投资8620亿元,同比增长94%。

---

[①] 原文发表于《人民论坛·学术前沿》2015年第16期,合作者:徐昕。

从外汇交易看，国际清算银行数据显示，2013年人民币场外日均外汇交易量达到1196亿美元，较2010年增长了近2.5倍，在全球外汇交易量中的份额达到2.2%，排名第九。在外汇交易构成上，人民币现货交易占日均交易量的28.4%，远期23.5%，掉期33.8%，期权14.3%。其中，现货交易的占比相对较低，远期交易的占比相对较高。这一方面说明人民币"走出去"时间尚短，境外人民币资金池尚不能充分满足现货交易的需求；另一方面也反映了人民币"走出去"具有坚实的实体经济基础，企业和机构对利用人民币外汇衍生品来规避汇率风险有着强烈需求。

从国际支付看，环球银行金融电信协会（SWIFT）统计显示，2014年12月，人民币已成为全球第五大支付货币，仅次于美元、欧元、英镑和日元，市场份额达到2.17%。2013年10月，人民币在传统贸易金融（信用证及托收款项）的占比升至8.66%，成为仅次于美元的第二大贸易融资货币。从国际债券和票据看，国际清算银行数据显示，人民币计价的国际债券和票据余额2014年第三季度达到849.3亿美元，同比增长28%，较2006年底增长了165倍。全球占比为0.4%，排名第九，超过了港元、新加坡元和韩元，在新兴市场经济体中位列第一。

但目前人民币的国际化程度与我国经济实力仍然不相匹配。从经济体量看，2013年我国名义GDP达到9.47万亿美元，占全球经济的比重达13.3%，排名第二。从贸易规模看，我国已成为全球第一大出口国和第二大进口国。但目前人民币的国际地位与我国经济实力仍有不小的差距。从贸易计价结算看，2014年跨境贸易人民币结算量占比为22.3%，人民币计价则更低，大幅低于美元、欧元、日元、澳大利亚元在本国贸易中的使用程度。从外汇交易看，人民币全球排名第九。排名在中国之前的八个经济体，除美、欧外，经济体量和贸易规模均小于中国。人民币国际化仍有巨大的潜力。

## 货币国际化的国际经验

国际储备货币崛起的经验为人民币国际化提供了参考借鉴。我们重点关注两个问题:一是从美国经济规模超过英国到美元成为第一大储备货币,经历了超过 80 年的时间,为什么美元替代英镑的过程如此漫长?二是同为布雷顿森林体系瓦解后实现国际化的货币,为什么前德国马克国际化相对成功,而日元国际化却进展不足?

美元取代英镑。19 世纪,英镑逐渐崛起,取代西班牙银元成为主要的国际货币。在金本位制度下,黄金和英镑是国际货币体系的两大支柱。但进入 20 世纪之后,美元崛起,逐渐取代英镑成为最主要的国际储备货币。20 世纪 20 年代,美元在贸易信贷中的使用首次超过英国;境外流动资产中的美元总量由 1940 年为英镑的一半增加到 1945 年是英镑的两倍;1954 年外汇储备中美元的比例超过英镑。

诸多有利条件造就了美元国际化的成功。一是美国经济贸易的快速发展。美国经济总量于 1872 年超越英国,其出口规模于第一次世界大战期间超过英国,足够的经济规模是美元国际化的先决条件。二是中央银行的建立增强了对美元的信心。1913 年美联储成立之前,美国数次遭受金融风暴(1907 年的大恐慌,道琼斯指数下跌 50%,产出下降 10%,失业率达到 20%),由于缺乏强有力的最终贷款人,国际投资者对美元缺乏信心。中央银行的成立有利于稳定美元币值,也为以美元计价的金融工具市场发展提供了基础。三是美国金融市场的发展推动了美元国际化。Eichengreen 和 Flandreau(2010)认为贸易承兑市场的建立尤为关键,它使得美元在贸易信贷中的使用在 20 世纪 20 年代就超越了英镑。四是战争加速了美元取代英镑的进程。第一次世界大战中,美国为英国和其他参战国提供了大量贷款,由净债务国迅速转变为净债权国,在输出美元的同时也使美元相对于其他货币更为坚挺(Frankel,2011)。

但即便是有了上述有利条件,美元取代英镑的过程也是相当漫长而艰难的。从美国经济规模超过英国到美元取代英镑成为第一大储备货币，经历了超过80年的时间。是什么原因导致国际货币体系的调整如此滞后于国际经济政治格局的变化呢？

目前流行的一种解释是货币使用存在网络效应。这种观点认为，类似于语言，货币的价值部分取决于它的被接受程度。英语之所以是世界语言，在于它的广泛使用，非母语的人可通过学习英语与世界上更多人进行交流。国际交易中，使用范围广的货币就更有吸引力、更可能被接受。既有的国际货币会通过网络效应不断巩固自身的地位，而新兴的国际货币需要克服巨大的网络效应，才能取代现有的国际货币。因此，这个过程注定是漫长的。

我们认可货币使用的网络效应，但用网络效应解释国际货币使用的"惯性"可能存在过分的简化，忽略了网络效应的存在是以经贸、政治联系和相应的制度安排为基础的。与其说英镑的全球网络阻碍了美元取代英镑，不如说造就英镑网络的经济基础和制度安排的改变非常缓慢。一是与英国的经济、政治联系决定了对英镑的依赖程度。英镑的国际地位得益于"英镑区"的支持，但不同的成员国对英镑的依赖程度存在差异。英镑体系由五个同心圆组成：核心是伦敦；最里面的同心圆由英国殖民地组成；其次是英国的自治领地（如印度和南非），享有部分货币自主权；第三个同心圆由日本和部分南美国家构成，与英国有紧密的经济联系，且利用英镑来支撑本国货币；外面两个同心圆则是一些广泛使用英镑的国家。越靠近核心的"英镑区"成员国与英国的联系越紧密，比如，英国殖民地和自治领地，这些国家和地区接受英镑的意愿较强，不容易脱离"英镑区"，表现出的网络效应更强。

二是经济政治联系及相应的制度安排导致退出"英镑区"困难。外围国家（第三至第五个同心圆）最早离开"英镑区"。一方面，第二次世界大战爆发后，英国对英镑流通采取了严格的管制，英镑无论是币值还是使用的便利性都大幅下降。而美国经济实力增强，与这些国家贸易往来日益紧密，且币值更为稳定，外围国家有动力投向吸引力更高的美元。另一方面，这些国家使用英镑是出于自愿，并未与英国签订任何协议，不存在制度限制，自然可轻易地转向美元。

核心国家或地区脱离英镑区却是一个艰难而漫长的过程。从殖民地看，自20世纪初开始，英国就在殖民地设立货币发行局，以实现英国对当地货币的控制，殖民地没有货币自主权。从自治领地看，1931年英国放弃金本位之后，一些英国的自治领地和依附于英国经济的国家参与到与英国的货币合作和非正式的货币库。第二次世界大战爆发后，这些"英镑区"成员国的外汇储备被正式聚集到一个储备库，其持有的硬通货都卖给英格兰银行，但从储备库中提款受到严格限制。这种安排导致退出"英镑区"的两难：如果大量提取英镑，势必导致英镑贬值，资产缩水；但如果仍留在"英镑区"，英镑持续走弱仍会导致资产缩水。最终，大部分成员国仍留在"英镑区"，英镑的国际地位得以维系。

但英国国力的衰落导致了英镑区的最终瓦解。首先是1958年英国开放资本管制，取消了储备库，为自治领地提取英镑、脱离"英镑区"提供了条件。其次是殖民地解放运动。享有货币主权的英国殖民地最初仍保留了对"英镑区"的期望，主要是因为对本币信心不足、吸引外资以及争取英国经济援助。但随着英镑持续走弱，尤其是1967年英镑贬值重创了对英镑的信心，大部分成员国不再将英镑作为计价单位，并减持英镑以避免外汇储备的损失。"英镑区"最终于1972年6月23日确定英镑实行浮动汇率之时正式结束。值得注意的是，不少"英镑区"成员最终投向美元的怀抱，比如，1983年香港在尝试浮动汇率不爽之后，建立了与美元挂钩的货币局制度。

在当前的国际货币体系下，储备货币的网络效应仍是以经贸联系和制度安排为基础的。美元的国际地位得益于事实上的"美元区"的支持：其核心是美国，第一层次是美元化国家和汇率盯住美元的国家；第二层次是与美国经贸往来密切的国家，如南美；第三层次是与美国直接经贸往来相对较少，但在国际交易中广泛使用美元的国家，如以韩国为代表的亚洲新兴市场经济体。"美元区"成员并没有和美联储签订任何合同，选择美元完全是自发行为。但更靠近核心的"美元区"成员对美国经济及美元的依赖程度高，建立了与美元挂钩的相关制度，退出"美元区"难度大，事实上为美元的国际影响力提供了重要支撑。

德国马克和日元的国际化。1973年，布雷顿森林体系崩溃，全球进入了牙买加体系，也被认为是无体系的国际货币体系，为传统储备货币之外的其他货币国际化提供了重要的时间窗口。德国马克和日元就是在这段时间开始国际化。它们面临的共同的有利条件一是美元的地位下降，为其他货币崛起留下了空间；二是战后德国和日本经济快速复苏，经济实力不断增强，贸易和金融市场持续发展，为货币国际化创造了条件。联邦德国在20世纪60年代末成为欧洲第一大经济体，日本在1978年成为全球第二大经济体。

但两种货币国际化的结局却大相径庭。德国马克逐渐成为仅次于美元的全球第二大储备货币，并成为欧洲主要的区域货币，为欧元的诞生奠定了基础。相比而言，日元的国际化却不那么成功，不仅在储备货币地位上落后于马克，在国际金融交易中日元取得的进展也相当有限。除了德国经济增长较为稳定而日本经历"失去的十年"等经济基本面因素外，马克和日元国际化的"一成一败"还有两个方面的原因。

第一，货币区域化程度的差异。货币区域化是货币在更大范围实现国际化的基础。马克是欧洲主要的区域货币，"进可攻、退可守"：进可将影响力扩大至其他国家和地区，退可借助欧洲的货币合作、货币安排维持在欧洲的地位。但日元却未能成为亚洲甚至东亚地区的区域货币。亚洲地区，美元长期占据主导地位，近年来以人民币为代表的新兴市场经济体货币崛起，导致日元面临"前有美元、后有人民币"两头堵的不利局面，抑制了日元的国际化进程。

日元区域化落后于马克主要有两方面的原因：一是欧洲经济一体化程度高于东亚地区。第二次世界大战后，欧洲很早就开展了经济一体化进程，欧洲逐渐形成了统一的市场，这不仅促进了德国的经济增长，也为马克的使用提供了巨大的空间。而东亚地区经济一体化远落后于欧洲，日本经济起飞主要借助与欧美等发达经济体的经贸往来。日本经济崛起后也没有及时转移战略重心，对亚洲市场重视度不够，还曾一度出现"脱亚入欧"的呼声。

二是欧洲更愿意接受自己的货币，亚洲却属于事实上的"美元区"。虽然马歇尔计划为欧洲带来了大量美元，但欧洲国家对美元的认可度却并不高。以法国为代表的欧洲国家希望通过挑战美元的地位，限制美国在欧洲的影响力。1960年至1965年，戴高乐政府就曾将美元大量兑换成黄金，并将黄金从纽约搬回巴黎，以削弱美元的地位。欧洲国家更认可自己的货币，为马克成为区域货币提供了巨大的空间。反观日本，亚洲地区是事实上的"美元区"。区内贸易大国，如中国、韩国在国际交易中大量使用美元。区内两大金融中心，新加坡是主要的美元离岸市场，中国香港实行与美元挂钩的货币局制度。要撼动美元的统治地位非常困难。

第二，政策导向的差异。德国和日本的政策制定者采取了不同的货币国际化政策。出于国内经济金融稳定的考虑，德国对货币国际化的态度一度保守，在20世纪60~80年代初期曾主动限制马克国际化。主要顾虑在于马克国际化需要马克可兑换和国内金融市场开放，大量资本流入将加大央行保持物价稳定的难度。且当时德国金融市场的广度和深度有限，跨境资本大进大出将会导致马克汇率急剧波动，影响金融稳定。直至20世纪80年代初，德国依然限制非居民购买国内债券和参与货币市场，防止马克大量流出境外。日本对货币国际化的态度则相对积极。日元国际化启动于1984年，起初是迫于美国的政治压力，但之后被日本政府作为政策推行。日本政府将日元国际化定义为"日元在国际货币体系中地位的提高和日元在经常账户交易和外汇储备中的比重上升"。为实现这一战略目标，日本逐步取消了跨境资本流动的限制，发展日元计价的金融市场和工具，包括建立在岸与离岸市场。

但马克和日元的国际化进程却与政策导向大相径庭。马克国际化程度的提高最终迫使德国政府改变了限制马克国际化的立场。一是马克稳定的币值为其建立了良好的国际声誉，市场对马克计价资产的需求不断增长，抑制马克的市场需求的难度不断上升。二是德国金融市场的广度和深度提升，资本项目开放、推动马克国际化的条件逐渐成熟。从1985年开始，德国央行逐步取消了资本管制，促成马克的国际化。主动推动本币国际化的政策在日元国际化过程中发挥了重要作用。但日本国内的金融改革相对落后，逐步开放资本项目后，大量资金出于规避管制和套利的目的实现跨境迂回流动，对国内的金融稳定构成威胁，反而在一定程度上抑制了日元的国际化进程。

由此可见，政策导向对货币国际化进程有重要影响，但并非决定性的。一方面，货币国际化与国内金融改革，如资本项目可兑换、汇率市场化等紧密联系，推进这些改革能为货币国际化创造更好的条件，实现收益最大化、成本最小化。稳健的宏观政策框架和有序推进的资本项目开放为马克国际化提供了重要支持。而相对滞后的金融改革使日元国际化的效果打了折扣。另一方面，货币国际化本质上是市场选择的结果。政策可以引导，可以创造更好的条件，但终究不能为市场代劳。

国际经验对人民币国际化的启示。现阶段，人民币国际化目标是成为区域货币。首先，短期内人民币成为全球储备货币的难度大。人民币要成为全球储备货币，就必然挑战美元的地位，需要克服美元的网络效应，这个过程注定是漫长、艰难、充满不确定性的。其次，区域化是人民币实现更大范围国际使用的基础。如果本币在经贸往来更为紧密的周边国家都无法广泛使用，就很难推广到其他国家和地区。马克国际化得益于其区域化，而日元区域化不足制约其国际化。人民币应首先立足于亚洲周边国家和地区，推动人民币在大中华区、东盟地区、"一带一路"沿线国家和地区的使用，力争让人民币成为东亚乃至亚洲地区的主要区域货币。人民币国际化政策应顺势而为。政策并非货币国际化的决定性因素，但合适的政策能为货币国际化创造条件。比如，国内金融市场的发展和开放能显著降低获得、持有和使用本币的交易成本，提升本币的吸引力，提振本币的国际需求。从人民币国际化现阶段的需求看，人民币国际化需要与其他金融改革,如资本项目改革、汇率市场化协调推动,并进一步推动国内金融市场的发展和开放,增强人民币的可得性和使用便利性。

**人民币国际化的机遇**

国际货币体系改革。国际货币基金组织(IMF)将于 2015 年对特别提款权(SDR)进行五年一次的例行审查,人民币将面临加入 SDR 的重要机遇。如果人民币能成功加入 SDR[①],对提升人民币的国际地位和完善国际货币体系改革将有重要的积极意义。

一是有利于人民币成为国际储备货币。国际货币在国际交易中充当交易媒介、价值尺度和储值工具的职能。其中,实现储值职能是货币国际化程度得到高度认可的标志,也是货币国际化的高级阶段。目前人民币国际化已取得重要进展,人民币国际化程度快速提升,如能顺利加入 SDR,将向外界释放出"人民币国际地位已为各国央行和 IMF 承认"的信号,可进一步提升人民币的国际形象和影响力,增强对人民币的信心,有利于人民币发展成为新的国际储备货币。

二是有利于推进国际货币体系改革。源于美国次贷危机的国际金融危机反映出当前国际货币体系的内在缺陷,扩大 SDR 使用是国际货币改革的重要方向之一。适当扩大 SDR 货币篮子,特别是吸收新兴市场国家货币,可以提高 SDR 的稳定性和吸引力,从而有利于拓宽 SDR 的使用范围,增强 SDR 的作用,促进储备货币多元化,减轻现有国际货币体系的弊端。

三是推动国内金融改革,促进人民币国际化。目前,人民币加入 SDR 的主要阻力是国际社会对人民币"可自由使用"的认可,主要表现在其他国家对我国进一步推动市场化改革、开放市场和增强政策透明度的要求,这些要求本质上与我国金融改革开放的方向一致。通过对人

---

① 人民币已于 2016 年 10 月正式加入 SDR。

民币是否满足"可自由使用"标准的讨论,可促进国内明确人民币与国际储备货币各方面的差距,理解国际组织和其他国家的观点诉求,了解人民币国际使用的实际市场需求,更好地制定政策措施以缩小差距,特别是,有助于在相关金融改革,如利率市场化、汇率形成机制改革和人民币资本项目可兑换上达成共识,推动国内金融改革开放,为人民币国际化的进一步发展创造条件。

目前人民币加入 SDR 也具备了很多有利条件。一是人民币国际化取得了显著进展。2009 年以来,人民币国际使用范围不断扩大,国际化程度不断提升,人民币国际地位也逐渐得到全球认可。从发展趋势看,人民币已经具备了成为主要国际货币的潜力。二是扩大 SDR 货币篮子的必要性已成各方共识。目前 SDR 代表性、稳定性不足,限制其在国际货币体系中发挥更大的作用。如果人民币等新兴市场经济体货币能加入 SDR 篮子,能显著增强 SDR 的代表性和稳定性,有利于扩大 SDR 的使用。三是目前 SDR 篮子货币的选择标准模糊。人民币加入 SDR 的主要障碍在于人民币是否满足 SDR 货币标准中的"可自由使用"。但现有的 SDR 货币标准对货币达到"可自由使用"标准的数值或位次并无具体门槛,人民币加入 SDR 有充分的工作空间。

当然,人民币加入 SDR 也面临一定的挑战,尽管人民币国际地位近年来大幅提升,但较篮子货币(美元、欧元、日元、英镑)的差距仍然较大。主要发达经济体可能在人民币是否满足"可自由使用"上设置障碍,并借机对我国提出要价。但整体看,人民币加入 SDR 已经具备很多有利条件,只要采取合适的思路和策略,人民币加入 SDR 工作能在成本最小化的同时实现收益的最大化。

国内金融改革。国内金融改革为人民币国际化提供了重要支持。从主要国际货币发行国(如美国、英国、日本)看,跨境资本流动相对自由、汇率形成机制市场化、利率市场化对本币的国际化起到了重要的支撑作用。近年来,我国金融改革取得重要进展,为人民币国际化创造了良好的条件。2013 年 7 月取消人民币贷款利率下限,2014 年 3 月人民币兑美元汇率浮动幅度扩大至2%，目前85%左右的资本账户已实现可兑换。

部分跨境人民币业务也在区域金融改革中取得突破。直接投资方面，昆山试验区、上海自贸试验区、苏州工业园和天津生态城等地的个人可使用人民币进行对外直接投资。债券发行方面，在苏州工业园和天津生态城注册并有实际经营和投资的企业可在新加坡发行人民币债券。证券投资方面，在苏州工业园和天津生态城设立的股权投资基金可以用人民币对新加坡等东盟地区投资。跨境信贷方面，上海自贸试验区跨国企业集团可开展跨境双向人民币资金池业务，昆山试验区可开展台资企业集团内部双向人民币借款业务。前海企业可从香港银行借入人民币资金，苏州工业园区和天津生态城内的企业或项目可从新加坡银行借入人民币资金。此外，上海自贸试验区内的居民可通过设立本外币自由贸易账户实现分账核算管理，并建立了分账核算境外融资宏观调控工作机制。

有观点认为，人民币国际化本质上是资本项目自由化，而资本项目开放需以汇率完全浮动为前提，在人民币汇率形成机制改革尚未完成的前提下推动人民币国际化是金融改革的时序错误。这种观点对警示金融改革风险有积极意义，但对人民币国际化存在一定的误解。

一是资本项目可兑换既不等同于货币国际化，也不是货币国际化的前提。从历史经验看，20世纪中叶前，英镑曾是全球最主要的国际货币，但当时英国资本项目并未实现完全可兑换。德国马克国际化的初期，德国的资本项目也未实现完全可兑换。因此，货币国际化与资本项目可兑换并不等同，且资本项目可兑换不是货币国际化的必要条件。

二是金融改革并不存在机械照搬的顺序。金融改革需要走很多步，不是一步完成的，和走路一样，金融改革需要"左脚、右脚交叉走"，以实现各项改革的相互促进、协调推动。也许从改革完成的时间看，某些改革在另一些改革之前完成有利于降低风险，但从改革推进的过程看，应"成熟一项，推动一项"。人民币国际化并不必要等到所有条件完全具备时才能推进。相反,人民币国际化能为人民币汇率形成机制改革、人民币资本项目可兑换等金融改革创造更好的环境、争取改革共识,以实现各项改革的协调推进。

中国和周边经济体经贸往来密切。货币国际化的第一步往往是货币的区域化。日元和德国马克的国际化经验表明,与本国经济联系紧密的地区更容易接受本币作为国际交易的载体货币。人民币国际化也起步于经贸往来密切的周边国家和地区。20世纪80~90年代,人民币就在中国与周边国家的边境贸易中使用,目前超过3/4的跨境贸易人民币结算也集中在亚洲周边国家和地区。

随着中国与周边经济体经贸往来的进一步密切,人民币有望在区域经济扮演更重要的角色。目前,中国已成为澳大利亚、韩国、东盟等国家和地区的第一大贸易伙伴。2014年11月,中韩、中澳自由贸易区结束实质性谈判。2010年,中国—东盟自由贸易区正式启动,贸易区内大部分产品的关税降到零,非关税壁垒大幅降低。中国与周边经济体贸易联系不断紧密,将为人民币在双方贸易结算中的广泛使用创造需求。

"一带一路"倡议创造金融合作需求。"一带一路"倡议的提出,契合了新兴市场和发展中经济体在基础设施建设、能源开发方面对资金的需求,有利于人民币跨境贸易和投资的发展。一方面,"一带一路"计划的实施需要稳定的长期资本,基础建设项目的融资需求将推进人民币在资本项下输出,推动人民币向外投资的发展。从国际经验看,美国的马歇尔计划和日本的"黑字环流"都在本币的国际化过程中起到了重要作用。另一方面,我国对外输出基础设施建设和能源开发等领域的优势和富余产能,既能降低国内供需的结构性矛盾,又为企业研发创新、技术进步积累资本,提升出口竞争力,带动人民币跨境贸易结算的需求增长,形成"资本项目下输出,经常项目下回流"的人民币跨境格局。

电商国际化的需求。在全球化电子商务大发展的背景下,第三方支付在国际贸易中的地位不断提升,人民币的国际化结算将进入新阶段。近期,电商巨头阿里巴巴首次对印度、印度尼西亚等发展中国家电商行业进行投资，通过在线支付服务，更多海外商户有机会向中国消费者出售产品，中国卖家也可进军海外市场。由于从事电子商务的主要是中小企业和个人，采用人民币计价结算以规避汇率风险、降低汇兑成本的动力更强。而第三方支付的便利性和高效性，将使人民币国际化进程进一步提速。

### 人民币国际化的挑战

企业使用人民币的需求。虽然近年来人民币跨境结算业务取得显著进展，但企业使用人民币的需求仍相对较低。与主要发达经济体相比，我国企业在贸易投资中采用本币计价结算的比例仍然偏低，比如，2012年我国贸易企业采用人民币计价的比例仅为9.1%，而美国、德国、日本出口贸易中本币计价分别达到80%、50%和30%以上。主要有两方面的制约因素。一是我国企业在全球贸易分工体系中处于低附加值地位、贸易企业定价权较弱、外资企业占比高，导致人民币贸易计价结算能力不足，只能被动接受贸易伙伴选择的贸易计价和结算币种。二是人民币外汇交易市场的深度和广度相对欠缺，人民币衍生产品交易量小，不能完全满足企业的避险需求，难以挑战国际交易依赖美元的惯性。

对货币政策的影响。在本币国际化的背景下，数量型调控的货币政策框架效果会变差。人民币国际化增加了境外人民币需求，境内货币政策将难以精准调控基础货币投放。如央行试图通过扩大货币供给增加境内流动性，基础货币可能流出境外，导致货币政策的扩张效果不如预期。从历史经验看，美元国际化和离岸美元市场的发展也是导致美联储放弃数量型调控货币政策框架的重要原因。在人民币国际化的背景下，如不能实现货币政策数量型调控为主向价格型调控为主的转变，我国货币政策调控的效果、货币政策的独立性将受到挑战。

对境内金融稳定的影响。一是商业银行体系的风险可能上升。人民币国际化为境内银行更加广泛地参与国际银行业竞争提供了良好的平台。但人民币离岸市场业务的拓展，也会给境内商业银行经营带来新的风险和挑战，影响境内微观金融主体的稳健性。二是跨境资本流动风险。人民币国际化提升了人民币资产的吸引力，境内资本市场将面临全球的人民币投资需求，跨境资本流动的规模大幅增长，波动放大，可能对境内市场造成冲击，影响金融稳定。三是放大国际金融市场风险向境内传递。如果人民币成为全球交易的载体货币，国际金融市场的波动将改变境外人民币的供需和价格，并通过跨境资本流动、离在岸资金价格互动等方式影响境内市场，放大境内市场对外部风险的敞口。

## 结语

2009年以来，人民币跨境业务从无到有，从小到大，蓬勃发展，焕发出旺盛的生命力和巨大活力，反映了我国经济金融实力提升和实体经济的需求。未来，随着我国金融改革开放的深入、中国和周边经济体经贸往来日益密切、"一带一路"重大战略的逐步落实以及电商国际化的发展，人民币"走出去"将面临重要的机遇。同时，人民币国际化也可能对境内货币政策和金融稳定构成一定的挑战。除了建立健全风险防控体系外，关键在于通过国内金融体制改革的深化增强国内经济金融对外部风险的抵抗能力，包括强化金融机构公司治理，拓展金融市场的广度和深度，提升宏观调控水平和金融监管能力，协调推进利率、汇率市场化改革等。

# 金融如何助力住房供给侧改革[①]

当前我国住房供求总量大体平衡,但存在较为严重的结构性失衡。房地产调控政策应主要着力于推进供给侧改革,促进缓解房地产市场供需的结构性矛盾。其中,金融体系可为住房供给侧改革提供重要的助推力量。

刚刚结束的中央经济工作会议提出,供给侧结构性改革的一个重要任务,就是要促进房地产市场平稳健康发展。总体看,当前我国住房供求总量大体平衡,但仍存在较为严重的结构性失衡,这也对加快推进住房供给侧改革提出了迫切要求。从国际经验和我国实践看,金融体系不仅可通过差别化住房信贷政策等措施,鼓励合理住房消费,抑制投资投机需求,也可为住房供给侧改革提供重要的助推力量。

## 一、房地产调控政策应着力于供给侧结构性改革

从总量上看,当前我国住房供给已可基本满足居民家庭的需求。北京大学中国社会科学调查中心完成的《中国民生发展报告2012》显示,2011年我国家庭现住房自有率为84.7%。全国家庭平均住房面积为116.4平方米,人均住房面积为36.0平方米。相较而言,美国、英国、法国、德国、韩国、日本的人均住房面积分别为67平方米、35.4平方米、35.2平方米、39.4平方米、19.8平方米和19.6平方米,我国人均

---

[①] 原文发表于《清华金融评论》2017年第2期,合作者:张双长。

住房面积低于人均土地面积为我国3倍以上的美国,与欧洲发达国家接近,而明显高于韩国、日本等东亚国家。由于上述数据同时包括了城镇和农村住房情况,为作进一步细分观察,按照国家统计局公布的数据,2012年,我国城市人均住宅建筑面积和农村人均住房面积也分别达到了32.91平方米和37.09平方米。考虑到我国的人口主要集中在中东部相对较小的范围内,实际可使用土地面积也相对有限,人均住房面积的可比对象应是欧洲或者东亚国家,因此可以认为我国的住房供给总量已相对充足。

但从结构上看,我国住房供给和需求在不同城市间、不同收入群体间还存在较为严重的结构性问题。对于北京、上海等一线城市,近年来人口增长较快,新增住房需求大幅增加。随着收入水平的不断提升,居民对改善住房条件的需求也较强。但这些城市一方面人口不断流入,另一方面受土地供应规模、城市公共交通等多重供给因素影响,住宅供给量往往难以跟上需求增加的速度,存在较明显的供不应求现象,导致房价上涨较快。房价在较长时间内持续上涨,又刺激了一些投资投机性需求,进一步加剧了这些城市的住宅供需矛盾。政府及时采取措施抑制需求,但是可能只是暂时推迟部分需求,并不能消化这些需求。同时,这些措施还可能加大了住房分配和财富积累的不公平,这些城市里的中低收入群体和新增购房人群的购房成本明显偏高,住宅需求难以满足,而高收入群体和购房时间较早的群体则往往拥有多套住房。对于一些三四线城市和中小城镇,由于在前期房价普涨阶段,房地产投资增加较快,当房价涨跌出现分化后,这些地区由于人口净流出,缺乏新增需求,且房价涨幅不大甚至有所下跌,投资投机需求也不高,导致房地产市场面临较严重的去库存压力。

2016年以来,在推进供给侧结构性改革的过程中,我国通过多种手段,促进房地产市场去库存。从总体上看,政策效果显著。以库存销售比(即商品房待售面积与过去三个月销售面积均值之比)衡量,2015年4月,我国商品房和住宅的库存销售比分别达到7.5和5.6,创2012

年以来新高。到 2016 年 11 月,商品房和住宅的库存销售比分别降至 4.3 和 2.9,下降明显。然而,分地区看,房地产去库存的效果却有明显分化。一方面,一二线城市库存去化效果显著,部分城市的库存去化周期甚至下降至只有几个月,但这些城市又出现了房价上涨速度较快,风险有所积累的问题;另一方面,三四线城市房地产库存仍然过多,部分城市的房地产库存不降反升。

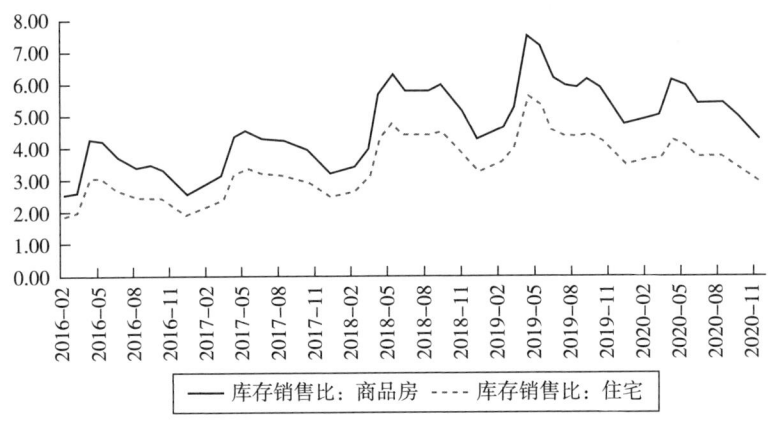

**图 1　我国住房库存销售比变化情况**

鉴于此,可以看到,当前在继续运用财政货币等多方面政策,从需求侧入手,鼓励合理住房消费,抑制投资投机需求的同时,房地产调控政策应主要着力于推进供给侧改革,促进缓解房地产市场供需的结构性矛盾。

## 二、住房供给侧改革需多措并举综合推进

按照中央经济工作会议精神,要坚持"房子是用来住的、不是用来炒的"基本定位,按照"分类调控、因城因地施策"的总体要求,综合运用金融、土地、财税、投资、立法等多种手段,既"盘活存量"又"用好增量",切实推进住房供给侧改革,促进房地产市场平稳健康发展。

盘活存量，重点是要解决三四线城市的房地产库存过多问题。三四线城市房地产库存过多问题，一方面是由于此前住房开发建设过快过多，导致供给过剩，另一方面也是因为城市本身的吸引力不足，住房需求有限。为此，这些城市住房供给侧改革的主要任务是要把去库存和促进人口城镇化结合起来，盘活已建待售住房。通过改造住房质量和户型，实现绿色节能、舒适便捷、和谐宜居，并提高三四线城市和特大城市间基础设施的互联互通，提高三四线城市教育、医疗等公共服务水平，使住房供给更加适应和满足需求，增强其对周边人口及农业转移人口的吸引力，在促进人口城镇化的同时，扩大存量住房需求。对于一二线城市，盘活存量主要是要通过合理增加住房空置成本、推动住房租赁市场发展等措施，盘活已售但空置或者没有高效利用的住房，从存量中增加住房有效供给，更好地满足居民家庭住房需求。

用好增量，重点是要适当增加一二线城市的新建住房供给，进而缓解房价上涨过快问题。近两年来，这些城市的房地产库存去化效果显著，已有待售住房难以满足新增需求，需要进一步增加新的住房供给。但这些城市的土地供求往往又处于紧平衡甚至供不应求的状态，导致新增住房供给也难以满足需求，形成房地产市场供不应求的局面，进而造成房价持续上涨。因此，要进一步落实人地挂钩政策，适应人口流动方向和结构，适当调整土地供应，房价上涨压力大的城市要合理加大土地供应，提高住宅用地比例，盘活城市闲置和低效用地，加快保障性住房建设，有效增加住房供给，促进房地产市场供需均衡，从而既有利于满足居民家庭的住房需求，又有助于遏制房价上涨过快势头，促进房地产市场更加健康有序发展。对因供地不足导致当地房价飞涨的地方政府进行问责。

## 三、金融体系已在住房供需两端发挥重要作用

住房是一项需要大量资金投入的商品。无论是对于开发商还是消费者来说，仅靠自有资金参与住房市场都面临较大压力。金融体系作为资

金融通的中介，可为住房的开发建设和投资消费提供重要的资金支持，从而推动住房市场加速发展。当前，我国的金融体系已在住房供需两端发挥重要作用，成为推动住房市场发展的重要动力。

从供给侧看，金融体系为住房开发、改造等提供了重要的资金支持，有力地促进增加住房供给。近年来，房地产开发贷款随着各项贷款同步增长，余额占各项贷款余额的比例大体保持稳定。截至2016年9月末，我国房产开发贷款和地产开发贷款余额占各项贷款余额的比例分别为5.3%和1.5%，均较2015年同期下降0.2个百分点，较2012年同期则分别上升0.4个百分点和0.1个百分点。同时，近年来，金融对保障性住房建设的支持力度不断加大。截至2016年9月末，全国保障性住房开发贷款余额为2.3万亿元，同比增长36%，增速比房产开发贷款高26.4个百分点。2016年一个新变化是发债融资取代银行贷款成为房地产开发企业第一大资金来源。此外，中国人民银行还积极推动国开行成立了"住宅金融事业部"，并创设抵押补充贷款（PSL）支持棚户区改造。除银行信贷外，金融体系还通过债券、股权、资产支持证券、信托计划、资产管理计划等多种途径，为房地产开发企业提供融资支持。

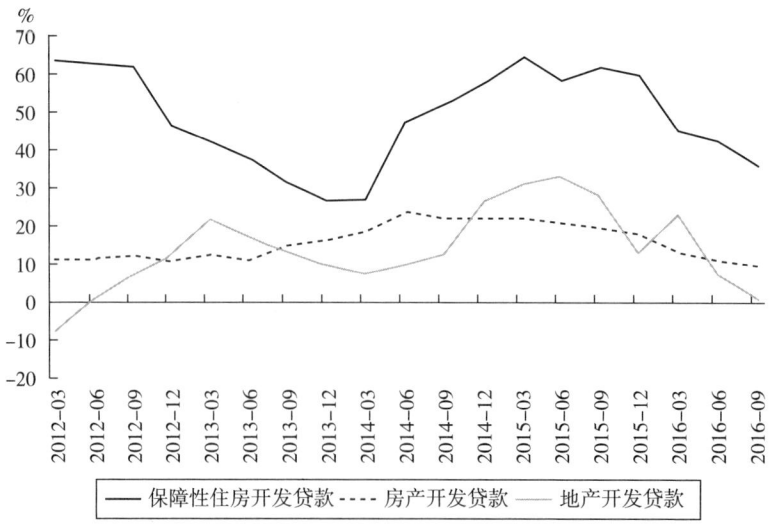

图2　我国房地产开发贷款同比增速情况

从需求端看，金融体系通过提供商业性个人住房贷款、公积金贷款等融资支持，提高了住房消费者的购房能力，促进其更早更好地进行住房消费。近年来，随着我国房地产市场的快速发展，个人住房贷款余额呈现快速增长态势。以个人住房贷款余额与 GDP 的比例来衡量，近年来这一比例持续上升。2015 年末，个人住房贷款余额相当于 GDP 的 20.7%，比 2014 年同期提高 2.8 个百分点，比 2011 年同期提高了 6.1 个百分点。

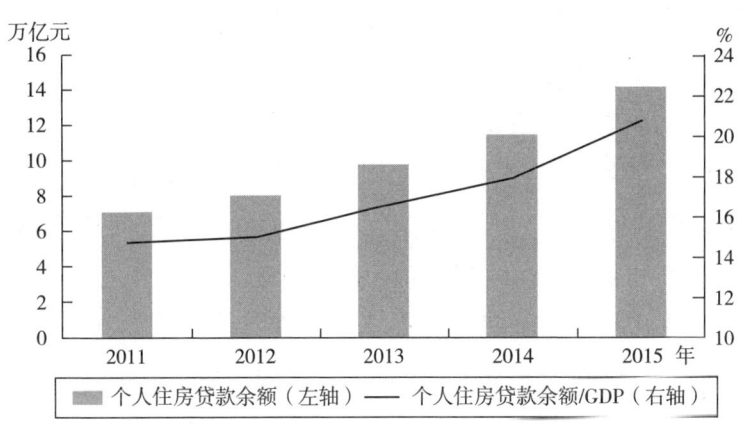

图 3 我国个人住房贷款余额与 GDP 比例变化情况

当然，由于过去一段时间以来，我国住房市场的主要矛盾集中在总量上，即供给总量难以充分满足需求，结构性问题处于次要地位。因此，金融体系在供给侧的作用主要在于为住房开发融通资金，推动增加住房总供给；需求侧则着重于为居民家庭提供资金支持，提高住房消费能力。随着住房市场供求总量趋于平衡，结构性问题逐步凸显，金融对住房市场的支持方式也应更加差异化、精细化，以满足不同类型市场主体的多元化资金融通需求。

当前，面对冷热失调、结构失衡的复杂局面，还要防止过多的资金进入房地产市场，对房地产价格产生推波助澜的不好作用，特别是要关注银行和保险等企业的资管资金在各地"地王"和房价泡沫中的不好作用。金融业不仅要审查个贷和开发贷的信贷风险，更要高度关注房地产价格泡沫和库存过剩的宏观风险，避免同质化竞争、避免金融地产化和地产金融化的不好倾向。

### 四、金融支持住房供给侧改革还有诸多创新拓展空间

金融业助力房地产应牢牢把握"以人民为中心"的发展理念，致力于有效供给的提供，着眼有效需求的满足，着眼存量盘活流转和质量提升。作为下阶段房地产调控政策的主要着力点，推进住房供给侧结构性改革，需要采取综合措施，更好地发挥金融支持的重要作用，促进房地产市场盘活存量、用好增量，实现平稳健康发展。

第一，金融支持三四线城市解决房地产库存过多问题，重在促进人口城镇化。一方面，积极引导商业银行、证券公司、信托公司、产业合作基金等金融机构，通过发放贷款、承销债券、提供信托贷款等方式，为三四线城市和特大城市间基础设施互联互通，以及三四线城市的教育、医疗等公共服务设施建设提供更多融资支持，从而加快增强三四线城市对周边人口及农业转移人口的吸引力。开发性金融也可在其中发挥更为积极的作用。另一方面，还要积极发展合作性住房金融，可通过改造已有住房公积金体系，或者在地方政府控股的地方城商行内部设立专门住房合作金融部门，为这些城市中的中低收入阶层及周边的农业转移人口提供更有针对性的信贷支持，帮助这些群体在城市购房或改善住房条件，促使人口城镇化进程加速推进。对于确有必要的城市，还可以由地方财政资金铺底和担保，相关金融机构提供配套资金支持，建立房屋收储改造制度，将过剩库存归集起来，改造住房质量和户型，使其更加适应消费者的居住需求，加大对消费者的吸引力，并可专门面向进城务工人员、中低收入阶层等，以廉租住房和公共租赁住房等形式进行分配，既实现去库存，又能物尽其用，同时还能获得较好的社会效应。

第二，金融支持一二线城市缓解房价上涨过快问题，重在健全激励约束机制。从实现一二线城市供需均衡的角度看，需要进一步加大金融对住房开发建设的支持力度，以增加一二线城市的住房供给，更好地满

足市场需求。但也要避免房地产开发企业在获得资金支持后出现"捂盘惜售"或者其他进一步抬高房价的行为。因此，必须加快建立健全金融支持住房开发建设的激励约束机制。对于积极参与保障性住房建设、主动配合房地产市场调控的企业，以及新建住房符合消费者实际居住需求、有利于盘活城市闲置和低效用地的项目，金融体系应积极予以支持。对于存在"捂盘惜售"、土地闲置时间过长、不配合房地产市场调控等行为的企业，以及非普通住房开发建设项目等，则应适度降低支持力度。从而在总量上增加一二线城市住房供给的同时，促进调节住房供给结构，引导房地产市场合理有序运行，避免房价涨幅过快。

第三，金融体系还应积极支持住房租赁市场发展，盘活使用效率不高的存量住房。引导金融机构加大对住房租赁规模化经营主体的支持力度，推动住房租赁规模化经营，提升住房租赁市场效率。利用住房租赁能够产生稳定现金流的特点，积极探索通过房地产投资信托基金（REITs）等方式，拓宽住房租赁市场主体资金来源。鼓励金融机构做好房屋租赁管家增值服务等新型住房租赁金融服务，例如通过允许租户以信用卡的方式支付房租，缓解部分租户按年、按季集中支付租金的压力，并享受信用卡免息还款期服务，银行也可扩大信用卡使用率和资金流量。利用风险投资基金、私募股权基金等平台，积极支持空中食宿（Air Bed and Breakfast，Airbnb）等新兴住房租赁和消费模式的创新发展，进一步提高住房使用效率。

在住房供求总量基本平衡的背景下，在房地产成为国民主要财富形式的情况下，随着国家鼓励住房租赁和流转的措施出台，未来为存量住房流转提供金融服务必将成为金融"蓝海"，需要通过创新服务降低成本提高效率，早布局者早受益。

此外，金融体系还可通过创新开发专门针对住房设备运营和维护的融资租赁业务，为智能家居、绿色家居等提供金融支持，促进改善住房质量，实现住房的绿色化、节能化、舒适化和便捷化，更好地满足消费者居住需求。

金融可为加快推进住房供给侧结构性改革提供重要的助推力。但若仅仅依靠金融或者其他某一方面的政策措施，可能难以达到预期效果。推进住房供给侧结构性改革，关键还是要综合运用金融、土地、财税、投资、立法等多种手段，多措并举，共同推进，才能更为有效地实现其促进房地产市场平稳健康发展的最终目标。在钢铁、水泥等建材和建筑施工产能出现较大过剩的情况下，只要转变观念，按需供应住房土地，金融助力供给侧改革，一定能实现"居者有其屋"的共享目标！

# "十三五"住房金融改革发展的新思路[①]

"十三五"期间我国住房金融改革应坚持统筹总量和结构、供给和需求、一级和二级市场、增量和存量、直接和间接融资的基本原则,通过进一步健全政策性、合作性和商业性金融合理分工、互为补充、良好互动的住房金融体系,创新住房金融体制机制,丰富住房金融工具和产品,提高住房金融服务水平,为健全住房供应体系提供保障和基础。

住房金融是金融资本与住房市场的重要结合点,对于促进住房市场发展和推进住房制度改革具有重要意义。长期以来,我国金融体系在支持住房制度改革和推动房地产市场发展方面发挥了积极作用。"十三五"规划纲要明确了"构建以政府为主提供基本保障、以市场为主满足多层次需求的住房供应体系"的目标,并提出了"完善投资、信贷、土地、税费等支持政策"的要求。这为进一步深化住房金融改革,改善住房金融服务提出了新任务、新要求。立足我国国情,并借鉴国际经验,我们对"十三五"期间住房金融改革和发展有关问题进行了研究,提出了新方向、新思路。

## 一、我国住房金融体系已初步形成,但仍存在一些短板

自20世纪90年代推进住房体制改革以来,我国住房供给和消费环节对金融支持的依赖度都大大增加,逐步形成了"以商业性为主、合作

---

[①] 本文是住建部委托课题《深化住房制度改革中的金融支持政策研究》(课题负责人:温信祥)的阶段性成果,原文发表于《清华金融评论》2016年第5期,合作者:张双长。

性为辅，政策性为补充"的住房金融体系，对我国发展房地产市场和满足居民住房需求提供了重要支持，但也存在一些制约因素和问题仍待破解。

（一）商业性住房金融以银行信贷为主，已初具规模，但仍有较大发展空间，且存在产品单一、风险分担和转移机制不健全等问题

从住房消费看，随着房地产市场发展，近年来个人住房贷款也呈快速增长态势，个人住房贷款余额与GDP的比重一直持续上升，2014年末达到18.1%，比2008年提高8.7个百分点，但仍明显低于美国（59.4%）、英国（50.0%）、德国（43.2%）等发达国家。从住房供给看，近年来房地产开发贷款占GDP比重的增幅低于个人住房贷款，2014年末为8.9%，比2008年提高2.8个百分点。随着金融市场的发展创新，房地产开发企业也更多地通过股票、债券、信托等渠道获得资金支持。但由于前期我国住房市场总体处于供不应求的状态，市场发展更多偏向于住房开发，存量房产交易的占比相对较低，商业性住房金融也主要针对新房的购买，对存量住房维护、周转等环节的支持力度相对较小。同时，由于我国的社会储蓄率持续较高，银行资金来源较为充足，发放增量贷款的积极性和空间较大，加之住房抵押贷款资产证券化等金融产品试点推出时间较短，我国的住房金融二级市场处于初级发展阶段，商业性住房金融产品较为单一，住房贷款的风险分担和转移机制也需加快健全。

（二）住房公积金缴存范围和金额不断扩大，贷款规模快速增长，为房地产市场发展提供了有力支持，但也面临一些挑战

住房公积金是我国住房制度的重要组成部分，本质上是一种强制的合作性金融。政府通过强制归集住房公积金，服务于按时足额缴存职工的住房融资需求，形成了封闭的融资体系。截至2014年末，全国住房公积金缴存总额达到7.5万亿元，累计发放贷款2186万笔、4.2万亿元，贷款余额2.6万亿元。但由于住房公积金强制缴纳，且按照"低存低贷"原则确定存贷款利率，使得购房能力有限的中低收入家庭不但难

以享受贷款利率优惠,还要承受存款利率较低的损失,为收入较高、购房能力较强、能够获得公积金贷款的家庭提供逆向补贴。同时,政府并未为住房公积金提供实质性支持,反而由于住房公积金运用(包括公积金贷款、存放银行以及支持保障性住房建设等)的收益明显高于支付的公积金存款成本,一定程度存在对缴存职工合理收益的侵占。如何进一步解决住房公积金制度的普惠性、包容性和合理性,不仅需要从住房公积金制度本身入手,还与房地产市场发展等密切相关,极具挑战。

(三)政策性金融对住房开发的支持力度不断加大,但尚未形成有效支持住房消费的政策性金融体系

"十二五"期间,政府高度重视保障房建设开发,并采取了多项措施推进有关工作。特别是2014年人民银行创设了抵押补充贷款(PSL),为金融机构扩大对棚户区改造等保障性住房开发的信贷投放提供了重要的资金来源。截至2014年末,全国保障性住房开发贷款余额为1.14万亿元,同比增长57.2%,占全部住房开发贷款余额的35%。同时,虽然也通过财政补贴等方式,支持了廉租房、公租房等租赁性住房消费,但仍缺少对住房抵押贷款、公积金贷款等购买性住房消费融资的政策支持,不利于培育和提高居民家庭的住房消费能力,难以满足以政府为主提供基本保障的住房供应体系。

## 二、国际上各具特色的住房金融模式,具有重要的启示意义

从国际上看,在住房金融领域,大多数国家以商业性金融、合作性金融和政策性金融中的一项或多项作为主导,形成各具特色的住房金融模式。

(一)以政策性住房金融体系为主的模式

法国的住房金融体系由政策性金融和商业性金融组成,并以政策性金融为主。一是公益性住房建设优惠贷款。公益性住房开发机构向中央储蓄银行申请优惠贷款,利率比市场贷款利率低2%左右,期限也可长达市场贷款期限的两倍。二是住房储蓄贷款。法国居民住房储蓄利率为

4%，存期达到四年，还可获得国家奖励的1%利息，资金全部来自中央财政。储户通常还会与银行签订合约，存满四年即可获得固定利率6%的住房贷款。三是政策性贷款和担保。政府为低收入家庭提供零利率住房贷款，资金直接来自中央财政。符合特定条件的低收入家庭，还可向政府申请住房贷款的还贷津贴。此外，法国还成立了住房购置担保基金会，为低收入家庭商业性住房贷款提供担保，国家财政为该基金会提供支持。四是政策咨询中介服务。法国国家住房信息中心为居民免费提供住房购买、租赁及贷款等方面信息咨询。

韩国住房金融的主体是国民住宅基金和住房金融公司。一是国民住宅基金。国民住宅基金由政府设立，委托韩国国民银行管理，目的是促进住房建设，支持低收入家庭购买住房。资金来源有政府财政、要约储蓄、国民住宅债券和住房福利彩票。其中，国民住宅债券利息很低，由政府强制购买。筹得低成本资金后，向公共住宅建设提供资金，并向中低收入群体发放全额房屋租赁资金、个人购房贷款等。二是住房金融公司。住房金融公司是政府控股企业，并吸收私营银行参股。资金来自资本金、发行住房抵押贷款证券、担保费以及向政府贷款等。资金主要用于从金融机构购买长期固定利率的住房抵押贷款，或者为低收入人群住房抵押贷款提供担保等。

### （二）以合作性住房金融体系为主的模式

新加坡以强制性储蓄的合作性住房金融作为绝对主导，并由政府提供必要的财税和补贴支持。政府强制公民缴纳公积金，缴费率由政府视国民经济整体状况调整。政府对公积金免税，并为公积金存款提供担保。公积金由中央公积金局归集、管理和使用。沉淀资金委托新加坡国有投资公司经营，20%准备以应付提存，80%按照市场化原则运作，主要投资于政府债券。政府又将发债筹得资金转给建屋发展局，由建屋发展局负责发放低息住房抵押贷款和用于公共组屋建设。公积金的运营不以营利为目的，政府为中央公积金在支持住房事业发展中产生的亏损提供补贴。

德国是合作性和政策性相配合的住房金融模式。一是住房储蓄银行。基本运营模式是吸收居民储蓄存款，并向满足一定条件的储蓄客户发放长期、稳定、低利率的购房或建房贷款。住房储蓄银行的存贷款利率均远低于商业银行存贷款利率，且长期保持不变，实际上是一种互助的合作性住房金融体系。政府对住房储蓄体系给予免交存款准备金、税收优惠、住房储蓄补助奖励等支持。二是地方政府参与或直接投资设立促进住房建设的政策性金融机构，主要职能是为中低收入家庭建房和为私人投资建造低租金住房发放优惠利率贷款资助。

(三) 以商业性住房金融体系为主的模式

美国的住房金融体系以商业性机构为主，但政策性机构也发挥了重要作用。美国住房金融体系可分为一级市场和二级市场。一级市场由商业银行、储贷协会、互助储蓄银行等金融机构向购房人发放住房抵押贷款，若住房贷款价值比超过一定比例，借款人必须购买抵押贷款保险。二级市场实际上就是住房抵押贷款证券化的过程，通过住房抵押贷款证券化，分散贷款发放机构的信用风险和市场风险，提高一级市场资金流动性。二级市场由政府支持的房地美和房利美两家机构主导。政府设立联邦住房金融委员会和联邦住房企业监管办公室，分别负责一级市场和二级市场的监管。美国政府通过对主要服务低收入阶层的储贷协会减免税收、由联邦住房管理局和退伍军人管理局提供保险和担保责任、为房地美和房利美提供支持等方式，对住房金融体系给予政策性优惠。

日本的住房金融体系包括商业性和政策性机构两部分，分别对较高收入和中低收入家庭的住房消费提供支持。其中，政策性机构包括住宅金融公库和住宅金融支援机构，均为政府全资所有。住宅金融公库主要为居民购买自住住房、改建或大修住房提供长期、稳定、低息贷款，向中低收入家庭福利住房建设机构提供优惠贷款等。住宅金融支援机构的业务包括：住房抵押贷款证券化，为商业性机构发行的住房抵押贷款证券提供担保，向商业性机构提供住房贷款保险，直接发放灾后重建低息贷款、特殊人群住房建设和购买贷款等。政府对政策性机构提供一定的财政补贴和税收优惠。

近年来，随着互联网科技的加速发展，以及共享经济理念的不断普及，房地产市场逐步发展出了以 Airbnb（Air Bed and Breakfast）等为代表的住房消费新模式。2008 年 8 月，Airbnb 成立，总部设在美国加州旧金山，是一个旅行房屋租赁社区，用户可通过网络或手机应用程序发布、搜索度假房屋租赁信息并完成在线预订程序。目前，Airbnb 用户遍布 190 个国家和地区近 34000 个城市。这种模式较为适宜在住房供给相对充足甚至过剩的地区推广。居民家庭可以将多余的房屋提供给旅行度假等短期租赁客户，有利于提高房屋使用效率，增加房屋拥有者的收入来源，从而有利于盘活过剩的房屋存量。从融资模式看，这些新兴的住房运营模式主要通过私募股权投资基金（PE/VC）等途径获得融资支持，截至 2012 年 10 月，Airbnb 一共获得了三轮共计约 2.37 亿美元融资，2015 年又进行了约 4.75 亿美元的新一轮融资，整体估值近 200 亿美元。

总体看，各国住房金融体系虽因国情不同而各具特色，但其发展改革中的许多做法，对我国"十三五"时期深化住房金融改革具有重要的启示意义。一是政府支持力度较大。无论各国主要采用何种住房金融为主导的体系，政府都通过注资、税收优惠、风险分担等提供了显性或隐性支持。如日本住宅金融支援机构可免缴所得税等税收，新加坡规定公积金投资亏损部分由政府动用国家储备金弥补等。二是政府支持模式可以多样化。既可由政策性机构直接发放优惠贷款，也可对抵押贷款、抵押贷款证券进行担保提供间接支持。既可直接在一级市场发放贷款时提供优惠利率，也可发展二级市场抵押贷款证券。既可对住房贷款予以减免税收、提供贴息等支持，也可对住房储蓄提供奖励等。三是住房金融机构应具有较为完善的公司治理结构。无论是商业性机构，还是政策性、合作性机构，都需要建立符合现代公司要求的治理和内控结构，以确保稳健可持续运营，避免道德风险和腐败问题。四是金融支持住房的方式也在不断创新。随着新科技、新理念的迅速发展，住房供给和消费方式不断发生变化，住房金融产品也需要随之创新，积极鼓励并加大 PE/VC 等直接投资渠道对住房市场的支持力度。

## 三、全方位推进住房金融改革，为"十三五"期间健全住房供应体系创造更有利条件

住房金融改革的根本目的在于为健全住房供应体系创造有利条件，切实改善金融支持住房市场改革发展的服务水平。把握住房市场改革和发展方向，是实施住房金融改革的前提。要做到这一点，首先应对我国住房市场有清晰的认识和判断。总体看，当前我国的住房供求大体平衡，主要是存在结构性问题。据有关资料测算，我国城镇居民家庭户均住房套数约为 1.1 套，接近 1.12~1.14 套的国际平均水平，住房供给基本满足需求。但是，住房供需在不同城市间、不同收入群体间还存在较为严重的结构性问题。一些城市出现了较为严重的住房过剩问题，需要大力化解库存，住房增量发展空间有限。但一些人口流入较多的大中城市，以及中低收入群体，住房需求仍难以得到充分满足。

鉴于此，"十三五"规划期间，要通过盘活存量，提高质量，解决住房市场结构性问题，真正构建并完善以政府为主提供基本保障、以市场为主满足多层次需求的住房供给体系。一方面，要适应人口流动方向和结构，适当调整区域间土地和住房供给，既要合理增加短缺地区、更适应中低收入群体需要的住房供给，更要对过剩的住房库存进行有效归集和再分配，盘活存量。另一方面，也要按照绿色节能、舒适便捷等要求，改善增量和存量住房质量，实现住房更新换代。同时，也要继续从需求侧入手，运用财政货币政策工具，调节财富和收入分配，理顺住房市场需求，切实保障居民基本住房消费，并合理抑制投资投机需求。

具体而言，"十三五"期间我国住房金融改革应坚持统筹总量和结构、供给和需求、一级和二级市场、增量和存量、直接和间接融资的基本原则，通过进一步健全政策性、合作性和商业性金融合理分工、互为补充、良好互动的住房金融体系，创新住房金融体制机制，丰富住房金

融工具和产品,提高住房金融服务水平,为健全住房供应体系提供保障和基础。主要政策措施包括:

第一,用好财政金融政策,加大政策性金融对住房市场的支持力度,为政府提供基本住房保障创造条件。一是发挥社会政策托底作用,切实保障居民基本住房需求。划出专门资金,通过提供资本金、设立担保基金等方式,利用财政资金撬动社会资金支持保障性安居工程建设,并加大对居民家庭贷款购买和租赁保障性住房的贴息力度。同时,对居民购买保障性住房的利息支出,或租赁各类住房(不限于保障性住房)的租金支出,允许抵扣个人所得税,在保证相对公平的基础上,支持较低收入群体的基本住房消费。二是增强对开发性金融参与棚户区改造等住房建设的财政金融支持。继续利用中央银行发放抵押补充贷款(PSL)等方式,为开发性金融参与棚户区改造提供低成本资金,同时参考专项金融债利息补贴的方式,为金融机构支持保障性住房建设提供财政支持。三是研究设立专门机构支持住房抵押贷款证券化。借鉴美国经验,由国家财政和中央银行等共同出资并提供兜底支持,设立类似于美国房地美、房利美的国家性住房金融支持机构,专司住房抵押贷款证券化业务,推动住房金融二级市场发展,提升金融机构支持住房改革和发展的动力。

第二,优化住房公积金制度,改善合作性金融支持住房市场发展的效率,促进健全住房供应和需求体系。按照改革成本最小化的原则,基本保持现有的强制性住房公积金制度不变,并作必要优化。一是理顺住房公积金收益分配制度。继续保持相对较低的住房公积金贷款利率,扣减必要的管理成本后,将资金运用收益全部返还缴存职工,同时对住房公积金收益减免税收,提高缴存职工的收益水平,提升公积金制度的包容性和合理性。二是增强住房公积金的结构调节功能。借助已有的城市层面住房公积金体系,推动各城市住房公积金分中心与当地城市商业银行、农村商业银行等法人银行合作。根据各地区不同情况,二者相互支持、相互补充,住房公积金存在缺口的,可由商业银行提供公积金贷款，公积金中心只需补足利息缺口；住房公积金存在盈余的，则可允许公积金通过银行发放商业性住房贷款，提高缴存职工的公积金存款收益。同时，也可利用地方政府与当地法人银行的密切关系，通过当地法人银行向当地住房公积金体系提供必要的政策性支持，从而增强合作性金融调节住房市场区域结构的功能，支持各地区住房市场平稳健康发展。

第三，大力发展商业性住房金融，提高金融支持住房市场的服务水平，满足多层次市场需求。一是继续实施差别化住房金融政策。发挥金融杠杆功能，调节住房供求结构优化，优先满足居民家庭的住房消费需求，适度抑制住房投资投机需求。二是创新商业性住房金融产品和服务。针对存量住房归集和再分配，开发相应的金融产品，化解住房库存。为改善住房质量，实现住房绿色化、节能化、舒适化和便捷化，可考虑针对有关住房设备的运营和维护，专门开发融资租赁等工具。三是进一步开拓直接融资渠道。积极推动股票、债券、房地产投资信托基金（REITs）等直接融资方式发展，改善住房金融支持途径，降低住房开发和消费的杠杆，有效防范和化解金融风险。针对 Airbnb 等新兴的住房消费模式，利用 PE/VC 平台的作用，支持其初期发展。

此外，还要研究完善住房租赁和买卖有关法律法规，保障住房消费者的合法权益，以建立购租并举的住房制度。例如，可考虑借鉴德国经验，对房屋租赁合同内容作进一步明确，保障原有租户的优先续租权，同时通过立法对房东恶意涨价、随意毁约等行为予以严格约束，增强房屋租赁行为的稳定性，提高租赁房屋居住的积极性，在有效满足住房消费需求的同时，缓解居民家庭购房压力，促进稳定房地产市场价格，实现房地产市场的平稳健康可持续发展。

# 我国住房金融体系现状和存在的问题[①]

自1998年我国实施住房体制改革以来，金融对住房供给和住房消费环节的支持力度不断加大，逐步形成了以"商业性金融为主、合作性金融为辅，政策性金融为补充"的住房金融体系。当前，金融支持房地产市场发展存在结构不完善、产品单一、政策性金融发展滞后、风险分担和转移机制缺失等问题，既不能满足中低收入人群、农民工市民化等多层次住房信贷需求，也不利于房地产业的投融资及房地产企业多种经营模式的需要。

我国住房金融是在20世纪80年代城镇住房制度改革与发展的背景下，随着金融体制改革不断深化、房地产业快速发展而逐步建立和发展起来的。经过近30年的发展，我国住房金融体系初步建立，不仅支持了我国住房制度改革和改善城镇居民居住条件，也拉动了我国国民经济增长。但是，在推进住房商品化改革与住房金融市场化发展的同时，住房供需结构性矛盾、居民住房需求与房价之间的矛盾加剧，住房保障体系不健全凸显，相应的住房金融结构不完善、政策性住房金融发展不足等问题也日益突出。

## 一、我国住房金融体系现状

自1998年我国实施住房体制改革以来，金融对住房供给和住房消

---

[①] 本文是住建部委托课题《深化住房制度改革中的金融支持政策研究》的阶段性成果，由中国人民银行金融研究所课题组合作完成。

费环节的支持力度不断加大，逐步形成了以"商业性金融为主、合作性金融为辅，政策性金融为补充"的住房金融体系。商业性金融以银行信贷为主，商业银行是住房开发和消费的主要资金提供者，住房信贷一级市场初具规模，二级市场建设稳步推进；合作性金融的主要形式为住房公积金，其覆盖范围逐步扩大；政策性金融方面，正在探索金融支持保障性住房建设的新途径。

（一）商业性住房金融以银行信贷为主，二级市场和直接融资发展较慢

1998年5月，人民银行颁布《个人住房贷款管理办法》，规定所有商业银行均可办理住房贷款业务。经过不断改革发展，目前我国住房开发和消费领域的融资以商业银行提供的信贷资金为主。由于我国房地产市场在较长一段时期内都处于上升周期，加上居民购房贷款杠杆率不高，个人住房抵押贷款的风险较低，成为商业银行竞争开展的业务之一，商业性个人购房贷款需求基本可以得到满足。截至2015年11月末，房地产贷款余额20.7万亿元，同比增长21.1%，占同期人民币各项贷款的22.2%，增速较人民币各项贷款高6.2个百分点。其中，个人住房按揭贷款余额13.9万亿元，约占全部个人住房抵押贷款的80%；住房开发贷款6.53万亿元，占全部房地产开发贷款的90%以上。

在我国房地产金融一级市场初具规模的同时，二级市场建设正在推进中。我国2005年开始开展住房抵押贷款证券化（MBS），以个人住房抵押贷款证券化（RMBS）为主。由于个人住房抵押贷款为商业银行的优质资产，加上大型商业银行总体流动性充裕等原因，金融机构发行RMBS的动力并不足，RMBS发行量较小。2005年和2007年，建设银行先后试点发行了两单RMBS，总规模为69.47亿元。2009年受美国次贷危机影响，我国资产证券化试点一度处于停滞状态。2012年，信贷资产证券化试点工作重启。为发挥信贷资产证券化在盘活信贷存量、优化金融资源配置等方面的作用，国务院决定扩大信贷资产证券化试点，有关部门简化信贷资产证券化发行管理程序，信贷资产证券化工作步入常态化发展。2015年

以来，信贷资产证券化发展较快，全年 RMBS 累计发行 329 亿元。

从消费端看，住房是居民家庭的重要资产，而住房贷款则是其主要负债之一。随着房地产市场的快速发展，近年来个人贷款也呈现快速增长态势。个人住房贷款余额与 GDP 的比重一般被认为是衡量个人住房贷款市场发展程度的指标。近年来，这一比例一直持续上升（见图1）。2014 年末，个人住房贷款余额相当于 GDP 的 18.1%，比 2013 年同期提高 1.43 个百分点，比 2008 年同期提高了 8.69 个百分点。

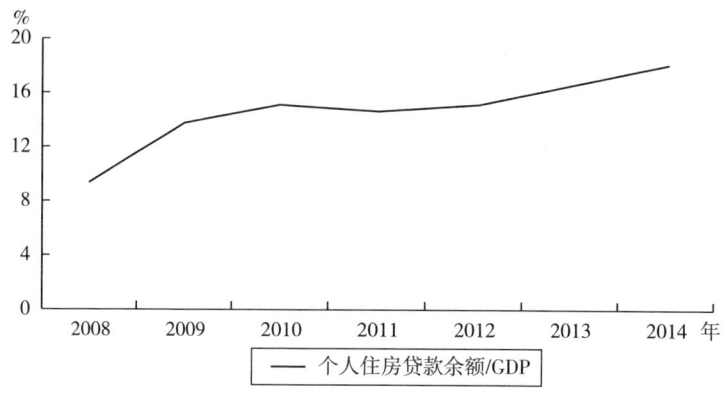

**图1　我国个人住房贷款市场的发展程度**

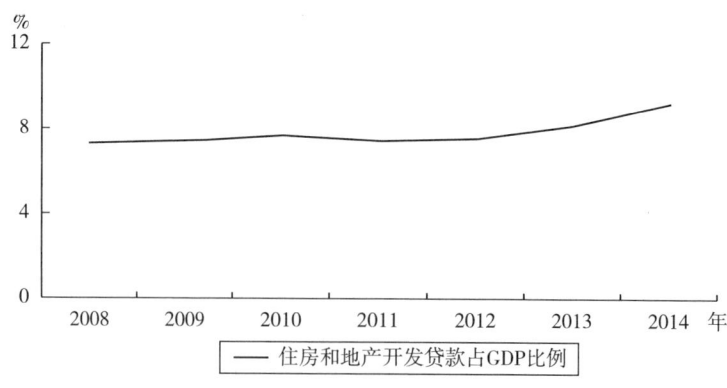

**图2　我国住房开发贷款市场的发展程度**

从供给端看，近年来房地产贷款余额占各项贷款余额的比例基本稳定在 20% 左右。除银行信贷外，信托也是房地产开发企业重要的融资方式之一。房地产信托融资包括信托贷款、财产权信托和信托股权融资三种模式。其中，信托贷款在信托业务模式中占据主导地位。另外，随着房地产业的快速发展，以券商资管、基金子公司和房地产私募基金为代表的房地产影子银行融资体系快速增长，2014年末这三者合计约2万亿元。

受调控政策影响，房地产企业境内直接融资规模较小。2008年至2013年，仅有少数几家房地产企业通过企业债、公司债和中期票据进行融资，房地产企业股票融资基本停滞，部分大型房地产企业寻求在境外资本市场通过股票和债券进行融资，2010年至2014年，中资房地产企业境外股权融资843.7亿元，债券融资规模767亿美元。2014年以来，随着监管机构逐渐放开房地产直接融资限制，房地产企业的债券、股权融资规模逐渐增加，2014年房地产企业通过股权定向增发融资460亿元，在境内发行债券2498亿元，同比增长311.5%。另外，随着市场调整，房地产企业寻求向"轻资产"经营模式转型，对房地产投资信托基金（REITs）的需求较为迫切，创新推出一些类REITs产品。但由于没有制定统一的REITs框架和专门的税收政策，市场上的类REITs人多采取个性化设计，采用私募方式发行，产品流动性较低、估值困难，难以规模化发展。

（二）住房公积金贷款规模不断增加，但资金运用区域不平衡问题突出

住房公积金是我国住房制度的重要组成部分。我国于1999年颁布实施《公积金管理条例》，全面推行住房公积金管理工作。住房公积金制度本质上是一种强制的合作性金融，政府通过强制归集住房公积金，在缴存职工之间轮流借贷、集中使用，服务于缴存职工的住房融资需求。住房公积金由住房公积金管理中心负责管理，住房公积金管理中心是直属城市人民政府不以盈利为目的的独立的事业单位。目前，全国共有住房公积金管理中心342家。

目前，住房公积金缴存范围和金额不断扩大，除国家机关、国有企

业、事业单位、城镇集体企业、社会团体外,民营企业、非公有制企业、个体工商户等逐步加入。截至2015年11月末,住房公积金缴存职工1.14亿人,缴存总额8.79万亿元,缴存余额4.03万亿元,缴存总额是2007年缴存总额的5倍。同时,住房公积金贷款规模迅速增长(见图3)。截至2015年11月末,住房公积金贷款达到3.2万亿元,相当于全国商业性住房个人贷款的23%,是2007年住房公积金贷款规模的近6倍。总体来看,住房公积金在支持职工消费、改善居民住房条件方面发挥了重要作用,但近年来随着住房价格上涨以及公积金贷款、提取条件的放宽,公积金个贷率呈上升趋势,区域性差异较大,呈现"总体过剩、局部短缺的特点"。截至2015年11月末,全国住房公积金个贷率为76%,南京、大连、厦门等58个城市个贷率超过90%,出现流动性紧张局面,太原、大同、汕头、呼和浩特等35个城市个贷率低于30%。

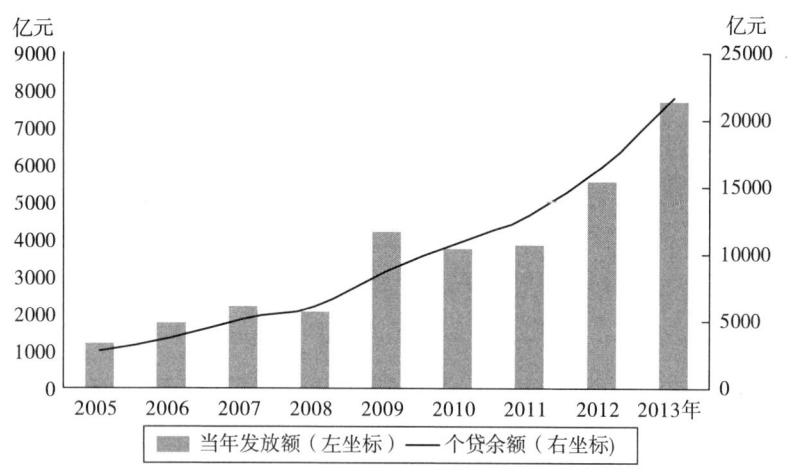

**图3 全国住房公积金个人住房贷款增长情况**

(三)探索金融支持保障性住房建设的新途径

保障性住房是重大民生工程,与群众利益密切相关。我国保障性住房建设的融资支持主要包括金融政策支持和政府主导的开发性金融。金融政策支持方面,主要是完善金融支持政策体系,包括鼓励银行业金融机构按照风险可控、财务可持续的原则,积极支持符合信贷条件的棚户区改造和保障房建设项目;延长公租房和棚户区改造的贷款期限;将地方政府统筹规划棚户区改造安置房、公共租赁住房和普通商品房建设的安排,纳入开发性金融支持范围等。

近年来,保障房信贷支持力度继续加大(见图4)。截至2015年11月末,全国保障性住房开发贷款余额为17695亿元,同比增长58.6%,增速比房产开发贷款高40.7个百分点,占全部住房开发贷款余额的35.2%。

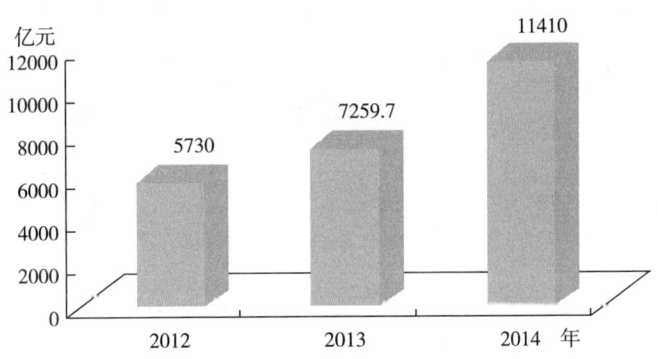

**图4 全国保障性住房开发贷款余额增长情况**

开发性金融方面,主要是推动国开行成立"住宅金融事业部",人民银行创设抵押补充贷款(PSL),通过PSL向国开行提供专项资金,并引导国开行降低棚改贷款利率,加大对棚户区重点项目的支持。截至2015年11月末,人民银行根据棚改项目贷款进度累计向国开行拨付PSL资金1.04万亿元。

根据"十二五"规划,我国城镇保障性住房和棚户区改造的资金总需求量为6.5万亿元,政府主导的保障房建设存在较大资金缺口。因此,各地方政府引导债券、股权、资产支持证券、信托计划、资产管理计划以及政府与社会资本合作(PPP)等多种模式参与保障房建设。相关部门鼓励金融创新,推动棚改融资多元化,截至2015年11月,银行间市场累计发行棚户区改造债务融资工具 551 亿元，涉及 95 个棚改项目；同时，探索棚改贷款证券化，支持国开行发行国内首单棚改贷款证券化产品 30.4 亿元。但总体来看，由于市场化融资受到发行主体信用评级、资产规模、资本结构、财务状况以及对项目现金流要求等条件的限制，而大多数棚改项目无法达到市场化融资条件，这些融资方式对保障房的融资支持作用有待发挥。

## 二、我国当前住房金融体系存在的问题

当前，我国处于深化住房制度改革、深入推进城镇化阶段，区域、城乡和经济社会发展不均衡导致人口大规模流动，房地产市场分化明显，一线城市供不应求压力与三四线城市去库存压力并存。金融支持房地产市场发展存在结构不完善、产品单一、政策性金融发展滞后、风险分担和转移机制缺失等问题，既不能满足中低收入人群、农民工市民化等多层次住房信贷需求，也不利于房地产业的投融资及房地产企业多种经营模式的需要。

（一）住房金融结构不完善，机构类型和产品单一

与西方发达国家住房金融体系相比，我国住房金融结构和层次比较单一。一是住房金融机构类型较少，以商业银行和住房公积金管理中心为主，保险公司、投资基金等其他类型机构参与较少，除国开行住宅金融事业部从事保障房建设贷款融资外，没有专门针对中低收入等特定群体建房和购房融资的政策性住房金融机构。二是融资渠道比较单一，住房融资主要依靠银行信贷，债券、股权、信托、基金等直接融资发展较慢，对住房领域的融资规模较小，一些机构投资者和长期资金无法进入住房金融领域。三是金融产品缺失。金融机构客户群体大多面向中高端客户，没有专门针对低收入群体的住房信贷政策产品，低收入群体使用商业性住房金融不完全畅通。投资方面，国际上主要的房地产投融资产品 REITs 处于起步摸索阶段，相关制度和管理规范尚未建立，不利于支持房地产市场去库存和住房租赁市场的发展。四是二级市场尚处于摸索

阶段。相对于全国约14万亿元的住房抵押贷款,目前已证券化的住房抵押贷款仅500亿元,规模相对较小,不利于解决住房金融市场的流动性问题。

从国际比较看,我国住房金融市场深化程度还有较大可提升空间。2014年末,个人住房贷款余额相当于GDP的18.1%,与美国(59.4%)、英国(50.0%)、德国(43.2%)等发达国家相比,我国这一比重仍然较低,住房金融市场仍有较大的发展空间。

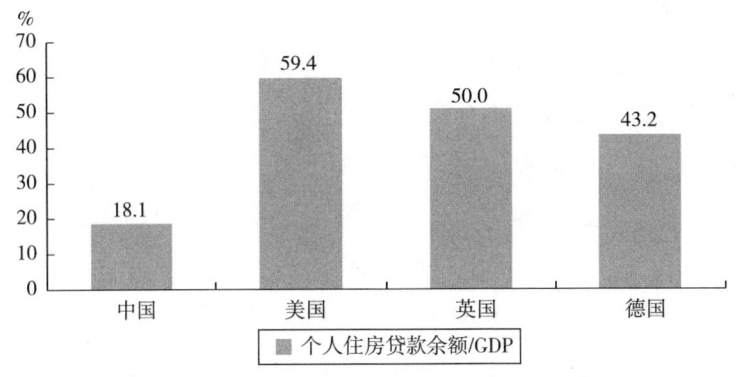

数据来源:《中国房地产金融报告2013》。

**图5　个人住房贷款市场发展程度的国际比较**

(二)住房公积金制度的可持续性受到挑战

现有住房公积金体系本质上是一种互助性质的合作性金融,随着住房改革的不断推进,公积金制度的弊端日渐显现,其有效性、公平性、安全性和可持续性受到挑战。主要体现在:一是覆盖面较窄。目前,80%的非公企业职工没有缴存住房公积金,缴存职工比同口径参加养老保险职工约少1.4亿人。二是社会争议较多。近年来随着商品住房价格的持续上涨,中低收入家庭购房能力下降,缴存职工使用住房公积金贷款购房的仅占30%,社会各界对公积金"劫贫济富"的争议较多,对未使用的公积金贬值的意见较大。三是流动性问题突出。由于住房公积金没有专门的融资机制安排,各城市之间的资金也无法融通,部分发达地区城市由于房贷需求旺盛而出现流动性紧张,采取限制提取、贷款轮候等方式缓解资金压力,或通过公积金转商业贷款贴息等进行融资,从长远来看存在不可持续的潜在风险。四是监督机制有待加强。目前针对公积金的监督管理比较薄弱,手段单一,无法有效监督各地住房公积金管理运营。而地方住房公积金管委会决策实质是城市政府决策,管理运营透明度低,社会监督流于形式。

针对住房公积金制度运行中出现的问题,有关部门启动了《住房公积金管理条例》修订工作,拟对扩大公积金覆盖范围、完善决策机制、增强资金流动性、增加资金保值增值渠道、强化监督管理等内容进行完善。同时,为缓解部分城市公积金中心的流动性紧张问题,盘活公积金贷款存量资产,支持合理住房消费,人民银行会同住建部、财政部推动探索住房公积金贷款证券化工作,指导上海市公积金中心成功在银行间市场发行首单70亿元公积金贷款证券化产品。公积金贷款证券化产品打通了住房公积金与资本市场之间的通道,预计其常态化发展将有利于增强公积金的金融功能,提升公积金的使用效率。

(三)政策性住房金融发展滞后

在大多数国家,为中低收入群体提供住房(包括廉租房)是一个重要的政治问题,不少发达国家存在住房政策性金融机构,为中低收入群体或特定群体提供低息住房贷款、进行住房贷款担保或保险、支持公共住房建设、对住房金融机构二级市场进行流动性支持等,以帮助低收入群体解决住房问题、提高居民住宅自有率以及实现政府的住房福利目标。我国商业性金融和合作性金融总体上可以满足中高收入家庭的住房融资需求,政策性金融对支持保障房建设进行了积极的探索。但总的来看,我国政策性金融发展比较滞后,一是缺乏面向中低收入群体的政策性住房贷款机制安排,不利于解决中低收入群体的购房困难问题,特别是在当前深入推进新型城镇化建设过程中,针对新市民购房贷款中面临的收入不稳定、流动性大等问题,需要建立一套不同于商业性个人住房贷款的制度。二是我国住房抵押贷款二级市场发展不足、流动性低,不利于商业银行资产负债管理、公积金中心流动性管理，也不利于债券市场健康发展。

（四）住房贷款风险分担和转移机制缺失

住房担保和保险是住房金融机构体系的重要组成部分，是分散金融风险、保证金融体系平稳运行的关键。国际上，放贷机构一般对贷款价值比（LTV）在80%以上的住房抵押贷款要求购买房贷违约保险，房贷保险由专营机构或私营抵押保险公司提供。政策性担保方面，如美国联邦住房管理局（FHA）、退伍军人管理局（VA）为特定群体的抵押贷款提供担保，转移和分担商业机构向这部分群体发放房贷时面临的信用风险。目前，我国80%的住房贷款由商业银行发放，贷款银行面临一定的信用风险、流动性风险、抵押物风险等，但缺乏相应的风险分担和转移机制。随着我国金融体制改革的进一步深化和利率市场化改革的推进，未来住房贷款首付款比例和利率将由商业银行根据风险覆盖原则自主确定，商业银行通过保险机制和工具进行风险转移及风险管理的需求将更加迫切，更加需要建立相应的机制，在分散和控制风险的前提下，满足房地产市场多层次的融资需求。

# 住房金融发展的国际经验及启示[①]

一般而言，在国家住房发展的早期或者对于社会底层、低收入人群而言，政策性住房金融是比较合适的模式，如日本早期的住宅金融公库模式。当住房市场发展到中期或者对于中等收入者来说，合作性住房金融模式非常合适，如德国和新加坡模式。当住房市场发展到成熟时期，商业性住房金融可以释放出更大的资金优势，成熟商业性住房金融体系的代表是美国和日本。

## 一、现代住房金融的典型模式

现代住房金融体系包括居民、金融机构、住宅开发机构和各级政府等主体，其较为完整的结构如图1所示。

根据资金来源的主要途径和方式，现代住房金融体系可分为互助模式、间接融资模式和直接融资模式三种代表类型。

互助模式又可分为自愿互助和强制互助两大类。自愿互助模式的突出特征是借贷双方以住房储蓄合同约定"先存后贷、以存定贷"，贷款额度与储蓄金额挂钩，并享有优惠利率；住房储蓄机构的资金主要来源于住房储蓄合同参与者的存款，并仅用于为住房储蓄合同参与者提供住房贷款，是一个封闭的互助体系。自愿互助模式最早起源于英国，美国早期的储贷协会也是自愿互助机构，当前德国、法国、奥地利等国将该

---

[①] 本文是住建部委托课题《深化住房制度改革中的金融支持政策研究》的阶段性成果，由中国人民银行金融研究所课题组合作完成。

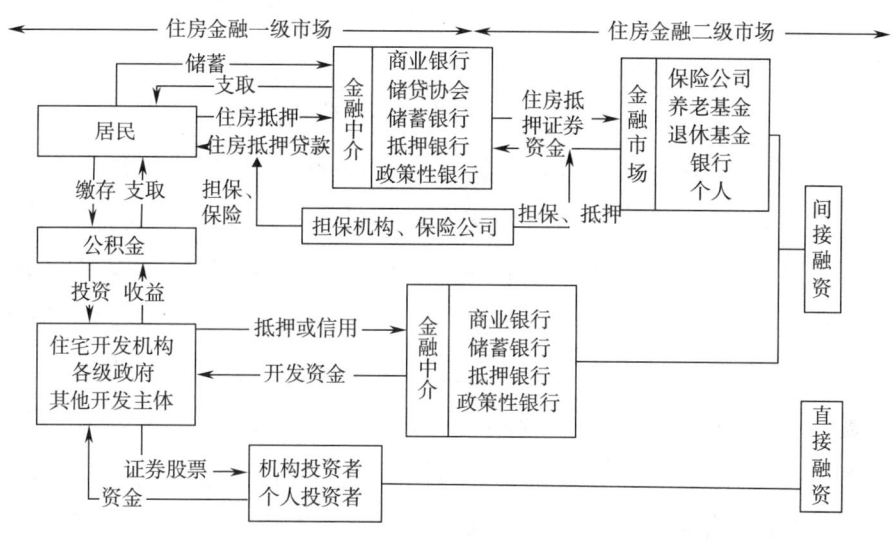

**图 1　住房金融体系结构**

模式作为住房融资的重要模式。自愿互助模式能够鼓励储蓄,降低住房信贷成本,但资金来源较为狭窄,抗风险能力不强。美国的储贷协会逐渐偏离互助模式并爆发危机,英国的住房储蓄合作机构也逐渐转型为综合性商业银行,德国、奥地利等国的住房储蓄体系由于得到政府的大力支持,保持了良好的发展势头;我国 2004 年成立的中德住房储蓄银行也是这种模式。强制互助模式的突出特征是政府主导性和强制性,由政府规定特定人群或组织须按期、按特定比例缴存资金进入强制储蓄账户,对资金的归集、支取和放贷等作严格限制,以保证账户资金的安全和可持续运营。我国及新加坡、巴西等国实行的公积金模式就是强制互助模式的一种,多给予优惠利率等政策扶持,在住房、教育、医疗、保健、养老等领域发挥保障功能。

间接融资模式是最为普遍的住房金融模式,它以综合性银行为媒介,通过吸收社会存款或发行债券筹集资金,经过信贷审查后向住房开发和消费者发放贷款。除少数国家的特殊机构外,大部分商业银行都可以发放商业性住房开发和消费贷款,作为政策性机构的日本住宅金融公库、泰国政府住房银行等也属于这一模式。间接融资模式的优点是大大拓宽了资金来源,缺点是融资成本较高,住房开发和消费领域的风险都集中于银行体系,在住房市场波动时易导致系统性金融风险。

直接融资模式以抵押贷款证券化为鲜明特征。抵押贷款证券化兴起于美国20世纪80年代,是对住房金融领域具有深刻影响的金融创新。资产证券化机构设立特殊目的机构(SPV),通过标准化、担保增信等手段对持有的抵押贷款实行证券化,再在资本市场上销售给投资者获得资金。这是个完全开放的系统,通过构建活跃的住房金融二级市场,有效降低了住房消费者的融资成本并分散了风险。20世纪末以来,加拿大、日本、韩国、中国香港、巴西等国家和地区都由专门的机构尝试开展住房抵押贷款证券化。对于美国、英国等资本市场发达的国家,发行股票、债券或信托份额等直接融资工具也是住房开发企业筹集资金的重要方式。

## 二、住房金融的功能观

第一,住房金融为住房消费行为提供服务,首先应具有消费性金融的功能,即跨期配置资金的功能。与其他消费性金融一样,信贷是住房金融的基本形式。住房信贷的需求来自消费者对住房消费的需求,住房消费需求来自消费者对住房服务的需求。因此,住房金融的需求主要来自希望得到住房服务的这群人。住房金融可以为这一群体提供跨期资金安排,帮助其突破流动性束缚,提高支付能力。

第二,住房金融与一般消费性金融的不同在于,住房消费在一个时点上一次性支出特别大。这一特点导致了住房信贷的资金需求量大,归还周期长。由于未来的风险因素过多,人们进行跨期资金配置的风险很大,消费者如果单纯通过信贷提前购置房屋可能面临很大的风险。所以,除了跨期配置资金的功能,住房金融还应该具有风险管理的功能。住房金融服务需要有能力降低风险事件发生的可能性,并尽量将风险发生时的损失控制在最低水平,包括消费者和机构的损失。

第三，住房是大价值的实物资产，需要长时间的储蓄才能实现投资。住房金融服务促进了住房消费者的储蓄行为，是家庭财富积累的重要外力。家庭为购置房屋要进行事前的储蓄，之后为了获得住房抵押贷款要提供稳健的还款计划，这些都是住房金融促进储蓄的表现。

总的来说，住房金融应该具有三个主要功能：跨期配置资金、管理风险和动员储蓄。

### 三、国际住房金融模式的发展历程、经验及其启示

各国住房金融机构虽因国情不同而各具特色，其发展改革中的许多做法，对探索建立我国特色的住房金融模式具有重要的启示意义。目前，国际上的住房金融模式主要有三种类型，分别是公积金模式，国家住房银行和依托国家信用的住房抵押贷款担保、证券化机构。按照功能定位划分，目前的住房金融模式又可分为三种：政策性住房金融、合作性住房金融和商业性住房金融。每个国家随着经济发展和住房市场的变化，其住房金融模式也会有一定的演变。

（一）国际主要住房金融模式概述

政策性住房金融为政策目标服务，往往是亏损业务，可持续性依赖于国家财政，因而我国还没有严格意义上的政策性住房金融。具体而言，政策性住房金融指以国家信用为基础，运用各种特殊的融资手段，以优惠性存贷利率，配合国家特定的发展政策而进行的住房金融活动。政策性住房金融机构，是指由政府发起、出资创立、参股或保证的，不以利润最大化为经营目的，在住房领域内从事政策性金融活动，以配合政府保障和改善民生，贯彻住房消费政策的金融机构。典型的政策性住房金融模式有法国模式和韩国模式。

合作性住房金融的特征是金融服务的组织方的非营利性，所有合作者共建共享。合作金融是指以股金为资本，以入股者为服务对象来经营金融业务。合作金融可以理解为一种金融组织形态，组织规范且不单纯以盈利为目的，合作金融有五个特点：自为性、互助性、民主性、灵活

性和区域性。合作性住房金融体系以德国、新加坡、英国为代表,我国的住房公积金模式就是一种强制性的合作性住房金融模式。

而商业性住房金融的金融服务组织方以盈利为目的,但具有更强的激励改善服务、降低成本。早期的商业性住房金融体系一般由商业银行、储贷协会及其他提供住房抵押贷款的金融机构组成,但随着金融体系不断创新,住房抵押贷款二级市场被开发出来。成熟的商业性住房金融体系由三类机构构成:商业银行,保险、担保等住房贷款中介机构,住房金融资产证券化的操作机构。商业银行为购房者提供住房消费贷款,为房地产商提供住房开发建设所需的贷款;财产保险公司等住房金融中介机构为购房者提供所需的购房信息、担保或保险等中介服务;商业银行把住房抵押贷款打包出售给证券化操作机构,回收资金,从而提高资金流动性,降低风险,不断扩大住房贷款业务;证券化操作机构把以抵押贷款作为担保的证券拿到二级市场上出售给各类投资者,从而把住房金融一级市场和二级市场有机地联系起来,形成一个整体的住房金融市场。此类成熟的商业性住房金融体系以美国和日本为代表。

(二) 国际住房金融模式发展的规律

各国住房金融发展模式有一定的规律可循,大部分均从政策性、合作性主导向商业性住房金融转变。总体来看,在国家住房发展的早期或者对于社会底层、低收入人群而言,政策性住房金融是比较合适的模式,如日本早期的住宅金融公库模式。政策性住房金融可以为尚未拥有住房的社会底层人民、到大城市打工的人民提供一个最基本的住房支持,更快地实现居者有其屋;当住房市场发展到中期或者对于中等收入者来说,合作性住房金融模式非常合适,如德国和新加坡模式;当住房市场发展到成熟时期,尤其是大量高端住宅出现时,商业性住房金融可以释放出更大的资金优势,为更多居民购买更好的住宅提供金融服务,尤其是成熟的商业性住房金融模式,发展了住房二级市场,抵押贷款证券化为住房一级市场提供了流动性,从而大大提高了商业银行的放贷能力,为更多购房者提供了金融支持,因而许多发达国家都经历了住房金融模式商业化、二级市场化的转型。如日本由住宅金融公库主导的政策性住宅金融模式向日本住房金融支援机构主导的商业性住房金融模式转变，而德国则由合作性住房金融向商业性住房金融主导的方向转型。

多数发达国家早期以政策性住房金融和合作性住房金融为主导，随着住房信贷市场的不断发展，抵押贷款及资产证券化的盛行，许多发达国家的商业性住房金融不断拓展和繁荣，伴随着不断降低的贷款标准和不断加大的信用风险。随之产生了2008年的次贷危机，此次金融危机给全球金融、经济带来了巨大的冲击，也让全球金融监管者反思金融体系，包括住房金融模式，许多发达国家纷纷开始收敛商业性住房金融的过度发展，并且开始重新重视政策性住房金融以及合作性住房金融模式的发展。

英国早期是以互助社为核心的合作性住房金融为主，随着商业性住房金融的蓬勃发展，商业性住房金融逐渐取代了互助社的地位，英国开始以商业性住房金融为主，但是2008年国际金融危机之后，人们又重新燃起了对互助社这种风险相对较低的合作金融模式的热情；又如日本，早期以住宅金融公库、公营、公团等政策性住房金融为主，当大部分居民都拥有住房，并且住房条件不断改善之后，人们对于更高质量住房的需求开始不断增多，因而，需要有更加高效的住房金融市场与之匹配，由此发展出了发达的商业性住房金融体系，包括非常成熟的抵押贷款证券化和MBS二级市场，但是随着国际金融危机的爆发，日本住房金融体系也一定程度上回归政策性住房金融。下面我们分别来看看国际上几种住房金融模式的具体实践情况。

(三) 国际住房金融模式的实践

1. 政策性住房金融模式。政策性住房金融机构具有三个特点：政策性、金融性、住房性。政策性是指政策性住房金融机构具有国家的资金支持或担保，以落实国家政策为目的，其资金来源为政府划拨或发行债券、借款和吸收长期存款。其借款往往是高成本负债，而为配合国家政策，其资金运用往往是低利息的，这样的资本和负债结构必然有国家利息补贴、承担部分不良债权或相关风险等政策支持。金融性是指政策性金融机构仍然是以信贷为基础,需要进行贷款的审核监督,尽量降低相关风险,以取得预期的社会效益。政策性金融机构的住房性是指它的服务对象是有住房服务需求的人,并不对其他需求人群提供优惠贷款条件。政策性住房金融体系以法国和韩国为代表。

法国政策性住房金融体系由四部分组成:公益性住房建设优惠贷款、住房储蓄贷款制度、为低收入者住房贷款提供政策性担保、国家住房信息中心提供的政策咨询中介服务。法国每年由住房部和财政部联合制订全国的公益性住房建设总量、公益住房开发计划和有关贷款规模,各地方根据自身情况确定地方建设规模和贷款规模,再落实到各省的公益性住房开发机构。公益性住房开发机构再向中央储蓄银行 CDC 申请公益性住房优惠贷款。一般公益性住房优惠贷款利率比市场贷款利率低 2 个百分点左右,期限也可以长达市场贷款期限的两倍;法国居民的一般储蓄账户是不计利息的,但住房储蓄可以获得银行 4% 的利息,如果储蓄存期达到 4 年,还可以获得国家奖励的 1% 利息,国家奖励的利息全部来自中央财政。1993 年,法国成立住房购置担保基金会,主要是为低收入者家庭向银行住房贷款提供担保。若借款人失去还款能力,由基金会代为偿还剩余贷款。在担保基金会出现担保清偿能力不足时,国家财政会出面对担保基金会提供支持。法国国家住房信息中心(ANIL)是 1976 年成立的协会组织,它设有 60 个地区服务分支机构,主要工作是向居民宣传国家住房政策和提供有关住房购买、租赁及贷款等方面的信息咨询,任何法国居民均可就近到国家住房信息中心服务署免费咨询有关住房方面任何问题。

韩国住房金融的主体是国民住宅基金和住房金融公司,前者是一个政策性住房金融机构,后者是半政策性住房金融机构。国民住宅基金的目的是促进住房建设,支持低收入家庭购买住房,由政府设立。国民住宅基金的资金来源有四个方面:政府财政、要约储蓄、国民住宅债券和住房福利彩票。其中国民住宅债券利息很低,政府强制当事人在买入不动产、汽车、船舶等时或与政府签订房地产开发建设合同时购买，并作为购买政府限价商品房的前提条件。国民住宅基金在筹得资金后，向公共住宅建设提供资金，并向中低收入群体发放全额房屋租赁资金、个人购房贷款等。而住房金融公司是政府控股企业，但并不是完全的政策性金融机构。1999年韩国政府发起设立的韩国住房抵押贷款公司和1988年成立的韩国住房贷款担保基金合并成立，合并时建设交通部持股45%，其他三家私营银行和一家保险公司共持股55%。住房金融公司的资金来自资本金、发行住房抵押贷款证券、担保费、坏账拍卖收入、基金投资收入以及向政府、机构和国际组织的贷款等。其资金主要用于从一级房贷市场的商业银行与金融机构那里承销购买长期固定利率的住房抵押贷款，打包后发行MBS；为住房抵押贷款提供担保。为低收入人群提供押租贷款担保。此模式比较类似美国的"两房"模式，是韩国从政策性住房金融向商业性住房金融转变的结果，诞生出一些政策性金融机构，以辅助商业性金融机构更有效地发挥住房金融的作用。

2. 合作性住房金融模式。合作金融具有五个特点：自为性、互助性、民主性、灵活性和区域性。合作金融的自为性指合作金融始终是以其参与者为服务对象的，为参与者的生产、流通和消费服务。合作金融的互助性指合作金融组织的资金基础是参与者的股金，这种股金的筹集动机是出于人们相互资助的需要，通过团体集资帮助个体克服资金困难，避免承担高利贷剥削。合作金融的民主性体现在其管理上采取"一人一票"的办法，通过社员代表大会选举理事会、监事会，实行理事会领导下的经理聘任制。合作金融的灵活性是指，因为合作金融的资金规模小、组织结构简单，因而容易也有足够的能力采取更加灵活多样的方式进行业务活动。合作金融的区域性是指合作金融的社员、员工、服务对象集中在较小的区域，其资金来源于当地也运用在当地。合作住房金融体系以德国、新加坡、英国为代表。

德国的住房金融体系以合作金融和政府支持相配合为主。德国的住房金融体系由两部分构成：一是地方政府参与或直接投资设立促进住房建设的政策性金融机构,主要职能是为中低收入家庭购房和为私人投资建造低租金住房发放优惠利率贷款资助。二是由全国31家住房储蓄银行构成的住房储蓄融资服务体系,联邦财政大力支持住房储蓄以促进其发展。德国住房储蓄银行的基本运营模式是通过吸收居民个人储蓄存款,发放长期、稳定的低利率贷款用于私人(尤其是中低收入者)建房或买房。但是与一般商业银行住房贷款不同,住房储蓄银行的资金是封闭运作的,它只向住房储蓄客户吸存,也只向自己的住房储户发放购建房屋贷款。德国的住房储蓄贷款制度,实际上是一种住房互助融资体系,是一种典型的合作性住房金融模式。

新加坡的居民在2009年底住房自有率已经达到91%,这是因为新加坡的金融体系由强制性储蓄的合作性住房金融政策绝对主导。住房金融的运营机构为中央公积金局和建屋发展局。中央公积金局是全国性机构,分支机构很少,直接受中央政府领导,董事长和总经理由国家总理任命。公积金由雇主和雇员分别缴纳,统一计入每个公民的个人账户。缴纳费率可以根据国民经济整体状况进行调整,但须经政府批准。政府对公积金免税,并为公积金存款提供担保。公积金账户分为普通账户、保健账户和特别账户,普通账户部分主要用于购房,也可以用于投资和教育等。其中归集的资金委托新加坡国有投资公司经营,20%准备以应付提存,80%按照市场化原则运作,主要投资于政府债券,政府又将发债筹得的相应资金转给新加坡建屋发展局,由建屋发展局负责发放低息住房抵押贷款和用于公共组屋建设。公积金的运行不以盈利为目的,政府为中央公积金在支持住房事业发展中产生的亏损提供补贴。建屋发展局的资金来源是中央政府,而中央政府的这部分资金一部分是向中央公积金局发行定向政府债券募集的,一部分是政府对建屋发展局发放的建屋发展贷款。除公共组屋建设和管理外,建屋发展局还为公共组屋建设提供资金;向组屋购买者发放住房抵押贷款、翻新融资贷款,给予中低收入购买者优惠利率。

英国通过发达的合作性住房金融体系鼓励居民购房。英国住房金融体系中占主导地位的是互助社和银行。这种互助社是一个商业性的民间自助金融机构，其功能是吸收会员存款，提供抵押贷款。互助社的资金来源主要是股东投资和存款，并且有以下两个特点：第一，互助社在英国个人储蓄存款市场上扮演重要角色，因为互助社实行的是可变利率贷款，所有贷款均以不同的利率贷出，利率的高低也因贷款额度和种类（购房、建房或修房）的不同而有所差异。第二，互助社受到英国政府的政策利好。政府对储蓄银行的资产业务进行限制，使其很少提供抵押贷款；商业银行由于其住房抵押贷款的最高额度受到限制，更多地提供一般商业贷款；地方政府在1975年因其公共住房的供应受到限制，将抵押贷款转为由互助社负责。因而，英国的互助社模式本质上是一种合作性住房金融模式。

3. 商业性住房金融模式。成熟的商业性住房金融模式主要以美国和日本的住房抵押贷款证券模式为典型。

美国住房金融体系包括五大行为主体：居民家庭、抵押贷款发放机构、政府支持企业、投资者、保险和担保机构；两大监管主体：联邦住房金融委员会和联邦住房企业监管办公室；以及两个市场：一级市场和二级市场。

住房金融一级市场的三大行为主体包括贷款购房人、抵押贷款发放机构和一级市场保险机构。商业银行、储贷协会、互助储蓄银行等金融机构与购房人签订抵押贷款借款合同，金融机构发放住房抵押贷款，购房人按约定逐期还本付息。如住房贷款价值比超过90%，借款人必须购买抵押贷款保险（实际操作中贷款价值比超过80%就要购买保险）。抵押贷款保险分为两种：第一种是联邦住房管理局、退伍军人管理局为符合条件的家庭提供住房抵押贷款保险，第二种是私营保险机构提供的相关商业保险服务。

住房金融二级市场的三大行为主体包括抵押贷款发放机构、政府支持企业、二级市场担保机构和投资者，其运作实际上就是住房抵押贷款证券化的过程。政府全国抵押协会在这个过程中对联邦住房管理局/退伍军人管理局抵押贷款证券化产品提供担保。通过住房抵押贷款证券化，美国分散了贷款发放机构的信用风险和市场风险，提高了住房金融一级市场的资金流动性。二级市场由两家政府支持的企业主导，分别是联邦全国抵押协会和联邦住房贷款抵押公司，截至2007年底，两家政府支持企业在全美住房抵押支持证券余额中占有70%的份额。

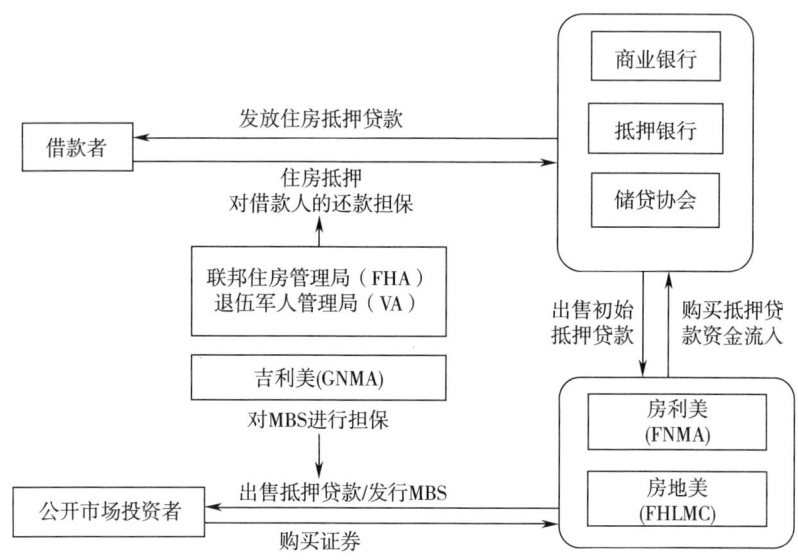

**图2 美国商业性住房金融模式**

美国政府设立了联邦住房金融委员会和联邦住房企业监管办公室，分别负责一级市场和二级市场的监管。由于一级市场上的抵押贷款发放机构众多，难以实施直接监管，美国政府将全国分为12个片区，相应建立了12家联邦住房贷款银行作为联邦贷款银行的成员机构，12家联邦住房贷款银行共吸收了8104家抵押贷款发放机构作为会员，使联邦住房金融委员会通过直接监管12家联邦住房贷款银行，间接实现了对一级市场上众多抵押贷款发放机构的监管。二级市场由联邦住房企业监管办公室严格监管，其目标是维持住房抵押贷款二级市场的安全和稳定，联邦全国抵押协会和联邦住房贷款抵押公司是其重点监督的对象。

日本的住房金融体系由三部分金融机构组织运行：商业银行、政策性金融机构和非银行机构。其中，商业银行和政策性金融机构负责资金的筹集和融通，商业银行以日本第一劝业银行为代表，政策性金融机构为日本住宅金融公库。这两家金融机构发放的住房抵押贷款占整个住房抵押贷款市场份额的40%~50%。住房二级市场的主要参与者是日本住宅金融支援机构。

日本第一劝业银行：日本第一劝业银行是以盈利为目的的商业银行。其住房金融服务对象是较高收入的家庭，审贷程序十分严格。

日本住宅金融公库由政府全资所有，隶属日本政府领导，总裁由首相直接任命。住宅金融公库虽然是政府设立的政策性金融机构，但并不是由财政注资的，而是在政府规定的保证下，以政府垄断的邮储系统的储蓄存款作为主要资金来源，这一资金来源占日本住宅金融公库资金的90%以上。日本住宅金融公库的其他资金来源包括住房用地债券、少量民间资金、财政补贴资金。

日本住宅金融公库主要为居民购买自住住房提供长期、稳定、低息贷款，为居民改建或大修住房提供贷款；向土地所有者建造以适当的租金出租的住房提供贷款；向城市住宅建设及相关的基础设施建设提供贷款；向民间金融机构住房信贷业务提供贷款担保。中低收入家庭以及为中低收入家庭福利住房建设机构还可以向日本住宅金融公库申请优惠贷款。

非银行金融机构：日本的商业性住房金融机构与保险公司保持着广泛的合作，房贷机构要求贷款申请人必须参加团体信用生命保险，当借款人因为死亡、疾病、高残等丧失还款能力时可以用保险赔付金支付贷款余额。房贷金融机构往往还建议借款人参加火灾保险、地震保险。另外，日本的商业银行一般都有自己所属的担保公司，房贷申请人一般会被要求取得其下属担保公司的担保。

日本住宅金融支援机构由日本住宅金融公库改组成立，由日本政府全资所有。其主要有三方面的业务：第一，资产证券化支援，购买住房抵押贷款后发行MBS。第二，担保和保险，为民间发行的MBS提供担保;向民间金融机构提供住房贷款保险;与寿险公司合作为住房抵押贷款机构提供借款人保险。第三,直接发放贷款,发放灾后重建低息贷款;特殊人群住房建设、购买贷款。政府对其财政拨款或低息资金仅仅针对灾后重建,但是却有一定的财政补贴和税收优惠政策。

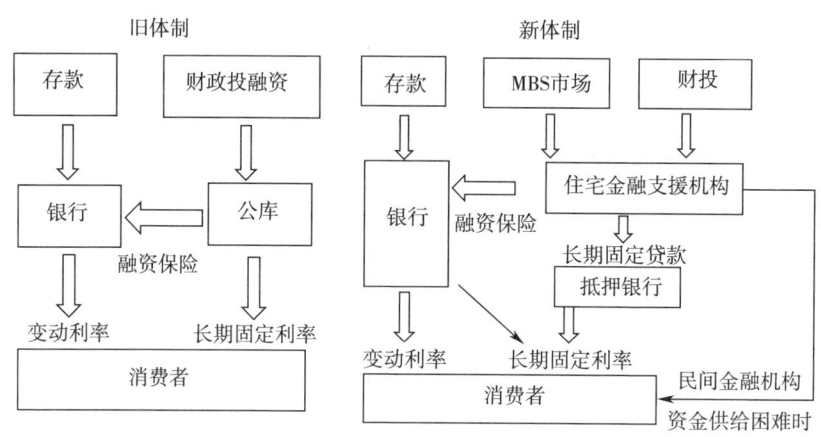

**图3 日本商业性住房金融模式**

(四)国际住房金融模式的启示

首先要看到,住房金融服务于住房市场,住房市场稳定反过来成为住房金融可持续的重要基础。住房政策性金融只是房地产市场的催化剂和润滑剂,房地产市场的平稳健康发展,关键在自身。房价维持在居民可承受、可支付的范围内是住房金融体系可持续的关键。

再从国际住房金融模式的发展历程和现状来看,有五个值得我国借鉴的启示。

第一,各国多经历了以政策性金融、开发性金融为主导向商业性金融发挥决定性作用的转型。如美国在储贷危机之后经历了由储贷协会和联邦住房管理局担保的双政策性金融主体向"两房"模式的商业性住房金融模式的转型;而德国对住房储蓄的政府储蓄补贴随着住房市场的发展日渐减少;日本则完成了为住房开发、消费提供贷款的住宅金融公库政策性住房金融模式到抵押担保模式的住房金融支持机构支持模式的转型。商业性住房金融模式,并不意味着政府不发挥作用,而是政府由直接参与转为间接参与,更多发挥市场的作用,提高住房金融体系的效率。

表1　　　　　　　　　　发达国家住房金融模式比较

| | 美国 | 德国 | 日本 |
|---|---|---|---|
| 住房金融运作模式 | 住房抵押贷款—住房抵押贷款担保—资产证券化 | 合同储蓄—个人住房贷款 | 邮政储蓄—政府债权—住房贷款逐步转型为证券化渠道 |
| 住房金融机构 | 储贷协会、互助储蓄银行、商业银行、贷款机构、贷款担保机构、证券化机构 | 住房储蓄银行和传统银行紧密合作,制度互补 | 住宅金融公库,2007年转型为住宅金融支持机构 |
| 资金来源 | 资产证券化 | 自愿储蓄 | 储蓄和资产证券化 |
| 住房金融偏重点 | 偏重商业性 | 商业性为主、政策性发挥重要作用 | 由偏重政策向商业性转移 |

第二,无论何种住房政策性金融机构模式都依赖长期、稳定、低成本的资金来源。住房政策性金融机构的资金来源一般可以分为两种:一种是政府融资,包括国家注资、国家借款和委托运用邮政储蓄等专项资金三种方式。如改制前的日本住宅金融公库资金来源中,政府转由其运用的低息邮政储蓄资金占到90%以上;韩国政府将其低息发行并强制有关当事人购买的国民住宅债券资金交由韩国国民住宅基金使用;新加坡建屋发展局用于公共组屋建设和消费信贷的资金几乎全部来源于政府对其发放的建屋发展贷款(主要源于公积金)和财政拨款;巴西国家住房银行的资金主要来源于巴西工人保障公积金(FGTS)和巴西储蓄与信贷系统(SBPE)。值得一提的是,巴西20世纪80年代的高通胀率和高失业率导致储蓄减少和公积金违约的增加,巴西国家住房银行由于资金来源不足未能实现政策性职能目标,并最终于1986年被政府解散,部分职能转由FGTS履行。

另一种是依托国家信用在金融市场上融资,包括发行抵押贷款证券化债券、信用债券、吸收存款、向金融机构借款和借入外国资金等方式。其中发行债券是最主要的方式，美国"两房"、加拿大房屋抵押贷款和住房公司、日本住宅金融公库、韩国住房金融公司、中国香港按揭证券公司等抵押贷款证券化机构都主要依靠发行抵押贷款支持债券等金融工具筹集资金。

第三，互助性的住房储贷模式是一种有效的住房储蓄融资机制，但要重点关注利率价格机制和公司治理机制的合理性。封闭利率的互助住房储蓄体系需要配套一个封闭价格的房地产市场。

如新加坡占居民总数80%以上的中低收入者的住房直接由政府供给，称为"组屋"，政府组屋有一套"内循环"的封闭机制，规定每户居民只能拥有一套政府组屋，如果有的居民因收入提高，要购买更大套型的政府组屋甚至购买商品房，则由政府回购其现住的政府组屋，这一组屋将再售给其他需要这一档次政府组屋的居民。

再如德国住房储蓄体系，其可持续得益于住房价格的稳定。根据无套利理论，房价预期涨幅与市场利率一致，如果住房储蓄利率长期低于市场利率，同时又缺乏政府补贴，那么长期必将损害储蓄者的实际住房消费能力。

此外，现代化的公司治理是互助性住房储蓄模式取得成功的必要条件。互助性住房储蓄机构的运营要规范、可持续，避免受到短期、地方政治干预的影响。为此，互助性住房储蓄机构应当是遵循一般性公司法的法人实体，而非专门制定与公司治理精神相悖的特殊法案，并且住房银行应当与其他商业银行一样，接受银行监管当局的统一监管，而非单独为其制定宽松的监管标准。混合所有制是促进公司治理和平衡各方利益的一种有效途径，私人股东的介入会促使其更加重视经营效率和风险控制，有助于摆脱政府股东的过度政治干预。政府股东的监督则会确保业务不偏离政策性目标，也有助于防范私人股东攫取财政补贴或其他公共利益的风险。

第四，按揭模式的住房政策性金融机构更高效、现代化，并能够与互助性住房储贷模式并存，但要加强宏观审慎管理，关注房地产泡沫风险。

抵押贷款按揭模式是一种现代化的住房金融模式，由住房政策性金融机构向二级按揭市场发行抵押贷款证券化（美国"两房"模式）或资产担保债券产品（欧洲模式），为商业银行提供住房信贷的流动性支持，在这种模式下，住房政策性金融机构实际发挥了衔接住房抵押贷款一二级市场的功能，能够帮助减轻银行系统的期限错配，完善债券市场的构建，有助于债券市场以及整个金融体系的稳步发展。从贷款环节看，按揭模式的政策性金融机构为商业银行住房抵押贷款提供流动性，可以委托商业银行开展政策性业务，类似公私合营模式，有助于提高经营效率。从风险管理环节看，美国的"两房"模式和欧洲的"按揭公司"模式有所差异，体现在对最初借款人或发起银行的追索权、标的资产是否从发行人资产负债表中移出、对首付比例等贷款标准的规定上，欧洲模式采用资产担保证券模式，吸取了美国本次金融危机的相关教训，不会将标的资产从发行人的资产负债表上转出，具有完全的追索权，因此金融机构会对资产质量进行尽职调查，并要求合适的首付比例，避免居民部门杠杆上升过快导致金融机构风险大幅上升。从政府角色看，各国住房政策性金融机构的转型背后都是政府的角色从住房金融市场直接参与者向住房金融市场资金的引导者转变，引导各种民间资本与社会资本参与到住房金融活动中去，促进了民间金融的发展，并且更好地调动了社会资源。不过从操作层面看，互助性住房储贷模式的住房政策性金融机构和按揭模式可以共存，前者业务侧重于住房信贷一级市场，而后者业务侧重于住房信贷二级市场以及一二级市场的联通，如美国双重住房政策性金融机构模式就持续了30多年，不过无论是何种模式政府角色都应该从市场直接参与者转向市场引导者，让市场发挥更多作用。

按揭模式的住房政策性金融机构能够有效抵御房价的上行风险和区域性波动，但必须要关注居民部门的杠杆率水平，避免催生房地产泡沫。住房抵押贷款证券化市场是一个全国性的市场，区域性风险可以被充分分散，能够有效抵御区域性房价波动的风险。与此同时，证券化模式能够应对房价持续上行的冲击，从美国证券化模式的实践经验看，在房价持续上涨时期，住房金融体系一直运转良好，并很好地支持了中低收入群体购房，房价构成了借款人的重要还款来源。但也要看到，住房抵押二级市场的出现，为住房抵押贷款一级市场带来更多、更廉价、更稳定的资金，所以这种模式可以推动房价的上涨，在房价上涨的趋势下，这样的模式非常容易产生放贷标准下降、过度放贷、居民部门杠杆率过高等问题。一旦房地产价格泡沫破灭，出现系统性下跌，那么按揭模式的住房政策性金融机构也将受到严重的冲击。因此要吸取美国次贷危机的教训，加强宏观审慎管理，将居民部门杠杆率控制在合理水平上，关注高杠杆和资产泡沫风险。

第五，财政需要向住房政策性金融机构提供一定支持。住房政策性金融机构一般享有政府注资、税收优惠、风险分担等显性或隐性支持，从而更好地发挥财政资金的杠杆效应。

如美国"两房"享有的特殊政策有：每年从国会得到补贴；免除所有联邦所得税和州所得税，只缴纳物业税；免除美国证监会的监管要求和信息披露要求；美联储为其担任财务代理银行，负责结算和现金管理，允许其进行日间免息透支；财政部给予流动性信贷额度；对商业银行持有"两房"债券给予特殊监管；危机时期美国财政部通过购买"两房"优先股和"两房"债券予以救助的做法也表明其享有隐性财政担保。日本《住宅金融支援机构法案》规定日本住宅金融支援机构免缴所得税、印花税、执照税、不动产购置税、车辆购置税和特有土地持有税等。新加坡规定公积金投资亏损部分由政府动用国家储备金弥补等。

# 进一步深化我国住房金融改革的建议[①]

"十三五"期间,有必要结合房地产对金融支持的需求,进一步深化我国住房金融改革。应当从健全住房金融支持政策体系、构建完善住房金融支持机构、创新发展住房金融支持产品以及其他配套措施等方面共同发力。

住房制度改革是"十三五"规划建议的重要内容。住房金融是金融资本与住房市场的重要结合点,对于推进住房制度改革和促进住房市场发展具有重要意义。长期以来,我国金融体系在支持住房制度改革和推动房地产市场发展方面发挥了积极作用。但与国际上的一些成功经验相比,仍存在一些不足。"十三五"期间,有必要结合房地产对金融支持的需求,进一步深化我国住房金融改革。

## 一、总体思路

按照党中央、国务院的战略部署,立足我国国情,并借鉴国际经验,我国住房金融改革应以解决好"三个1亿人"的住房保障问题、推动房地产市场平稳健康发展并促进形成住房和金融两个市场良性互动为总体目标,通过创新住房金融体制机制,进一步健全政策性、合作性和商业性金融"三大支柱"合理分工、互为补充、同步发展的住房金融政策体系,完善住房金融支持机构,创新发展住房金融支持产品,优化住

---

[①] 本文是住建部委托课题《深化住房制度改革中的金融支持政策研究》的阶段性成果,由中国人民银行金融研究所课题组合作完成。

房金融的激励约束，提高住房金融服务水平，为住房制度改革和房地产市场发展提供更适合的金融资源供给，形成良好的住房金融供求互动关系。

## 二、健全住房金融支持政策体系

从政策体系上看，根据我国的商业性、合作性和政策性住房金融的发展现状，首先应抓紧发展好政策性住房金融，并对合作性住房金融政策作适当调整，同时进一步支持商业性住房金融发展，完善整个住房金融政策体系，确保既充分发挥市场在资源配置中的决定性作用，又切实体现政府支持在保障民生等方面的重要功能。

第一，住房金融政策要统筹全国与区域住房发展。我国住房市场的区域差异较为显著，住房金融政策既要有全国层面的统一思路和做法，也要充分体现区域差异，避免"一刀切"。一方面，可通过全国性住房金融支持机构，用好国家财政资金，对符合条件的居民家庭住房消费和房产企业住房开发提供支持。另一方面，借助已有的以城市层面为主导的公积金体系，通过推动地区性公积金分中心与当地金融机构合作，结合当地实情，分城施策，支持当地住房市场平稳健康发展，切实保障居民家庭的基本住房需求。

第二，住房金融政策要兼顾住房需求和供给支持。一是在进一步强化政策性金融对保障性安居工程、棚户区改造等住房开发支持的同时，通过为住房抵押贷款提供政策性担保支持等方式，强化政策性金融对住房需求的支持。二是以公积金制度为主体的合作性住房金融要进一步完善，加强对缴存家庭住房需求的支持，同时也可考虑对适当形式的自愿合作性住房开发予以支持。三是通过发展住房抵押贷款证券化（MBS）、房地产投资信托基金（REITs）等方式，进一步发挥现有商业性金融对住房需求和供给的支持作用。四是要鼓励金融创新，通过风险投资基金和私募股权基金等平台，为住房租赁、Airbnb等新兴的住房消费模式提供必要支持，支持其初期发展。

第三，住房金融政策要同时在一级、二级市场发力。从国际经验看，政策性住房金融既可以直接发放低利率的住房抵押贷款和房地产开发贷款，也可以通过为住房抵押贷款提供担保支持或者住房抵押贷款证券化等方式，在二级市场上间接支持居民家庭购买住房。相较而言，通过二级市场间接提供支持，可在发挥市场决定性作用的同时，通过政府政策性支持保障民生需要，更符合构建我国住房金融政策体系的基本原则。当前，我国主要通过住房公积金制度和对保障性安居工程的金融支持，分别实现对住房消费和供给的一级市场的政策支持。下一阶段，可着重通过政策性支持住房金融二级市场发展。

第四，住房金融政策既要用好增量，也要盘活存量。近年来，我国对住房金融的支持力度不断加大，政策增量较大，要充分用好这部分增量资金，使其切实用到住房金融体系最需要、效率最高的地方。同时，也要积极研究盘活存量。其中，关键点在于对住房公积金制度的合理应用。虽然现有的强制性公积金制度存在诸多缺陷，中长期看应积极研究改进，但短期看这一制度可能还会存在一段时间。在遵循公积金制度要求的前提下，应积极用好现有的公积金存量，最大限度地支持住房金融发展。

第五，住房金融政策要综合运用好货币和财政手段。公共住房属于公共品，支持其发展是政府的责任。没有财政实质性的支持，仅靠金融政策发力，势必会进一步提升企业居民和全社会的杠杆率，如果企业居民未来的收入水平无法覆盖住房融资的本息，住房金融体系将缺乏可持续性。财政增加支出，金融支持政策予以配套，相互促进，才能可持续地加大对政策性住房的支持力度。

## 三、构建完善住房金融支持机构

根据住房金融政策方向，构建和完善相应的住房金融支持机构，推进贯彻落实各项住房金融政策。

第一，进一步完善国家开发银行住房金融事业部。为贯彻落实国家有关棚户区改造政策，国家开发银行已经建立了住房金融事业部，并通过中央银行提供的抵押补充贷款（PSL）等政策支持，为棚户区改造提供了大量的资金支持。可考虑在现有的基础上，明确将国家开发银行住房金融事业部作为住房开发政策性支持机构，加大财政和货币政策支持，并赋予其更多的住房金融支持职责，进一步发挥对住房开发的政策性支持作用。

第二，构建全国性住房抵押贷款担保机构。借鉴美国经验，构建类似房地美、房利美的全国性住房抵押贷款担保机构，对符合条件的居民家庭住房抵押贷款提供担保和二级市场流动性支持，引导和鼓励商业性金融机构进一步加大对合理住房消费的支持。为确保这一机构的顺利运行，有必要按照现代公司治理要求，制定机构的基本架构和主要体系。只有在确实出现风险和问题时，可由国家信用和财政资金予以担保，从而在尊重市场规律的基础上，发挥政府对住房消费这一民生工程的支持作用。

第三，推动住房公积金分中心与当地城商行合作。按照改革成本最小化的原则，基本保持现有的强制性住房公积金缴存制度不变，但对资金运用、收益分配等作必要优化。一是理顺住房公积金收益分配制度。继续保持相对较低的住房公积金贷款利率，扣减必要的管理成本后，将资金运用收益全部返还缴存职工，同时对住房公积金收益减免税收，提高缴存职工的收益水平，提升公积金制度的包容性和合理性。二是增强住房公积金的结构调节功能。选择部分有代表性的城市进行试点，探索城市商业银行与公积金中心合作机制，仿照国家开发银行的模式，设立专门的住房金融事业部，健全住房政策性金融机构的法人治理结构，为拓宽融资渠道提供制度上的保障。由此，可根据各地区不同情况，形成商业性金融和合作性金融相互支持、相互补充的良性互动。住房公积金存在缺口的，可由商业银行提供公积金贷款，公积金中心只需补足利息缺口，减少公积金资金占用；住房公积金存在盈余的，则可允许公积金通过银行发放商业性住房贷款，提高缴存职工的公积金存款收益。同时，也可利用地方政府与当地法人银行的密切关系，通过当地法人银行向当地住房公积金体系提供必要的政策性支持，从而增强合作性金融调节住房市场区域结构的功能，支持各地区住房市场平稳健康发展。

**四、创新发展住房金融支持产品**

加大对住房市场的金融支持，必须创新相应的金融产品，达到增强金融支持的针对性和力度、节约金融成本、提高服务效率等效果。

第一，大力发展住房抵押贷款资产证券化产品。积极开发中低收入家庭住房抵押贷款的资产证券化产品，有效盘活存量信贷资金，更好支持中低收入家庭住房，完善银行开展MBS业务的监管要求，设计推动银行开展中低收入家庭住房抵押贷款资产证券化业务的正向激励机制。引导基金、私募、证券公司、社保、保险公司等机构投资者积极参与MBS市场。建立和健全政府担保和MBS发行机制，完善住房信贷一级市场和二级市场的衔接。发展切块抵押贷款证券、抵押贷款担保证券等MBS配套衍生工具，对MBS提前还款风险进行转移，加快MBS市场的发展步伐。

第二，鼓励发展房地产投资信托基金（REITs）等融资产品。积极拓宽住房政策性金融机构的融资渠道，支持保障房相关政策性金融机构在多层次资本市场上进行融资，积极发挥股票、债券市场支持保障房建设的功能，发展保障房相关专项金融债券工作，鼓励发展房地产投资信托基金支持保障房建设，切实拓宽住房政策性金融机构的资金来源，降低融资成本。

第三，研究创新支持住房租赁规模化经营主体的金融产品。规模化经营是提升住房租赁市场效率、扩大住房租赁供给规模的有效途径。最近国际上兴起Airbnb等住房消费新模式，较为适合我国住房供给库存增加、可能出现供过于求的现实情况。但规模化租赁住房补贴需要大量资金，有限的财政资金难以满足。应积极鼓励各类金融机构加大对住房租赁规模化经营主体的支持力度，发挥各自比较优势，形成优势互补和错位竞争，同时各类金融机构推出契合经营主体金融需求的金融产品，满足其多样化需求。政府可对经营主体贷款提供一定程度的贴息支持，对提供贷款的金融机构进行定向的再贷款支持，推动住房租赁的规模化经营。

**五、其他配套措施**

第一，用好财政金融政策，发挥社会政策托底作用。划出专门资金，通过提供资本金、设立担保基金等方式，利用财政资金撬动社会资金支持保障性安居工程建设，并加大对居民家庭贷款购买和租赁保障性住房的贴息力度。同时，对居民购买保障性住房的利息支出，或租赁各类住房（不限于保障性住房）的租金支出，允许抵扣个人所得税，在保证相对公平的基础上，支持较低收入群体的基本住房消费。

第二，研究完善住房租赁和买卖有关法律法规，保障住房消费者的合法权益。例如，可考虑借鉴德国经验，对房屋租赁合同内容作进一步明确，保障原有租户的优先续租权，同时通过立法对房东恶意涨价、随意毁约等行为予以严格约束，增强房屋租赁行为的稳定性，提高租赁房屋居住的积极性，在有效满足住房消费需求的同时，缓解居民家庭购房压力，促进稳定房地产市场价格，实现房地产市场的平稳健康可持续发展。

第三，改进住房金融基础设施，增强政策支持的针对性和有效性。完善婚姻、住房、收入信息的联网统计，通过技术手段，实现征信中心、民政部、公安、税务等多部门信息实时互联互通，可以实时查询到贷款人婚姻、住房和收入等个人统计信息，评估其还款能力，防范按揭还款风险，增强相关定向支持政策的政策效果。

第四，优化住房金融监管机制，提高资源运用效率。构建完善的内外监管体系，住房公积金管理中心或住房金融机构应建设有效的公司治理结构和内控管理制度，以及相应的和国际接轨的会计准则和信息披露制度，住房和金融主管部门等也应建立定期督查和不定期督查相结合的督查机制，避免流于形式的合规性检查。构建和完善住房金融行业自律机制，制定严格的行业自律规定，设立标准化的培训课程，提升执业人员的业务素养和职业操守。培育专业化、市场性质的第三方中介服务机构，实行更为中立的监督审查和信息披露。

# 设立蓝色金融创新综合试验区的设想[①]

海洋经济是未来我国经济增长和结构调整的突破口，其行业自身存在的地域聚集性高、投融资需求阶段性明显、融资期限长、风险水平高等特点，决定了金融支持的特殊性和专业性，需要与行业需求紧密匹配。

伴随辽东半岛、渤海西南部、山东半岛等11个海洋经济区的设立，以及浙江、山东、广东、福建等省海洋经济示范区战略规划的提出，我国海洋经济发展布局已经基本形成。与此同时，"一带一路"合作发展理念的提出，迎来了海上贸易、海洋产业发展的良好契机，也是推进海洋经济发展的关键时刻。

从先行国家海洋经济的发展历程看，无论是海洋产业创立起步、海洋科技成果转化、海洋贸易融资便利化、海洋经济风险缓释，还是海洋经济国际合作等，都离不开金融资金的可持续注入与支持。在此，我们提出"蓝色金融"的概念，是指为海洋经济及其相关产业发展提供充分、多元化金融服务的全部交易活动，包括涉海信贷服务、金融产品创新、多元融资机制、海洋经济风险分担机制、激励补偿机制等一系列涉海金融服务体系。发展蓝色金融，助力海洋战略，进而合理开发利用海洋资源，培育海洋特色优势产业，是实现海陆统筹，培育中国新的经济增长点、实现经济社会可持续发展的重要途径。

---

① 本文系国家海洋局委托全国海洋经济发展"十三五"规划前期研究课题阶段性成果（课题负责人：温信祥），部分内容发表于《中国金融》2016年第7期，合作者：郭琪。

## 一、当前海洋经济发展存在明显的金融掣肘

金融要素在新兴领域的价值发现、资源吸纳、融资支持、风险管理等功能，使金融成为推进海洋经济可持续发展的关键条件。从当前实践看，金融体系紧跟国家海洋发展战略的步伐，积极探索和创新，对海洋经济的发展发挥着越来越重要的作用。一是基于政府对海洋经济发展战略的认识和把握，推动搭建促进海洋经济发展的银政企合作平台，实现有限金融资源的最大化利用和最有效投放。二是探索建立海洋经济专营服务机构，为海洋产业提供专业化服务。三是拓宽海洋经济抵（质）押方式，制定专项授信管理政策，创新金融产品和服务，满足中小海洋企业的资金需求。四是设立海洋经济专项投资基金，发行涉海企业债券，拓宽海洋企业融资渠道。

尽管金融体系已围绕海洋经济作出了积极的尝试和创新，但由于专业化、针对性的蓝色金融体系尚未完全建立，以现有陆地金融为依托的蓝色金融体系难以承载海洋战略规模化、多层次、高科技发展的需要，海洋经济的进一步发展面临金融掣肘，蓝色金融体系存在明显短板。

一是服务于海洋经济的专业金融机构不足。在我国现有金融格局下，银行业仍是蓝色金融的主体，据对主要海洋区域的海洋企业调查，资金仍主要来源于国有银行（89.5%）和股份制银行（65.8%），对现行国有和股份制金融机构进行资源整合或进行业务专业化改造，是满足海洋企业资金需求、促进海洋产业发展的关键。但是海洋经济的高风险特征与现有成熟金融体系服务审慎经营、规避风险的原则相悖，因此，尽管目前在部分地区已成立相关的海洋金融部门或海洋支行，但规模和发展速度有限，相对海洋经济的金融需求，仍存在很大差距。据对部分重点区域的海洋企业调查，近两年海洋产业融资缺口逐年上升，其中海洋油气、海洋矿业、海洋船舶、海洋化工、滨海旅游行业的资金缺口率较大，均在50%以上，且适合海洋经济风险水平、周期特点的专业化产品和服务严重缺乏。

二是适应海洋经济发展的新兴抵押融资类产品较少。海洋经济中存在大量潜在的用益物权,如海域使用权、滩涂从事养殖捕捞的权利、码头使用权、船坞使用权等。尽管《物权法》的出台有效扩展了金融抵（质）押物的范畴,但是还有部分有效物权在产权归属和使用方面仍存在司法、交易成本、交易市场等方面的障碍,限制了金融与用益物权结合拓展海洋经济融资渠道和规模的路径。结果就是目前海洋经济贷款依然主要为抵押担保贷款,其中抵（质）押贷款占比达到60%,担保贷款占到21%。用益物权在产权确认和交易流转方面的制度障碍限制了新兴抵押融资类产品的发展,制约了海洋融资的可得性。

三是民间资本进入海洋经济领域的渠道和规模有限。海洋经济发展所需的大规模、可持续资金仅靠正规金融难以完全满足,不仅融资规模受限,而且融资成本也高。对部分海洋区域的相关调查显示,目前金融机构对海洋经济的贷款利率普遍上浮,其中（0,10%）占33.3%,[10%,20%）占23.3%,[20%,30%）占40%。海洋经济发展的潜力和空间需要民间资本的介入,以发挥杠杆作用撬动更多的金融资源支持海洋经济发展。发展风险投资是民间资本进入海洋经济的重要通道,尤其是加快海洋科技研发和成果的产业化进程,发展风险投资是解决海洋高技术融资的重要一环。此外,民间资本通过股权、债券、项目融资等开展创业投资、天使投资的渠道有限,民间资本进入海洋领域仍存在资金准入、资格审查等准入限制,难以形成良好的创投环境。

四是风险规避的金融工具和产品缺失。海洋经济面临较多的政策风险、行业风险、汇率风险、自然灾害风险等,而目前金融市场和机构缺乏足够的风险出清产品和手段,在很大程度上制约资金向海洋经济产业的投入。目前保险体系中,海上货物运输之外的政策性保险缺失,专门为海洋经济设立的商业保险品种较少,面向大范围、应急性的巨灾保险和再保险尚未建立,海洋保险对海洋经济发展的保障功能亟待提高与完善。

五是资源环境约束和资金监管要求制约了银行对海洋企业的资金支

持力度。与海洋经济相关联的海洋自然资源、生产要素、专用设备、涉海知识产权与技术、涉海企业产权等缺乏有效的交易流转平台，是制约当前海洋经济发展的重要瓶颈。涉海资源和产权不能以合理的价格进行转让和交易，使开展涉海融资业务的金融机构面临更大的流动性风险。此外，金融监管政策中的一些规定也对金融支持海洋产业形成了制约。比如，监管政策中要求"实贷实付""专款专用"等操作对企业和银行都存在着政策不适应实际的情况。此外，对地方性金融机构最大单户企业贷款比例管理规定一定程度上限制了渔业龙头企业的做大做强。

## 二、海洋经济发展的金融需求特征

海洋经济是未来我国经济增长和结构调整的突破口，其行业自身存在的地域聚集性高、投融资需求阶段性明显、融资期限长、风险水平高等特点，决定了金融支持的特殊性和专业性，需要与行业需求紧密匹配。海洋经济发展的金融需求特征主要有以下四个方面。

### (一) 海洋产业资金需求的地域聚集度高

海洋产业在空间上的聚集决定了资金投向与资金需求空间区域上的集中。目前国内11个海洋经济区的设立以及5个海洋经济战略规划区的提出，使得基于区位、行政、产业等因素的海洋经济更加向区域内海洋中心城市集中，并基于规模优势和产业聚集的发展在区域内表现出更多的同质性。例如，山东海洋经济发展重在海洋科技，浙江海洋经济发展重在港口经济，广东重在南海开发和"三生共融"的综合发展上。由此，不同海洋产业产生了空间的集聚和差异，对资金的需求也存在较高的地域聚集度。

### (二) 海洋行业资金需求的阶段性明显

海洋经济产业化的多阶段特征存在对资金供给主体和方式多元化的需求。海洋经济产业化一般要经过实验化、产品化和商品化三个阶段，各阶段的连续运作构成一个完整的产业链。由于各个阶段对资金需求的特点不同，资金供给主体和方式也存在差异。比如，在实验化阶段，研发过程的不确定性和研发成果的公益性使得多以国家资助的方式投入；在产品化阶段，资金来源方式主要是以国家开发资金、企业研究开发资金或个人注资为主；在科技成果商品化的阶段，则主要是以风险投融资方式为主。此外，在产业化完成后还伴随生产经营规模化阶段，主要是以商业信贷、有价证券买卖、资本市场融资为主。对资金主体和方式的多元化需求无法单纯通过财政来满足，金融必须有效发挥资金融通的作用。

(三) 海洋产业融资期限长

长期以来，海洋产业金融支持面临的一个关键瓶颈是缺乏持续有效的中长期资金供应。以海洋生物医药、海水养殖、海洋资源勘探等为代表的海洋产业，均存在生产周期长、资金占用高、资金回收期长等特点，例如一种创新型药物从研发到最终被批准上市，整个过程需要十几年，高投入、长周期、高风险的特征十分明显；海水养殖业周期较长，从育苗、中间育成、海上暂养到投入放养、收获，生产周期少则几个月，多则 4~5 年，行业成本投入大，资金回收期长；再如，海洋资源勘采业的一个钻井平台投入在 1.5 亿美元左右，对海洋工程设备的资金投入周期通常为 26~30 个月，资金占用量非常大。当前银行融资"短存长贷"的固有缺陷，以及国家政策性银行对海域开发的支持力度有限，国内资本市场对于高风险企业存在融资短板，使得海洋产业的资金需求难以得到满足。

(四) 海洋产业存在高风险规避需求

由于海洋经济本身的固有属性以及海洋产业的相对复杂多样性，海洋产业往往面临比较高的风险。例如传统的海洋渔业很容易受海洋环境的影响，海啸、风浪和无法预知的深海环境等，这些都会对海洋渔业部门造成直接的影响；海洋开发尤其是海洋资源勘采业的勘采成功率相对较低，相关企业面临较高的风险；海洋高新技术产业科技成果转化率低，产业研发技术具有很大的不确定性，使海洋高新技术产业的企业承担巨大的技术和市场风险。此外，海洋经济产业多数为涉外产业，如船舶制造、远洋运输等行业，面临较大的汇率风险。在人民币国际化的大背景下，汇率变动要求投资者拥有较高的应对能力，其风险会影响民间资金投向海洋经济产业的积极性。海洋经济发展面临的不确定性存在对风险规避的金融服务和工具的需求。

### 三、设立蓝色金融创新综合试验区助力海洋经济发展

海洋产业是资本和技术密集型产业，海洋经济的高风险和高不确定性决定了蓝色金融体系不同于现行审慎经营、风险规避的陆地金融体系。按照党的十八届五中全会提出的"创新、协调、绿色、开放、共享"五大发展理念，"十三五"实现海洋战略的发展重点应是海洋经济的产业优化、开放发展、成果转化、资源可持续。因此，建议在现有海洋经济战略规划区中选择部分产业特色鲜明、金融资源聚集度高的省份作为试点，创设蓝色金融创新综合试验区，以创新为核心，以综合发展为基调，以"多方介入解除杠杆约束、层次细化匹配风险收益、创设工具缓释金融风险"为原则，在实验区内对现有陆地金融体系进行局部突破和完善，以此促进服务海洋经济的金融组织机构体系和市场体系的丰富和发展，金融产品和服务的重构与优化，为全国蓝色金融服务体系建设探索可复制、可推广的经验。

（一）多层次拓宽蓝色金融资金渠道

允许试验区内信贷政策通过差别存款准备金动态调整机制以及运用再贷款、再贴现等工具，引导金融机构调整信贷资源投向；适当放宽试验区内蓝色金融机构准入标准，鼓励银证保、期货、信托等金融机构到涉海区域内建立或增设分支机构与网点，鼓励金融机构成立海洋支行或专门的业务部，形成多元化、专业性的金融服务体系；加大政策性金融对海洋重大、重点、战略性项目的支持力度，并为商业性金融机构后期介入创造条件；依托债权、股权及众筹市场，引导海洋企业通过债权、股权、风投等融资，注重发挥PPP模式在推动海洋经济发展中的作用。

（二）创新蓝色金融的资源利用效率和方式

赋予试验区内基于用益物权的金融创新政策，挖掘海洋产业的潜在

优势和可用物权,基于产融联合创新金融产品和服务方式。基于海洋经济的环保要求,尝试开展碳排放权(排污权)抵押贷款、能效贷款、CDM 项目融资、EMC 融资等。推动抵(质)押方式创新,构建应收账款变现平台,发展海域使用权二级交易市场,充分利用海洋产业中大量闲置的存货资产和码头、船坞、船台等沿海资产,发展存货质押贷款和资产抵押贷款业务。推动港口与大宗商品储备基地、专业物流仓储公司等的对接,探索标准化仓单质押、订单质押、存货浮动质押、提货权质押等创新方式。

(三) 完善蓝色金融的风险防控和分担机制

扩大保险对海洋经济的覆盖范围,将受自然环境影响较大的海洋第一产业纳入政策性保险,并由政府给予保险公司适当的税收减免或补贴,对于海洋二、三产业,着重发挥商业保险的作用,创新险种设计,根据海洋产业周期特点灵活安排缴费期,继续扩大相对成熟的出口信用保险的覆盖范围,发挥其在海洋订单融资、仓单融资中的作用。推动商业银行投贷联动的发展,加强银行与信托、保险和基金机构的合作,通过发挥风险投资机构对海洋科技创新项目的筛选和监督作用,降低贷款风险,满足海洋经济从初创期到成熟期各发展阶段的资金需求。建立海洋创投引导基金,安排合理的财政资金补助和奖励制度,探索有效的风险金补偿机制,建立和完善地方政府与金融机构"利益共享、风险共担"的风险分担机制。

(四) 加快蓝色金融配套环境建设

建立符合海洋经济发展需求的交易平台和市场,包括海洋大宗商品交易市场,海洋科技成果宣传、评估、交易和转化应用的产权交易平台,海洋经济中土地、海域、滩涂等自然资源及碳排放权等环境资源的环境交易所等,通过赋予资源有偿使用价值和金融属性,提高蓝色金融支持海洋经济的作用空间。搭建涉海中小企业互保增信平台,组建涉海信用企业群,为涉海中小企业提高增信支持和融资便利。

# 第五部分：商业银行

# 商业银行行为与文化建设[①]

目前中国的银行体系已经建立了较为规范的公司治理结构，资本和财务实力进入了世界前列，各大银行都很重视文化建设，标志之一就是都在总行层面设立了企业文化部，但是中国的银行业在文化建设方面依然任重道远。还要特别注意到我国新兴加转轨的阶段性特征，借鉴国际经验，加强银行文化建设，优化银行行为。

银行在经济系统中占有十分重要的地位。目前，全球前20大银行的总资产规模与全球GDP之比达60%以上。过去100年中，前20大银行的总资产规模增长了6000多倍。银行业的快速发展降低了经济运行成本，拓宽了实体经济的融资渠道，有力支撑了全球各国的经济增长。对间接融资为主的国家，比如中国，银行业在经济中的地位就更加重要。为促进银行体系稳健运行，既需要完善制度，也需要文化建设。银行行为和文化是实现可持续成长的重要无形资产和战略性资源，也是经营理念、治理结构、规章制度等内部人文环境的综合反映。

**全球商业银行行为和文化建设的挑战**

长期以来，国际社会通过 BIS、BCBS 等国际金融监管协调组织，从全球层面加强银行管理，健全银行治理结构和治理体系，增强银行的抗风险能力。理论上讲，随着银行治理架构和治理体系的不断完善，银

---

[①] 原文发表于《中国金融》2017年第8期，合作者：陈得文。

行合规经营、理性经营理念会得以强化，银行的社会认可度和信任度也应不断提升。但是，近年来全球大型银行违法违规事件频繁发生，社会公众对银行的信任度正在不断下降。《银行行为与文化报告》调查表明，2015年银行的客户信任、社会声誉已跌至低谷。这意味着，仅仅依靠健全和完善银行治理结构以及强化监管可能并不能有效解决银行与社会大众之间的信任问题，一旦失去声誉银行就可能出现经营困境甚至会面临倒闭。

近年来，国际社会逐渐认识到银行行为和文化建设的重要性，开始重视和加强银行行为和文化建设。但行为和文化建设从来都不是一蹴而就的。在全球银行文化建设长期缺失以及行为扭曲之下，重塑银行行为和文化面临着诸多压力与挑战。

国际上大型银行相继暴露的丑闻和违法事件，对整个银行业的声誉都造成了巨大冲击，银行业可能面临有史以来最为严重的信任危机。2011年"占领华尔街运动"其实是美国普通民众对国内金融业的一次信任危机。但整个金融领域对此都缺乏足够重视。此后陆续暴露的Libor丑闻、德意志银行事件、富国银行欺诈行为等国际性事件在全球范围内进一步打压了社会大众对银行的信心，使银行遭遇巨大的声誉风险。当前主要发达经济体民粹主义思潮盛行，其中一个重要表现就是民众对金融业乃至金融精英的反制。如不及时重塑银行文化，恢复社会信誉，有可能危及银行业赖以生存的基础。

如何处理银行与实体经济之间的关系，如何处理好稳增长和抑泡沫之间的关系，实际上也涉及银行文化建设问题。受近年来全球经济总体疲弱、缺乏新增长点等影响，实体经济盈利能力下降，加之全球主要经济体普遍实施超宽松货币政策，部分资金"脱实向虚"，资产泡沫等问题凸显，进一步挤压了实体经济的生长空间。在这样的大环境下，银行行为和文化建设显得更加重要。银行的基本职能是为实体经济提供融资服务，实现金融与实体经济之间的良性互动。重塑银行行为和文化就是要使银行回归本源，在服务实体经济、履行社会责任与资本逐利之间实现有效平衡。

如何主动应对互联网金融等新兴金融业态带来的挑战，也是银行文化建设面临的新任务。与传统银行不同，新兴金融业态以最大限度改善客户体验为中心，依托互联网和大数据技术，具有经营灵活、成本低、创新快等特点，已经对传统银行业的经营模式形成挑战。两种经营理念和经营模式不同，必然会导致银行与新兴金融业态之间的文化差异。银行应该正视这些文化上的差异，求同存异，既主动适应新兴金融业态的冲击，调整经营理念和行为，也应该发挥自身比较优势，加强与新业态的有效融合，实现互利共赢。

如何处理利益相关者之间的关系，把文化建设与公司治理有机融合在一起，这历来是个难题。银行的利益相关者较多，较为分散，委托代理链条也比较长，往往难以对银行形成有效的监督约束，使得管理者有可能倾向于采取冒险、激进的经营方式，滋生出投机行为和投机文化。当前部分银行员工的违规操作甚至违法行为，在一定程度上都与此有关。这种投机行为和文化在使广大债权人承担高风险的同时，却没有让他们享受到应有的高收益，从而损害了银行声誉。一旦银行面临外部冲击，由于缺乏足够的信任，众多储户的集体行为可能会演化为挤兑事件，使银行面临破产风险。银行行为和文化建设不仅需要考虑股东、管理者等利益关系，更要考虑员工和储户等利益相关者的诉求，通过行为准则和文化教育加强对员工行为的约束和引导，并更好地服务客户。

**商业银行行为和文化扭曲的原因分析**

银行行为和文化作为一种无形资产，既有别于公司治理机制等公司制度，又根植于公司治理机制。当前商业银行行为和文化的扭曲不仅与其自身的行为和文化建设的缺失有关，同时也与公司治理机制不完善尤其是激励机制的内在缺陷等因素密切相关。

资本的逐利性决定了商业银行天然具有投机属性，而激励机制等制度性设计的缺陷可能会进一步放大管理者和员工的投机行为。好的激励机制在激发管理者和员工工作热情、创造收益的同时，也会约束他们的不正当行为，从而确保企业和员工都能实现健康可持续发展。但是，当前商业银行普遍采取的激励机制都倾向于激励管理者和员工创造更多的收益尤其是短期收益，而对其行为约束明显不够，甚至有些机构还会纵容和包庇员工的不合规行为。这显然会在很大程度上诱使管理者和员工采取更为激进和冒险的方式去谋求更多的短期利益，并引起整个行业的效仿和跟进，滋生出浓厚的投机行为和投机文化。这些行为在很大程度上是以牺牲广大债权者的根本利益为代价，一旦发生风险可能会进一步激化社会大众与商业银行之间的矛盾，加剧银行业声誉风险和信用危机。

而且，2008年国际金融危机以来，全球范围内超宽松的货币环境也在一定程度上放大了商业银行激励机制的内在缺陷，使得商业银行行为和文化投机性更强。在超宽松货币环境下，传统经营模式的利润空间日益收窄，商业银行的盈利空间和盈利模式正逐渐发生转变。越来越多的商业银行通过一些更为激进的加杠杆方式来进一步拓展盈利空间，与此同时超宽松的货币环境也为商业银行这些新盈利模式提供了充足的资金支持，并形成了彼此相互强化、相互促进的正反馈机制。在此背景下，越来越多的商业银行加大了对管理者和员工的业绩考核力度，强化了对业绩考核达标者的激励措施以及考核不达标者的惩罚措施，并变相提高了对员工不合规行为的容忍度，从而鼓励了管理者和员工的投机冒进行为。

另外，商业银行多元化经营策略进一步强化了激励机制的投机属性，加剧了传统商业银行行为和文化的扭曲。随着金融创新的不断加快、互联网金融等新兴业态的迅速崛起，商业银行正在谋求转型之路，逐渐形成了以资产管理为特征的多元化发展模式。一方面，商业银行资产管理业务的发展需要辅助以一定的投机性激励，并培育与之相配套的投机行为和投机文化；另一方面，商业银行稳健经营的核心原则以及刚性兑付等现实约束，又需要继续强化诚信、稳健的行为准则。这种行为和文化上的矛盾和冲突一定程度上会扭曲商业银行行为和文化，不仅干扰了商业银行正常经营行为，同时也会改变社会大众对商业银行的认知，即使发生微小的风险事件，也有可能使商业银行承受巨大的声誉风险和信任危机。

**完善商业银行行为和文化建设**

目前，中国的银行体系已经建立了较为规范的公司治理结构，资本和财务实力进入了世界前列，各大银行都很重视文化建设，标志之一就是都在总行层面设立了企业文化部，但是中国的银行业在文化建设方面依然任重道远。还要特别注意到我国新兴加转轨的阶段性特征，借鉴国际经验，加强银行文化建设，优化银行行为。

加强银行自身的行为和文化建设。文化是企业的灵魂。重塑银行行为和文化要充分发挥银行董事会的主导性。董事会决定公司文化的总基调，制定相应的行为准则并承担全部责任，以确保文化建设的长期有效。可以发挥董事会在内部晋升和外部招聘中的核心作用，将企业文化建设贯穿其中；增加高级管理人员薪酬考核中文化和行为建设的权重，督促其有效执行文化政策。同时，高级管理层要充分认识正确的行为和价值观的重要地位，落实好董事会文化政策，并将其融入日常经营管理之中。管理层还应建立有效预警机制，预防、及时发现、报告并纠正败德行为，切实履行好文化政策执行者的角色。董事会成员和高管人员要严格遵守对道德行为和文化建设的承诺。要不断加强员工行为和价值观的培训，强化培训效果，实现企业员工行为和价值观的有效统一。在招聘政策上也应强化行为和文化的作用，从员工入职的起点开始植入文化的内涵。

进一步完善激励奖惩机制。有效的激励奖惩机制是约束员工合理、合规经营的重要手段，是加强行为和文化建设的保障。要按照商业银行的核心经营原则进一步修正并完善激励奖惩机制，遏制短期投机主义行为，同时加大对违规行为的处罚力度。要实现员工行为与其薪酬、晋升机会有效结合，确保行为和文化出现偏差的个人在考核中得到相应处置。要加大对相关管理人员和高管的问责机制和奖惩处理，特别要注意银行业风险滞后的特征，在薪酬激励上要采用延迟支付等方式避免鼓励过度冒险行为。

发挥监管者对银行文化建设的引导作用。银行行为和文化具有较强的示范效应和外溢效应。监管者应担负起引领整个行业行为和文化发展的重任，改善银行的社会形象，通过必要的行为监管，规范并引导银行业形成良性互动的银行行为和文化，提高社会大众对银行的认同感，提升银行业服务实体经济效率。对于行为和文化建设较为突出的商业银行，监管者应大力提倡，并予以相应的奖励，发挥行为和文化的正向溢出效应；对于行为和文化建设出现系统性偏差的银行，监管者要保持警惕，必要时予以警告和处罚，避免不良的社会效应进一步传播和扩散。

# 后金融危机时期
# 中资银行国际化的路径选择①

金融危机后，国际金融监管政策出现重大调整，全球金融格局发生新旧更替，人民币国际化、中资企业"走出去"等外部环境也呈现出新的特点。为全面提升国际竞争力，中资银行有必要通过加快国际化发展推动经营转型，进而实现持续巩固竞争优势和行业领先地位的战略目标。尽管不同银行的国际化路径选择会有所差别，但中资银行国际化发展应坚持市场化运作，灵活采取并购、申设等进入形式，兼顾成熟市场和新兴市场，强化本地化经营，注重物理网点与电子渠道的联合拓展，实现网络拓展与业务拓展的有效协同，构建多维度跨境管理模式。

伴随着金融全球化的演进和国际金融市场的动荡变革，中资银行国际化实现了跨越式发展，但依然远远滞后于中资银行整体实力的壮大，其国际化发展程度与中资银行在业绩增长、利润创造、市值扩大和资本回报提升等方面的全球领先地位并不匹配，并呈现出明显的短板效应。中资银行国际化发展的相对短板不仅制约了其综合服务能力的提升，而且弱化了中资银行的核心竞争力。后金融危机时期，中资银行国际化发展的外部环境发生了一些新的变化：国际金融监管体系出现重大调整，金融监管从严的趋势逐渐显现；全球金融格局也相应转变，发达市场的影响力有所下降，新兴市场地位有所上升；大型金融机构呈现强者愈强的发展态势；金

---

① 原文发表于《金融论坛》2010 年第 7 期，合作者：王佳佳。本文获 2010 年中国金融青年论坛二等奖。

融业经营模式有所转变并开始了审慎转型。上述变化在对中资银行国际化发展提出挑战的同时,也带来了难得的机遇。此外,低碳经济和新能源经济兴起、人民币国际化进程加快、"走出去"和产能输出战略实施,以及新兴市场的持续发展等因素也是中资银行国际化发展的外部驱动力。在此背景下,中资银行有必要在分析比较中资同业国际化发展模式的基础上,制定切合实际的国际化发展目标,选择适宜的发展路径和发展策略,进而通过国际化发展强化自身竞争优势,并在全球金融格局重构中巩固已有优势。

## 一、后金融危机时期的国际金融监管环境

金融危机暴露了现行国际金融监管体系的内在缺陷,并在全球范围内引起了对既往监管理念、监管方式和监管有效性的深刻反思,其内容不仅涉及系统性风险的监管缺失、对冲基金与OTC衍生品等监管空白的弥补,以及对金融机构发起配售经营模式的审视,而且涉及对《巴塞尔新资本协议》、公允价值会计准则、金融资产定价模型、信用评级和薪酬体系的内在顺周期性的再评价与修正。总体而言,通过反思,在监管改革方面初步呈现出一些趋势:一是危机打破了既往过度崇尚市场调节的自由化理念,重新强调了金融监管的重要性;二是后危机时期监管从严的趋势逐渐显现,资本监管、流动性监管、信息披露、薪酬激励等方面的监管标准都大大提高;三是金融监管范围更为全面,涵盖所有具有系统重要性的金融机构、市场和工具,同时,强化了针对对冲基金、资产证券化市场、OTC衍生品以及信用评级机构的管理,而且相关法律法规也更为完备;四是跨国联合监管趋势明显,针对所有大型跨境金融机构建立联合监管机制正在实施和完善。

(一) 国际金融监管改革的总体方向和主要内容

国际组织在此次监管调整中承担了重要的角色。G20金融峰会和金融稳定委员会(FSB)分别是推动金融监管调整的重要平台和核心力量,并就监管调整提出框架性建议,IMF、巴塞尔银行监管委员会(BCBS)、国际会计准则理事会(IASB)、国际证监会组织(IOSCO)

等国际组织负责国际监管标准的修订和全球推广。同时，受危机冲击较大的美国、英国、欧盟先后提出了较为彻底的监管改革方案，新兴市场经济体国家也不同程度加大了信息披露与区域监管合作力度。纵观各方改革建议，通过强化宏观审慎管理防范系统性风险，进而促进金融体系稳定是本轮金融监管改革的核心内容。

危机后，各国监管当局致力于确保金融机构的资本充足，加强流动性管理和风险管理监管。总体而言，微观审慎监管、宏观审慎监管和国际监管合作是此次监管调整的三大主要领域（见表1）。其中，微观审慎监管重点从资本监管、流动性监管、全面风险管理、信息披露、薪酬机制等方面展开；宏观审慎监管重点采取了扩大监管范围、强化集中监管、使用逆周期调节和强化系统性风险监管等措施；在国际监管合作方面，主要措施体现在搭建G20峰会、FSB等国际合作平台，推动相关标准在全球范围内执行，建立联合监管机制，开展危机处理跨境合作等方面，以适应金融全球化的新形势。

表1　　　　　　　　　　国际金融监管调整的主要内容

| | 具体问题 | 调整目的 |
| --- | --- | --- |
| 微观审慎监管 | 资本监管 | 加强资本对风险的有效覆盖。 |
| | 流动性监管 | 建立流动性监管标准；对跨国银行建立全球统一的最低流动性标准。 |
| | 全面风险管理 | 鼓励审慎计提拨备，如动态拨备；强化银行压力测试；完善风险管理和监管框架，如引入杠杆率、明确公司治理和风险管理要求等。 |
| | 信息披露 | 细化资产证券化、表外风险暴露和交易业务的披露要求，降低金融工具会计准则的复杂性，并推动会计准则趋同。 |
| | 薪酬机制 | 强化市场对金融企业薪酬的监督约束。 |
| 宏观审慎监管 | 监管范围 | 将监管范围扩大至所有具有系统重要性的金融机构、市场和工具；弥补监管空白，加强对冲基金、资产证券化市场和OTC衍生品的监管，强化对信用评级机构的管理。 |
| | 多头监管 | 要求不同金融管理当局之间建立和完善协调机制，减少监管套利。 |
| | 顺周期性 | 建立减缓顺周期性因素影响的相关机制，包括资本框架、贷款损失拨备等。 |
| | 系统性风险监管 | 明确系统性风险防范的机构、职责和权力，组建超级监管机构，负责系统性风险监管；加强中央银行在金融监管中的作用。 |

续表

| | 具体问题 | 调整目的 |
|---|---|---|
| 国际监管合作 | 国际监管套利 | G20伦敦峰会号召IMF和FSB与国际标准制定机构合作,共同对成员地区执行国际标准情况进行评估。 |
| | 国际监管协作机制缺失 | 设立FSB,推动监管改革;在FSB引领下,BCBS、IOSCO、IASB等国际标准制定机构积极修改或出台相关标准与准则;针对所有大型跨境金融机构建立联合监管机制。 |
| | 危机处置机制 | 发布《危机管理跨境合作原则》,提出15条跨境危机管理原则,并将于2010年底前出台各国一致的、针对单个机构的救助和处置计划及工具。 |

资料来源:根据以下网站披露信息整理,金融稳定委员会(FSB)网站:http://www.financialstabilityboard.org;英国金融监管局(FSA)网站:http://www.fsa.gov.uk/;彭博(Bloomberg)网站:http://www.bloomberg.com/news/index.html;金融时报(FT)网站:http://www.ft.com/home/asia;华尔街日报网站:http://asia.wsj.com/home-page。

### (二)主要监管调整政策的进展

在资本与流动性监管方面,英国、欧盟、哈萨克斯坦、俄罗斯等出台了新的资本监管政策或方案。欧美国家侧重于对资产证券化、表外风险敞口和交易账户提出资本要求,并要求提高一级资本质量。哈萨克斯坦和俄罗斯则对银行资本金和自有资本提出了更为严格的要求。在流动性监管方面,作为全球首家推出流动性监管新政的机构,英国金融监管局(FSA)明确要求实施流动性差别监管,并对跨境金融机构实施更为严格的监管,要求外国银行分支机构在未豁免前,必须证明流动性可以自给自足。此外,美国、欧盟也对流动性监管提出了改革方案(见表2)。

表2 资本和流动性监管政策变化

| 国家和地区 | 发布部门 | 政策名称与颁布时间 | 主要政策内容 |
|---|---|---|---|
| 英国 | 英国金融监管局(FSA) | 《加强资本监管》,2009年12月发布,将于2011年1月1日实施 | 提高金融机构资本水平,对交易账户、再证券化业务提出更高的资本要求,通过限制对某一企业的贷款加强大额风险管理。 |
| | | 《加强流动性监管》,2009年10月发布 | 除获得豁免外,金融机构必须在不依赖外部和集团其他力量的条件下满足自身流动性要求。 |

续表

| 国家和地区 | 发布部门 | 政策名称与颁布时间 | 主要政策内容 |
|---|---|---|---|
| 欧盟 | 欧盟委员会 | 《欧盟金融监管体系改革方案》，2009年5月欧盟委员会公布，欧盟27国财长会议于当年12月通过，预计自2010年年底正式实施 | 资本监管：增加交易账户在不同时期在险价值的额外资本缓冲，制定交易账户下证券化头寸的风险加权要求；提高交易账户中资本证券化风险敞口的信息披露；对再证券化业务提出更高的资本金要求，对银行从事复杂的再证券化业务加以一定限制。<br><br>流动性监管：提出30条原则性建议，前18条涉及信贷和投资机构在流动性正常和紧张情况下的流动性管理，后12条涉及流动性风险监管建议。 |
| 美国 | 美国财政部 | 《金融监管改革方案》，美国财政部2009年6月公布，众议院于当年12月通过 | 资本监管：确保金融机构在困难时期保持足够的资本金，推动银行"压力测试"机制化。<br><br>流动性监管：拟制定流动性规定，要求银行监控衡量对短期融资的依赖程度和感受市场冲击的指标。 |

资料来源：同表1。

在业务与产品监管方面，新的监管调整把更多复杂的金融产品或业务纳入监管范围，要求银行在证券化产品中承担更大的风险，银行参与的证券化、再证券化、自营交易、对冲基金、私募基金、投资产品销售等业务受到较大程度影响。其中，美国建议禁止吸储银行开展自营交易以及参与对冲基金和私募股权基金，并建议将总额达到605万亿美元的CDS和其他金融工具的OTC交易纳入监管，交易商和企业用户必须缴纳保证金。欧盟和英国都建议提高对银行证券化和再证券化业务的资本金要求，欧盟还对金融衍生品交易头寸和基金业务投资额设定限制。中国香港金管局于2009年先后四次就银行投资产品业务出台规定，分别就雷曼结构型产品、零售信贷挂钩票据和不受证券及期货条例监管的投资产品销售进行明确要求，即必须实施投资及传统银行业务分隔的销售方式。

在跨境监管方面，FSB 拟制定新的监管条例，将全球 30 家大型金融机构纳入跨境监管范围，预防系统性风险在未来金融危机中向全球扩散（见表3）。针对德意志银行、加拿大丰业银行等少数几家具有系统性影响的跨国金融机构召开国际监管联席会议后，2009 年 11 月，中国工商银行作为首家中资大型金融机构被纳入该联席会议议题。2010 年 3 月，美联储来华对中国银行业综合并表监管情况进行评估。上述迹象表明，危机后跨境监管强化的趋势日益明显。

表3　　　　　　　　　拟纳入跨境监管的大型金融机构

| | 机构名称 |
| --- | --- |
| 北美金融机构（6家） | 高盛集团、摩根大通、花旗集团、摩根士丹利、美国银行、加拿大皇家银行 |
| 英国银行（4家） | 汇丰控股、巴克莱银行、苏格兰皇家银行、渣打银行 |
| 欧洲大陆银行（10家） | 瑞银集团、瑞士信贷、法国兴业银行、法国巴黎银行、西班牙桑坦德银行、西班牙对外银行、意大利联合信贷银行、意大利联合商业银行、德意志银行、荷兰国际集团 |
| 日本金融机构（4家） | 瑞穗银行、三井住友银行、野村证券、三菱日联 |
| 保险公司（6家） | 安盛保险、荷兰保险集团、安联保险、英国英杰华集团、苏黎世保险、瑞士再保险 |

资料来源：帕特里克·詹金斯，保罗·戴维斯. 30 家金融机构被列入跨境监管对象名单［N］. 英国《金融时报》，2009 - 11 - 30.

此外，在大型金融机构监管方面，为强化对"大而不倒"金融机构的监管，美国建议授权美联储负责监管系统性风险，赋予政府接管具有系统重要性的大型金融公司的权力，赋予美联储在非正常紧急情况下进行紧急放贷的权力。奥巴马政府还提议制定措施限制大型银行的高风险交易。英国加强了对具有系统重要性的大型复杂金融机构的审慎性监管，通过改进公司治理机制、提高市场透明度和其他激励性措施来强化市场纪律约束，明确监管当局在危机处理中的权限和程序，并将采取铁腕手段，拆分援助过的大型银行。在薪酬监管方面，2009 年 9 月，G20 匹兹堡峰会发布《FSB 稳健薪酬原则实施标准》，强化市场对金融企业薪酬的监督约束。截至 2009 年 11 月，美国、英国、瑞士、法国和中国香港等已在其辖区公布关于薪酬改革的新规定，其他 FSB 成员经济体也表达了实施该标准的意向。

## 二、后金融危机时期国际金融格局的变化

（一）金融机构呈现强者愈强的发展态势

从全球层面看，银行业集中度有所提高。按资产排名的全球前 5 大银行在全球银行业中的资产占比由 2000 年的 10% 上升至 2009 年的 15%，全球前 10 大银行在 1500 家大银行中的资产占比则从 1999 年的 18% 上升至 2008 年的 26%。从国家层面看，2007—2009 年期间，由于银行业层出不穷的并购事件，不少国家按市值计算的银行业集中度有所上升，比如以一国前 3 大银行市值占该国银行业总市值的集中度情况来看，巴西上升 14 个百分点，增至 72%；英国上升 13 个百分点，增至 71%；澳大利亚上升 9 个百分点，增至 63%；美国上升 6 个百分点，增至 33%（BCG，2010a）。从单个机构看，金融危机以来，多数投资银行、商业银行等金融机构纷纷受挫，市场估值明显下降，并购成本降低，而一些受危机影响相对较小的金融机构，如摩根大通、美国银行、巴黎银行等银行则在捕捉危机机遇、借势进入新的业务领域，以期赢得巨大的市场份额（见表 4）。通过收购富通集团在比利时、卢森堡的业务，巴黎银行于 2009 年年末资产规模达到 29524 亿美元，超越苏格兰皇家银行和巴克莱银行的资产规模，是同期中国工商银行资产规模的 1.7 倍。美国银行收购了美林等机构，2009 年，美林对美国银行的业绩提升作出了巨大贡献，当年美国银行全球资本市场和全球财富管理及投资银行业务净利润达 97.16 亿美元，占净利润总额的 154.82%，弥补了美国银行在全球信用卡业务和家庭贷款业务方面的损失。摩根大通收购贝尔斯登和华盛顿互惠银行后，贝尔斯登使其获得了全球最优秀的机构经纪业务，2009 年，摩根大通实现净利润 117 亿美元，同比增长约 2 倍，其中全球投行业务收入最高。这些大型金融企业间的并购整合将催

生新的国际金融巨头，加速推动新旧金融竞争格局的交替和演变。

表4　　金融危机以来主要金融业并购事件

| 收购方 | 收购对象 | 涉及金额 |
| --- | --- | --- |
| 摩根大通 | 英国北岩银行 | 22亿英镑 |
|  | 贝尔斯登 | 2.36亿美元 |
|  | 华盛顿互惠银行部分业务 | 19亿美元 |
| 美国银行 | Countrywide | 40亿美元 |
|  | 美林集团 | 500亿美元 |
| 野村控股 | 雷曼兄弟部分业务 | 200亿日元 |
| 东京三菱日联集团 | 摩根士丹利部分股权 | 90亿美元 |
| 法国巴黎银行 | 富通集团比利时、卢森堡银行业务 | 198亿美元 |
| 劳埃德 | HBOS | 122亿英镑 |
| 富国银行 | 美联银行 | 154亿美元 |
| PNC金融集团 | 美国国民城市银行 | 56亿美元 |
| 德国商业银行 | 德累斯顿银行 | 98亿欧元 |

资料来源：根据英国《金融时报》、《华尔街日报》等公开信息整理。

(二) 全球银行业的实力对比格局有所变化

金融危机后，发达市场的影响力有所下降，新兴市场地位有所上升。2009年按市值排名的前30大银行中，有4家中国的银行和2家巴西的银行，同时澳大利亚四大银行均首次进入全球前30强名单中。危机也导致了发达国家银行业盈利水平的分化，2009年，西班牙、加拿大和澳大利亚三国银行业税后ROE水平最高，美国、英国和日本最低。2007年，OECD十大发达经济体银行业的税后ROE的差距开始拉大，2008年，其分化程度进一步加深。从区域分布看，危机后全球银行业格局趋向多元化。2009年，亚太、西欧、北美的银行业市值占比分别为33.5%、25.7%和24.4%，拉美、中东欧、中东地区紧随其后，分别为6.9%、4.3%和4.1%（BCG，2010a）。就股本回报而言，2009年全球银行业股东总回报（TSR）为47.1%。其中，中东欧和拉美银行业的反弹幅度最大，TSR达100%以上；西欧银行业也出现了较强的复苏势头，TSR 为 52.7%；即使受日本银行业拖累，亚太地区的 TSR 也达到 50.3% 的较高水平；而北美地区的 TSR 为 28.9%，明显低于其他地区（BCG，2010a）。

（三）全球银行业经营模式有所转变

面对全球经济形势的不确定性和金融监管的强化，金融业经营模式有所转变，并开始向审慎转型：高杠杆、高信贷增长、低融资成本、高交易收入的盈利模式将转向更多依赖传统业务的盈利模式；银行重新回归核心业务并调整成本结构，在擅长的领域经营并仅在具有良好地位的市场上竞争；金融产品的创新将更加审慎；银行业务将逐步向以客户为中心回归。

金融危机后，零售业务主导型的大型全能银行表现不俗。2009 年，按市值排名的前 10 大银行依次为：工商银行、建设银行、汇丰控股、摩根大通、中国银行、富国银行、桑坦德银行、美国银行、巴黎银行和花旗集团。与 2008 年相比，前 10 大银行的核心队伍基本保持了稳定。这些银行大多采取了较为传统的以零售业务为导向的经营模式，同时远离与资本市场紧密相关的高风险活动，因此，拥有较为出色的利润率、更为坚挺的资产负债表和质量更高的资产。此外，全能银行运用多元化的经营战略，通过业务互补能够较快实现业绩反弹。

混业经营的银行控股公司模式将成为未来投资银行的主要模式。随着贝尔斯登被摩根大通收购、美林被美国银行收购、雷曼兄弟破产、高盛和摩根士丹利转为银行控股公司，独立投行模式已走向衰落。转型后，投资银行的业务出现了较大幅度的提升。2009 年，按净收入排名的 12 大投资银行分别为：高盛、摩根大通、花旗集团、美国银行、巴克莱资本、德意志银行、瑞士信贷、摩根士丹利、巴黎银行、法国兴业银行、野村证券、瑞银集团，净收入合计 2450 亿美元，较 2008 年增长了 68%（BCG，2010b）。值得注意的是，投行业务纳入银行金融控股公司的框架后，将接受传统商业银行的监管，在获得低成本流动性的同时，也面临着资本约束条件下的去杠杆化要求，这将使投行业务重新回到以提供中介服务为主的发展道路。

### 三、后金融危机时期中资银行国际化的外部环境与模式比较

国际监管改革和全球金融格局的新变化,将为大型中资银行国际化经营带来巨大挑战。为全面提升国际竞争力,中资银行有必要通过加快国际化经营和发展来推动银行组织架构、业务结构和公司治理机制的转型与完善,最终实现在全球范围内寻求增长与盈利的机会、持续巩固竞争优势和行业领先地位的战略目标。

(一)后金融危机时期中资银行国际化的外部环境

1. 低碳经济和新能源产业可能使世界经济增长模式发生变化。全球金融危机的爆发为新能源产业提供了重大机遇:一方面,世界各国希望通过推动新能源发展来拉动经济复苏;另一方面,美国欲借发展新能源摆脱其对石油的依赖,逐步引领新的世界经济增长模式——低碳经济。2009年,中国明确提出到2020年中国单位国内生产总值二氧化碳排放量比2005年下降40%~45%;到2020年非化石能源占一次能源消费比重达到15%。围绕低碳经济,国际金融机构积极开拓相关业务,既包括传统的融资支持,如通过成立各种"低碳"基金或环保基金,或直接贷款支持相关的产业,又包括围绕现行的碳排放权交易体系,进行各种融资、产品创新以及其他金融服务。国际领先银行已经成为碳交易市场的重要参与者,其业务范围已经渗透到该市场的各个交易环节。中资银行目前还主要集中在对低碳项目的融资支持方面,以各类绿色贷款、环保贷款为主。

2. 人民币国际化趋势给中资银行跨国经营带来了新的市场机遇。面对危机引发的主要货币汇率波动性加大、外汇储备账面价值缩水、对外贸易汇率风险增加的挑战,中国明显加快了人民币区域化进程:2009年7月,人民币跨境贸易结算正式启动;2009年9月,中央政府在香港地区发行60亿元人民币国债;截至目前,中国已与越南、蒙古国、老挝、尼泊尔、俄罗斯、吉尔吉斯斯坦、朝鲜和哈萨克斯坦等8个周边国

家签署边境贸易本币结算协议；中国人民银行已先后与韩国央行、中国香港金管局、马来西亚央行、白俄罗斯央行、印度尼西亚央行、阿根廷央行签署了总计6500亿元人民币的6份双边本币互换协议。人民币国际化后，中资银行将有可能在人民币代理清算、人民币跨境金融市场、人民币海外融资等领域确立全球领先优势，中资银行境外机构可以借助跨境人民币业务，拥有外资银行所不具备的独特竞争优势。通过与人民币国际化进程的紧密结合，中资银行有望实现国际化经营的跨越式发展。

3. "走出去"和产能输出战略为中资银行国际化发展提供了广阔的空间。金融危机后，依托"走出去"和产能输出战略，中资企业加大了海外并购力度，开发海外市场的诉求更为强烈。截至2009年底，中国共设立了14000多家对外直接投资企业，分布在全球170多个国家和地区，投资覆盖率达到70%以上，投资存量约为2200亿美元，总资产超过1万亿美元，员工人数超过100万①。以华为为例，通过建立境外生产基地和市场与研发网络，华为以内生增长为主的方式实现了国际化发展，2008年该公司海外销售额达到128亿美元，占总销售额的75%。2009年，华为全球销售收入218亿美元，成功跻身全球第二大通信设备商②。"走出去"企业需要强有力的金融服务支持，2009年，中国非金融类对外直接投资433亿美元。据预测，2010年中国企业的非金融类境外投资规模有望达到480亿美元，再创新高，资源、能源、高科技和先进制造业领域仍将是中国企业境外投资的重点方向。在此背景下，中资银行采取跟随战略，为中资企业"走出去"提供跨境金融服务，不仅能降低中资银行拓展新客户的成本，还能将境内整体优势向海外延伸。

4. 新兴市场的发展为中资银行跨国经营带来了新的突破口。亚太、拉美、非洲等新兴市场已逐步取代北美、欧洲、日本，成为跨国银行境

---

① 资料来源：根据商务部《2009年我国对外直接投资业务简况》和《2008年度中国对外直接投资统计公报》数据整理。

② 资料来源：华为2008年和2009年年报。

外拓展的首选目标和重要收入来源地。花旗、汇丰、德意志、渣打等国际大银行近30%或更多的营业收入均来自新兴市场。亚洲、非洲、拉美等新兴市场也是中资企业对外投资的主要区域,近两年我国对亚洲和非洲投资的年均增速分别超过100%和200%。2009年在中国对外直接投资存量中,亚洲占71.3%,拉美占17.5%,非洲占4.2%,欧洲、北美、大洋洲的占比均在2%~3%,可见,新兴市场为中资银行提供了丰富的业务资源和良好的经营条件①。

(二) 中资金融机构的国际化模式比较

1. 中国工商银行模式。中国工商银行依托强大的整体实力,依靠市场化的模式,国际化发展起步虽然较晚,但是进步很快,在网络布局、科技平台、经营牌照、本土经营、财务效益、管理模式等方面取得了领先。工商银行兼顾成熟市场与新兴市场,通过战略并购与内生增长并举的方式,加快全球网络布局。依靠强大的资本实力,工商银行进行了一系列的国际并购(见表5),并借助渐进式并购,大力推进境外机构的本地化经营和融入主流银行地位。目前,工银亚洲已成为香港当地主流银行,工银澳门成为澳门最大的本土法人银行,工银印尼成为近年来印尼成长性最好的外资银行。同时,凭借科技优势,实现物理网络与电子渠道的有机结合,并依托网络拓展和业务拓展的融合,工商银行有效满足了国际化客户的核心需求,巩固了在同业中的地位。

表5 工商银行的境外资本运作

| 时间 | 境外资本运作 |
| --- | --- |
| 1993年 | 入股厦门国际财务有限公司(工商国际) |
| 1998年 | 收购西敏证券亚洲公司(工商东亚) |
| 2000年 | 收购友联银行(工银亚洲) |
| 2001年 | 重组工商银行香港分行与工银亚洲业务 |
| 2003年 | 工银亚洲收购华比富通银行 |

① 资料来源:根据商务部《中国对外直接投资统计公报》数据整理。

续表

| 时间 | 境外资本运作 |
| --- | --- |
| 2005年 | 工银亚洲收购华商银行 |
| 2006年 | 整合工银亚洲与香港信用卡中心 |
| 2006年 | 收购Halim银行（工银印尼） |
| 2007年9月 | 收购澳门诚兴银行80%股权 |
| 2007年10月 | 收购南非标准银行20%股权 |
| 2009年6月 | 签署加拿大东亚银行股权买卖交易协议 |
| 2009年9月 | 签署泰国ACL银行股权买卖交易协议 |

资料来源：根据工商银行网站相关信息整理。

2. 中国银行模式。受益于历史专业分工，中国银行依靠先发优势，具有较高的国际化程度，其总体战略强调业务的国际化、多元化。境外网络拓展以内生增长为主，服务于中资企业和华人群体。香港和澳门地区是中国银行海外业务的主体部分，而且中国银行在当地具有发钞行的优势地位。

3. 国家开发银行模式。从2006年起，国家开发银行通过成立以项目为导向的140多个海外专家组、支持200多个"走出去"重大项目、设立中非发展基金等多只基金、投资入股巴克莱银行、设立香港分行等方式，灵活快速地实现了国际化扩张。截至2008年年末，国家开发银行已成为中国最大的对外投融资合作银行，国际合作涉及全球70个国家和地区，外汇贷款余额645亿美元，境外"走出去"项目的贷款余额为404亿美元，均居中国银行业首位。

4. 中国银联模式。通过与境外有实力的银行、收单机构、发卡机构建立合作关系，并借助合作伙伴的渠道拓展境外市场，中国银联快速实现了银联卡的国际受理和境外发卡。截至2009年年末，中国银联拥有240多家境内外成员机构，银联卡已在90个境外国家和地区开通ATM或POS消费服务，已有10多个国家和地区的超过50个金融机构正式或将在境外发行当地货币的银联标准卡。以日本为例，目前银联卡在日本可受理ATM的数量跃居第二，成为除日本本土银行卡品牌JCB

外 ATM 受理范围最大的银行卡品牌。

尽管中资银行国际化发展取得了长足进步，但与国际大银行相比，差距依然较大。从利润贡献的地域分布看，中资银行海外利润贡献率较低，而很多国际大银行的营业收入中都有近一半或高达70%~80%来自本土之外，渣打银行甚至达到90%（2008年）。从区域布局看，中资银行境外资产和利润主要集中于港澳地区，区域分布很不均衡，而汇丰、花旗、渣打等跨国银行则有着较为均衡的区域布局。从业务结构看，中资银行综合化经营程度还不够，在按一级资本排名前25位的大银行中，除工商银行、中国银行和建设银行仍实行分业经营模式外，其余均属于综合化的大型金融集团。虽然中资银行近年来不断加快业务转型，非利息收入年均复合增长率高达30%以上，但与欧美大型银行相比，其非利息收入与占比指标仍然有较大差距（见表6）。

表6　　2009年10家大型银行非利息收入及其占比

|  | 非利息收入（亿美元） | 占比（%） |
| --- | --- | --- |
| 美国银行 | 725.3 | 60.60 |
| 摩根大通 | 492.8 | 49.10 |
| 富国银行 | 423.6 | 47.80 |
| 汇丰控股 | 379.0 | 48.20 |
| 苏格兰皇家银行 | 356.7 | 57.30 |
| 花旗集团 | 313.7 | 39.10 |
| 巴克莱银行 | 306.1 | 61.40 |
| 巴黎银行 | 275.1 | 47.70 |
| 桑坦德银行 | 187.7 | 33.20 |
| 工商银行 | 93.1 | 20.60 |

资料来源：各行年报。

## 四、后金融危机时期中资银行的国际化发展策略

金融危机后，国际金融监管改革和全球金融格局变化在对中资银行国际化发展提出挑战的同时，也带来了难得的历史机遇。一方面，尽管

国际监管改革整体趋严，但各国对外资银行准入政策变动不大，部分国家在危机期间还有所松动，市场进入壁垒相对较低，为中资银行国际化发展创造了难得的窗口机遇期。2009年，中资银行适时把握了美国、英国、泰国、马来西亚等国的市场准入机遇，在重点目标市场取得了明显突破。另一方面，受益于稳健经营，危机后中资银行总体实力空前强大，国际排名与国际竞争力处于历史最好时期，并在国际化发展方面具有明显的流动性优势、资本优势和估值优势。上述有利因素为中资银行借助国际化发展强化竞争优势，并在全球金融格局重构中巩固已有优势创造了条件，也为中国银行业参与危机后国际金融新秩序重建，并掌握一定的话语权提供了可能。

（一）目标选择

伴随着金融全球化的演进和国际金融市场的动荡变革，中资银行国际化实现了跨越式发展，但依然远远滞后于中资银行整体实力的壮大，其发展程度与中资银行在业绩增长、利润创造、市值扩大和资本回报提升等方面的全球领先地位并不匹配，并呈现出明显的短板效应。为改善国际化发展的短板现状，后危机时期，中资银行国际化发展需要制定切合实际的战略目标。从长远来看，中资银行国际化发展的战略目标在于通过为客户提供全球一体化的优质服务，实现盈利增长和竞争优势强化。但就当前阶段而言，中资银行应综合考虑长期目标和短期目标，平衡社会效益和经济效益，不过分强调短期内的盈利增长，而应定位于打造全球服务能力，构建与中资银行整体实力和客户需求相适应的国际化格局。

（二）路径选择

在今后的国际化发展过程中，中资银行在战略上要有清晰目标，在行动上要稳步推进，妥善处理好国际化发展中的各种困难和问题，掌控国际化过程中可能发生的各种风险，走出一条属于中国商业银行的国际化科学发展道路。结合国际监管改革与国际金融格局变化，中资银行国际化发展应注意把握以下原则：一是发挥集团整体优势，走内外联动道路。通过完善全球客户资源共享机制,健全跨境产品研发推广机制,建立联动利润分配机制,优化联动信息交流机制,不断拓宽联动客体范围,提升联动手段的科技含量,构建境内外机构一体化的和谐发展机制。二是发挥境外牌照优势,走综合化经营道路。目前,大部分中资银行的境外机构不仅可以从事商业银行业务,而且可以从事全部或部分投资银行及其他金融业务。这些持有综合业务牌照的境外机构要充分利用牌照功能完备的优势,在风险可控的前提下大力发展投资银行、资产管理、私人银行等业务,试水综合化经营,为集团综合化经营转型提供经验和人才储备。三是发挥科技引领优势,走集约化运作道路。依托科技平台的境外推广,逐步实现在资金、清算、国际结算、信用卡等领域的集约化、规模化经营。逐步在全球主要金融中心建立资金交易中心和清算中心,构建24小时全球资金运作与清算网络;探索在适当地区建设境外区域性银行卡中心,集中处理银行卡业务;探索通过设立区域总部和职能中心的方式实现区域整合和集约化经营。四是发挥规模经济优势,走跨越式发展道路。注重集团资源的统筹运用和战略协同,加强支持保障,深化整体联动,使业务信息、客户资源、优势产品、科技平台和研发实力在境内机构及境外机构间无边界共享,通过最大限度获取规模经济效应实现国际化经营的跨越式发展。

(三) 策略选择

1. 在发展路径选择上,坚持市场化运作。考虑到可行性,市场化运作是中资银行国际化发展的有效途径。以工商银行为例,通过并购、申设、合资、合作等多种方式实现境外网络布局的突破性发展。截至2009年年末,工商银行已在全球20个国家和地区设立了23家境外营业机构,分支机构总数达162家,代理行数量达到1403家,全面缩小了与中国银行核心国际化指标的差距,并在部分地区超越了中国银行。

2. 在网络拓展策略上,坚持战略并购与自主申设并举。在准入门槛较低、法律和监管制度健全、信贷业务资源丰富的地区,可通过设立分行的方式发挥集团优势;在准入和监管条件限制、经营风险相对较高的地区，可通过设立子银行的方式建立防火墙；在监管限制严格，但收购机会较多的地区，可通过收购当地银行的方式进入；在已设机构的地区，可通过并购重组、机构整合的方式实现现有机构的有效扩张。

3. 在目标市场选择上，坚持成熟市场与新兴市场并举。重点拓展亚太地区高成长性市场，强化在新兴市场的市场地位和竞争实力，尽快完成在新兴市场的机构布局，增强在新兴市场国家的服务能力。积极关注欧美等成熟市场的拓展机遇，加大对欧美成熟市场的渗透力度，逐步完成对世界主要大城市的网络覆盖并形成全球服务优势。

4. 在机构建设定位上，致力于本地化经营和融入主流银行地位。借助并购手段加快本地化经营步伐，稳步开展中小型银行的收购与整合，谨慎对待大型银行并购机会。在收购时机上，中资银行应注重危机期间介入；在业务层面上，注重并购对象能够与现有业务形成促进或互补；在财务层面上，要求并购活动不能摊薄自身每股收益，并购对象的投资回报率和成长性应尽量与自身接近。

5. 在渠道拓宽方式上，坚持物理网点与电子网络的有机结合。在拓展物理网点的同时，应辅以ATM、网上银行、电话银行、手机银行等服务渠道，实现物理网点、自助设备终端和电子服务网络之间的有机融合，形成客户经理、网上银行、自助银行和物理网点互为补充，一般网点和理财中心差别服务的渠道结构，解决境外营业网点少、服务区域大的矛盾。

6. 在全球布局导向上，坚持网络拓展与业务拓展相结合。除了通过传统的网络拓展方式加快国际化进程以外，国家开发银行和中国银联的经验表明，在不进行网点拓展的前提下，通过向海外派出专家工作组，或者与境外专业机构合作，也可以快速实现业务国际化。因此，中资银行可以汲取多方面经验，通过物理网络拓展空白市场，或借助并购进入新的业务领域，并通过发挥机构和市场间的协同效应，实现全球业务线拓展和产品线整合，有效提升国际竞争能力。

7. 在跨境管理优化上，坚持垂直管理和区域管理的有机结合。随着全球跨国监管的强化和中资银行跨国经营管理半径的扩大,客观上要求中资银行加快区域整合,中资银行可以考虑在境外机构较为集中的地区推进区域管理,逐步构建满足多地区经营与多元化业务平衡发展、业务板块与区域有效协同、垂直管理和分级管理有机结合的跨国经营管理模式。

# 国际金融监管新趋势与我国的对策[①]

后国际金融危机时期，全球金融格局发生深刻变化，国际金融监管政策出现重大调整，各国监管当局致力于确保金融机构的资本充足，加强流动性监管和风险管理监管。从目前出台的改革措施和提出的对策建议来看，国际金融监管改革初步呈现如下趋势：一是改变了以往过度依赖市场调节的理念，重新强调金融监管的重要性；二是监管从严的趋势逐渐显现，资本监管、流动性监管、信息披露、薪酬机制等方面的监管标准大大提高；三是金融监管范围更为全面，涵盖所有具有系统重要性的金融机构、市场和工具，同时强化对对冲基金、资产证券化市场和OTC（柜台交易市场）衍生品以及信用评级机构的管理，完善相关法律法规；四是跨国联合监管趋势明显，针对大型跨境金融机构而建立的联合监管机制正在建立健全。

总体而言，微观审慎监管、宏观审慎监管和国际监管合作是此次监管调整的三大主要领域。其中，微观审慎监管重点从资本监管、流动性监管、全面风险管理、信息披露、薪酬机制等方面展开；宏观审慎监管重点采取扩大监管范围、强化集中监管、使用逆周期调节和强化系统性风险监管等措施；国际监管合作方面，主要措施体现在搭建G20峰会、金融稳定理事会（FSB）等国际合作平台，推动相关标准在全球范围执行，建立联合监管机制，开展危机处理跨境合作等。

国际金融监管体制改革是国际金融新秩序重建的重要内容，对各国

---

[①] 原文发表于2010年7月29日《人民日报》。

金融业影响巨大，并进而影响各国经济社会发展，涉及国家根本利益。随着我国金融业国际化程度的提高，国际金融监管改革对我国银行业的影响越来越大，加强对国际金融新秩序重建的研究和应对显得十分重要和紧迫。为此，应把握以下原则。

坚持加强国际协调与推进国内改革相结合。积极主动参与危机后国际金融新秩序重建，但要防止出现"一人生病大家吃药"。强调国际监管核心原则和标准的一致性，但应充分考虑不同国家金融市场的差异性，提高金融监管的针对性和有效性。坚持互利共赢原则，积极参与推进国际货币体系、国际金融监管标准、国际金融机构改革，提高在国际金融新秩序建立过程中的知情权、话语权和规则制定权。根据国际化的长期趋势，主动推动国内相关方面改革；采用国际通用语言解释国内政策，及时化解国际上传递的"改革"压力。

坚持官方推动与民间推动并行。目前，我国大型金融机构的国际地位与影响力显著增强，并与主要国际金融组织、外国监管当局、大型国际金融机构建立了沟通交流机制。鉴于民间推动更容易被接受，商业性金融机构的国际交往活动可成为国家金融外交的有益补充，成为执行国家战略的重要力量。政府和商业性金融机构应加强协调配合，从不同角度共同维护我国利益。

坚持业务创新与风险管控并重。金融衍生产品的过度创新是造成此次国际金融危机的重要原因。但与发达国家不同，我国金融发展面临的主要问题是金融产品创新不足、盈利来源单一。因此，既要避免因过度监管压抑金融创新，又要避免因监管不足导致金融风险。在继续注重风险控制、保护消费者权益的同时鼓励金融机构加强业务创新，是符合我国国情的发展方向。

坚持深化银行改革与推进银行国际化相结合。参与国际金融新秩序重建，需要国际性的本国银行。尽管危机后国际监管总体趋严，但部分国家对外资银行准入政策有所松动，市场进入壁垒相对降低。推动我国银行国际化，有利于服务和促进我国企业"走出去"，有利于抓住国际技术和产业结构调整机会促进国内经济结构调整，有利于推进人民币国际化，有利于我国参与国际金融新秩序重建。受益于稳健经营和审慎监管，目前我国银行总体实力与国际排名处于历史最好时期，在国际化发展方面具有明显的资本优势、流动性优势和估值优势。应将推动我国有条件的银行国际化、提高我国金融全球服务能力提升到后国际金融危机时期国家发展战略的高度来认识。

# 推进中资银行国际化具有战略意义[①]

在国家"走出去"战略推动下,我国商业银行业的国际化程度逐步提升。但就总体而言,目前我国商业银行的国际化程度还不高。相对于我国经济和银行业整体实力以及客户需求,中资银行在境外机构资产和利润贡献度、经营网络和服务渠道覆盖面、业务和产品丰富程度、客户数量和质量等方面还有待提高。在后国际金融危机时期,中资银行经营实力和世界排名均处于历史最好水平,面临加快推进国际化的历史性机遇。抓住这一历史性机遇,需要我们从国家发展战略的高度认识推进中资银行国际化的重要意义。

从国家金融发展战略的角度看,推进中资银行国际化成为已经完成股改上市的中资银行下一阶段的重要发展任务,打造中国的跨国银行应成为我国金融发展战略的重要内容。国际化程度低,制约着大部分中资银行金融服务能力和品牌价值的提升。对于已经在国内市场占有较大份额的中资银行来说,不断提高国外业务占比和盈利贡献,可以获得新的发展空间和增长点,在全球更大范围内分散经营风险。对于已经成功实现股改上市,按照资本、市值和盈利已经成长为世界性大银行的中资银行来说,能否成功实现国际化将是检验其能否真正成为国际一流银行的核心标准。

从加快转变经济发展方式的角度看,推进中资银行国际化有利于支持我国企业"走出去",有利于抓住国际技术升级和产业结构调整机遇

---

[①] 原文发表于2010年7月29日人民网—《人民日报》。

促进国内经济结构调整。截至 2009 年末，我国共设立了 14000 多家对外直接投资企业，分布在全球 170 多个国家和地区，投资存量约为 2200 亿美元，总资产超过 1 万亿美元。我国企业正在从采购、销售全球化发展到投资、生产全球化，银行服务需求随之向多元化、综合化发展。据测算，未来几年"走出去"的中资企业中，仅能源、铁路、矿产、装备制造、工程五大重点行业企业的境外融资需求就将达到 1500 亿美元。此外，我国要抓住后国际金融危机时期世界科技革命和产业结构调整的机遇，也需要中资银行积极开展相关跨境金融服务，如参与国际碳交易市场，为发展低碳经济提供融资服务支持等。

从国际金融新秩序重建的角度看，推进中资银行国际化有利于加快人民币国际化进程，有利于我国在国际金融新秩序建设中发挥更大作用。国际金融新秩序重建包括国际货币体系、国际金融监管、国际金融机构等方面的改革。我国参与国际金融新秩序重建，需要政府主导，也需要国际性的本国银行参与。2008 年国际金融危机爆发后，美元主导的国际货币体系暴露出很多问题，国际货币体系多元化改革的呼声日益高涨，这就为我国加快人民币国际化进程提供了重要机遇。一国货币要成为国际货币，离不开本国银行国际化的支撑。推进中资银行国际化，有利于加快人民币国际化进程。国际金融监管改革和国际金融新格局的形成是各国磋商和博弈的结果，在这一过程中蕴含着对既有利益的让渡与资源的再分配。银行的国际化活动将丰富和发展民间金融外交的理论和实践，成为国家金融外交的重要组成部分和有益补充。本国银行与主要国际金融组织、外国监管当局、大型国际金融机构加强沟通和交流，积极参与国际金融监管改革，积极表达我国的利益诉求，有利于提高我国在国际金融新秩序建立过程中的知情权、话语权和规则制定权。

# 跨国银行应对经济周期的战略研究[①]

深入剖析经济周期性波动对跨国银行经营发展的影响，研究并制定跨国银行应对经济周期的战略举措，是跨国银行的必然选择。本文运用经济周期理论，以商业银行盈利增长速度和盈利稳定性两个维度作为评判标准，对长期保持较高盈利且在危机中具有较强减震能力的优秀跨国银行应对经济周期性波动的战略选择及行为模式进行了实证分析和比较分析，从全球机构建设、业务发展、风险管理和支持保障体系等四个方面，提出了商业银行跨国经营应对经济周期波动的核心举措，为商业银行特别是中资银行实施跨国经营战略提供了思路和范式。

中国银行业改革以来，特别是通过股份制改造和上市，商业银行整体经营实力显著增强，经受住了百年一遇的金融危机的洗礼与考验，目前几家大型银行在盈利能力、市值、品牌价值等方面已位居全球银行前列。但同时也应看到，中资银行在短短几年内实现跨越式发展并领跑国际银行业比较容易，而成功经受住各种复杂多变的宏观环境的考验，成为国际金融市场的"常青树"和"百年老店"却非一朝一夕之功。本文以盈利增长速度和盈利稳定性两个维度作为评判标准，选择能长期保持较高盈利且在危机中具有较强减震能力的优秀跨国银行作为研究样本，对样本银行应对经济周期性波动的战略选择及行为模式进行了比较研究，结合当前中资银行国际化发展面临的内外部形势和工商银行的总

---

[①] 原文发表于《金融论坛》2010 年第 2 期，由中国工商银行国际业务部课题组合作完成。

体发展战略，提出了商业银行跨国经营应对经济周期波动的主要思路与核心举措。

## 一、商业银行经营的顺周期性

根据经济决定金融的一般原理，银行的经营状况受制于宏观经济增长形势。国际银行业和美欧日等经济体银行业近20年的发展历程表明，银行业的景气周期几乎重合于或者稍滞后于宏观经济的景气周期。同时，相对于资本和资产变动，银行利润和资产质量受经济周期波动的影响更为明显。

### （一）经济周期概述

19世纪中叶以来，经济学家按不同时间跨度和类型对经济周期进行了分类，主要包括基钦周期（短周期）、朱格拉周期（中周期）、康德拉季耶夫周期（长周期或长波）、库兹涅茨周期（长周期）、熊彼特周期（创新周期）等。一般来讲，在房地产开始兴盛的15~16年后，市场动力衰竭，供给过剩，通货膨胀高企，央行为控制局面而提升利率，房地产市场会陷入停顿，随后将可能出现经济崩溃。拉斯·特维德（2008）认为，从债务紧缩、银行危机到经济危机，一个完整的经济周期大约要经历4个存货周期或2个资本性支出周期或1个房地产周期。

现有研究大多将经济周期的成因分为四类：（1）纯货币理论认为，货币供应量和流通速度直接决定了名义国民收入的波动，银行信用的交替扩张和紧缩通过影响货币供应量和流通速度导致实体经济波动。（2）投资过度理论认为，资本品生产的过快发展促使经济进入繁荣阶段，而资本品过度生产导致的过剩又会加速经济进入萧条阶段。（3）消费不足理论认为，国民收入分配不公所造成的过度储蓄，使消费品的需求小于供给进而引发资本品需求不足，使整个经济出现生产过剩危机。（4）心理理论认为，经济波动的最终原因取决于人们对未来的心理预期：当预期乐观时，增加投资，经济步入复苏与繁荣；当预期悲观时，减少投资，经济则陷入衰退与萧条。

## (二) 经济波动对银行业的影响

历史表明，国际银行业的兴衰变迁基本上与全球经济周期的涨落起伏同步。20世纪80年代末至90年代初，国际银行业盈利能力受区域性经济危机频发和发达国家金融自由化影响呈整体削弱走势。90年代中期，全球经济在复苏基础上平稳运行，国际银行业经营状况总体向好。1997—1998年国际银行业受到东南亚金融危机冲击，以亚洲银行为代表的全球银行业经营陷入困境，对东南亚等地区的经济造成严重影响。1999—2000年国际银行业在以IT产业为代表的新经济浪潮推动下，不仅逐步摆脱了亚洲金融危机，而且创造出20世纪90年代以来的最佳业绩（陈四清，2009）。2001年网络经济泡沫破灭与"9·11"事件严重打击了全球经济，相应地致使国际银行业表现不佳。2002—2007年初，在新兴市场经济高速增长的带动下，全球各主要经济体先后进入新一轮经济增长周期，全球银行业经营效益达到历史最好水平。2007年第二季度以来，受金融危机影响全球主要经济体陷入困境，国际银行业盈利水平出现显著下降。2009年3月以来，世界经济开始了缓慢、曲折的复苏，银行的盈利能力、融资能力逐步改善，全球银行业度过了生存危机，但银行业危机何时结束仍将取决于经济基本面的走势（王志峰，2009）。

## (三) 银行经营具有顺周期性的原因

由于银行风险识别能力的局限性和微观金融机构的有限理性，存在个体理性与集体理性的激励相容问题，银行系统具有内在顺周期特征，而银行业市场结构和一些制度安排也加剧了这种顺周期的放大机制，如资本充足率监管、后顾的拨备制度、公允价值会计标准、外部评级制度等。

首先，银行盈利能力与经济周期平行。银行收益通常在经济高涨期会增加，经济萧条期会下降。实证研究表明，美国银行业利息收入、非利息收入和净资产收益率（ROE）对经济增长率的弹性分别为0.8、1.65和2.4，即经济增长率每下滑1%，银行业上述3个指标分别下降

0.8%、1.65%和2.4%，与经济增长基本呈同周期变化。其次，银行资产质量、资产价格与经济周期平行。经济环境变化导致客户贷款违约率的周期性变化，以及国际银行业高度依赖由少数几家大型机构主导的外部评级体系在机构层面产生的"羊群行为"，使银行资产质量的顺周期性特征更为显著。此外，银行担保物价格的顺周期性，公允价值会计更加贴近市场情况，以及普适性外包模型的广泛应用也加剧了资产价格的顺周期性。最后，银行资本状况与经济周期平行。一般来说，金融机构倾向于在好年景时提高杠杆率，而在年景不好时则降低杠杆率，从而促进了繁荣期的泡沫积累，以及衰退期的信贷紧缩与资产抛售，导致周期性波动上升。而投资者对银行的未来预期和提供资金意愿也与经济状况呈现正相关。

## 二、优秀跨国银行对经济周期性波动的应对之策

通过对英国《银行家》杂志全球千强银行的研究，过去20年中，汇丰银行、德意志银行和桑坦德银行等3家跨国银行在地区及全球性经济周期波动中结合自身特点所采取的积极应对策略成效明显，历经经济沉浮仍能保持较好的盈利成长性和稳定性，始终稳居全球银行千强榜单前20名，具有重要的借鉴意义。

（一）汇丰集团

汇丰集团（以下简称汇丰）源于中国香港，是国际上最大的全能化金融机构之一。长期以来，汇丰秉承"环球金融，地方智慧"的长期发展战略，历经经济沉浮始终跻身国际顶尖金融机构行列。

1. 通过经营区域全球化平抑经济周期性波动影响。最近几十年，汇丰通过全球并购和上市持续推进国际化战略，先后在中国香港、印度、中东、中国等亚洲市场和美国、加拿大、法国等欧美市场开展了一系列收购活动，并在澳大利亚、马来西亚、巴西、阿根廷、韩国、菲律宾、泰国等地开拓了自己的业务。基于"价值管理"的战略定位，汇丰十分强调传统成熟市场和新兴市场均衡发展，目前已形成亚太、欧洲、

中东、北美和拉美五大区域中心。同时，汇丰也在积极利用全球资本市场的优势，自1991年起走出了一条全球上市之路，迄今已在全球五大交易所上市。

全球上市不仅确保了汇丰在规模急剧扩张情况下的资本充足率仍维持在较高水准，降低了汇丰对单一金融市场的依赖性，还很好地稀释了汇丰全球并购的进攻性特征，推动了汇丰本土化战略。通过一系列全球并购上市，汇丰实现了经营地域多元化和资产全球配置（见图1），较好地分散了区域系统性风险。

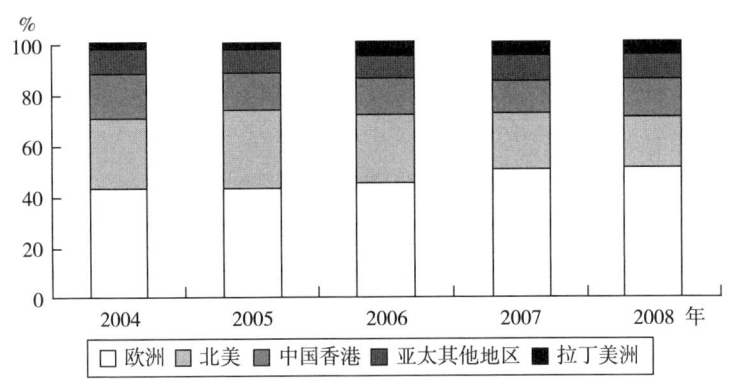

数据来源：汇丰银行各年年报，图2、图3同。

**图1　汇丰资产的全球分布**

2. 多元化业务结构提升周期平抑能力。近年来，汇丰根据"增长管理"战略（Managing for Growth），改进客户集团提供的核心业务产品，构建跨越所有客户群的全方位服务银行。同时，汇丰还确定了全球主要经营区域的业务发展重心，实现了个人金融、商业银行、公司投行、私人银行四大核心业务线在亚太、欧洲、中东、北美和拉美五大地区的"交融式"销售与管理。在坚持多元化业务发展的同时，汇丰始终将存款等传统商业银行业务作为经营基础，保持了盈利成长的稳定性（见图2）。

在2008年国际金融危机中，虽然汇丰北美及欧洲业务受到了一定

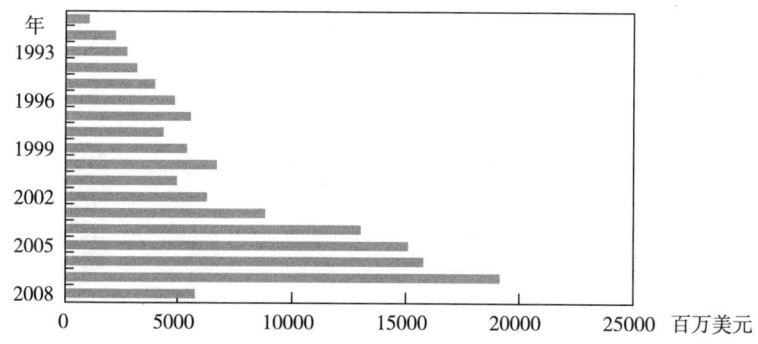

图2　汇丰集团1991—2008年净利润增长

冲击,但其零售业务的出色表现和新兴市场的良好效益有效弥补了这种损失,显示出较强的逆周期发展能力。从对税前利润的贡献来看,中国、印度、巴西及中东地区对汇丰躲过这次金融浩劫功不可没。

3. 高度重视风险与资本管理。在多年发展过程中,汇丰始终奉行审慎的风险管理做法。主要包括:审慎保守的治理文化、健全完善的风险框架、缜密有序的控制体系、完备高效的合规政策、独立权威的内部审计、严格科学的资本管理(适宜的资本充足率)和充沛自如的流动比率。

(二) 德意志银行

在德意志银行140年的发展历程中,其始终坚持根据外部环境和内部条件不断优化资产、业务、收益和组织结构,对经济周期性波动的应对能力逐步增强,已成为一家全球化的大型金融机构。

1. 通过并购实现全球化、多元化发展。过去20年间,德意志银行的并购战略一直围绕两个维度展开:以经营地域多元化为目的的并购和以业务多元化为目的的并购,大部分并购活动同时兼具地域扩张和业务扩张双重功能。这些并购活动在巩固其欧洲、北美核心业务领导地位,帮助其迅速进入亚洲、澳洲、拉美等新兴市场的同时,也极大地增强了其在投资银行、零售银行、资产管理等新兴业务领域的竞争实力(见图3)。经过一系列并购之后,德意志银行全球化框架基本搭建完成,并从主要依赖信贷资产规模增长的商业银行成功转变为收入来源分布均衡的多元化金融服务机构（见图4）。

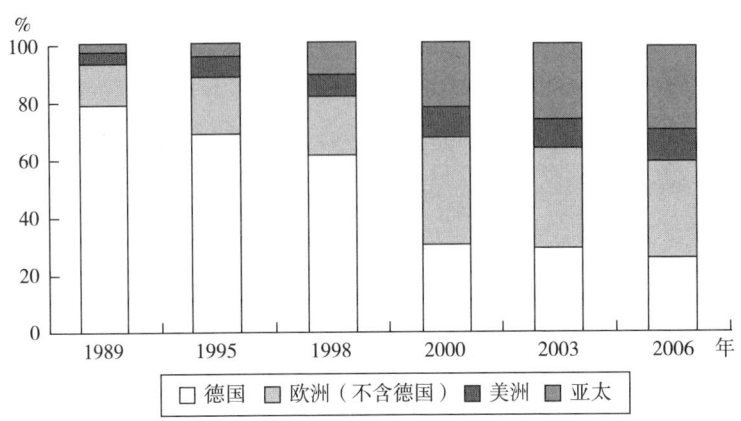

数据来源：德意志银行各年年报，图4、图5同。

**图3　德意志银行业务收入地区分布**

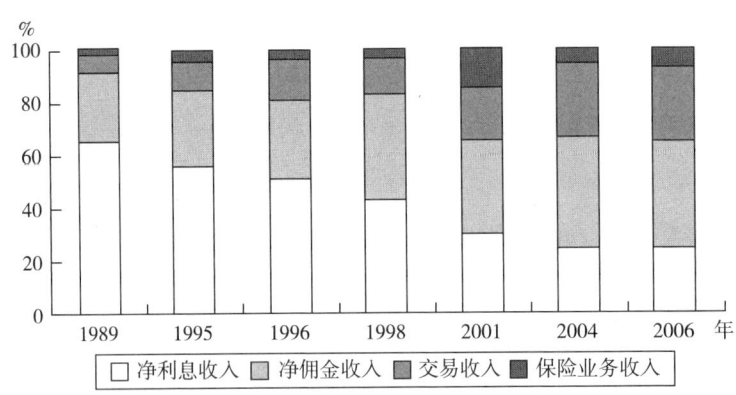

注：2001年以后，保险业被剥离，相应占比为其他利息收入。

**图4　德意志银行收入结构**

2. 减法与加法并举增强核心业务优势。2001年以来，德意志银行把并购对象由大型综合金融机构转向盈利好、在某业务领域具有领先地位的专业金融机构；同时陆续剥离了Boullioun航空公司、保险业务、部分资产管理业务和部分实体企业投资等在发展战略中不重要的业务，盈利能力不强或需要过多资本的业务，以提高盈利能力和资本充足水平。德意志银行2002年总资产规模虽有所下降，但通过有利于增强核心业务的并购，其资产在结构优化的同时很快恢复了上升势头（见图5）。

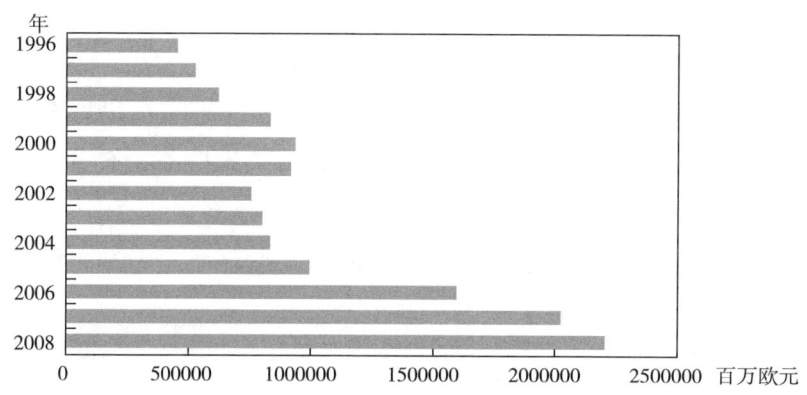

图5　德意志银行的总资产变化情况

3. 独具特色的贷款风险管理提升风险控制水平。在德意志银行转型发展过程中，作为中台管理部门的风险管理体系变革，极大地推动了前台业务模式和经营思路的转变。特别是其贷款风险管理组合团队（Loan Exposure Management Group，LEMG）在国际上享有盛誉。其核心管理理念是从贷款组合管理的角度出发，将信用风险的管理流程和资本市场连接起来，通过资本市场为贷款提供定价依据和对冲工具。这与传统贷款模式的本质区别在于，银行不再持有风险，而是有选择地把风险分散和化解掉。财务数据表明，2001—2006年德意志银行贷款总额先是急剧下降，而后保持平稳增长，同时资产质量明显改善，不良贷款余额在2001—2006年间下降了74%，其中LEMG发挥了根本作用，它深刻影响了德意志银行业务模式的转型，其作用都是减少整体风险，降低盈利波动性，从而释放出更多经济资本，为股东创造更大价值。

4. 良好的资本管理能力成功应对金融危机。受金融危机影响，特别是由于投行等部门业务损失的拖累，德意志银行在2008年第四季度净损失48亿欧元。但其高度重视资本金的基础性作用，不仅通过新增核心资本30亿欧元,使2008年年末核心资本充足率回升至10.1%,而且继续加强资产结构调整和资本金管理,2009年第二季度削减了210亿欧元的高风险资产,使2009年6月底核心资本充足率进一步升至11%,而前三季度实现净利润36亿欧元,同比大幅飙升。

(三) 桑坦德银行

桑坦德银行是西班牙和拉丁美洲最大的银行集团。2008年,当全球众多金融机构深陷危机之时,桑坦德银行成为国际金融危机中少有的赢家,当年实现净利润88.76亿欧元,基本未受危机影响。至2008年年末,该行总资产为10496亿欧元,同比增长15%;市值539.6亿欧元,位居欧元区第一,世界第七。桑坦德银行近年来的突出表现,主要得益于两个方面:一是坚持成熟市场和新兴市场并举,二是坚持以零售业务为发展重点。前者使得桑坦德银行能利用不同地区经济周期的非同步性分散风险,获取新兴市场成长红利,实现全球收益最大化;后者使得桑坦德银行能保持稳定的盈利能力和合理的流动比率,从而最大限度减少经济衰退和金融危机的影响。

1. 网络布局上成熟市场与新兴市场并举以增强危机应对能力。自20世纪六七十年代以来,桑坦德银行以本土市场为基石,抓住历次经济调整带来的国际扩张机遇,逐步获得了"范围经济"并形成协同效应。目前桑坦德银行已在全球40余个国家拥有13390家分支机构,主要分布在欧洲大陆、英国和拉美三大地区(见图6),是全球拥有分支机构数目最多的跨国银行。在不同经济圈相对均衡的布局,最大限度地分散了欧洲经济衰退对其产生的影响,并分享拉美、亚洲经济稳定增长的成果。2008年前三季度,在集团69亿欧元的净利润中,仅有约20亿欧元来自西班牙本土市场,其余均来自国际市场。在本次金融危机中,桑坦德银行仍能取得良好业绩,除次贷资产较少之外,在新兴市场的业务拓展是其避免欧洲经济下滑造成的不利影响的主要原因。

2. 坚持以零售业务为发展重点以增强盈利稳定性。桑坦德银行始终将零售业务作为战略重点,通过一系列战略并购不断扩大其在欧洲大

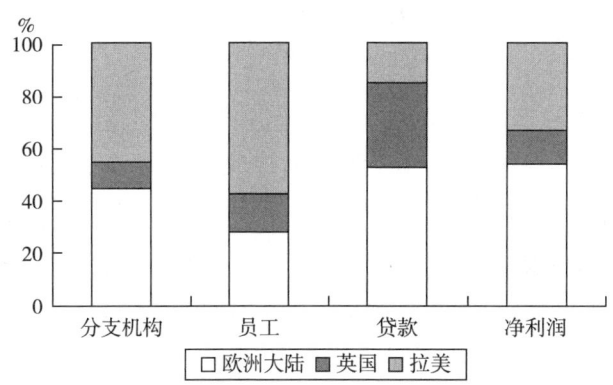

数据来源：桑坦德银行各年年报，图7同。

**图6　桑坦德银行的分支机构、员工、贷款、净利润的地区分布**

陆、英国、拉美及北美地区的零售覆盖范围，通过科技引领提升零售银行服务水平，为个人客户提供高附加值的产品与服务，逐步提高市场份额。近五年来，桑坦德银行源自零售业务的利润一直占集团总利润的80%左右（见图7）。

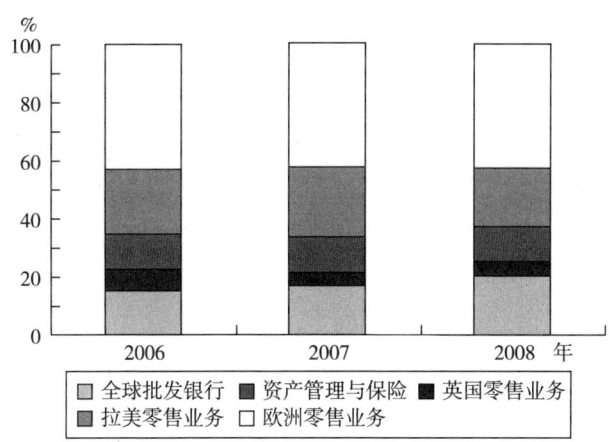

**图7　桑坦德银行净利润的业务分布**

3. 将全能银行作为发展方向。桑坦德银行在开展存款、贷款、汇兑、结算等传统业务的同时，仍然致力于建设全能银行。逐步促进业务多样化和收入来源多元化，利用内部补偿机制来稳定收入降低经营风险，提高综合效益，使其经营活动更加稳健，增强抵抗经济危机的能力。桑坦德银行通过建立全能银行，积累了资金实力和管理经验，为实现自身良性发展、为国际化拓展尤其是海外并购提供了资金保障。

(四) 优秀跨国银行应对经济周期性波动的经验和启示

1. 注重经营区域国际化，利用全球经济增长的非同步性平抑周期影响。从3家样本银行来看，其大多构建了覆盖全球的经营网络，通过向能够产生更高利润和风险更低的地区配置经营资源，一定程度上平抑了经济周期性波动的不利影响。

2. 通过利息收入与非利息收入并重抵御经济周期性波动。样本银行的经验和实证研究表明，在经济下行阶段非利息收入下降的幅度较利息收入更大，利息收入是银行的基础收入来源。同时，由于非利息收入资本金占用较低，与利息收入之间存在非相关性，且不同非利息收入与经济波动之间的相关性各异，因此注重发展稳定性强、收益性好、与利息收入相关性不强的非利息收入业务，可以减轻经济低迷时资本金损失对银行经营的影响，提高单位风险和运营成本的创利水平，有利于在经济周期性波动中保持银行总体收入稳定。

3. 充分发挥零售业务的利润稳定作用。零售业务具有服务对象分散、单笔业务金额有限、业务规模庞大的特点。在宏观经济发生变化时，与经济波动关联度较低，收益相对稳定，在经济周期的不同阶段可以保持持续增长，对跨国银行具有重要利润稳定作用。对样本银行的研究表明，针对个人和小企业的零售金融业务对其收入和利润的贡献大多超过50%。

4. 通过在商业银行框架内开展综合化经营模式增强商业银行的抗周期性及利润稳定性。实证研究显示，采用综合化经营模式的银行资产负债结构更均衡，各项业务具有不同的周期波动特征，使其在经济下行阶段的表现更为稳健。样本银行的综合化经营大多以商业银行业务为基础，将投资银行业务（包括承销、证券经纪和交易、并购咨询、财务顾问、直接投资等）与公司银行业务紧密结合，实施公司金融一体化战略;同时,充分发挥投资银行与资产管理和私人银行业务的协同作用,围绕核心能力与核心客户扩展多元化经营范围。而对保险业务的直接参与(承保和理赔)较少,大多只参与分销活动,这主要是由于管理技能和资源稀缺性限制了银行保险协同效应的充分发挥或者说这种协同效应不及银行与其他业务的协同效应。

5. 始终重视资本金和风险管理的重要作用。样本银行均将提高资本数量及质量,防止过度杠杆化作为防范经济波动风险的重要手段。同时,始终坚持"流动性、安全性、效益性统一"及"存款立行、内控保行"的原则,把稳定的存款来源和持续的流动性放在首位,将风险控制视为经营发展的第一要务,实现了长期可持续发展。

### 三、中资商业银行应对经济周期性波动的跨国经营战略

虽然商业银行业务和国内市场在未来较长一段时期内仍是中资银行主要利润来源,但日益复杂的外部经济金融形势要求中资银行尽快通过构建完善的全球化经营网络、多元的全球业务布局与合理的全球客户结构,利用不同国家(地区)经济周期变化的非同步性和不同类型业务对经济波动的敏感性差异,在世界范围培育新的利润增长极和成长引擎,应对经济周期性波动,分散系统性风险,进一步提升竞争发展的速度、质量和效益。下面以工商银行为例,阐述中资银行有效应对经济周期性波动的国际化战略与策略。

(一)中资银行跨国经营现状及面临的形势

1. 中资银行跨国经营需解决的问题。近年来,中资银行加快国际化发展步伐,跨国经营网络不断完善,目前工行、中行、建行、交行分别在20个、30个、9个和9个国家(地区)设有机构,其中中行和工行海外机构布局较为完善,初步形成了跨越亚、非、欧、美、澳五大洲的全球经营网络。工行的国际化步伐明显加快,海外规模效益逐步提升,境内外一体化科技平台已基本建成,全球综合服务能力显著增强,为全行转型发展作出了重要贡献。2005—2008年,工行境外资产、利

润、中间业务收入年均增长分别达21.02%、29.23%和26.82%，规模、效益、质量、速度有机统一的可持续发展模式基本确立；在中资银行中较早研发、推广海外综合业务处理系统（FOVA），初步建立了支持多分行、多币种、多语言、多时区的全球一体化科技平台；建立了一支熟悉国际金融市场、适应多国情和跨文化管理的国际经理人队伍，形成了推进国际化发展的重要保障。

但与国际大银行相比，中资银行海外机构、资产和业务对全行在经济波动中保持平稳较快发展的支持作用仍较为有限。以工商银行为例，一是境外网络布局和人力资源配置尚不完善。与国际大型银行相比，工行境外机构与人员数量仍相对较少，且主要集中于我国港澳地区，与德意志、汇丰、桑坦德、花旗等银行全球均衡的机构与雇员分布相比差距较大。二是境外资产和利润在全行占比很小（见表1、表2）。汇丰、花旗、桑坦德、摩根大通等大型跨国银行海外利润对集团的贡献一般都保持在30%以上，中行也基本处于该水平，而工行海外资产、净利润对集团的贡献度尚不足4%，且主要集中于我国港澳地区，区域分布很不均衡。三是客户和业务结构亟须优化。工行大部分境外机构仍以批发性资产业务为主，零售业务和中间业务薄弱，有的机构在当地主要从事离岸业务，本地化进程缓慢。而汇丰、桑坦德等大型跨国银行大多以传统商业银行业务为基础，均衡发展公司、零售和资本市场业务（见表3）。

表1　　　　　工行与国际可比银行海外资产对比　　单位：亿美元、%

|  | 2008年 | | 2007年 | | 2006年 | | 2005年 | | 2004年 | |
|---|---|---|---|---|---|---|---|---|---|---|
|  | 金额 | 占比 | 金额 | 占比 | 金额 | 占比 | 金额 | 占比 | 金额 | 占比 |
| 美国银行 | 1524 | 8 | 1974 | 12 | 1537 | 10 | 1127 | 9 | 677 | 6 |
| 三菱东京日联 | 2158 | 23 | 1912 | 24 | 780 | 20 | 831 | 19 | — | — |
| 中国银行 | 2686 | 26 | 1910 | 23 | 1657 | 24 | 1429 | 24 | 1443 | 26 |
| 工商银行 | 400 | 2.8 | 354 | 3.0 | 285 | 3.0 | 226 | 2.8 | 200 | 3.3 |

注：汇率按照年末时点折算，其中中行2004年和工行2004—2006年净利润金融及占比用税前利润替代，表2同。

资料来源：Bloombeg和各行年报，表2同。

表2　　　　　工行与国际可比银行海外净利润对比　　　单位：亿美元、%

|  | 2008年 | | 2007年 | | 2006年 | | 2005年 | | 2004年 | |
| --- | --- | --- | --- | --- | --- | --- | --- | --- | --- | --- |
|  | 金额 | 占比 | 金额 | 占比 | 金额 | 占比 | 金额 | 占比 | 金额 | 占比 |
| 摩根大通 | 39 | 62 | 45 | 28 | 35 | 25 | 22 | 28 | 22 | 48 |
| 美国银行 | 19 | 29 | 34 | 14 | 41 | 13 | 25 | 11 | 17 | 8 |
| 三菱东京日联 | 29 | 302 | 25 | 28 | 23 | 19 | 15 | 16 | — | — |
| 中国银行 | 8 | 8 | 38 | 43 | 20 | 38 | 18 | 51 | 22 | 53 |
| 工商银行 | 2 | 1.2 | 2.8 | 2.5 | 3 | 3.3 | 1.9 | 2.5 | 1.5 | 2.2 |

表3　　　　　　汇丰银行主要业务线地区分布　　　　　　单位：%

|  | 工商业务 | | | 环球银行及资本市场 | | | 私人银行 | | | 其他 | | |
| --- | --- | --- | --- | --- | --- | --- | --- | --- | --- | --- | --- | --- |
|  | 2008 | 2007 | 2006 | 2008 | 2007 | 2006 | 2008 | 2007 | 2006 | 2008 | 2007 | 2006 |
| 欧洲 | 38 | 35 | 37 | 6 | 41 | 39 | 69 | 61 | 66 | 65 | 30 | 72 |
| 中国香港 | 18 | 23 | 22 | 41 | 26 | 17 | 16 | 20 | 17 | -12 | -11 | 45 |
| 亚太其他地区 | 25 | 19 | 17 | 109 | 40 | 29 | 8 | 6 | 7 | 3 | 38 | -74 |
| 北美洲 | 9 | 13 | -74 | -16 | 7 | 6 | 12 | 9 | 43 | 43 | 56 |  |
| 拉丁美洲 | 10 | 10 | 8 | 18 | 8 | 8 | 1 | 2 | 1 | 0 | 0 | 1 |

资料来源：汇丰银行年报。

2. 未来一段时期中资银行跨国经营面临的"危"与"机"并存。第一，各国经济运行的非同步性给国际银行通过跨国经营平抑经济周期性波动影响提供了条件，以亚太地区为代表的新兴市场将成为未来跨国银行竞争的主战场。第二，中资企业"走出去"步伐加快、西方银行业国际化步伐放缓、部分国家监管准入壁垒降低以及中资银行稳健经营风格都为开拓国际市场提供了难得的机遇（王志峰，2009）。第三，信贷业务仍是银行基础收入来源，盈利稳定的零售业务和非信贷业务日益重要，综合化经营是今后跨国银行发展的重要方向。第四，经济危机不会阻止金融深化和金融创新，但推进步伐将更加稳健。第五，金融监管体系将发生深刻变化，银行业将更注重加强跨境监管合作和危机处理，关注跨境资本流动对金融体系稳定的影响；提高金融机构资本的数量和质量，防止过度杠杆化；加强宏观审慎监管，降低金融体系的顺周期性；建立全球一致的国际监管原则体系，加强对未监管市场和产品的监管等，工商银行在跨国经营过程中将可能面临更加严格复杂的监管环境（姜建清，2009）。

(二) 工商银行机构建设策略——以亚洲为重点合理布局全球网络

未来一段时期，工商银行应将业务发展与全球化趋势相协调，通过经营地域多元化规避国别风险、稳定集团收益。合理把握全球经济发展规律，敏锐捕捉经济周期中的网络拓展机遇，审慎研究投资国别与市场的区位优势，按照"立足亚洲，辐射世界"和"新兴与成熟市场、申设与并购、物理与电子渠道并举"的海外布局原则，以及"风险可控制、成本可接受、机构可整合"的并购原则，加快构建符合亚洲地区一流跨国银行的网络基础，同时积极延伸在欧洲、美洲的经营网络，重点关注G20集团中尚未进入的市场、新兴市场经济体和全球主要大城市所在国家，至2011年在全球30个国家或地区设有营业机构，形成以亚洲为重点，覆盖主要国际金融中心，辐射我国主要经贸合作地区的全球经营网络体系（中国工商银行国际业务部课题组，2007）。对于已进入的国家和地区，根据经营需要及时增设分行、二级机构或进一步开展并购，促进电子银行等虚拟渠道与物理渠道的协调发展，加快在当地的本地化和主流化进程，稳步在海外实施城市行战略。通过在全球范围配置资产、摆布业务和复制成功商业模式，构建能够支撑集团跨周期可持续发展的全球运营平台。

(三) 工商银行业务发展策略——以商业银行业务为核心开展综合化经营

未来一段时期，工商银行应逐步构建商业银行、投资银行、资产管理、私人银行一体化发展的稳定商业模式。利用境外机构牌照功能完备的优势，加快实施多元化发展战略，以低成本存款业务、低风险融资业务、国际结算业务、资金运作与清算业务、全球现金管理业务、零售业务为抓手，围绕客户需求准确定位、差别服务，将境内商业银行业务优势延伸至境外；依托商业银行客户基础，发挥总行专业部门和集团子公司优势，在风险可控前提下做大做强投资银行业务，积极发展私人银行、资产管理等财富管理相关业务，构建商业银行、投资银行与财富管理业务良性互动的一体化发展格局，通过盈利驱动因素均衡化，提升境外机构可持续发展能力和周期平抑能力（中国工商银行国际业务部课题组，2007）。加强内地和香港两地投行业务平台的整合与协调，改变内地非持牌业务与香港持牌业务割裂的状态，形成完整的业务体系；大力开展知识创新和技能转移，在严控风险基础上拓宽投行业务品种和范围，增强在国内国际两个资本市场的运作能力，为成为在亚太地区具有相当竞争力与影响力的投行并进而成为世界级投行奠定基础。推动境外控股机构取得内地非银行执业牌照，迂回进入内地证券、保险等业务市场，间接推进工行在内地的综合化经营。以母子公司制的经营性银行控股公司模式为基础，构建适合多元化业务平衡发展需要的管理体制，最终形成集团公司与子公司各司其职、协调发展的金融控股公司经营模式。

（四）工商银行风险管理策略——坚持稳健经营和审慎风险管理

风险管理水平已成为金融机构核心竞争力建设的重要内容。工商银行必须关注经济周期不同阶段的突出风险因素和风险演化特点，既大胆引进国际先进风险管理经验，又注重将全球最佳实践与自身特点有机结合，进一步完善垂直独立的矩阵式风险管理架构，提升集团并表风险管理水平，指导境外机构在集团统一风险管理框架下因地制宜做好日常风险管理工作，逐步构建覆盖全球分支机构、全部业务范围和全体员工的全面风险管理体系，实现对境内外机构各项业务的全额风险计量和全程风险监控，不断提升周期应对能力（中国工商银行国际业务部课题组，2007）。当前，尤其要通过在现有风险管理体系基础上强化情景分析、压力测试、敏感性分析和移动平均分析，使历史数据更具有前瞻性，不断提升跨周期风险管理能力；建立专门针对投资银行、证券、保险等商业银行以外业务的风险管理模型，防范多元化经营过程中子公司之间的关联交易风险、会计制度和行业适用监管制度差异带来的信息披露风险、货币市场与资本市场风险传递带来的系统性风险；逐步建立总行与控股机构之间、同一地区分行与子行之间、境内外机构与其附属机构之间的法人防火墙、业务防火墙、人员防火墙、信息防火墙等适宜的风险隔离机制，加强各业务板块之间的沟通协调，避免风险循环回归。

（五）持续完善工商银行跨国经营支持保障体系

未来一段时期，工商银行应逐步建立和完善条块结合的跨国经营管理体制，持续加强全球统一科技平台建设，通过突破资本约束增强境外机构竞争发展能力，进一步加强跨国经营人才队伍建设。一是根据"协调统一、专业分工"原则和并表管理要求，强化总行专业部门在跨国经营中的条线管理职能，在境内分行考核中适当提高对重点境外机构支持的考核力度；以资本回报为核心，以业务转型和风险控制为重点，继续健全境外机构经营绩效考核体系，在注重长期回报的基础上，注意根据各境外机构自身及所处环境的不同，结合可比同业情况实施分类考核；探索总行专业部门条线管理与区域总部地域分级管理结合的矩阵制管理模式，通过资本控制、人事结合、业务协同有效开展区域管理，逐步构建满足多地区经营与多元化业务平衡发展需要，业务板块与区域有效协同，垂直管理与分级管理相结合的区域总部管理模式。二是坚持境外机构建设与全球一体化平台、海外网银、单证业务等科技系统建设协调推进，尽快在境外机构应用基于全球一体化平台的信用卡系统，构建境外"实体（网点）＋在线（网银）＋离线（银行卡）"的全方位金融服务平台；依托全球一体化平台加快各种业务操作和管理系统在境外机构的应用，推动海外金融产品与服务创新。三是通过向有战略潜力的境外机构增注资、拓展收益较高且风险相对较低业务、发挥同一区域子行与分行配合运作的战略协同与联动等多种渠道支持境外机构突破资本约束，增强可持续发展能力。四是结合境外人力资源管理提升项目，进一步完善外派人员、国际雇员的选拔聘用、激励机制和职业发展通道，逐步加大境外机构高层中当地高端人才的比例，将境外高管和优秀员工纳入集团人才战略体系，加大从境外优秀员工中选拔干部的比重，加快境外机构在东道国的本地化进程。

**参考文献**

[1] 陈四清. 全球金融危机下中国商业银行竞争策略的若干选择 [J]. 国际金融研究, 2009 (6): 6-11.

[2] 姜建清. 商业银行国际化: 环境与体制 [M]. 北京: 中国金融出版社, 2009.

[3] 拉斯·特维德. 逃不开的经济周期 [M]. 北京: 中信出版社, 2008.

[4] 王志峰. 次贷危机对中国银行业的影响及对策——从与1997金融风暴对比的视角 [J]. 国际银行业, 2009 (2): 83-87.

[5] 中国工商银行国际业务部课题组. 工商银行国际化发展研究 [J]. 金融论坛, 2007 (2): 20-26.

# 从富国银行看大银行
# 如何提供小微金融服务[①]

通过评分卡、免担保等多种创新方式改变传统信贷操作模式，富国银行把一度亏损的小微企业贷款变成了价值较高、风险较低的投资业务。富国银行成功的案例告诉我们，大银行也能很好地服务小微企业。我国的商业银行应该学习富国银行的先进经验，对其小微企业信贷模式进行深入细致的研究，从而为合理有效解决小微企业融资难的问题提供新的解决路径。

富国银行（Wells Fargo）于1852年在纽约成立，是一家多元化的金融集团，它目前是全球市值排名第一的银行，美国第一的抵押贷款发放者，第一的小微企业贷款发放者、拥有全美第一的网上银行服务体系，同时还是美国唯一一家拥有AAA评级的银行。对富国银行进行研究，可以对我国金融业的发展及商业银行的转型提供一些有益的借鉴。

## 一、富国银行经营特点

富国银行的三大业务是社区银行、批发银行和财富管理。过去三十年，美洲银行、花旗银行、摩根大通等一些大型银行都把投资银行业务看作自身发展的重点方向，努力发展投资业务以及经纪业务，富国银行仍然把传统商业银行看作自身业务的主要发展方向，把社区银行业务看

---

① 原文发表于《新金融》2015年第1期。

成是自身的主营业务。富国银行经过多次调整，逐步形成了以社区银行、批发银行为主，财富管理为辅的业务结构模式。

社区银行服务的对象主要是个人及年销售额 2000 万美元以下的小企业，提供的金融服务主要有投融资、保险、信托等；批发银行服务的对象主要是年销售额 2000 万美元以上的大中型企业，提供的金融服务主要有投融资、保险、投行、国际业务、房地产、咨询等；财富管理业务主要有理财、经纪和养老等，提供的金融服务主要有财富管理及个人金融总体方案。

社区银行是富国银行最主要的收入来源。过去 5 年，社区银行为富国银行贡献了 60% 左右的总收入（见图 1），虽然收入占比逐年下降，但社区银行在富国银行的净利润占比先降后升（见图 2），并一直保持在 50% 以上。2013 年社区银行总收入为 503 亿美元，比 2012 年减少 31 亿美元，减少 6%，2012 年比 2011 年增长 26 亿美元，增长率为 5%。2013 年总收入的下降归因于较低的抵押贷款银行业务收入被较高的信托投资费用抵消，而 2012 年的增加是由于抵押贷款银行业务收入及存款服务收费的增长。社区银行净利润 2013 年为 127 亿美元，比 2012 年增长 22 亿美元，增长率为 21%，2012 年比 2011 年增长 14 亿美元，增长率为 15%。值得注意的是社区银行为富国银行提供了 60% 的存款（见图 3），平均核心存款在 2013 年增加了 289 亿美元，增长率为 5%，2012 年比 2011 年增加了 349 亿美元，增长率为 6%。社区银行业务为富国银行提供了充足的流动性，使其在 2008 年金融危机中得以幸存并不受大的波及，也使富国银行最终一跃成为全球市值第一的商业银行。

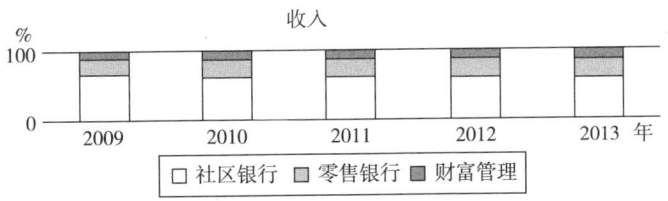

数据来源：富国银行年报。

图 1 2009—2013 年富国银行收入占比

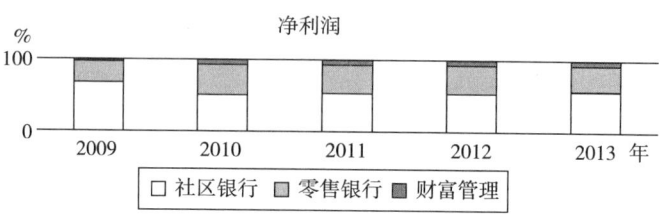

数据来源:富国银行年报。

图2 2009—2013年富国银行净利润占比

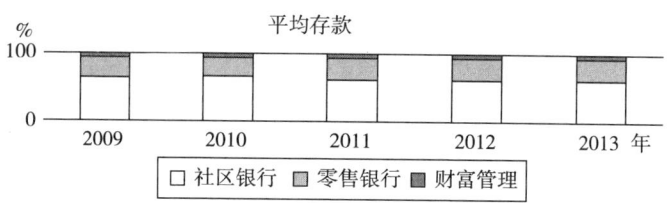

数据来源:富国银行年报。

图3 2009—2013年富国银行平均存款来源占比

富国银行在全美的6000多家商店开设有社区银行业务,拥有非常雄厚的客户基础,美国有超过33%的家庭与富国银行都保持有业务上的联系,在美国的17个州中,富国银行的存款市场份额都位居前列。社区银行主要采取的是精细化的业务模式,富国银行建立了交叉销售、效率、密度和投资4个模型,不再采用传统的考核指标,取而代之的是通过模型量化后的指标,从而使得部门的发展符合银行总体的发展战略。

## 二、富国银行小微企业业务

在介绍富国银行小微企业业务之前需首先介绍一下美国小微企业的总体情况。

(一) 美国小微企业概况

美国银行业定义企业规模主要是通过企业的人数来进行判断,企业人数不足10人属于微型企业,企业的人数在10~100人之间是小型企业,企业人数在100~499人之间的是中型企业。其中,在贷款金额低于100万美元的小微企业贷款市场中，社区银行占比可以达到一半以上，大型银行所占的份额并不是很大。但是，在贷款金额低于10万美元的贷款中，大型银行占据了较大的比重。摩根大通、美国银行、花旗银行和富国银行四大银行占全美银行业总资产的45%，同时，这四大银行的小微企业贷款余额占全美银行的37%。

传统观念认为，社区银行有着较低的成本，而且可以更容易近距离地接触客户，因此小型金融机构更适合做小额贷款业务。但是在美国，低于10万美元的小额贷款基本都是通过大型银行来处理，因为这类贷款想要有效地控制风险以及成本，需要通过单一产品的批量处理，同时采取集中管理的方式，想要实现规模效应，还需要依靠高技术含量的大型数据库，通过电话中心采用直销的方式。大型的银行具有进行集中化操作的优势，所以，大银行在小微企业的贷款业务方面有着很强的竞争优势。

然而，直到20世纪90年代末期，美国大型商业银行并不十分重视小微企业金融服务，主要是由于人们普遍认为小微企业客户具有高风险、高管理成本的特点，并且收益没有规模效应，不应该是大银行关注的重点，而是社区银行和小型财务性金融公司的客户。当时的富国银行是美国西部最大的银行，拥有2000多个网点，为大量的小微企业客户提供优质的服务。富国银行对小微企业的客户并不排斥，相反，富国银行仔细研究小微企业客户的潜在需求以及风险状况，同时充分利用新开发的信用评分卡，最先在美国发放小企业贷款。经过多年的发展，富国银行已经成为全美最大的小微企业贷款银行。

（二）富国银行小微企业业务概况

2013年，富国银行为小企业（年收入低于2000万美元的企业）提供了189亿美元的新贷款承诺，平均每个星期提供3.6亿美元新增贷款，较2012年增长18%。富国银行已连续第五年成为全美最大的小企业管理局（SBA）贷款提供者。

富国银行小微企业服务取得如此成功归功于其自身特殊的经营方

式。富国银行将自己的零售网点称为"商店",并效仿了零售和超市的许多形式和概念,通过这种方式显示出银行对于顾客和服务的重视程度。成本方面,一家富国银行的"商店"建设成本仅为传统网点的四分之一,其网点在成本控制方面成果非常显著。单个的小微企业金融业务比较少、成本又相对较高,如果提高定价又会导致部分客户的流失,所以,通过交叉销售降低成本和提高客户贡献度成为银行关注的重点。举个简单的例子,在美国,企业结算存款是不需要支付任何利息的,富国银行则通过电话银行交叉销售吸收了众多小微企业的结算存款,从而极大地提升了银行的综合收益率。因此,富国银行的交叉销售率在美国也是高居首位。与此同时,富国银行运用了在同行业中极具优势的风险理念,并在20世纪90年代初期成功设计出第一代的信用评分卡,建立了小微企业信用评分系统。

(三)富国银行小微企业业务客户分类

如表1所示,小企业市场由富国银行旗下的两家专门机构负责:"企业通"的贷款额度不超过10万美元,目标客户年销售额低于200万美元;小企业银行的贷款额度为100万美元或更高,目标客户年销售额在200~2000万美元之间。富国银行通过网点和客户经理两种模式为小微企业提供优质的服务。其中,对低于10万美元的微贷,运用工厂化的模式来进行审批和管理,同时,利用商务卡产品来管理,通过邮件、电话或分行柜台发放,没有客户经理。

表1　　　　　　富国银行小企业信贷客户分类

| 贷款产品 | "企业通" | 小企业银行 |
| --- | --- | --- |
| 目标客户 | 年销售小于200万美元,雇员在0~9个,企业有一定经营年限 | 年销售在200万~2000万美元之间,雇员在10~99个 |
| 贷款额度 | 不超过10万美元 | 100万美元或更高 |
| 申请方式 | 通过邮件、电话或柜台 | 客户经理 |

富国银行建立了微型企业信贷中心,可以随时提供全天候的电话服务。通过这种差异化的营销流程可以极大地提高客户满意度,客户群得

到了有效的扩展。贷款由训练有素的客户经理负责发放，他们负责管理与客户的关系。富国银行非常详细地研究了中小企业的需求及特征，并根据不同的客户类群进行分层营销。富国银行针对不同的客户有着相对应的组织架构，批发银行部主要针对的是超过100人的大中企业，并且配备有客户团队和经理；零售银行的专职客户经理主要针对的是10~100人的小企业；网点主要针对的是低于10人的微型企业。

富国银行通过交叉销售可达到客户和银行双盈利。客户购买的产品和服务越多，则富国银行的附加销售费用越低，客户流失也越少，同时，银行可以全方位了解客户从而为其量身提供产品和服务，也降低了银行的信贷风险，可谓一举多得。数据显示，客户如果购买3种产品，富国银行的盈利在一倍，如果购买8个产品，则盈利在5倍，如果购买10个以上的产品，则盈利在10倍。富国银行交叉销售的关键是产品的配套组合与有效的销售，以吸引和增加客户关系为前提，为客户提供包括支票账户在内的至少4个产品让客户自由选择。富国银行交叉销售的成功离不开几方面的努力，一是公司管理者的高度重视，为销售制定目标，并把其作为考核指标；二是加强培训员工产品知识，产品部门与区域银行协调分工；三是建立详细客户背景数据库；四是统一产品价值，建立销售激励制度，提高员工热情。

（四）富国银行小微企业贷款创新

富国银行的小企业业务在20世纪90年代中期是不盈利的，但其通过一系列创新使得小微企业信贷成为高盈利和高增长的业务，包括评分卡、电话申请、免抵押等流程。

信用评分卡主要是通过历史数据统计计算贷款人与其信贷表现之间的相关性，并以此相关性来判断贷款人未来的信贷表现。例如，可根据贷款人在2008年的特性与其在2010年的还款表现的关系来推测贷款人在2014年申请新贷款时其2016年的还款行为。评分卡可以量化风险、保持决策一致性、提高效率、降低成本，但需随环境的变化而调整系统内的参数以做到与时俱进。与此同时，富国银行通过四个方面对小微企业建立信用评级体系。一是数据的收集，收集包括客户在他行的产品数据等大量已有数据信息及发掘新的可用信息；二是模型的建立，建立起含有大量同质分散贷款信息的模型，并用统计方法进行检验；三是战略的选择，选择合适的利率及额度发放贷款给客户；四是系统地分析、评估和修改，不停地分析和监控，及早发现问题对现有评分卡模型进行改进。此外，仅依靠企业自身的数据而建立的模型存在缺陷，还需考虑外部环境因素，如房地产泡沫地区、热门产业、突发性事件影响特定客户群。因此，富国银行的信用评级模型除了考虑企业自身数据，还将行业数据、区域数据、宏观因素包含进模型或在模型外调整授信规则、增加人工复审等。

表2　　　　　　　　富国银行小微企业贷款流程变化

| 传统流程 | 现有流程 |
| --- | --- |
| 通过分行或信贷人员进行申请 | 通过邮件、电话或柜台申请 |
| 需提供纳税报表和财务报表 | 无须提供纳税报表或财务报表 |
| 人工审核 | 三分之二实现自动化审批 |
| 放贷人对申请进行评价 | 基于积分卡自动生成放贷结论 |
| 年度评价 | 不需年度评价 |
| 需抵押物 | 无需抵押物 |
| 在商业贷款系统登记 | 在个人消费贷款系统登记 |
| 强调极低的损失 | 利用风险定价优化回报 |

如表2所示，根据小微企业所具有的特点，富国银行对贷款的流程重新进行了调整，小微企业申请贷款的时候可采用电话、网络或者柜台等多种方式，这对小微企业申请贷款提供了非常大的便利，降低了成本，同时也有效拓展了银行潜在的外地客户。通常情况下，小微企业的财务信息是不透明的，而且比较缺少符合要求的抵押物，富国银行根据这种特点，一改往常小微企业贷款需要抵押担保的做法，不再要求它们提供财务报表，同时也不需要提供担保。对于大部分的贷款申请者，富国银行采取了自动化审批的方式，有效降低了贷款的成本，同时把小微企业贷款利率设置得较高，这样即使小微企业贷款的损失率出现过高的

情况，从总体上来说依旧可以获得盈利。另外，零售信贷部门主要负责小微企业贷款，并配备有详细的记录和管理，对于贷后管理，不再进行定期的审核，如果信用条件没有变化，其授权额度也不会发生变化。富国银行还利用自己独特的风险定价方式以增强小微贷款的风险管理。

（五）富国银行小微贷款风险管理

富国银行小微企业贷款业务风险管理可按照贷款流程分为贷前管理和贷后管理两方面。在贷前管理中，第一步，富国银行依据其拥有的大量有效信息对小微企业客户的市场结构进行较为科学细致的分析，通过其内部掌握的小微企业的信用数据评估和分析信贷风险。富国银行把经营时间较长并且在贸易融资中表现比较好的小微企业作为自己的目标客户，并对该类客户提供"企业通"产品。第二步，富国银行主要对可能存在的欺诈行为采取措施进行筛选，申请贷款的小微企业客户需要提供银行所要求的数据，银行通过把这些数据与银行内部现有的信用数据进行匹配，通过这种方式可以检验该企业的贷款申请是否存在欺诈行为。第三步，富国银行通过其自主研发的信用记分卡对小微企业的贷款申请进行风险统计和信用评分，该记分卡包含七个评估子项目，可全方位对企业信用进行评分，通过记分卡打分后，富国银行可对小微企业的贷款申请者进行比较细致的分类，如果有的申请者需要进一步审核的话，富国银行将会实施人工审核。

在贷后管理中，富国银行运用"行为评分"模型对每笔贷款的变化进行评估和监控。模型数据来源于征信机构、贷款数据、存款账户数据，该模型通过分析企业贷款的目的、企业未还款的数额、超额授信的额度等数据对小微企业贷款的偿还风险进行判断。富国银行根据风险评估结果采用不同的措施：第一，调整贷款定价，贷款定价是根据风险评估的结果不断发生变化的，它是一个动态调整的过程。富国银行"企业通"信贷产品主要是依据借款人信用风险的变化，随时变换贷款利率。第二，调整授信额度，对于银行优质的客户，可以相应地提高授信额度，这样可以提升小微企业贷款总体的盈利水平，从而有效地降低贷款的总体风险。第三，采取诸如交叉销售、关闭账户等其他的方式降低小微企业贷款的风险，从而扩大银行的盈利空间。

经过多年的努力，富国银行已经发展成为美国最大的小微企业贷款银行。富国银行小微企业业务有高收益和低风险的特征，即贷款的收益率要比个人贷款的收益高，但是不良贷款率比个人贷款的要低。

### 三、富国银行的成功对中国银行业的启示

富国银行成功的案例告诉我们，如果实行合理正确的操作方法，即使小微企业的贷款有比较高的风险，也可以获得盈利。在20世纪90年代初期，富国银行的小微企业贷款业务还是亏损的，但是，通过评分卡、免担保等多种创新的方式，改变了传统信贷操作模式，富国银行把小微企业贷款变成了价值较高、风险较低的投资业务。富国银行的成功实践证明了大银行也可以很好地服务小微企业。我国的商业银行应该学习富国银行先进的经验，对其小微企业信贷模式进行深入细致的研究，从而为合理有效地解决小微企业融资难的问题提供新的解决路径。

（一）我国小微金融现状

各国小微企业均存在财务信息不完全、抵押担保物缺少、贷款额度偏小、风险较高等特征，这些特征与银行的信贷和风险政策不匹配，使小微企业不易获得贷款。

除此之外，我国小微企业有其自身的特点，包括：一是我国仍是发展中国家，正处于中等收入阶段，需继续努力发展服务业，因此急需大力发展小微企业；二是我国人民自己当老板创业欲望较强烈，小微企业有大量群众基础；三是我国小微企业多以间接融资为主，与欧美的小微企业以直接融资的再融资需求为主不同。

除了小微企业自身的特点以外，我国商业银行本身的经营特点导致我国小微企业融资较困难，一是大部分银行缺乏科学的小微企业评估系统，常常以大企业的评估指标来评定小微企业，使小微企业较难通过贷款审核，此外，银行现存的风险评估系统并未考虑小微企业未来的发展

能力，过于强调抵押物的作用，很难对小微企业的贷款风险进行合理准确的评估和衡量；二是为了给小微企业提供贷款，银行所负担的成本较高，一方面银行需要投入更多的网点、设备、人员，另一方面在信息费用和交易成本差别不大的情况下，为小微企业发放贷款的单位贷款成本较高；三是部分银行并没有像富国银行一样以客户为中心，站在客户的角度思考，为客户量身定做适合其自身特点的金融产品。

(二) 我国小微金融商业化经营建议

1. 提高商业银行小微企业服务能力。在监管部门的积极引导下，我国商业银行逐步意识到小微企业的市场价值，逐步把小微企业视为重要客户，建立了从业务申请、审批，贷款发放，到贷后风险管理系统等系统化、多方位管理体制。根据富国银行的经验，我国商业银行还需对小微企业客户细分以采用不同的贷款流程、量身打造金融产品、创新贷款流程。按照小微企业的规模对我国小微企业客户进行细分，并确定授信额度范围，额度较小的申请简化贷款流程以节约成本、提高效率，对贷款需求较大的客户可在提供贷款的同时实施交叉销售，从而增加单笔客户的利润率。为客户量身打造适合其特点的金融产品，真正做到以客户为中心。可以参考富国银行的评分卡系统并实行合理有效的创新，从而完善小微企业贷款流程，建立小微企业风险管理系统从而加强对风险的管理和控制。

2. 改善小微企业融资体系。现有小微企业融资体系以间接融资为主，不利于小微企业健康稳定持续的发展和壮大，应该加强对小微企业融资环境的改善，努力发展直接融资体系。一是可以继续放宽小微金融市场准入条件，增加小微金融服务供给。在小微企业相对发达的地区，鼓励设立地方性小微金融机构特别是社区银行，发挥社区银行与当地密切联系的优势，提供社区金融服务。鼓励和扶持小额贷款公司的发展。小额贷款公司是缓解小微企业融资难的有效办法之一，需不断完善其制度及法规，在坚守只贷不存的底线基础上寻求解决其资金来源问题。二是充分利用新兴事物互联网金融，鼓励发展股权众筹等模式为小微企业直接融资。互联网金融在融资渠道上有别于传统的商业银行和证券市场，可提高资金的融通效率、降低交易成本、分散风险，有益于小微企业和个体融资。股权众筹模式是通过互联网使单个个体资金聚集，给小微企业提供资本金。三是多层次发展资本市场，注重小微初创阶段的创业投资（VC）或私募股权投资（PE）等风险投资。VC和PE可提高小微企业融资中的直接融资比重，相对于银行融资，VC和PE更看重的是企业未来的盈利能力，而不只是经营状况。

3. 鼓励地方政府出资或支持设立信用担保公司。小微企业信用体系的建立是个长期的过程。从世界各国经验来看，政府出资设立信用担保公司是不可缺少的一环。当前可鼓励各级政府出资设立为小微企业服务的信用担保公司，同时积极吸引民间资金投资，继续采取对项目贴息的方式扩大信用担保业务，以发挥信用担保的规模放大效应。信用担保公司实质上也是一种金融机构，同样产生金融风险，金融监管部门应该承担对担保业的监管责任。当前应结合互保联保贷款风险处置和化解，加强和改进信用担保机构的重组、监管和发展。完善信用担保公司的治理结构，实行所有权与经营权相分离，规范担保经营，严格限制股东贷款的关联担保。将完善信用担保机制和加强社会信用建设结合起来，由银行、税务、工商等部门相互配合，建立起包括信用征集、信用评价、信用担保在内的社会化信息平台，切实改善银企联系的外部环境。

# 从德意志银行的
# 兼并收购看其发展战略转型[①]

德意志银行的并购活动实施需要通过其内部严格的评审，一方面要确保符合集团战略目标，考虑与其他业务的协同效应，另一方面也要评估对财务的影响。绩效评估结果显示，德意志银行的并购活动是成功的，值得国内银行参考借鉴。

德意志银行成立于1870年，最初是一家外贸银行，经过130多年的发展，德意志银行已经成为全球领先的综合金融服务提供商。截至2006年底，德意志银行通过在73个国家的1717个分支机构为全球1415万客户提供服务，资产总额达11260亿欧元，总收入达283亿欧元，员工总数为68849人。

从德意志银行的发展历史看，大致可以划分为五个阶段：第一阶段1870—1945年，为德国本土最大的信贷银行；第二阶段1945—1975年，进入零售商业银行领域；第三阶段1975—1988年，在美国、意大利等国家开设分行，向国际化发展；第四阶段1989—2001年，进入投资银行领域，开始全球扩张，实现由零售商业银行向全能银行转型；第五阶段2002年至今，在已经奠定的全球化网络基础上，由规模扩张向提高效益的精细化方向转型。从20世纪80年代中后期开始，德意志银行致力于创建一个欧洲范围内的全能银行以及一个全球化的投资银行。除了

---

① 原文发表于《国际金融研究》2007年第10期，合作者：潘功胜、于东智、牛筱颖。

内部有机增长外，德意志银行的成功转型与迅速成长的关键在于其一系列成功的并购活动。

### 一、德意志银行的战略转型与并购历程

过去20年间，德意志银行的并购活动一直紧紧围绕着其发展战略的变迁。20世纪80年代中期到20世纪末，与由一个德国本土的零售商业银行向以欧洲为本土的全能银行以及全球化的投资银行转型战略相一致，德意志银行的并购战略主要从两个维度展开：以业务线扩张为目的的并购和以地域扩张为目的的并购，二者相辅相成，且大部分并购活动同时兼具业务扩张和地域扩张双重功用。20世纪末，德意志银行基本实现了以欧洲为基础的全球化发展战略。新世纪以来，开始将降低成本、提高效益、专注于核心业务作为发展的重点，并购对象也转向更加专业化的金融机构和高增长的新兴市场经济国家。

（一）商业银行业务由德国本土市场转向整个欧洲

20世纪80年代中期以前，德意志银行基本上还是一家德国本土银行，国内业务收入占总收入的90%以上。把本土市场扩展至整个欧洲是德意志银行全球化战略的第一步。

1986年，收购美国银行在意大利的分支机构——Banca d'Amenrica e d'Italia——98.3%的股权，这是德意志银行第一次在别的欧洲国家收购一家颇具规模的分支机构。1993年又分别在意大利和西班牙收购了Banca Popolare di Lecco和马德里银行，继续扩大在意大利和西班牙的市场份额。德国统一以及东欧社会主义国家巨变之后，德意志银行迅速进入东德及东欧地区，在东德开设了300家分行，并在保加利亚、捷克、匈牙利、波兰和俄罗斯等东欧国家设立分支机构。到90年代中期，基本奠定了其在传统商业银行领域在欧洲的领先地位。

（二）收购摩根建富———创建覆盖欧洲范围的全能银行

继续稳固传统业务，并加强在欧洲全能化服务能力是德意志银行在20世纪90年代初期和中期的主要战略目标。

1989年,德意志银行以1780万美元收购英国的摩根建富集团(Morgan Grenfell) 4.99%的股份,加强了其在国际证券业务中的地位,并扩大了在伦敦资本市场的影响力。同年,德意志银行创建了自己的保险机构,以补充其商业银行和投资银行业务,向一站式金融服务中心迈出了一大步。1995年,德意志银行又以15亿美元的价格收购了摩根建富其余的股权,并将其所有投资银行业务都整合进入摩根建富,成立了一个新机构———德意志摩根建富,总部位于伦敦。

这次并购为德意志银行创建欧洲范围内的全能化银行奠定了坚实的基础,这是一次具有里程碑意义的战略并购。

（三）进驻北美,创建全球化的投资银行

尽管德意志银行早在1986年就收购了美国投资银行C. J. Lawrence,于1988年收购了位于多伦多的投资银行McLeanMcCarthy,并于1992年组建了德意志银行（北美）,但在北美市场的投资银行业务基本上还是很弱的。

德意志银行意识到,要成为一家具有全球影响力的投资银行,就必须在全球最发达的资本市场——美国拥有一席之地。1999年,德意志银行以102亿美元收购了美国信孚银行。信孚银行总资产达1330亿美元,机构遍布50个国家,是美国第8大银行、第6大资产管理机构和全球第10大资产管理机构,在机构资金管理、公司信托及代理业务、产品交易（如固定收益类证券、货币、外汇及结构类交易产品）和私人客户服务方面都具备很高的专业品质和创新能力。两家银行合并后组成的金融资产高达8300亿美元。这是德意志银行转型过程中最具战略意义的一次资本并购,不仅帮助德意志银行获得在美国市场的份额,还赢得了欧洲市场的尊重,并为其在德国本土市场的发展创造了更多机会,从而跻身全球领先投资银行之列。

（四）进入新兴市场和业务领域,寻找新的利润增长点

经过了20世纪90年代的几次大规模并购之后,德意志银行基本实现了以欧洲为主战场的全球化扩张战略,全球化框架搭建完成。但粗放

式的发展模式也使其成本大幅上升,成本收入比由1989年的58%一路攀升至2001年的87%。

居高不下的成本开支促使德意志银行开始把控制成本、提高收益放在了首要地位,而专注于核心业务、寻找新的利润增长点是德意志银行战略转型的主要方向。

从2002年开始,德意志银行制订了一个三阶段的管理计划:第一阶段2002—2003年,其目标是重新调整业务重点;第二阶段2004—2005年,其目标是提高增长速度以及达到25%的股本回报率;第三阶段2006—2008年,其目标是充分利用德银的全球平台实现加速增长。

与之相适应,德意志银行把并购对象由大型综合金融机构转向盈利好、在某个业务领域具有领先地位的专业金融机构,并购地域也由以欧美为主转向亚洲、拉美等新兴市场经济国家。

2002年,德意志银行开始进军美国的房地产抵押贷款市场,在之后的四五年中相继收购了美国的房地产投资管理公司RREEF、商业按揭银行(Berkshire Mortgage)、Chapel Funding、Mortgage IT。通过一系列并购,德意志银行在美国的住宅抵押业务迅速成长,占据了美国固定收入市场的领先地位。

与此同时,德意志银行也敏锐地意识到了新兴市场的高增长和市场逐渐开放带来的金融业务机会。近年来,德意志银行相继在土耳其、墨西哥、俄罗斯、越南等国收购证券经纪公司、投资银行、资产管理公司或参股商业银行等,以分享这些国家高速增长带来的利润增长。德意志银行也加大了在中国的业务拓展力度,2005年与嘉实基金公司成立合资基金管理公司,2006年又以战略投资者的身份进驻华夏银行,出资2.5亿美元收购其9.9%的股权,获得在中国开展银行业务的平台。

## 二、德意志银行战略并购的实施框架

(一)战略并购的实施目标

德意志银行的战略并购活动主要服务于其集团总体目标:25%税前

股本回报率的可持续盈利目标；两位百分数的每股收益增长。

在资本管理方面的目标是：保持核心资本率稳定在 8%~9% 的水平。具体措施包括：为风险加权资产（RWA）的增长提供资金，保持资本的有机增长；维持商誉和无形资产等外部增长；持续提高股息增长率；灵活利用股票回购用以优化资本结构。

战略并购活动要兼顾股本回报率（税前）、每股收益率（摊薄后）以及核心资本率这三个目标之间的平衡。

（二）战略并购实施的内部组织架构

德意志银行的投资决策部门主要有：公司发展部（AfK）、集团投资委员会（GIC）和集团执行委员会（GEC）。

1. 集团投资委员会（GIC）由集团资金部、内控部、市场风险部、公司发展部和战略控制部等部门主管组成，由首席财务官担任主席，公司发展部主管担任秘书。集团投资委员会的主要任务是：评估投资建议，包括对项目本身的评估建议以及从德意志银行集团/业务的角度进行评估；提供辅助意见；改善决策准备工作的质量；监管执行和实施过程。

评估投资建议的主要考虑因素为投资理由、战略契合性、整合、财务影响、资本影响、关键风险以及缓解、其他可能出现的问题。

2. 公司发展部（AfK）的任务包括两方面：（1）实现公司目标，即向成长为为高要求的客户提供财务解决方案的全球领先提供商提供支持；支持德意志银行的增长措施，并为德银股东和员工创造高价值而努力。（2）利用其多元化的团队以确保战略和投资决策制定的高质量准备工作，出色地执行战略举措、重要的并购交易、组织结构调整以及机构重组措施。

公司发展部在构建德意志银行的战略、交易执行和公司投资中都扮演了重要角色。其主要职能体现在五个方面：（1）公司战略和结构。支持集团董事会和集团执行委员会制定、完善并传达集团的战略，并且制定和实施集团的组织和公司治理结构。（2）增长和创新促进机构。寻找、评估和研究所有业务和地区的增长理念和战略；管理一系列的增长举措。(3) 并购交易执行。担任内部顾问、项目和计划经理以及德意志银行在重大并购交易中的代表。(4) 投资管理和公司重组。为德意志银行的投资和法人管理提供建议。(5) 公司投资（CI）。支持公司投资运营委员会管理集团投资组合的资产。

(三) 战略并购的决策实施流程

1. 德意志银行投资决策制定过程包括三个主要环节（见图1）。

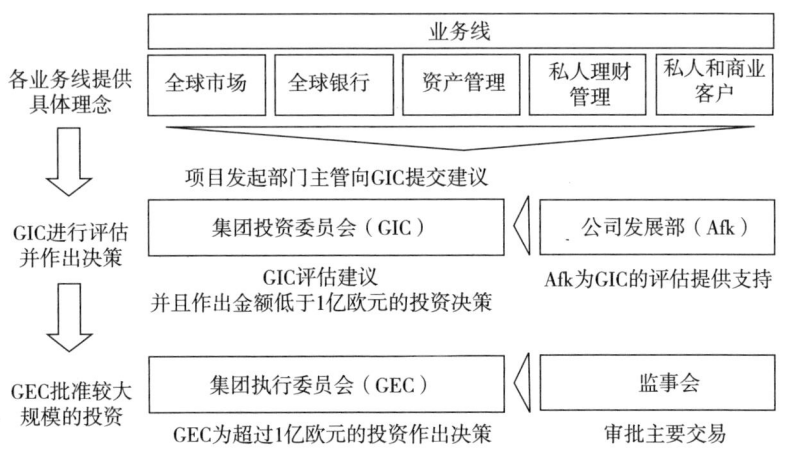

图1 投资决策制定过程

首先，由业务部门提出项目申请，并由项目发起部门主管向集团投资委员会（GIC）提交建议。

其次，由集团投资委员会对项目可能带来的财务影响进行评估，对金额低于1亿欧元的投资作出决策，金额高于1亿欧元的则要向集团执行委员会（GEC）提交项目建议书，供GEC审核；公司发展部为GIC的评估提供支持。

最后，对金额超过1亿欧元的投资项目，GEC作出决策；而并购金额超过监管标准的，则需要提交监事会审批。

2. 集团投资委员会的评估内容。集团投资委员会对潜在并购目标的评估主要有五个方面，即了解并购目标的基本情况、并购目标对德意志银行的战略益处、内在的可能风险、对财务的影响以及并购之后整合的方法。

（1）了解并购目标主要包括：目标业务的性质及描述；管理；目标的竞争环境/定位；历史财务状况（过去3～5年的损益和资产负债表）。

（2）了解并购目标的战略益处，即了解并购的原因。主要考察并购的目标对德银是否具有协同增效的作用、是否是补充性的业务或者是地区/产品领域的扩展；同时还将并购之后的成效与内部有机增长方案进行比较，从而评估并购的价值。

（3）了解内在的可能风险。主要评估的风险包括三类：第一类为并购业务在战术和战略上的风险、并购之后能否留住关键人员、并购的时间选择和周期风险；第二类为运营风险、市场风险和信用风险；第三类为声誉风险、法律风险和监管风险。其中，第一类是基本可以控制或可以改善的；第二类风险则是德意志银行一直控制得较好的，属于业内的佼佼者；第三类风险则较难以察觉，必须小心应对。

（4）了解对财务的影响（见表1）。并购项目对财务的影响是集团投资委员会评估的重点，其中并购项目对德意志银行的成本收入比（协同效应）、价值创造、股本回报率、投资回报率、摊薄后每股收益增长、核心资本增长率、市盈率等的影响都是股东最为关注的。

表1　　　　　　　并购对财务影响的类别与内容及标准

| 类别 | 内容及标准 |
| --- | --- |
| 业务计划 | • 损益表、资产负债表以及相关假设<br>• 基于股东的看法<br>• 敏感性、假设方案 |
| 对德意志银行的影响 | • 协同增效（收入、成本）<br>• 价值创造<br>• 股本回报率、投资回报率（3～5年）<br>• 核心资本增长（2年）<br>• 每股收益增长、推荐<br>• 市盈率、市净率、核心资本率<br>• 偿还期：<br>　　——投资、核心资本摊薄、每股收益摊薄 |

(5) 并购之后的整合。并购之后能否有效地整合是评价并购是否成功的关键。组织机构如何调整、整合的时间如何安排、重要事项如何处理、责任如何划分等都要在并购之前考虑清楚，只有如此，并购之后才能尽快地发挥协同效应，实现预期收益。

3. 估值与执行。对并购目标进行合理估值是降低并购成本的重要内容。可以根据净现值、风险状况以及可比交易进行估值，并可考虑敏感性以及协同效应等因素。在交易时，要考虑税收条件、法律以及监管规定等，以免出现不利的变化。

并购完成之后，还要将最初的并购提议以及一体化计划（包括里程碑事项）提交集团投资委员会审核，然后交由 GEC、资本和风险委员会审核，最后提交管理委员会审核。

### 三、德意志银行的战略并购

绩效评估过去的近 20 年中，德意志银行通过不断地兼并收购，实现了其在地域上以欧洲为基础的全球化发展目标、在业务上全能化的发展目标，并在最近几年实现了降低成本、提高收益的战略目标。

**（一）实现以欧洲为基础的全球化发展目标**

20 世纪 80 年代中期以前，在德国本土的业务收入占德意志银行总收入的 90% 以上；到 1989 年，该比例仍高达 79%，在其他欧洲国家的收入占比为 15%。通过在意大利、法国、西班牙、瑞士、比利时及东欧各国的一系列并购活动，德意志银行迅速占领了欧洲市场。1994 年，德意志银行在意大利和西班牙分别有 260 个和 318 个分支机构，成为这两个国家中最大的外资银行；1995 年，德意志银行在欧洲（不含德国）的业务收入比例已上升到 20%，而到 2000 年该比例达到 38%，之后几年基本稳定在 35% 左右（见图 2）。

20 世纪 80 年代末，德意志银行在美洲和亚太地区的业务收入都很少，1989 年，其业务占比仅分别为 4% 和 2%，到 2000 年就分别达到了 10% 和 22%，2006 年亚太地区的业务占比更是上升到 28%，在美洲的

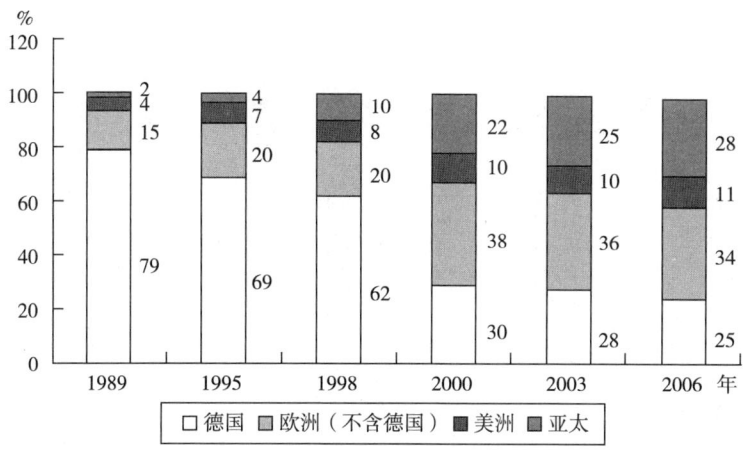

**图2 德意志银行业务收入的地区分布**

业务占比稳定在11%左右。

到2006年底,德意志银行在全球73个国家拥有分支机构,包括德国在内的欧洲业务收入占其总收入的近60%,美洲及亚太地区的业务比例约为40%,以欧洲为基础的全球化发展目标基本实现。

(二)业务收入多元化,实现全能化发展目标

通过不断的并购扩张,到20世纪90年代中后期,德意志银行已经成为一家在欧洲拥有稳固地位的全能银行。收入结构中,净利息收入占比逐年下降,由1989年的65.6%下降到1998年的41%,到2006年更下降到24.4%;而净佣金收入则持续上升,由1989年的27.1%上升到1998年的42.7%,并在以后的几年中基本保持在40%左右。根据其业务部门划分,资金交易业务属于公司与投资银行部,该部门的总收入(净佣金收入+交易收入)占比在2004年即达到70%以上(见图3)。

(三)资产规模迅速扩大,资产与资本收益率显著改善

1. 资产规模迅速扩大,资产回报率稳步提升。截至2006年底,德意志银行的总资产达到11260亿欧元(见图4),较1996年的4530.5亿欧元增长了近1.5倍。其中,在2001年和2002年,由于剥离了所有的保险业务,总资产规模有所下降,但通过在欧美市场的不断并购,德意

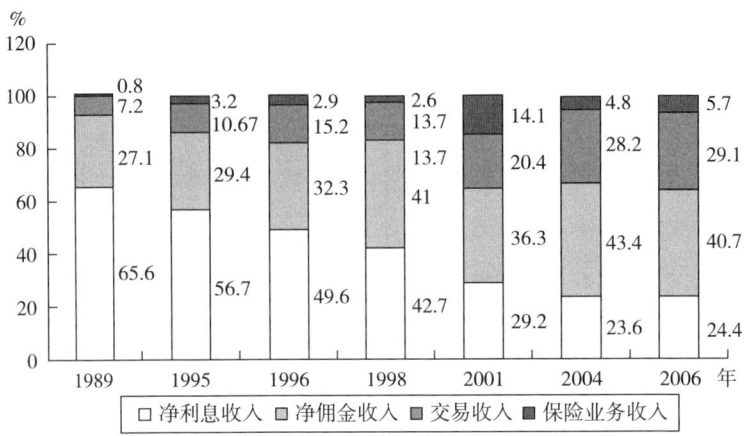

注：2001年以后，保险业务被剥离，相应占比为其他利息收入。

**图3　德意志银行的收入结构**

志银行的资产结构在优化的同时又很快上升。税前平均股本回报率（ROAE）在过去的10多年间也稳步上升，由1995年13.7%升至2006年的30.4%。

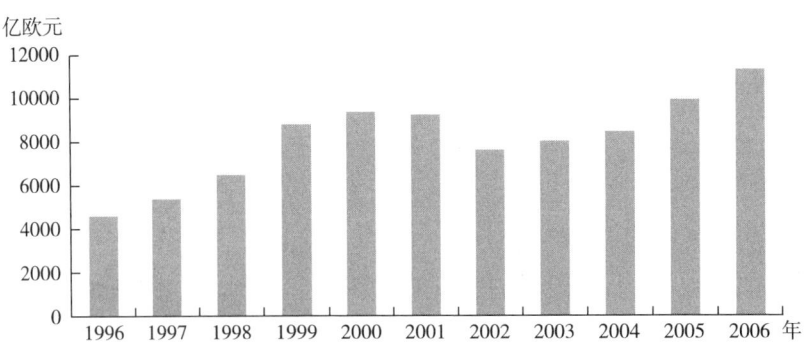

**图4　德意志银行的总资产变化情况**

2. 资本回报率全面强劲改善。从近几年的表现看，德意志银行的业务部门的税前股本回报率都有大幅上升（见图5）。从2002年到2006年，公司投资的税前股本回报率上升28个百分点，资产和理财业务由7%上升到18%，公司银行及证券由6%升至31%，公司投资业务由

13%升至41%，总计税前股本回报率呈大幅上升趋势。

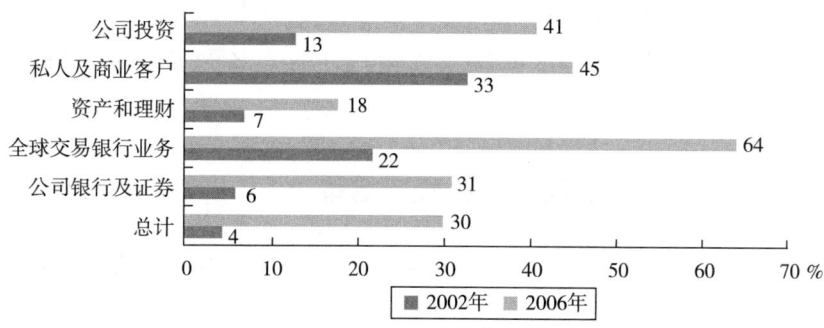

图5 相关税前股本回报率

3. 近年来成本收入比显著下降。随着德意志银行的全球化扩张，集团成本支出也逐年攀升，由1989年的58%升至2001年的87%。在严格控制成本、提高效益的新发展战略指导下，2002年以来，通过改变并购模式、剥离非核心业务和优化重组等措施，德意志银行的成本收入比又逐渐回落，2006年降至70%（见图6）。

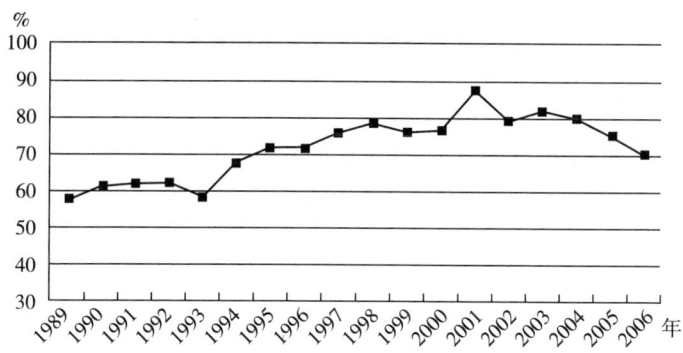

图6 成本收入比

（四）2005—2006年主要并购活动的绩效评估

以2006年对土耳其证券经纪公司Bender、俄罗斯的UFG、德国的柏林银行和Norisbank以及美国的Mortgage IT、英国的Tilney集团的并购为例，这几起并购的交易总价约18亿欧元，估计到2008年将为德意志银行增加11亿欧元的收入，税前利润增加约3亿欧元，德意志银行的员工也将相应增加约3900人。

通过战略并购，德意志银行进一步优化了业务结构，提高了核心竞争力，预计2007年和2008年德意志银行在各业务领域的税前利润都将继续稳步增加。

**四、德意志银行战略并购的经验借鉴**

回顾德意志银行的战略并购历程，我们认为，其并购的成功经验可以总结为以下几个方面。

(一) 并购必须符合发展战略

在并购之前，必须有一个清晰而明确的战略，并购行为必须符合自己的并购目标，并购对象也必须完全合适。

德意志银行的并购活动大多是由业务部门提出，因为业务部门对德银和并购目标在该业务领域的市场地位以及各自的优劣势有更清晰的了解；然后提交集团投资委员会和集团执行委员会审核，分析并购的财务影响、并购对象的业务特点及地域优势等与集团整体发展战略的契合性，以及该业务与集团内其他业务的协同效应等，最后由管理委员会或监事会进行审批。

在并购项目的选择上，德意志银行的决策流程表现出了非常谨慎的态度。以2005年1月至2006年8月待执行的并购交易为例，交易价值至少达1亿欧元的项目数量筛选至无约束力要约阶段的有46个，到有约束力要约阶段的有17个，到谈判阶段的有8个，而最后签约完成的只有6个，总交易规模约22亿欧元。

为实现以欧洲为基础的全球化战略，德意志银行在过去近20年间的并购多集中在欧美地区。截至2006年，按照交易金额统计，在美国的并购占77%，欧洲占18%，并购中的商业银行和多元化金融机构占68%，经纪公司和资产管理公司分别占19%和13%。其中，对摩根建富、美国信孚银行等的几次大型并购都成为德意志银行实现重大战略转型的里程碑。

## (二) 由规模扩张型并购向精细化并购发展

德意志银行在20世纪90年代的并购主要以拓展业务范围和地域范围为主要目标，并购对象多是综合化的金融机构，规模较大。扩张型的并购使德意志银行迅速完成了全球化的全能业务框架，但成本也随之迅速上升，而收益并没有同比提高。进入21世纪后，德意志银行开始注重精细化发展，把控制成本、提高收益、专注核心业务作为战略目标，其并购对象也向收益率较高的专业化金融机构、高增长的业务领域和发展地区转移。该战略很快取得了明显成效，成本收入比显著下降。

## (三) 并购与剥离并举，不断优化业务结构

与专注核心业务、提高收益率的战略目标相一致，德意志银行在不断并购的同时，也陆续剥离了那些在发展战略中不重要的业务、盈利能力不强或需要过多资本的业务。1998年12月，德意志银行曾经以1.2亿美元从Sumitomo手中收购Boullioun航空公司，进入飞机租赁行业。2001年，为了精简业务，又将Boullioun售让给West LB公司。2002—2003年，德意志银行通过各种方式陆续将其在德国、西班牙、意大利和葡萄牙的PCAM中心的保险业务出售，到2003年PCAM几乎清退了所有的保险业务，而专注于核心业务如个人银行、财富管理等商业银行业务。2005年12月，出售了其私人客户和资产管理部旗下位于美国费城的大部分资产管理业务，但保留了某些高收益业务。

## (四) 有效整合是实现并购目标的关键环节

衡量并购成功与否并不仅仅是并购价格的高低和并购过程是否顺利，最关键的是并购之后能否与集团母体迅速而有效地融合。

与并购公司的整合牵涉到组织机构、管理人员甚至业务流程的重新调整，必然会占用一部分资源，影响到日常业务，为了使摩擦尽量减少到最低限度，必须有一个严格的时间表，并明确分阶段的完成期限。

并购后整合并不能自动带来生产力的提高，而需要管理层的计划和领导。并购前要进行调查，合并后，通过设立明确的目标和对结果的透明的控制，对整合、成本和协同进行顺畅的、连续一贯的管理。

重组或合并以后很快取得效益至关重要。1999年，德意志银行收购信孚银行就迅速完成整合，几个月内就已与100多家新的美国客户完成了债券交易，使之在全球股票销售平台上迈出了一大步。收益也很快显现，净收入比1998年增长近50%；德意志银行股价在当年也上升了76%，显著高于所有可比指数，充分表明市场对德意志银行战略的认可。

# 渣打银行的新兴市场发展路径[①]

本文首先考察了渣打银行在近几十年中区域发展和业务发展战略的延续及转型。分析认为，作为一家英国银行，渣打银行自成立之初便以亚洲、非洲作为业务开展的主要市场，并在100多年间延续下来，业务范围也一直坚持以商业银行业务为主。其次，考察了渣打银行在非洲、亚洲等新兴市场的盈利模式，着力回答以下几个方面的问题：在新兴市场中从事什么业务、遇到哪些困难、如何实现有效成长等。在以上分析的基础上，本文提炼出了渣打银行在新兴市场成功发展的几点经验，以供我国商业银行借鉴。

根据《银行家》杂志对2006年全球银行的排名，渣打银行是全球第56大银行，总资产为2660亿美元。与花旗、汇丰、德意志银行等一样，渣打银行国际化程度很高，但不同的是，渣打的业务领域主要在新兴市场国家和地区，并在中国香港、南非、马来西亚等地拥有发钞权。其业务范围主要包括零售银行和商业银行业务。

经过在亚非地区100多年的发展，渣打银行已较好地实现了与当地文化的融合，并通过不断创新开发适合本地需要的新产品、地域多元化经营及内部完善的风险管理架构控制风险而实现稳定快速增长。与当地政府和社会的关系、对当地市场的熟悉程度及其跨国能力是渣打在新兴市场开展业务的重要基础。

---

[①] 原文发表于《国际金融研究》2008年第3期，合作者：潘功胜、于东智、牛筱颖、邓雄。

到 2006 年底，渣打银行在全球 56 个国家和地区有 1400 多个分支机构（含附属机构、合作公司和合资企业），拥有来自 100 多个国家和地区的近 6 万名员工；2006 年末其总资产为 2660 亿美元，经营收入 86.2 亿美元，实现税前利润 31.78 亿美元。

本文旨在通过对渣打银行在新兴市场的发展路径研究，为我国商业银行在新兴市场的发展提供借鉴。

## 一、渣打银行的区域发展战略

延续与转型从渣打银行的发展史可以看到，渣打银行从成立之初就是一家国际化的银行，主要在印度、澳大利亚、中国和非洲等国家和地区开展业务；与其他老牌的国际化银行不同的是，经历 100 多年的风风雨雨，渣打在这些国家和地区的经营基本没有中断过。新的渣打银行成立后，主要延续了过去 100 年中的区域发展战略，并定位在增长速度较快的新兴市场。但随着各地区经济增长周期的不同，其区域发展重点也在不断调整，以从成长的市场中获得最大盈利。

（一）当前的区域业务结构

按区域划分，渣打集团按全球统一基准管理其业务部门，业务经营主要分为 9 个地区，英国是母公司的所在地。2006 年底，渣打在全球共有 1408 个分支机构，其中在亚洲地区有 1097 个。

渣打集团的业务拓展主要侧重于亚洲、非洲及中东地区。其中，亚洲地区 2006 年的经营收入占总收入的近 74%，而非洲和中东地区的经营收入占近 20%。董事 Gareth Bullock 负责非洲、美洲及英国、中东及其他南亚地区的工作；集团的执行董事 Kai Nargolwala 负责全亚洲的管治工作，亚洲的分支机构主要分布在中国香港、印度、印度尼西亚、韩国等地（见图 1、图 2）。渣打集团位于伦敦的总部主要负责制定管制和监管准则，并在为市场经营业务的企业客户提供服务方面扮演重要角色，在英美市场主要是利用其成熟市场作为平台，参与及提升整个业务网络的商机。

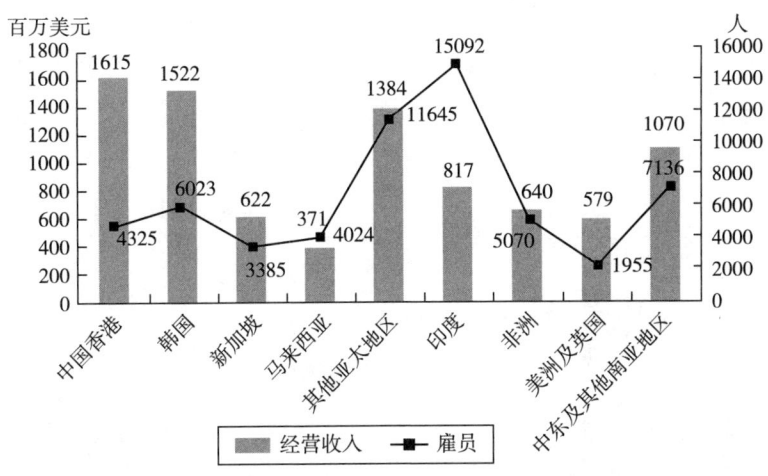

**图 1 按地区划分的全球布局（2006 年）**

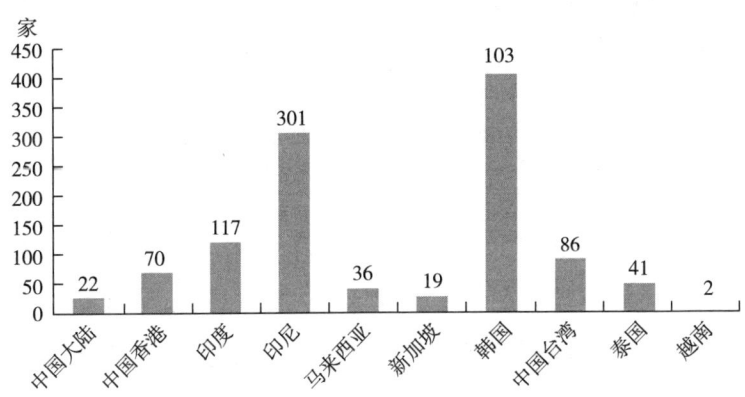

**图 2 在亚洲各国或地区的分支机构布局**

（二）区域发展战略变迁

1. 20 世纪 70 年代末至 80 年代，开拓欧美市场。1969 年，渣打银行与标准银行合并后，新的渣打银行加快了在欧洲和北美的发展，除了开设新的分支机构外，还于 1974 年收购了以住房贷款为主的 Hodge 集团，把其中的非金融业务卖掉后，其他部分并入渣打，组成渣打信托，利用其 90 家分支机构为零售客户服务；1979 年收购了加利福尼亚的联合银行（Union Bank），以独立子公司的形式运作，获得 60 多家分支机构,成为加利福尼亚州第 5 大银行,和全美第 22 大银行。

到 1980 年,渣打银行在欧美的资产总额占到总资产的约 50%,税前利润贡献率却不到 20%;而 43% 的税前利润来自资产占 30% 的非洲,34% 的利润来自资产占 16.9% 的远东地区(见图 3)。

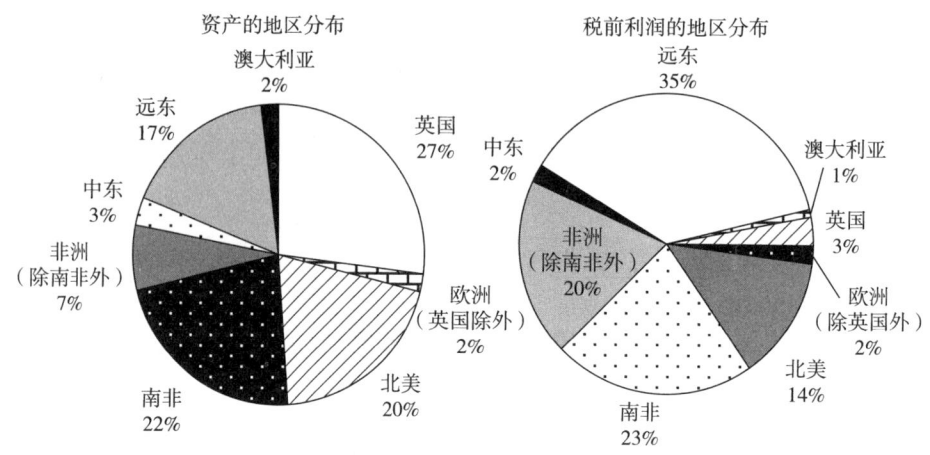

**图 3　1980 年渣打银行的资产与税前利润地区分布**

2. 20 世纪 80 年代末至 90 年代,业务重点转向亚洲、非洲和中东。20 世纪 80 年代末以来,亚洲、非洲及中东的很多新兴市场国家和地区经济表现出了强劲的增长,特别是亚洲成为 20 世纪 90 年代全球经济的增长极,因此,渣打银行在 80 年代末决定将业务重点放在亚洲、非洲和中东等新兴市场,并提出发展定位,即成为新兴市场的银行。

实践证明,渣打银行的地区发展战略重点转移是正确的。1980 年,渣打的税前利润为 2.32 亿英镑,1996 年即达到 8.7 亿英镑(见图 4),是 1980 年的 3.74 倍,年复合增长率达到 8.6%;1995 年和 1996 年的增长率更分别达到 29.6% 和 31.6%。而同期的总资产增长了两倍,由 1980 年的 154 亿英镑增加到 1997 年的 471.8 亿英镑,年复合增长率为 6.8%。

3. 亚洲金融危机之后的战略调整。1997 年,亚洲出现金融危机,渣打在亚洲的业务受到了严重的影响,从而拖累整体盈利。为抵御金融

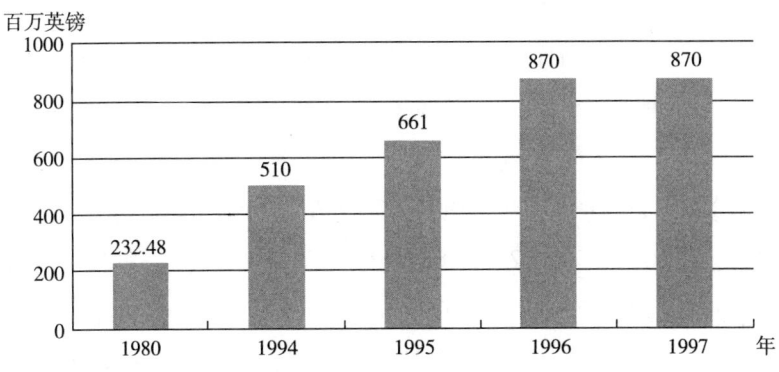

图4 1980—1997年的税前利润

危机，继续保持增长，渣打银行在1998年初对发展战略进行了调整，主要包括：首先，继续保持并提升在中国香港、新加坡和马来西亚这三个亚洲主要市场中的地位。其次，加大泰国、印度和中国台湾地区这三个亚洲市场的发展力度。最后，巩固在中东、南亚、非洲和拉丁美洲市场的地位。

4. 从2000年开始，重新专注于亚洲、非洲和中东。经历了金融危机之后，在各国政府、社会各界及国际组织的共同努力下，遭受危机重创的东南亚各国经济在2000年开始出现复苏迹象。渣打银行决心重新回归亚洲、非洲和中东等新兴市场，并专注于这几个重点市场的发展，目标是成为世界上领先的新兴市场银行以及成为其主要市场中领先的国际银行。

2000年，渣打银行以13.4亿美元收购了Grindlays在中东和南亚的业务，并同时剥离了在英国的信托业务，以更专注于新兴市场的发展；2005年，渣打收购了韩国第一银行和美国运通银行在孟加拉国的商业银行业务，迅速扩大了渣打在韩国的业务规模，巩固了在孟加拉国最大外资银行的地位。2006年，渣打银行收购了巴基斯坦第6大银行———联合银行（Union Bank）。中国经济的高增长自然也吸引了渣打银行，2005年收购渤海银行20%股份，并于2007年获得在华营业执照，成为第一批本地法人银行。现在渣打在中国拥有 13 家分行、15 家支行和 2 家代表处。渣打把中国作为未来几年发展的重中之重。

从 2001 年到 2006 年,渣打集团业务收入的地区结构发生了较大变化,显示了其区域发展重点的转变。其一,扩大了在亚洲其他地区如韩国的市场份额,2006 年在韩国的经营收入贡献度达到 18%,而中国香港的贡献度由 2001 年的 32% 下降到 19%。其二,英美的收入贡献度由 2001 年的 14% 下降到 2006 年的 7%(见图 5)。近一两年,渣打又开始走进西欧,在日内瓦开设了代表处,并计划在巴黎和法兰克福开办分行。该战略主要是为了准备服务那些在亚洲、非洲和中东等渣打的核心市场进行投资或进行贸易的欧洲公司和金融机构;同时也加强对那些准备进入欧洲的原有客户进行服务。

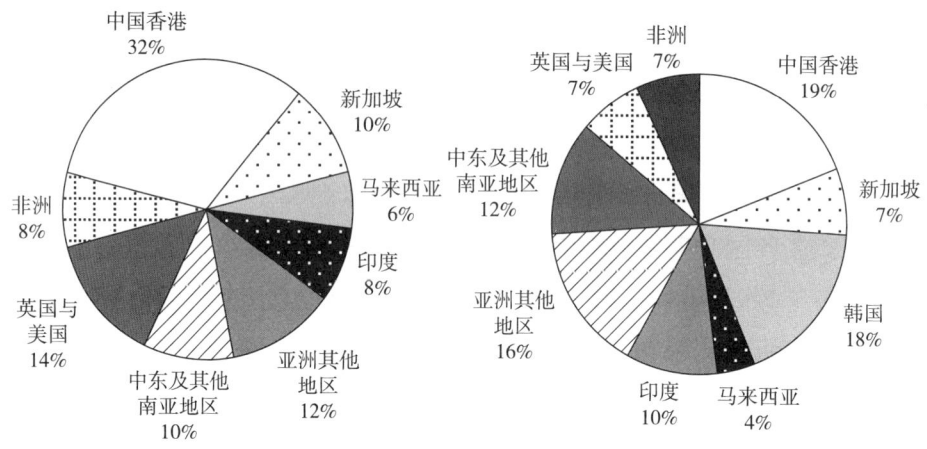

数据来源:渣打集团 2001 年和 2006 年年报。

图 5 渣打集团全球各地区经营收入结构变化

## 二、渣打银行的业务发展战略

延续与转型与地域发展战略相似,渣打银行的业务结构也基本延续了其传统的业务重点,并在此基础上不断创新,满足客户的更多需求。此外,根据市场需要,渣打也作了一些必要的转型。

渣打银行成立之初,主要是为英国与殖民地之间的贸易往来提供金融支持,并作为跨国银行为当地银行提供银行间的结算与清算等业务。至今,贸易融资和清算仍是渣打银行核心优势业务,并继续通过并购加强这方面的市场优势;同时,渣打银行一直持续专注于传统的商业银行业务。

(一) 持续专注于传统商业银行业务

尽管英国在 1986 年实施"大爆炸"(Big Bang)的金融改革之后,通过了《金融服务法》,允许金融机构开展综合经营,但渣打银行除了与一些保险公司组成策略联盟,代理银行保险之外,仍以传统商业银行业务为主,专注于原有的优势领域。

1999 年以前,渣打的业务划分为零售银行(Consumer Banking)、公司与机构银行(Corporate and Institutional Banking)以及资金交易(Treasury)三部分。其中,零售银行是渣打最大的一块业务,为个人和小企业提供信用卡、消费贷款、按揭、保险和投资业务,总部设在中国香港;公司与机构银行提供现金管理、托管、贸易融资服务,总部设在新加坡;资金业务总部设在伦敦。从管理体系上看,总行主要通过三大业务总部对分行实行分权型管理,分行基本上实行独立核算,但在业务发展上接受三大业务总部指导。全行三大业务的开展,既受辖区内行长的领导,同时还接受本专业上级职能部门的领导,但以分行为主。专业线的管理主要通过财务计划和考核展开,是直线式管理,即最高一级管理部门可以管到最基层的专业销售小组。

2000 年以后,渣打把公司与机构银行和资金交易业务合并,统称商业银行业务,业务结构变成个人银行和商业银行两大部分(见表1)。

表1 按业务划分的机构布局(2006 年)

| 业务部门 | 个人银行 | 商业银行 |
| --- | --- | --- |
| 领导人 | 集团执行董事 Mike DeNoma | 高级行政总裁 Mike Rees |
| 业务范围 | 个人理财、信用卡、私人银行、投资顾问服务、个人投资、保险、存款和零售业务、个人外汇业务 | 贸易融资、现金管理、贷款、证券服务、外汇、债务资本市场及企业融资;为企业提供一站式金融解决方案 |

渣打银行的商业银行和个人银行业务一直保持比较均衡的发展，2000年，二者对经营收入的贡献分别为42%和58%；到2006年，分别为46%和54%，个人银行业务比重稍大。从图6可以看到，2006年的商业银行业务中全球市场业务的份额达48%；而个人金融业务中的财富管理和储蓄业务对营业收入的贡献占41%，信用卡和个人贷款业务占38%。

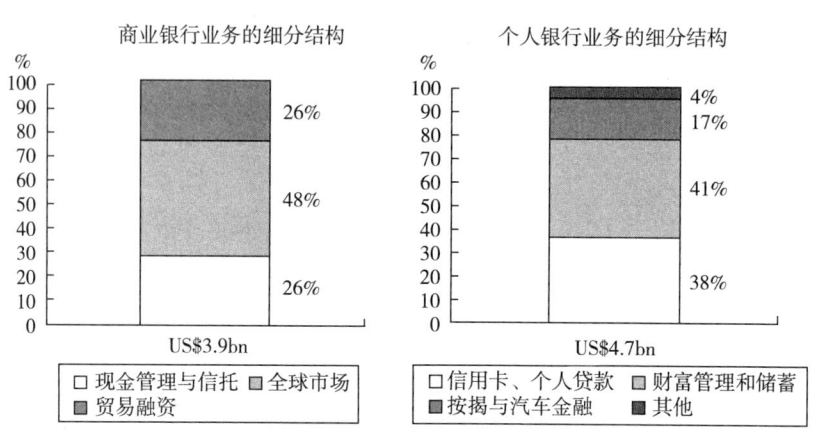

**图6　2006年渣打银行业务的细分结构**

（二）通过并购或转移地区业务重心加强传统优势

在传统业务自然增长的基础上，渣打银行根据业务发展需要，对某些地区的业务重点进行调整，并通过并购活动巩固某一领域的市场地位。

1999年4月，渣打收购了UBS除瑞士之外的全球贸易融资业务，以及UBS位于纽约的与新兴市场贸易融资有关的美元支付与清算业务。同年，收购加拿大Imperial Bank of Commerce（CIBC）的结构贸易融资业务。这两项并购活动为渣打银行扩大在拉丁美洲和亚洲的贸易融资范围和现金管理业务提供了更大空间，进一步加强了在贸易融资领域的市场地位。

2000年，以13.2亿美元收购大通银行香港的消费者银行业务，使之成为香港最大的信用卡发卡行，占据25%的市场份额，并很快超过

30%。2002年，转移拉丁美洲的业务中心，集中专业技能为银行及跨国企业提供金融支持服务。

(三) 通过并购快速拓展新业务——私人银行业务的启动

2007年上半年，渣打银行启动了私人银行业务。为迅速将私人银行业务开展起来，渣打银行于2007年9月收购了美国运通集团旗下的运通银行（AEB）。AEB的私人银行业务发展已经比较成熟，在五大洲拥有20间办公室，拥有1200名经验丰富的客户经理，管理着近200亿美元的财富。由于二者的核心业务模式一致，技术平台也一样，AEB的生产能力可以立即被渣打使用，实现显著的成本协同，并且可以为双方的客户交叉提供更多的新产品和服务。收购运通银行标志着渣打向国际最佳银行又迈上了一个新台阶，并继续在亚洲、非洲和中东地区保持领先。

### 三、渣打银行在新兴市场的盈利模式分析

(一) 新兴市场经济的高增长为银行业务提供了良好的发展环境和机会

与欧美发达国家相比，新兴市场经济增长速度很快，为银行业务的自然增长提供了良好环境。其中亚太地区的中国、印度，中东的阿联酋，非洲的尼日利亚等2006年的GDP增长分别达到11.1%、9.4%、9.7%和7%，亚洲其他国家和地区增速也都在5%以上，而美国和欧元区国家增速只有2.9%（见图7）。与此同时，渣打还受惠于与亚洲、中东及非洲挂钩的贸易活动增加。

与主要业务在欧美的汇丰和花旗相比，在亚洲、中东及非洲业务占比达93%的渣打银行增长强劲，2006年其营业收入同比增长26%，税前利润增长19%。其中，个人银行业务收入增长23%至46.84亿美元，商业银行业务收入增长28%至39.23亿美元。而同期，汇丰集团的营业收入增长18%，税前利润增长率只有5.3%；花旗的营业收入和税前利润分别增长7%和0.66%（见表2）。

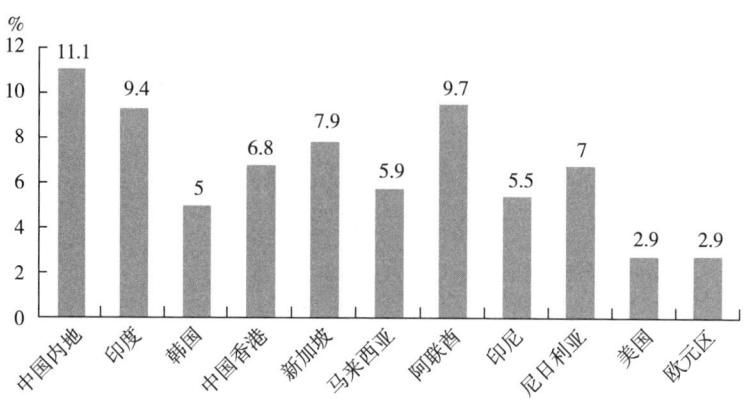

数据来源：IMF。

图7　2006年各地区GDP增长率

表2　　2006年渣打、汇丰、花旗的营业收入及税前利润增长比较　　单位：%

| 银行 | 营业收入增速 | 税前利润增速 | 新兴市场的税前利润占比 |
| --- | --- | --- | --- |
| 渣打 | 26 | 19 | 93[1] |
| 汇丰 | 18 | 5.3 | 46[2] |
| 花旗 | 7 | 0.66 | 32[3] |

注：1. 包括亚洲、非洲、中东地区。

2. 包括中国香港、拉美和亚太其他地区。

3. 包括亚洲（除日本）、拉丁美洲、中东和非洲。

数据来源：各银行2006年年报，其中新兴市场的税前利润占比根据年报数据计算得出。

针对新兴市场国家的特点，渣打银行非常注重中小企业业务，在印度、非洲、中东以及东北亚的韩国等都开展了中小企业分期贷款业务（Business Installment Loans）以及个人分期贷款业务（Personal Installment Loans）。中小企业与个人小额贷款业务为渣打带来了较高的净息差（NIM），1997—2006年渣打平均NIM为4.27%，而同期汇丰的NIM平均为4.02%（见图8）。

（二）在印度市场的盈利模式分析

渣打早于1858年已在加尔各答开业，以分行网络计是印度最大的

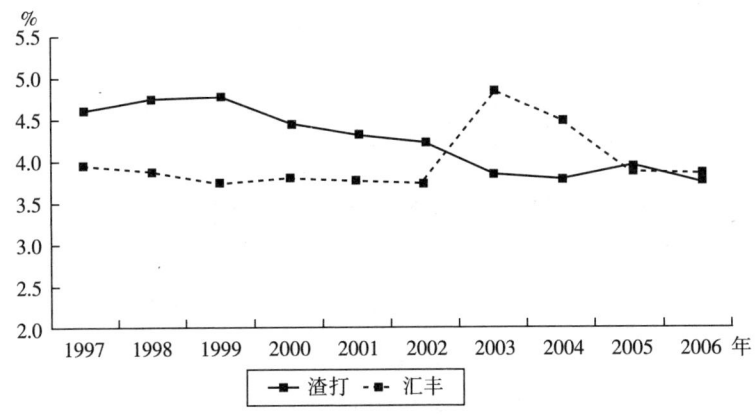

数据来源:高盛研究数据库。

**图8 渣打与汇丰的净息差(NIM)比较**

国际银行。2006年,印度的外国直接投资增加及印度公司寻求海外扩充,全球开始认识到印度的增长潜力。

1. 中小企业及个人分期贷款与创新产品带动个人银行业务增长。2006年,渣打在印度的个人银行业务增长13%至3.23亿元。其中,在中小企业分期贷款、新推出产品如SME Trade及年内额外增加6个分销地点专注于中小企业业务的带动下,中小企业信贷收入强劲增长。私人贷款中无抵押借贷结余增加30%,增长由产品如Smart Credit带动;财富管理增长迅猛,投资服务及保险销售发展良好,客户存款增长16%。但其按揭及汽车融资业务受到市场激烈竞争的影响,收入削减8%。

2. 贸易融资与私募股权投资收益增长强劲。2006年,渣打在印度的商业银行业务收入增长61%至4.94亿美元;增长主要受到客户活动增多所推动,其中以贸易融资为主要推动力,其交易额大幅增长,同时也受益于利率与利差的同步上升;企业融资表现强劲,达成数宗重大的跨境交易;外汇及衍生工具业务增长强劲;把握机会出售数项成功投资,私募股权收入增长表现强劲。

3. 动用政府资源,创造有利于自身发展的环境。在利用当地市场发展的环境实现自然增长外,渣打银行还积极动用政府资源,创造或培育在当地更有利的营运环境。2006年,作为英国财政大臣白高敦前往印度的代表团成员,渣打带头促请英国支持与欧盟及印度达成自由贸易协议,借以推动英国、欧盟及亚洲之间扩大贸易开放。

(三) 在中东及其他南亚地区的盈利模式分析

在中东和南亚地区,渣打银行也已有近150年的历史。近年来,由于中东地区有大量的石油美元再投资,并寻求经济体系多元化,中东和南亚地区经济正在迅速增长,渣打对在这些地区的发展越来越重视。渣打银行是首批获得卡塔尔金融中心监管机关发出商业银行牌照的银行之一。在2006年9月,以4.87亿美元收购巴基斯坦Union Bank 95.4%的权益,以巩固其在这个快速增长市场作为最大国际银行的地位;凭着在韩国综合SC First Bank的经验,在短短一夜间为Union Bank的65间分行重定品牌。

1. 个人银行业务增长主要来自中小企业、财富管理及无抵押借贷。2006年中东及其他南亚地区个人银行业务的收入增长44%至5.45亿美元。其中,中小企业无抵押小额贷款(Business Installment Loan)和个人小额无抵押贷款带动中小企业和个人资产增长迅速。财富管理收入增加来自银行保险产品销售及外汇活动增长。它还推出了新存款产品,例如伊斯兰储蓄服务,客户存款增加13%。

2. 通过提供额外服务及创新产品,以深化客户的渗透度。商业银行业务的客户收入大幅增长,尤以在中东最大的市场阿联酋增长最为显著。

3. 尊重当地文化传统,开展伊斯兰金融业务。渣打认为,保持当地文化的敏感度非常重要。2000年以来,渣打开始发展伊斯兰金融业务,以满足伊斯兰教群众的特殊需求。由于《可兰经》规定,伊斯兰教徒不能从银行收取利息,渣打银行就给客户支付投资分红,并根据伊斯兰教文化规定了很多特殊的银行交易的守则,并开发了很多新产品。目前,渣打已经在阿联酋、巴基斯坦、泰国、马来西亚等地专门开设了伊斯兰银行,为一些因所属信仰不能采用主流服务的人士提供金融产品和服务。渣打银行已经拟订了雄心勃勃的计划,要成为伊斯兰金融产品方面的领导者,并将在非洲和印度提供这些产品和服务。

(四) 在非洲市场的盈利模式分析

非洲是渣打银行起源的一部分,标准银行来自南非,在非洲的历史已经有150多年,在非洲15个国家有分行,非洲的获利大约占整个集团的10%,市场占有率比较高。

1. 关注非洲的贸易流量增加,特别是在中非贸易往来加强中寻找机会。在非洲各国、非洲与亚洲等其他地区之间逐渐增多的贸易往来和新的贸易渠道成为渣打业务增长的重要方面。渣打银行是唯一在亚洲及撒哈拉沙漠以南的非洲地区内拥有强大业务基础的国际银行,故能受惠于非洲与亚洲等地区之间的贸易及投资增加。

2006年11月,中非合作论坛在北京召开之后,渣打于12月就推出了交易柜台业务,寻求为在中国及非洲之间经商的中小企业客户提供服务,并在深圳举办一个有关中国及非洲业务的业务网络研讨会。为进一步把握非洲不断增加的投资活动,渣打收购泛非洲企业融资顾问 First Africa 的25%权益,考虑在日后增持。

2. 大力开展中小企业无抵押小额贷款。在持续促使销售及新推产品(如 Express Trade)的带动下,无抵押借贷及中小企业贷款增速均达两位数。渣打在非洲的商业银行业务2006年增长了30%。

3. 因地制宜,开展适合当地经济发展的农业银行业务。非洲大部分国家以农业生产为主,渣打在非洲可以说是农业银行,在作物金融(Commodity Finance)、项目金融(Project Finance)和小额信贷方面是市场领导者,并新开展了农业组合经营融资业务。对于没有任何抵押品的穷人,渣打银行也会提供小额贷款,这有助于消除当地的贫穷。

4. 坚持支持当地经济发展,赢得市场尊重,并保持了业务的延续性。作为外来的银行,要真正被当地市场认可,就要取得该国政府和当地群众的充分信任。渣打银行在非洲的一些国家遇到问题时,没有撤资,反而投资更多。比如,20世纪90年代末加纳(Ghana)和阿尔及利亚发生问题时,渣打仍然投资1.4亿美元;近几年,津巴布韦(Zimbabwe)发生恶性通货膨胀,渣打也没有撤资。同时,渣打加大对非洲增长较快国家的投资。2006年,渣打在非洲的个人银行业务收入在尼日利亚、赞比亚及乌干达的增长分别达62%、59%及11%。

(五) 新兴市场中的风险与应对措施

新兴市场具有很高的成长性,但同时也有很多不确定因素存在,具有一定的系统性风险;其中的某些国家还由于政局不稳定,存在政治风险。

1. 经济风险。1997年,亚洲出现金融危机,渣打在亚洲的业务受到了严重的影响,从而拖累整体盈利,渣打银行税前利润由1997年的8.7亿英镑下降到1998年和1999年的7.03亿英镑和5.07亿英镑,两年中下降幅度达42%。其中,除中国香港外其他亚太地区的税前利润由1997年的3.14亿英镑下降到1999年的1.44亿英镑,中东及南亚的盈利也由5100万英镑降至1100万英镑,而同期非洲的盈利则由8200万英镑升至1.05亿英镑(见表3)。与汇丰相比,渣打在亚洲金融危机之后净收益增长率受到的影响更严重(见图9)。

表3　　　金融危机之后渣打银行在各地区的利润变化　　单位:百万英镑

| 年份 | 中国香港 | 其他亚太地区 | 非洲 | 中东和南亚 | 美洲 | 英国 | 总计 |
| --- | --- | --- | --- | --- | --- | --- | --- |
| 1997 | 287 | 314 | 82 | 51 | 42 | 94 | 870 |
| 1998 | 257 | 207 | 99 | 42 | 43 | 55 | 703 |
| 1999 | 196 | 144 | 105 | 11 | 29 | 22 | 507 |

数据来源:渣打集团1998年和1999年年报。

由于金融危机造成的损失,渣打在危机之后的信贷成本也大幅上升,由1997年的0.6%上升到1998年和1999年的1.7%和1.8%;而同期,汇丰的信贷成本仅由0.47%上升到1.11%和0.85%(见图10)。

与亚洲各国类似,非洲各国经济表现也不一致,除了南非、博茨瓦纳、加纳等国经济增长比较平稳以外,还有一些国家增长波动很大(见

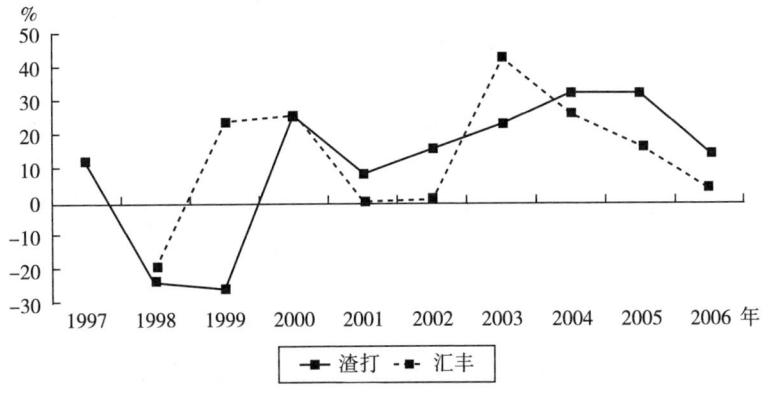

数据来源：高盛研究数据库。

图9 净收益增长率

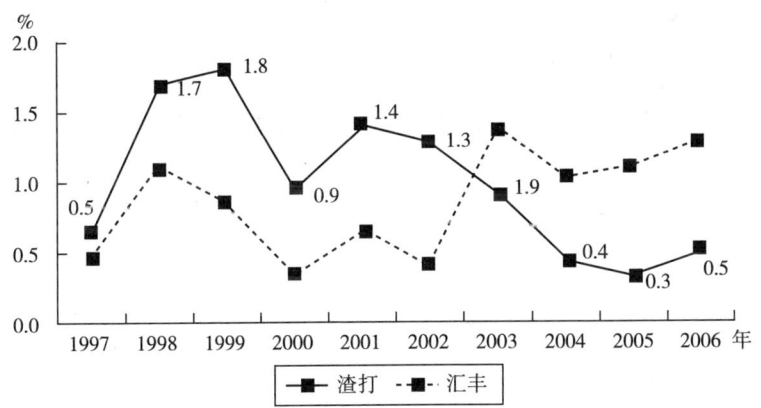

数据来源：高盛研究数据库。

图10 信贷成本比较

图11)。以津巴布韦为例，20世纪90年代以来，其通货膨胀率一直在20%左右，到2003年达到365%，而2006年更是达到1000%多，渣打不得不为津巴布韦恶性通货膨胀造成的损失提取大量拨备。

2. 政治风险。非洲、中东及南亚地区中还有一些国家政局不太稳定，像黎巴嫩、斯里兰卡及孟加拉国等政局比较动荡，对渣打在这些地区的经营造成很大影响。

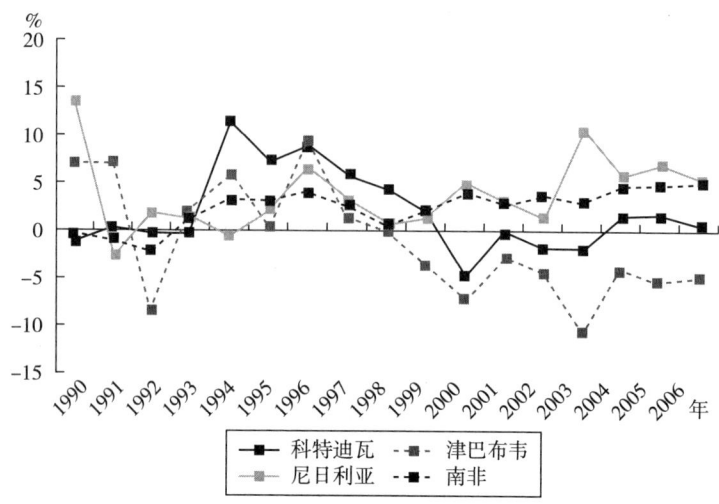

数据来源：IMF。

**图 11　非洲各国 GDP 增长速度变化**

基于以上风险，与汇丰相比，渣打的不良贷款率也相对较高（见图12）。

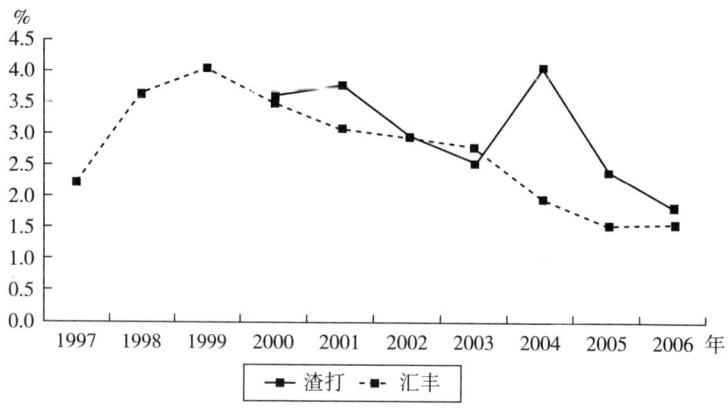

数据来源：高盛研究数据库。

**图 12　不良贷款率比较**

3. 新兴市场风险的应对措施——地域多元化战略和严密的风险管理。

（1）通过地域多元化战略，以其他地区高收益弥补部分地区因市场不确定性造成的损失。由于新兴市场国家的机遇与风险并存，而业务开展的延续性对于在当地的发展也非常重要，因此，渣打银行选择更多元化的地域投资组合，以避免单一市场的系统性风险造成重大损失。因为在一些国家经济遇到问题出现衰退时，另外一些国家经济可能增长强劲，那么在问题国家的损失则可以由在其他国家的高收益来弥补，从而保证整体盈利增长的平稳性。以非洲为例，近几年津巴布韦出现了严重的通货膨胀，其损失从尼日利亚等国的高收益中得到弥补。而黎巴嫩、斯里兰卡及孟加拉国等因政局动荡造成的损失则由波斯湾其他国家的快速增长来弥补。

（2）内部严密的风险管理系统。渣打通过其风险管理架构，有效地管理核心风险，包括信贷、市场、债务国及流动资金风险。渣打银行的风险管理由集团董事会最终负责。下设审核及风险委员会（成员全部为非执行董事），根据董事会授权审核特定风险范畴、监控集团风险委员会及集团资产负债委员会的活动。集团风险委员会在董事会授权下，负责信贷风险、市场风险、营运风险、法规及监管风险、法律风险及声誉风险。集团资产负债委员会在董事会授权下，负责流动资金风险、结构性利率及外汇风险及资本比率。由此形成了比较严密的风险管理系统，对渣打银行在新兴市场开展业务的风险实现了有效管控。

## 四、渣打银行发展路径借鉴

（一）始终专注于经济成长较快的新兴市场

与其他国际化银行不同，渣打银行的发展中心一直在经济成长较快的新兴市场，其中非洲和亚洲的业务份额超过90%。渣打银行开设新的分支机构以及并购活动主要是基于目标市场成长性的考虑，因此印度、巴基斯坦、韩国和中国等成长较快的国家是其业务拓展的重点地区。

（二）制定明确的战略定位，在目标市场中力争保持领先

渣打明确的定位就是新兴市场，并致力于打造成为所在市场中的领

导者。渣打银行非常注意集中自己的力量,大力发展自己的强项。集中资源专注发展,在每个项目、每个客户群的发展中都争做第一,这是渣打一贯的原则。渣打在中国香港的信用卡发行占据1/3的市场份额,在印度是最大的一家外资银行,这都是渣打经营非常专注的结果。尽管不是全球最大,但渣打力争在所在的市场上做到最大。

(三)在内生增长的基础上适当运用并购手段

渣打银行的增长主要来源于内生增长,2006年渣打银行17.79亿美元的营业收入中有11.87亿美元来自内生增长,是其实现2006年业绩的关键(见图13)。同时,在渣打银行的发展历程中也一直伴随着并购,特别是随着近年来国际银行间竞争的加剧,2005年和2006年并购步伐明显加快。

2007年,渣打银行的优先发展战略仍是加快自然增长,其途径主要是在中国、印度及中东等发展潜力较大的市场扩展业务,以及通过创新产品及服务带动自然增长。

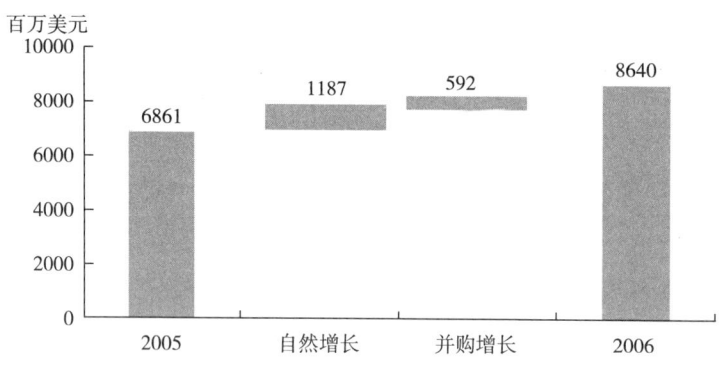

图13 营业收入增长

(四)具备国际先进管理水平和较高素质的员工队伍

渣打银行尽管绝大部分业务都在新兴市场国家和地区,但其根植于金融市场发达的英国,从建立之初便是一家以发达市场为平台的国际银行。渣打银行的管理人员、管理理念、风险控制、员工素质以及薪酬激励等均具备国际先进水平。

为吸引国际优秀人才，渣打在全球范围内进行招聘，并提供具有竞争力的薪酬。其中，执行董事的目标薪酬水平主要是参考个人经验以及伦敦富时 30 指数成分公司的中位数及其国际竞争对手的中位数而制定。对一般雇员的基本薪金也按照类似于执行董事的方式进行制定，以确保目标薪酬总额以个人所处相关市场的中位数为基准，并根据个人优异表现给予更高的薪酬。

（五）因地制宜，开展适合当地文化与社会发展需要的业务

此外，渣打被新兴市场高度认可来自其尊重当地文化，能够入乡随俗、因地制宜地开展适合当地文化与社会发展需要的金融业务。如在非洲开展作物金融（Commodity Finance）等农业银行项目，在中东、巴基斯坦等信奉伊斯兰教群众较多的国家开设伊斯兰银行，并在很多新兴市场国家和地区提供小额无抵押贷款等。这些举措赢得了当地市场的信任并与本土文化做到了较好的融合。

**参考文献**

[1] 王苏凌. 渣打银行的新兴市场经营——访英国渣打银行中国区总裁黄远辉先生 [J]. 现代商业银行，2002（1）.

[2] 曾如莹. 非洲和中东是充满机会的大地——访渣打集团行政总裁 [J]. 商业周刊，2005（10）.

[3] 渣打集团 1998—2006 年各期年报。

[4] Peter Sands. Standard Chartered PLC Acquisition of American Express Bank [EB/OL]. www. standard chartered. com，2007 - 09 - 18.

# 后　　记

　　本书50篇文章是个人工作之余的研究成果。2013年我从商业银行调任央行金融研究所担任副所长，当时主要研究兴趣是互联网金融和农村金融。作为一个一直从事城市金融工作的人如何开始研究农村金融呢？主要是当时我在北京大学厉以宁和朱善利老师指导下从事博士后研究工作，老师考虑到我当时在东京工作，指定我研究日本农村金融及其启示。厉以宁老师告诉我他访问日本很多次，知道日本农村金融很有借鉴意义，并要求我的研究报告要侧重在"启示"。当时这项研究和我所做的工作关系不大，当没想到后来到了金融研究所，主要一个研究方向就是农村金融。

　　2013年开始研究互联网金融则是一种直觉。当时微信已经开始流行，移动支付正在兴起，作为在传统银行工作18年的人员，感觉到金融科技大趋势。

　　在经历18年微观工作后，2013年到央行工作后先后从事金融研究和货币政策等宏观工作，其间还连续3年参加中央经济工作会议和政府工作报告写作组。央行以研究立行，每天面对众多的现实问题，只觉得自己时间不够、知识储备不足。在和领导同事交流中激发思路、启迪思想。在工作之余进行一些研究和写作对工作也是一种促进。在研究过程中，合作者才思敏捷、功力深厚。特别感谢合作者张蓓、张翔、陈婷婷、王德文、王佳佳、叶晓璐、于东智等允许我把合作完成的文章收入本书，感谢住房与城乡建设部委托我主持住房金融课题，感谢黄海清编辑和刘生福博士协助编辑。在求学路上得到众多师友的无私帮助和倾情指导。个人的任何一点进步都离不开他们。

  为了保持文章原貌，便于读者了解当时所思所想，对文稿基本不作重大修改。当然时过境迁，也许当时描述的情景已经发生或正在发生变化，不过即使这样也可以提供一个了解原貌的视角。作为个人观察和思考，囿于水平和视野，本书仅代表个人学术观点和看法，其中必然有许多偏颇和不准确之处，也敬请批评指正。